Wissenschaftliche Beiträge aus dem Tectum Verlag

Reihe Rechtswissenschaft

Wissenschaftliche Beiträge aus dem Tectum Verlag

Reihe Rechtswissenschaft
Band 139

Stefan Bischoff

# Die Haftung bei Verkehrsunfällen in den Niederlanden

## Eine rechtsvergleichende Untersuchung mit einem Ausblick auf die Haftung bei selbstfahrenden Kraftfahrzeugen

Tectum Verlag

Stefan Bischoff
Die Haftung bei Verkehrsunfällen in den Niederlanden
Eine rechtsvergleichende Untersuchung mit einem Ausblick auf die Haftung bei selbstfahrenden Kraftfahrzeugen

Zugl. Diss. Universität Osnabrück 2020

Wissenschaftliche Beiträge aus dem Tectum Verlag
Reihe: Rechtswissenschaft; Bd. 139


ISBN 978-3-8288-4533-6
eBook 978-3-8288-7580-7
ISSN 1861-7875

Gesamtverantwortung für Druck und Herstellung:
Nomos Verlagsgesellschaft mbH & Co. KG
Printed in Germany


Besuchen Sie uns im Internet
www.tectum-verlag.de

**Bibliografische Informationen der Deutschen Nationalbibliothek**
Die Deutsche Nationalbibliothek verzeichnet diese Publikation in der Deutschen Nationalbibliografie; detaillierte bibliografische Angaben sind im Internet über http://dnb.d-nb.de abrufbar.

# Inhaltsverzeichnis

## Abkürzungsverzeichnis

| | |
|---|---|
| a. F. | alte Fassung |
| Abk. | Abkürzung |
| Abs. | Absatz |
| AcP | Archiv für die zivilistische Praxis |
| ANWB | Algemene Nederlandse Wielrijdersbond |
| Art. | Artikel |
| AV&S | Aansprakelijkheid, Verzekering & Schade |
| BGB | Bürgerliches Gesetzbuch (Deutschland) |
| BGBl | Bundesgesetzblatt |
| BGH | Bundesgerichtshof |
| BT-Drs. | Bundestagdrucksachen |
| BW | Burgerlijk Wetboek |
| BW (oud) | Burgerlijk Wetboek 1838 |
| BWKJ | BW-krant Jaarboek |
| CR | Computer und Recht |
| DAR | Deutsches Autorecht |
| EuGH | Europäischer Gerichtshof |
| EuGVVO | Verordnung des Rates über die gerichtliche Zuständigkeit und die Anerkennung und Vollstreckung von Entscheidungen in Zivil- und Handelssachen |
| GS | Groene Serie |
| JA | Juristische Arbeitsblätter |
| JR | Juristische Rundschau |

| | |
|---|---|
| MRW | Motor- en Rijwielwet |
| NJ | Nederlandse Jurisprudentie |
| NJB | Nederlands Juristenblad |
| NJV | Nederlandse Juristen-Vereniging |
| NJW | Neue Juristische Wochenschrift |
| NVVA | Nederlandse Vereniging van Automobielassuradeuren |
| OIV | Ongevallen-inzittendenverzekering |
| PflVG | Pflichtversicherungsgesetz |
| RO | Wet op de rechterlijke organisatie |
| RV | Wetboek van Burgerlijke Rechtsvordering |
| RVV | Reglement verkeersregels en verkeerstekens |
| Sr | Wetboek van Strafrecht |
| Stb. | Staatsblad van het Koninkrijk der Nederlanden |
| StVG | Straßenverkehrsgesetz (Deutschland) |
| StVO | Straßenverkehrsordnung (Deutschland) |
| SVI | Schade Verzekering Inzittenden |
| SVR | Straßenverkehrsrecht |
| TPR | Tijdschrift voor Privaatrecht |
| TVP | Tijdschrift voor Vergoeding Personenschade |
| VersR | Versicherungsrecht |
| vgl. | vergleiche |
| VR | Verkeersrecht ANWB |
| VVG | Versicherungsvertragsgesetz (Deutschland) |

| | |
|---|---|
| WAM | Wet aansprakelijkheidsverzekering motorrijtuigen |
| Wegw | Wegenwet |
| WVW | Wegenverkeerswet 1994 |
| WVW (oud) | Wegenverkeerswet 1935 |
| WPNR | Weekblad voor Privaatrecht, Notariaat en Registratie |
| ZeuP | Zeitschrift für Europäisches Privatrecht |

# Vorwort

Die vorliegende Arbeit entstand aus der Idee meines Doktorvaters Herrn Prof. Dr. Schulte-Nölke, der als Gutachter für deutsche Gerichte vermehrt Anfragen zum niederländischen Haftungsrecht bei Verkehrsunfällen erhielt. Aufgrund der Zunahme des grenzüberschreitenden Autoverkehrs zwischen Deutschland und den Niederlanden und der aktuellen Rechtsprechung des Europäischen Gerichtshofs kommt es vermehrt vor, dass deutsche Gerichte bei Schadensersatzklagen wegen eines in den Niederlanden eingetretenen Verkehrsunfalls zwischen einem deutschen und niederländischen Verkehrsteilnehmer zuständig sind und niederländisches Recht anwenden müssen.

Wesentliche Strukturmerkmale des niederländischen Verkehrshaftungsrechts sind gesetzlich nicht geregelt, sondern wurden durch die Rechtsprechung, insbesondere des Hoge Raad, entwickelt. Die Arbeit bietet daher einen rechtsvergleichenden und nützlichen Beitrag für die Praxis deutscher Gerichte, Anwaltsbüros und Versicherer.

Im Juni 2020 wurde die vorliegende Arbeit von der Rechtswissenschaftlichen Fakultät der Universität Osnabrück als Dissertation angenommen.

Für mich war das Dissertationsthema vor allem aufgrund seiner Praxisnähe eine spannende Aufgabe, wenngleich es aufgrund der eigenen Strukturmerkmale des niederländischen Rechts auch eine große Herausforderung darstellte.

Den Personen, die mich in der Promotionszeit begleitet haben, möchte ich an dieser Stelle herzlich danken.

Zunächst bedanke ich mich besonders bei meinem Doktorvater, Herrn Prof. Dr. Schulte-Nölke, für die Unterstützung und Betreuung dieser Arbeit. Nicht zuletzt seine kritischen und konstruktiven Anmerkungen haben zum Gelingen der Arbeit beigetragen. Nicht vergessen werden soll der gemeinsame Beitrag im Rahmen des „Dutch-German Science Fair on European Private Law“ mit der Radboud-Universität Nijmegen.

Ebenfalls bedanken möchte ich mich bei Herrn Prof. Dr. Ben Schuijling für die Übernahme des Zweitgutachtens und die Mitwirkung in der Prüfungskommission im Rahmen der erstmaligen Disputation der Rechtswissenschaftlichen Fakultät der Universität Osnabrück per Videokonferenz. Diesbezüglich gilt mein Dank auch Herrn Prof. Dr. Fuchs, der den Vorsitz in der Prüfungskommission geführt hat.

Ein herzlicher Dank gebührt weiterhin meinen Kollegen und Freunden, durch die ich meine Promotionszeit in schöner Erinnerung behalten werde.

Mein größter Dank gilt an dieser Stelle meiner Familie, insbesondere meinen Eltern Dr. Georg Bischoff und Martina Treptow-Bischoff, sowie meiner Schwester, Dr. Karina Bischoff. Ihnen widme ich diese Arbeit.

# 1. Kapitel: Grundzüge des Niederländischen Rechts

## A. Einführung

Durch die Einführung der Schengener Abkommen in den 1990er Jahren wurden die stationären Grenzkontrollen an den Binnengrenzen der teilnehmenden Staaten in Europa abgeschafft. Seitdem findet ein immer weiter wachsender Grenzübergang von Personen statt. Es ist alltäglich geworden, dass im Ausland eingekauft oder gearbeitet wird. Besonders häufig finden Grenzüberschreitungen zwischen direkten Nachbarstaaten statt. Aus deutscher Perspektive sind dies die Länder Niederlande, Belgien, Luxemburg, Frankreich, Schweiz, Österreich, Tschechien, Polen und Dänemark. Häufig werden diese Auslandsreisen mit dem Kraftfahrzeug als Verkehrsmittel angetreten. Dabei kommt es nicht selten zu Verkehrsunfällen, bei denen Deutsche im Ausland einen Schaden erleiden oder einem anderen einen Schaden zufügen. Im Jahr 2008 entschied der Europäische Gerichtshof (Abk. EuGH) nach Vorlagefrage des Bundesgerichtshofs (Abk. BGH), dass Geschädigte eines Verkehrsunfalls gemäß Art. 13 Abs. 2 i.V.m. Art. 11 Abs. 1 b) EuGVVO ausländische Kfz-Haftpflichtversicherungen unmittelbar an ihrem Wohnsitz verklagen können, wenn das anzuwendende Recht einen Direktanspruch gegen den Versicherer vorsieht.[1] Aufgrund von Art. 4 Abs. 1 i.V.m. Art. 18 Rom II-VO, wonach das Recht des Erfolgsortes maßgeblich ist, kann es dabei zu einer länderübergreifenden Rechtsanwendung kommen.[2] Bei einem Verkehrsunfall ist dies regelmäßig der Unfallort. Ein Deutscher, der im Ausland bei einem Verkehrsunfall einen Schaden er-

---

1 EuGH NJW 2008, 819; BGH NJW 2008, 2343 jeweils noch zu Art. 11 Abs. 2 i.V.m. Art. 9 Abs. 1 b) EuGVVO a.F.

2 Luckey, SVR 2014, 361, 366; Staudinger, NJW 2011, 650.

leidet, kann somit Klage gegen die ausländische Kfz-Haftpflichtversicherung an seinem Wohnsitzgericht erheben, wenn das Recht einen Direktanspruch gegen die Versicherung vorsieht. Das Gericht hat jedoch grundsätzlich das Recht des Staates anzuwenden, in dem der Unfall erfolgt und der Schaden eingetreten ist.

Die Anwendung ausländischen Rechts vor deutschen Gerichten kann zur einer anderen Haftungsverteilung führen, als wenn deutsches Recht angewandt werden würde. Für die Frage, ob und ggf. welche Unterschiede bestehen, ist eine vergleichende Darstellung des ausländischen Verkehrshaftungsrechts notwendig. Jan Böing hat bereits die zivilrechtliche Haftung bei Straßenverkehrsunfällen in Frankreich und Deutschland dargestellt und verglichen.[3] Auch Kerstin Rohde hat das deutsche Haftungsrecht bei Straßenverkehrsunfällen beschrieben und anschließend mit dem neuseeländischen Haftungsrecht verglichen.[4] Insbesondere aufgrund der geographischen Nähe Deutschlands zu den Niederlanden erscheint es notwendig, sich auch rechtsvergleichend mit dem niederländischen Haftungsrecht zu befassen, da es zu zahlreichen klärungsbedürftigen Rechtsfragen bei Verkehrsunfällen kommen kann. So bezog sich bereits die Vorlagefrage des BGH an den EuGH über die Gerichtszuständigkeit auf einen Kläger, der seinen Wohnsitz in Deutschland hatte und vor einem deutschen Gericht von einer niederländischen Haftpflichtversicherung Schadensersatz wegen eines Verkehrsunfalls in den Niederlanden verlangte. Da auch das niederländische Recht einen Direktanspruch gegen den Kfz-Haftpflichtversicherer vorsieht, entschied der EuGH, dass der Kläger aufgrund Art. 13 Abs. 2 i.V.m. Art. 11 Abs. 1 b) EuGVVO die Klage gegen die in den Niederlanden sitzende Versicherung an seinem Wohnsitz in Deutschland erheben dürfe.[5] Auch in weiteren gleichartigen Fällen waren deutsche Gerichte nicht nur zuständig, sondern mussten auch niederländisches Recht anwenden.[6] Das niederländische Recht ist in diesen Fällen von Amts wegen anzuwenden, ohne dass sich eine Partei darauf berufen muss.[7]

---

3 Böing, Die Haftung für Straßenverkehrsunfälle in Frankreich und Deutschland.

4 Rohde, Haftung und Kompensation bei Straßenverkehrsunfällen.

5 EuGH NJW 2008, 819 noch zu Art. 11 Abs. 2 i.V.m. Art. 9 Abs. 1 b) EuGVVO a.F.

6 z.B. AG Geldern NJW 2011, 686; AG Borken, Urteil vom 21.01.2010, Az. 12 C 164/08, BeckRS 2010, 12327.

7 BGH VersR 2008, 1358.

Beim niederländischen Recht handelt sich um eines der modernsten Haftungssysteme in Europa, da 1992 ein neues Bürgerliches Gesetzbuch verabschiedet und 1994 ein neues Straßenverkehrsgesetz erlassen wurde. Bislang fehlt in der deutschen Literatur eine geschlossene Darstellung des niederländischen Haftungsrechts im Rahmen von Verkehrsunfällen. Eine rechtsvergleichende Darstellung der beiden Haftungssysteme im Rahmen von Verkehrsunfällen existiert außerdem nicht. Daher werden die Voraussetzungen der einzelnen Haftungsnormen zunächst dargestellt. Dabei erfolgt eine Auswertung der niederländischen Rechtsprechung, die für die Auslegung einzelner Rechtsbegriffe von hoher Bedeutung ist. Die herrschende Rechtspraxis ist daneben auch für die deutschen Gerichte, die niederländisches Recht anwenden müssen, von großem Interesse, da diese bei der Ermittlung ausländischen Rechts gemäß § 293 S. 2 ZPO nicht nur das ausländische Gesetzesrecht sondern auch das Recht, wie es die Gerichte des betreffenden Landes auslegen und anwenden, ermitteln und anwenden müssen.[8] Für die Auslegung der geltenden Gesetze spielen auch die gerichtlichen Entscheidungen eine wichtige Rolle, die noch zu den bis 1992 bzw. 1994 bestehenden Regelungen im niederländischen Verkehrshaftungsrecht getroffen wurden. Sie haben noch heute einen erheblichen Einfluss auf die Rechtspraxis. Daher wird auch die historische Entwicklung des niederländischen Verkehrshaftungsrechts beschrieben.

## B. Aufbau des niederländischen Zivilrechts

### I. Gesetzesquellen

Das niederländische Zivilrecht ist hauptsächlich im Bürgerlichen Gesetzbuch (Burgerlijk Wetboek, Abk. BW) geregelt. Neben dem BW bestehen noch Sondergesetze, die spezielle zusätzliche zivilrechtliche Regelungen enthalten. So regelt zum Beispiel die Zivilprozessordnung (Wetboek van Burgerlijke Rechtsvordering, Abk. Rv) den Ablauf des Zivilverfahrens oder das Straßenverkehrsgesetz (Wegenverkeerswet, Abk. WVW) zumindest in einem Abschnitt die zivilrechtliche Haftung im Straßenverkehr.

Das BW ist in 9 Bücher unterteilt. Seit 1970 wurde das vorherige und aus dem Jahre 1838 stammende Bürgerliche Gesetzbuch (Burgerlijk Wetboek, Abk. BW (oud)) nach und nach durch neue Bücher ersetzt,

[8] Vgl. BGH NJOZ 2001, 1.

die ab dem 1. Januar 1992 weitestgehend in Kraft getreten sind.[9] Jedes Buch enthält Vorschriften über das in diesem Buch geregelte Rechtsgebiet. So betrifft Buch 1 das Personen- und Familienrecht, Buch 2 die juristischen Personen, Buch 3 das allgemeine Vermögensrecht, während in Buch 4 das Erbrecht geregelt ist. Buch 5 umfasst die Sachenrechte und Buch 6 den Allgemeinen Teil des Schuldrechts. Buch 7 enthält Regelungen über besondere Verträge. Da dort noch nicht alle Vorschriften des BW (oud) ersetzt wurden, gibt es mit Buch 7A ein weiteres Buch, in dem die zu ersetzenden Vorschriften vorübergehend geregelt sind. Buch 8 betrifft Verkehrsmittel und Transport und Buch 10 handelt vom Internationalen Privatrecht. Das geplante Buch 9 über das Recht des intellektuellen Eigentums wurde nicht eingeführt, da diese Rechte zunehmend international geregelt wurden. Jedes Buch enthält zunächst allgemeine und danach spezielle Regelungen über das jeweilige Rechtsgebiet. Die einzelnen Regelungen werden im niederländischen Recht als Artikel bezeichnet. Zur Zitierung eines Artikels werden zunächst das Buch und danach die genaue Nummer des Artikels genannt. So lautet beispielsweise Artikel 22 aus dem Erbrecht (Buch 4): „Art. 4: 22 BW“. Soweit bei Sondergesetzen wie dem WVW oder dem Rv nur ein Buch existiert, werden bei diesen Gesetzen lediglich die Artikel zitiert (z.B. „Art. 25 Rv“).

## II. Gerichtsbarkeit

Der Aufbau der Gerichte in den Niederlanden ist grundsätzlich vergleichbar mit dem Aufbau in Deutschland. Nach Art. 2 des Gerichtsorganisationsgesetzes (Wet op de rechterlijke organisatie, Abk. RO) gibt es mit den „Rechtbanken“ (Gerichte), „Gerechtshofen“ (Oberlandesgerichte) und dem „Hoge Raad“ (Oberster Gerichtshof) einen dreigliedrigen Gerichtsaufbau.[10]

---

9 Stb. 1969, 259 zu Buch 1; Stb. 1976, 395 zu Buch 2; Stb. 1980, 430 zu Buch 3; Stb. 1994, 846 zu Buch 6.

10 Art. 2 RO: „De tot de rechterlijke macht behorende gerechten zijn: a. de rechtbanken; b. de gerechtshoven; en c. de Hoge Raad.“.

Im Zivilverfahren sind nach Art. 42 RO die Rechtbanken erstinstanzlich zuständig.[11] In den Niederlanden gibt es 11 Rechtbanken, die jeweils einem Rechtsbezirk (arrondissement) zugeordnet sind. Die Rechtbanken sind im Zivilrecht in zwei Bereiche unterteilt. Dies sind der Bereich Amtsgericht (sector kanton) und der Bereich Zivilrecht (sector civiel recht). Bis zur Aufhebung im Jahr 2002 hatte jeder der 11 Rechtsbezirke noch ein eigenes selbstständiges Amtsgericht (kantongerecht). Für diese wurde stattdessen ein selbstständiger Bereich an den Rechtbanken eingeführt. Der Bereich Amtsgericht ist gemäß Art. 93 a., c. Rv zuständig für alle Fälle des Miet-, Kauf- und Arbeitsrechts sowie für alle Rechtsstreitigkeiten, die einen Streitwert bis einschließlich 25.000 Euro haben.[12] Der Bereich Zivilrecht ist erstinstanzlich zuständig für alle Zivilsachen, die nicht zum Aufgabengebiet des Bereichs Amtsgericht gehören.

Liegt der Streitwert über 1.750 Euro kann nach Art. 60 RO; Art. 358 Abs. 1 i.V.m. Art. 332 Abs. 1 Rv Berufung (hoger beroep) gegen die Entscheidung der Rechtbank vor dem Gerechtshof eingelegt werden. Die 11 Gerichtsbezirke sind auf vier Berufungsgerichtsbezirke verteilt. Dies sind Den Haag, Amsterdam, Arnhem-Leeuwarden und 's- Hertogenbosch.[13] In der Berufung prüft der Gerechtshof erneut den Sachverhalt und fällt ein eigenes Urteil. Gegen das Urteil des Gerechtshof ist nach Art. 78 Abs. 1 RO die Kassation (beroep in cassatie) beim Hoge Raad mit Sitz in Den Haag möglich.[14] Der Hoge Raad prüft nur

---

[11] Art. 42 RO: „De rechtbanken nemen in eerste aanleg kennis van alle burgerlijke zaken, behoudens bij de wet bepaalde uitzonderingen.".

[12] Art. 93 Rv: „Door de kantonrechter worden behandeld en beslist:

a. zaken betreffende vorderingen met een beloop van ten hoogste € 25.000, de tot aan de dag van dagvaarding verschenen rente daarbij inbegrepen, tenzij de rechtstitel dat bedrag te boven gaat en die rechtstitel wordt betwist;

c. zaken betreffende een arbeidsovereenkomst, een collectieve arbeidsovereenkomst, algemeen verbindend verklaarde bepalingen van een collectieve arbeidsovereenkomst, een vut-overeenkomst als bedoeld in de Wet kaderregeling vut overheidspersoneel, een consumentenkredietovereenkomst met een kredietsom van ten hoogste € 40 000 of een agentuur-, huur-, huurkoop- of consumentenkoopovereenkomst, ongeacht het beloop of de waarde van de vordering.".

[13] https://e-justice.europa.eu/content_judicial_systems_in_member_states-16-nl-de.do?member=1; abgerufen am: 10.06.2017.

[14] Art. 78 RO: „De Hoge Raad neemt kennis van het beroep in cassatie tegen de handelingen, arresten, vonnissen en beschikkingen van de gerechtshoven en de rechtbanken, ingesteld hetzij door een partij, hetzij – in het belang der wet - door de procureur-generaal bij de Hoge Raad.".

hinsichtlich der erhobenen Rügen, ob das Recht durch die vorinstanzlichen Gerichte richtig angewandt wurde. Der zugrundeliegende Sachverhalt wird nicht mehr überprüft.

# 2. Kapitel: Grundlagen des niederländischen Haftungsrechts im Rahmen von Verkehrsunfällen

Für die Haftung bei Verkehrsunfällen spielt vor allem das Recht der unerlaubten Handlung nach den Art. 6: 162 ff. BW und Art. 185 WVW eine bedeutende Rolle. Art. 185 WVW regelt die Eigentümer- bzw. Halterhaftung eines Kraftfahrzeugs, das an einem Verkehrsunfall beteiligt ist. Das WVW ist grundsätzlich vergleichbar mit dem deutschen Straßenverkehrsgesetz (StVG). So enthält das WVW wie das StVG neben der Regelung einer zivilrechtlichen Haftung bei einem Verkehrsunfall überwiegend Verkehrs- und Strafvorschriften. Das WVW sieht in Art. 185 WVW zwar ähnlich wie § 7 StVG auch eine verschuldensunabhängige Haftung des Eigentümers oder Halters eines Kraftfahrzeugs vor, der Anwendungsbereich des Art. 185 WVW ist jedoch stark eingeschränkt, da die verschuldensunabhängige Haftung bei Verkehrsunfällen zwischen mehreren Kraftfahrzeugen in Bewegung (motorrijtuig in beweging) ausgeschlossen ist. Somit findet eine Anwendung überwiegend bei einem Verkehrsunfall zwischen einem Kraftfahrzeug und einem nicht motorisierten Verkehrs-teilnehmer statt, so dass in erster Linie Radfahrer und Fußgänger von Art. 185 WVW geschützt sind. Für eine Haftung bei Unfällen zwischen mehreren Kraftfahrzeugen in Bewegung muss in den Niederlanden auf das allgemeine Recht der unerlaubten Handlung, insbesondere Art. 6: 162 BW, zurückgegriffen werden. Der Anspruch nach Art. 6: 162 BW erfordert die Begehung einer unerlaubten Handlung (onrechtmatige daad) und richtet sich gegen den tatsächlichen Schädiger. Die Haftung ist verschuldensabhängig und vergleichbar mit der Haftung nach § 823 BGB in Deutschland. Anders als Art. 185 WVW kann Art. 6: 162 BW bei allen Verkehrsunfällen Anwendung finden. Die Haftungsmöglichkeit besteht unabhängig davon, ob es sich um Verkehrsunfälle zwischen mehreren motorisierten, zwischen einem motorisierten und einem nicht motorisierten oder zwischen mehreren nicht motorisierten Verkehrsteilnehmern handelt. Bei einem Verkehrsunfall unter Beteiligung eines oder mehrerer Kraftfahrzeuge bildet Art. 6: 162 BW die Anspruchsgrundlage für die Haftung des Fahrers eines Kraftfahrzeugs.

Weitere Anspruchsgrundlagen wie Art. 6: 173 BW oder Art. 6: 174 BW sind bei der Haftung bei einem Verkehrsunfall von geringerer Bedeutung. So betrifft Art. 6: 173 BW die Haftung des Besitzers eines mangelhaften Kraftfahrzeugs. Nach Art. 6: 174 BW haftet die staatliche Körperschaft, wenn durch einen Mangel an der Straße ein Schaden entsteht. Grundsätzlich erfolgt die Haftung für die bei einem Verkehrsunfall entstandenen Schäden jedoch nach Art. 6: 162 BW und Art. 185 WVW.

Von großer Bedeutung ist im Rahmen der Haftung bei einem Verkehrsunfall das Zusammenspiel mit dem Versicherungsrecht. Im Gesetz über die Kfz-Haftpflichtversicherung (Wet aansprakelijkheidsverzekering motorrijtuigen, Abk. WAM) sind unter anderem der verpflichtende Abschluss einer Kraftfahrzeugversicherung und die Haftung dieser sog. WAM-Versicherung (WAM-verzekering)[15] geregelt. Bei einem Unfall im Straßenverkehr besteht neben der Haftung des Schädigers (in der Regel der Fahrer) gemäß Art. 6: 162 BW und der verantwortlichen Personen für das Kraftfahrzeug (Eigentümer oder Halter) nach Art. 185 WVW auch eine Haftung der WAM-Versicherung, die gemäß Art. 6 Abs. 1 WAM vom Geschädigten in Anspruch genommen werden kann. Art. 6 WAM ist Ausfluss der unionsrechtlichen Vorgaben, die mit dem sog. Straßburger Übereinkommen vom 20. April 1959 (Europäisches Übereinkommen über die obligatorische Haftpflichtversicherung) erstmalig einen Direktanspruch vorsahen und schließlich im Jahr 2000 mit der vierten KH-Richtline (Richtlinie 2000/26/EG) alle Länder zur Einführung verpflichteten.[16] Wie bei § 115 Abs. 1 S. 1 Nr. 1 VVG in Deutschland kann auch der Geschädigte in den Niederlanden einen Direktanspruch gegenüber dem Versicherer geltend machen. Der Anspruch gegen die WAM-Versicherung ist dabei unter anderem abhängig von der Haftung des Fahrers, Eigentümers oder Halters des Kraftfahrzeugs.[17]

Zum Schutz des Geschädigten gibt es mit dem sog. „Waarborgfonds Motorverkeer" (Garantiefonds Straßenverkehr) außerdem einen Garantiefonds, der vom Geschädigten gemäß Art. 25 WAM zum

---

15 Hoge Raad, 16. Januar 2015, ECLI:NL:HR:2015:83; Hoge Raad, 5. Juni 2009, ECLI:NL:HR:2009:BH5410; Rechtbank 's-Gravenhage, 16. März 2011, ECLI:NL:RBSGR:2011:BP8843; Rechtbank Arnhem, 7. Juli 2010, ECLI:NL:RBARN:2010:BN2933.

16 Franck, Der Direktanspruch gegen den Haftpflichtversicherer, S. 63 ff.

17 Van Huizen/ Wezeman/ van Eijk-Graveland, Grondslagen van het verzekeringsrecht, S. 211 f.

Beispiel dann in Anspruch genommen werden kann, wenn gegen die Versicherungspflicht verstoßen wurde oder ein Schädiger eine Unfallflucht begangen hat.

## A. Ansprüche gegen den Schädiger und die verantwortlichen Personen

Für den Ersatz der Schäden, die durch den Betrieb eines Kraftfahrzeugs entstanden sind, kommt es zunächst darauf an, ob gegen den tatsächlichen Schädiger bzw. gegen die für das Kraftfahrzeug verantwortlichen Personen Ansprüche bestehen. Nur dann kann auch von der WAM-Versicherung Schadensersatz verlangt werden.

### I. Verschuldenshaftung des Fahrers gemäß Art. 6: 162 BW

Art. 6: 162 BW wird als Generalklausel des niederländischen Deliktsrechts angesehen.[18] Nach Art. 6: 162 Abs. 1 BW ist derjenige, der gegen einen anderen eine unerlaubte Handlung begeht, die ihm zugerechnet werden kann, verpflichtet, dem anderen den dadurch erlittenen Schaden zu ersetzen.[19] Bei einem Verkehrsunfall mit Beteiligung eines Kraftfahrzeugs wird Art. 6: 162 BW vor allem für die Haftung des Fahrers eines Kraftfahrzeugs angewandt. Zwar könnte bei einem Verkehrsunfall, der durch einen Mangel am Kraftfahrzeug entstanden ist, auch dem Eigentümer oder Halter eine unerlaubte Handlung zugerechnet werden. Hierfür gibt es mit Art. 6: 173 BW jedoch eine speziellere Vorschrift, so dass Art. 6: 162 BW in diesen Fällen zurücktritt. Neben der Haftung eines Kraftfahrers nach Art. 6: 162 BW können bei einem Verkehrsunfall auch die weiteren Verkehrsteilnehmer, insbesondere Radfahrer oder Fußgänger, aus unerlaubter Handlung in Anspruch genommen werden, wenn diese einem anderen Verkehrsteilnehmer einen Schaden zufügen.

---

18 Von Bar – Hondius/ van Dam, Deliktsrecht in Europa – Landesbericht Niederlande, S. 8.

19 Art. 6: 162 Abs. 1 BW: „Hij die jegens een ander een onrechtmatige daad pleegt, welke hem kan worden toegerekend, is verplicht de schade die de ander dientengevolge lijdt, te vergoeden.“.

Die unerlaubte Handlung und die Zurechenbarkeit sind in Art. 6: 162 Abs. 2 BW und Art. 6: 162 Abs. 3 BW näher definiert. Als unerlaubte Handlung wird nach Art. 6: 162 Abs. 2 BW ein Eingriff in ein Recht und ein Tun oder Unterlassen, das gesetzlichen Pflichten oder Verhaltensregeln des Verkehrs aufgrund ungeschriebenen Rechts widerspricht, angesehen, jeweils vorbehaltlich eines Rechtfertigungsgrundes.[20] Die unerlaubte Handlung kann dem Täter gemäß Art. 6: 162 Abs. 3 BW zugerechnet werden, wenn er sie schuldhaft verursacht hat oder wenn ihm die Ursache nach dem Gesetz oder nach den im Verkehr geltenden Auffassungen zugerechnet wird.[21] Es handelt sich bei Art. 6: 162 BW somit um eine Verschuldenshaftung (schuldaansprakelijkheid)[22], bei der nach Art. 150 Rv der Geschädigte zu beweisen hat, dass die andere Partei den Unfall schuldhaft verursacht hat.[23]

Anders als in Deutschland, wo der Fahrer neben § 823 BGB auch nach § 18 StVG haftet, gibt es in den Niederlanden keine Sondervorschrift für die Fahrerhaftung. Es wird daher bei der Fahrerhaftung in den Niederlanden auch nicht, wie es in Deutschland nach § 18 Abs. 1 S. 2 StVG der Fall ist, das Verschulden des Fahrers vermutet. Lediglich in den Fällen, bei denen der Fahrer zugleich auch Eigentümer oder Halter des Kraftfahrzeugs ist, kann dieser als Eigentümer oder Halter aus der verschuldensunabhängigen Haftung des Art. 185 WVW in Anspruch genommen werden. Ein weiterer Unterschied zur deutschen Haftung nach § 823 BGB besteht darin, dass nach dem Wortlaut des Art. 6: 162 BW nicht die Verletzung bestimmter Rechtsgüter (z.B. Verletzung des Lebens oder des Körpers) den Schädiger zum Schadensersatz verpflichtet. Vielmehr setzt

[20] Art. 6: 162 Abs. 2 BW: „Als onrechtmatige daad worden aangemerkt een inbreuk op een recht en een doen of nalaten in strijd met een wettelijke plicht of met hetgeen volgens ongeschreven recht in het maatschappelijk verkeer betaamt, een en ander behoudens de aanwezigheid van een rechtvaardigingsgrond.“.

[21] Art. 6: 162 Abs. 3 BW: „Een onrechtmatige daad kan aan de dader worden toegerekend, indien zij te wijten is aan zijn schuld of aan een oorzaak welke krachtens de wet of de in het verkeer geldende opvattingen voor zijn rekening komt.“.

[22] Stolker – Jansen, GS Onrechtmatige Daad, Art. 6:162 BW 1.1; Hering, Der Verkehrsunfall in Europa, S. 132.

[23] Art. 150 Rv: „De partij die zich beroept op rechtsgevolgen van door haar gestelde feiten of rechten, draagt de bewijslast van die feiten of rechten, tenzij uit enige bijzondere regel of uit de eisen van redelijkheid en billijkheid een andere verdeling van de bewijslast voortvloeit.“.

Art. 6: 162 Abs. 1 BW nur in allgemeiner Form eine unerlaubte Handlung (onrechtmatige daad) voraus, die in Art. 6: 162 Abs. 2 BW als ein Eingriff in ein Recht und ein Tun oder Unterlassen angesehen wird, das gesetzlichen Pflichten oder dem, was sich aufgrund ungeschriebenen Rechts im Verkehr gehört, widerspricht.

## II. Gefährdungshaftung des Eigentümers oder Halters gemäß Art. 185 WVW

Der Eigentümer oder Halter eines Kraftfahrzeugs ist gemäß Art. 185 Abs. 1 WVW verpflichtet, den Schaden zu ersetzen, der bei einem Verkehrsunfall mit Beteiligung des Kraftfahrzeugs an nicht damit beförderten Personen oder Sachen entsteht. Anders als im deutschen Recht, wo zwischen einer Fahrer- und Halterhaftung differenziert wird, kann im niederländischen Recht neben dem Fahrer (bestuurder) und Halter (houder) auch der Eigentümer (eigenaar) haften. Dabei wird der Begriff „houder" in der bestehenden deutschen Literatur zum niederländischen Verkehrshaftungsrecht unterschiedlich aufgefasst. So wird „houder" in einigen Fällen schlicht als Halter übersetzt.[24] Andere sehen als „houder" den Besitzer des Kraftfahrzeugs an.[25] Dabei müsse der Besitzer das Kraftfahrzeug jedoch von einiger Dauer im Besitz haben, so dass er in den meisten Fällen dem Halter gleichstünde.[26] Der Übersetzung „Besitzer eines Kraftfahrzeugs" ist die Legaldefiniton des „houders" nach Art. 1 Abs. 1 o. WVW entgegenzuhalten:

In deze wet en de daarop berustende bepalingen wordt verstaan onder: houder van een motorrijtuig of een aanhangwagen: degene die het voertuig:

- 1°. op grond van een overeenkomst van huurkoop onder zich heeft,
- 2°. in vruchtgebruik heeft, of
- 3°. anderszins, anders dan als eigenaar of bezitter, tot duurzaam gebruik onder zich heeft;

---

24 So von Bar – Hondius/ van Dam, Deliktsrecht in Europa – Landesbericht Niederlande, S. 46; Bachmeier – Veermann/ Boendermaker/ Janssen, Regulierung von Auslandsunfällen, S. 409 ff.

25 Oertel, Objektive Haftung in Europa, S. 68.

26 Oertel, Objektive Haftung in Europa, S. 68.

Nach Art. 1 Abs. 1 o. 3° WVW ist der „houder" eines Kraftfahrzeugs oder Anhängers derjenige, der das Fahrzeug in sonstiger Weise, anders als ein Eigentümer (eigenaar) oder Besitzer (bezitter), zur dauerhaften Nutzung zur Verfügung hat. Das Gesetz grenzt den Halter vom Eigentümer und Besitzer ab, so dass unter „houder van een motorrijtuig" der Halter eines Kraftfahrzeugs verstanden werden muss.

Für eine Haftung des Eigentümers oder Halters nach Art. 185 Abs. 1 WVW muss das Kraftfahrzeug, mit dem auf der Straße gefahren wird, an einem Verkehrsunfall beteiligt gewesen und an Personen oder Sachen, die nicht durch das Kraftfahrzeug befördert werden, ein Schaden enstanden sein. Es kommt für die Haftung des Eigentümers oder Halters nicht auf ein Verschulden an, es scheidet jedoch eine Haftung nach Art. 185 Abs. 1 WVW aus, wenn der Eigentümer oder Halter nachweisen kann, dass der Unfall auf höherer Gewalt (overmacht) beruht. Auf höherer Gewalt beruht der Verkehrsunfall, wenn dieser durch jemanden verursacht wurde, für den jeweils der Eigentümer oder der Halter nicht verantwortlich ist.[27] Es handelt sich somit bei der Regelung des Art. 185 WVW um eine Gefährdungshaftung (risicoaansprakelijkheid) für den Eigentümer oder Halter eines Kraftfahrzeugs.[28]

Der Eigentümer oder Halter des Kraftfahrzeugs muss das Kraftfahrzeug nicht selbst gefahren haben. Vielmehr haftet er nach dem Wortlaut des Art. 185 Abs. 2 WVW auch für die Verhaltensweisen desjenigen, „den er das Kraftfahrzeug fahren lässt".[29] Die Haftung nach Art. 185 WVW wird daher auch als „kwalitatieve aansprakelijkheid"

---

27 Art. 185 Abs. 1 WVW: „Indien een motorrijtuig waarmee op de weg wordt gereden, betrokken is bij een verkeersongeval waardoor schade wordt toegebracht aan, niet door dat motorrijtuig vervoerde, personen of zaken, is de eigenaar van het motorrijtuig of - indien er een houder van het motorrijtuig is - de houder verplicht om die schade te vergoeden, tenzij aannemelijk is dat het ongeval is te wijten aan overmacht, daaronder begrepen het geval dat het is veroorzaakt door iemand, voor wie onderscheidenlijk de eigenaar of de houder niet aansprakelijk is.".

28 Spier/ Hartlief/ Keirse/ Lindenbergh/ Vriesendorp – Hartlief, Verbintenissen uit de wet en Schadevergoeding, S. 165; Neidhart, Unfall im Ausland, S. 180; Feyock/ Jacobsen/ Lemor – Lemor, Kraftfahrtversicherung, S. 1104, Van Wijk, Verkeersaansprakelijkheid, S. 25.

29 Art. 185 Abs. 2 WVW: „De eigenaar of houder die het motorrijtuig niet zelf bestuurt, is aansprakelijk voor de gedragingen van degene door wie hij dat motorrijtuig doet of laat rijden."; vollständige Übersetzung: „Der Eigentümer oder Halter, der das Kraftfahrzeug nicht selbst führt, haftet für die Verhaltensweisen desjenigen, den er das Kraftfahrzeug fahren lässt.".

bezeichnet, da allein an die Eigenschaft (kwaliteit) als Eigentümer bzw. Halter angeknüpft wird.[30]

Eine erhebliche Einschränkung der Gefährdungshaftung erfolgt durch Art. 185 Abs. 3 WVW., wonach die Absätze 1 und 2 keine Anwendung in Bezug auf einen Schaden finden, der durch ein Kraftfahrzeug an freilaufenden Tieren, an einem anderen Kraftfahrzeug in Bewegung oder an Personen und Sachen, die damit befördert werden, zugefügt wird.[31] Bei einem Verkehrsunfall zwischen zwei oder mehreren sich in Bewegung befindlichen Kraftfahrzeugen scheidet eine verschuldensunabhängige Haftung nach Art. 185 WVW somit aus. In den Niederlanden spielt die Differenzierung zwischen nicht motorisierten Verkehrsteilnehmern, wie Fahrradfahrern und Fußgängern, und motorisierten Verkehrsteilnehmern daher eine bedeutende Rolle. Lediglich bei einem Verkehrsunfall mit einem nicht motorisierten Verkehrsteilnehmer oder einem anderen motorisierten Verkehrsteilnehmer, der nicht in Bewegung ist, haftet der Eigentümer oder Halter des schädigenden Kraftfahrzeugs gemäß Art. 185 WVW. Für den Ersatz des Schadens, der bei einem Verkehrsunfall zwischen zwei Kraftfahrzeugen in Bewegung entstanden ist, verbleibt nur die verschuldensabhängige Haftung des Fahrers wegen der Begehung einer unerlaubten Handlung nach Art. 6: 162 BW. Die nicht motorisierten Verkehrsteilnehmer werden in den Niederlanden auch als sog. schwache Verkehrsteilnehmer (zwakke verkeersdeelnemers) bezeichnet, während die motorisierten Kraftfahrzeuge als starke Verkehrsteilnehmer (sterke verkeersdeelnemers) aufgefasst werden.[32]

Diese Unterscheidung sieht die Halterhaftung im deutschen Recht nicht vor. Die in § 7 StVG geregelte Gefährdungshaftung des Halters eines Kraftfahrzeugs gilt für alle Verkehrsunfälle mit Beteiligung eines Kraftfahrzeugs.[33] Der Halter haftet nach § 7 StVG sowohl bei Ver-

---

30 De Haas/ Hartlief, Verkeersaansprakelijkheid, S. 162; Spier/ Hartlief/ Keirse/ Lindenbergh/ Vriesendorp – Hartlief, Verbintenissen uit de wet en Schadevergoeding, S. 164.

31 Art. 185 Abs. 3 WVW: „Het eerste en het tweede lid vinden geen toepassing ten aanzien van schade, door een motorrijtuig toegebracht aan loslopende dieren, aan een ander motorrijtuig in beweging of aan personen en zaken die daarmee worden vervoerd.".

32 So z.B. Rechtbank Zeeland-West-Brabant, 9. Oktober 2013, ECLI:NL:RBZWB:2013:11345; Rechtbank Amsterdam 18. Januar 2012, ECLI:RBAMS:2012:BV3838.

33 Hentschel/ König/ Dauer – König, Straßenverkehrsrecht, StVG, § 7 Rn. 26.

kehrsunfällen zwischen mehreren Kraftfahrzeugen als auch bei Verkehrsunfällen zwischen einem Kraftfahrzeug und einem Radfahrer oder Fußgänger.

### III. Weitere Anspruchsgrundlagen

In Art. 6: 173 Abs. 1 BW ist die Haftung des Besitzers einer mangelhaften beweglichen Sache geregelt. Es handelt sich wie bei Art. 185 WVW um eine Gefährdungshaftung. Während lange Zeit eine Haftung für mangelhafte Kraftfahrzeuge nach Art. 6: 173 Abs. 3 BW a. F. ausgeschlossen war, ist durch eine Gesetzesänderung im Jahr 2005 der Ausschluss der Haftung für Kraftfahrzeuge als mangelhafte Sache gestrichen worden. Bei einem Verkehrsunfall mit einem mangelhaften Kraftfahrzeug besteht seitdem ein zusätzlicher Anspruch für den Geschädigten.[34]

Daneben bietet Art. 6: 174 Abs. 1, Abs. 2 S. 2 BW eine weitere Anspruchsmöglichkeit für den Geschädigten, der bei sog. einseitigen Verkehrsunfällen (eenzijdige verkeersongevallen)[35] zur Anwendung kommen kann. Dabei geht es nicht um Verkehrsunfälle zwischen mehreren Verkehrsteilnehmern, sondern um Unfälle, bei denen nur ein einzelner Verkehrsteilnehmer einen Schaden erleidet, weil die Straße einen Mangel aufweist. Nach Art. 6: 174 Abs. 1, Abs. 2 S. 2 BW haftet die staatliche Körperschaft für diese entstandenen Schäden, da sie für die Instandhaltung der Straßen zuständig ist. So kann zum Beispiel ein Radfahrer, der über eine hochdrückende Baumwurzel auf dem Radweg stürzt, die staatliche Körperschaft nach Art. 6: 174 Abs. 1, Abs. 2 S. 2 BW für seinen entstandenen Schaden in Anspruch nehmen.

## B. Ansprüche gegen die Versicherung und den Garantiefonds

Besteht eine Haftung des Fahrers, Eigentümers oder Halters des Kraftfahrzeugs kann nach Art. 6 WAM in der Regel auch die für das Kraftfahrzeug abgeschlossene WAM-Versicherung vom Geschädigten in Anspruch genommen werden.

---

34 Kamerstukken II 2004/05, 29955, Nr. 3, S.1.

35 Rechtbank Zwolle-Lelystadt, 7. Dezember 2011, ECLI:NL:RBZLY:2011:BV1532; Rechtbank Leeuwarden, 7. Dezember 2005, ECLI:NL:RBLEE:2005:AY8681.

## I. Anspruch gegen die Versicherung gemäß Art. 6 WAM

Grundsätzlich besteht nach Art. 2 Abs. 1 WAM für den Besitzer (bezitter) eines Kraftfahrzeugs und denjenigen, in dessen Namen das Kraftfahrzeug im Kennzeichenregister eingetragen ist, die Verpflichtung zum Abschluss einer Kraftfahrzeugversicherung. Diese deckt nach Art. 3 Abs. 1 WAM die zivilrechtliche Haftung der Schäden ab, für die die Kraftfahrzeuge im Verkehr Anlass geben. Gegen die WAM-Versicherung hat der Geschädigte gemäß Art. 6 WAM einen Direktanspruch auf Schadensersatz. Der selbstständige Direktanspruch gegen die WAM-Versicherung nach Art. 6 Abs. 1 S. 1 WAM ist unter anderem abhängig von dem Anspruch des Geschädigten gegen den Fahrer, Eigentümer oder Halter des Kraftfahrzeugs.[36]

Auch in Deutschland hat der Geschädigte gemäß § 115 Abs. 1 S. 1 Nr. 1 VVG einen vergleichbaren Direktanspruch gegen die Haftpflichtversicherung des Schädigers, die gemäß § 1 PflVG die durch den Gebrauch des Fahrzeugs verursachten Personenschäden, Sachschäden und sonstigen Vermögensschäden deckt.

## II. Anspruch gegen den Garantiefonds gemäß Art. 25 WAM

Falls ein Schädiger bei einem Verkehrsunfall keine Kfz-Haftpflichtversicherung abgeschlossen hat oder der Unfallverursacher bzw. Schädiger eine Unfallflucht begangen hat, kann der Geschädigte gemäß Art. 25 WAM einen Anspruch auf Schadensersatz gegen den Waarborgfonds Motorverkeer geltend machen.[37] Der Fonds dient in erster Linie dem Schutz der Verkehrsopfer und ist vergleichbar mit der „Verkehrsopferhilfe e.V." in Deutschland.[38] Der niederländische Garantiefonds kann zudem in Anspruch genommen werden, wenn jemand durch ein gestohlenes Kraftfahrzeug einen Schaden erlitten hat. Dieser

---

36 Van Huizen/ Wezeman/ van Eijk-Graveland, Grondslagen van het verzekeringsrecht, S. 215 f.

37 Art. 25 Abs. 1 WAM: „Een benadeelde kan, wanneer er een burgerrechtelijke aansprakelijkheid voor de door een motorrijtuig veroorzaakte schade of een zodanige aansprakelijkheid als bedoeld in artikel 3a bestaat, een recht op schadevergoeding tegen het fonds geldend maken: a. wanneer niet kan worden vastgesteld wie de aansprakelijke persoon is, tenzij aannemelijk is, dat de benadeelde niet tot die vaststelling heeft gedaan, wat redelijkerwijs van hem kon worden verwacht; b. wanneer de verplichting tot verzekering niet is nagekomen.".

38 Simsa, Die gerichtliche und außergerichtliche Regulierung von Verkehrsunfällen in Deutschland und in den Niederlanden, S. 143.

und weitere Anwendungsfälle sind ebenfalls in Art. 25 Abs. 1 WAM geregelt.

# 3. Kapitel: Historische Entwicklung des niederländischen Haftungsrechts im Rahmen von Verkehrsunfällen

Die geltenden Anspruchsgrundlagen des Verkehrshaftungsrechts in den Niederlanden sind noch sehr jung. Erst im Jahre 1992 wurde Buch 6 des BW verabschiedet, in dem die Haftung aufgrund einer unerlaubten Handlung in Art. 6: 162 BW geregelt wurde. Das WVW, einschließlich der Haftung des Eigentümers bzw. Halters nach Art. 185 WVW, wurde 1994 erlassen. Sowohl die seit 1992 in Art. 6: 162 BW geregelte außervertragliche Haftung als auch die Haftung nach Art. 185 WVW sind jedoch nicht völlig neu geschaffen worden. Vielmehr richtete sich der Anspruch wegen der Begehung einer unerlaubten Handlung bis 1992 nach Art. 1401 BW (oud), der als Vorgängervorschrift des Art. 6: 162 BW angesehen wird.[39] Auch die Haftung des Eigentümers bzw. Halters nach Art. 185 WVW wurde 1994 nicht erstmalig eingeführt, sondern war zuerst in Art. 25 des Kraft- und Fahrradgesetzes (Motor- en Rijwielwet, Abk. MRW) und dann in Art. 31 des Straßenverkehrsgesetzes 1935 (Wegenverkeerswet 1935, Abk. WVW (oud)) gesetzlich normiert. Die Entwicklungen in der Rechtsprechung und Literatur zur Haftung des Eigentümers bzw. Halters gemäß Art. 25 MRW bzw. Art. 31 WVW (oud) sind noch heute bedeutsam für die Auslegung der Voraussetzungen der Haftung und die Bestimmung des Gesetzeszwecks von Art. 185 WVW.

## A. Fahrerhaftung nach Art. 6: 162 BW

Die heutige Fassung des Art. 6: 162 BW beruht vor allem auf der ständigen Rechtsprechung zum vorher geltenden Art. 1401 BW (oud). Die Rechtsprechung konkretisierte und definierte die Voraussetzungen von Art. 1401 BW weitgehend.

### I. Einführung von Art. 1401 BW (oud) im Burgerlijk Wetboek

Mit der Verabschiedung des BW (oud) im Jahr 1838 wurde auch Art. 1401 BW (oud) in den Niederlanden eingeführt. Das BW (oud)

---

[39] Hondius/ van Dam – van Dam, Het nieuw BW in perspectief, S. 189; Stolker – Jansen, GS Onrechtmatige Daad, Art. 6:162 BW A3.

enthielt bei der Einführung mit dem Personen- und Familienrecht in Buch 1, dem Sachenrecht in Buch 2, dem Schuldrecht in Buch 3 sowie dem Beweisrecht in Buch 4 lediglich vier Bücher.[40] Anders als heute wurden die Artikel trotzdem fortlaufend nummeriert, ohne dass man zwischen den Büchern differenzierte. Das BW (oud) war überwiegend eine Übersetzung des französischen Gesetzbuches, dem Code civil.[41] Das Gesetzbuch war insbesondere im 20. Jahrhundert erheblicher Kritik ausgesetzt, die sowohl die Struktur als auch den Inhalt betraf. Vor allem E.M. Meijers, der später auch das BW aus dem Jahr 1992 entwarf, führte diese Kritik an. Vom Gesetzgeber wurden die Änderungsvorschläge jedoch kaum beachtet und umgesetzt. Die Inaktivität des Gesetzgebers führte dazu, dass die Gerichte, insbesondere der Hoge Raad, das Recht in großen Teilen fortbildeten. Das geltende Recht konnte so zum Teil besser aus der Rechtsprechung als aus dem Gesetz abgeleitet werden.[42]

## II. Die Haftung nach Art. 1401, 1402 BW (oud)

Die Bedeutung der Rechtsprechung wurde insbesondere bei der Haftung nach Art. 1401, 1402 BW (oud) deutlich, da diese von Detailregelungen freigehalten war. Art. 1401 BW (oud) sah vor, dass jede unerlaubte Handlung, durch die einem anderen Schaden zugefügt wird, denjenigen, durch dessen Schuld der Schaden verursacht wurde, in die Verpflichtung stellt, diesen zu ersetzen.[43] Zusätzlich regelte Art. 1402 BW (oud), dass jeder nicht nur für die Schäden verantwortlich ist, welche er durch seine Handlung, sondern auch für die, welche er durch seine Nachlässigkeit oder Unvorsichtigkeit verursacht hat.[44]

40 Hohlbein, Die neuere Entwicklung des niederländischen außervertraglichen Haftungsrechts, S. 1 ff.

41 Hohlbein, Die neuere Entwicklung des niederländischen außervertraglichen Haftungsrechts, S. 3; Hondius, AcP 1991, 378, 382.

42 Hondius, AcP 1991, 378, 383.

43 Gesetzestext von Art. 1401 BW (oud) nach Hohlbein, Die neuere Entwicklung des niederländischen außervertraglichen Haftungsrechts S. 5: „Elke onregtmatige daad, waardoor aan een ander schade wordt toegebracht, stelt dengenen door wiens schuld die schade veroorzaakt is in de verpligting om dezelve te vergoeden.“.

44 Gesetzestext von Art. 1402 BW (oud) nach Hohlbein, Die neuere Entwicklung des niederländischen außervertraglichen Haftungsrechts S. 5: „Een ieder is verantwoordelijk, niet alleen voor de schade welke hij door zijne daad maar ok voor die welke hij door zijne nalatigheid of onvoorzichtigheid veroorzaakt heeft.“.

## 1. Voraussetzungen der Haftung nach Art. 1401 BW (oud)

Mit der unerlaubten Handlung, der Schuld des Täters, dem Vorliegen eines Schadens und der nötigen Kausalität mussten vier Voraussetzungen für eine Haftung nach Art. 1401 BW (oud) erfüllt sein. Dabei war die erste und wichtigste Voraussetzung für eine Haftung nach Art. 1401 BW (oud) das Vorliegen einer unerlaubten Handlung.[45] Der Begriff der unerlaubten Handlung wurde eng ausgelegt.[46] Für eine unerlaubte Handlung im Sinne des Art. 1401 BW (oud) wurde zunächst eine Straftat oder eine derartige Handlung, die dem gleichgestellt werden konnte, verlangt.[47] Sofern eine Handlung nicht ausdrücklich gegen eine gesetzliche Bestimmung verstieß, handelte es sich um keine unerlaubte Handlung nach Art. 1401 BW (oud). Der Begriff „onrechtmatig" (unerlaubt) wurde in der Praxis daher auch als „onwetmatig" (nicht gesetzmäßig) aufgefasst.[48] Daher wäre es Aufgabe des Gesetzgebers gewesen, durch den Erlass von Gesetzen den Tatbestand der unerlaubten Handlung auszufüllen.[49] Da es unmöglich ist, alle denkbaren Fälle gesetzlich zu regeln, fand Art. 1401 BW (oud) in der Praxis nur vereinzelt Anwendung.[50]

Falls eine unerlaubte Handlung angenommen werden konnte, musste durch diese ein Schaden entstanden sein. Dafür war bei der Einführung des Art. 1401 BW (oud) zunächst Kausalität im Sinne der conditio-sine-qua-non-Formel ausreichend. Zudem musste der Täter schuldhaft hinsichtlich der Entstehung des Schadens gehandelt haben. Es handelte sich somit um eine verschuldensabhängige Haftung.

---

45 Asser/ Rutten, 4-III 1979, S. 49.

46 Hohlbein, Die neuere Entwicklung des niederländischen außervertraglichen Haftungsrechts S. 5; Pitlo – Bolweg, Het Verbintenissenrecht I, S. 288.

47 Asser, Het Nederlandsch Burgerlijk Wetboek, vergeleken met het Wetboek Nappleon, S. 488: „...misdrijf, of zodanige handeling, welke daarmede wordt gelijk gesteld.".

48 Pitlo – Bolweg, Het Verbintenissenrecht I, S. 288; Jansen, Onrechtmatige daad, S. 2.

49 Mertz, Der Schutz primärer Vermögensinteressen im niederländischen und deutschen Haftungsrecht, S. 9.

50 Hohlbein, Die neuere Entwicklung des niederländischen außervertraglichen Haftungsrechts, S. 5.

## 2. Haftung nach Art. 1402 BW (oud)

Wegen des begrenzten Anwendungsbereichs des Art. 1401 BW (oud) sah sich die Rechtsprechung zur Vermeidung entstehender Regelungslücken veranlasst, Art. 1402 BW (oud) als eigene Anspruchsgrundlage anzusehen.[51] Aus der gegenseitigen Abhängigkeit und den unterschiedlichen Bestimmungen der Art. 1401 BW (oud) und Art. 1402 BW (oud) folge, dass für eine Tat, die gegen kein Gesetz verstößt, dennoch gehaftet werden könne, wenn der Täter unvorsichtig gehandelt habe.[52] Eine unvorsichtige Handlung konnte dabei dem Begriff der Fahrlässigkeit gleichgesetzt werden.[53] Neben der Haftung desjenigen, der unvorsichtig handelte, haftete nach Art. 1402 BW (oud) außerdem derjenige für einen entstandenen Schaden, der es unterließ, etwas zu tun, wozu eine Verpflichtung bestand.[54] Der Schaden wurde dann durch seine Nachlässigkeit (nalatigheid) verursacht.[55]

## 3. Entwicklung und Auslegung in der Rechtsprechung

Der Begriff der unerlaubten Handlung nach Art. 1401 BW (oud) wurde durch die Rechtsprechung in der Folgezeit weiter ausgelegt. So entschied der Hoge Raad zunächst am 25. Oktober 1850, dass eine unerlaubte Handlung bereits vorliege, wenn man kein Recht zu der Handlung habe.[56] Entgegen der vorherigen Auffassung, wonach noch erlaubt war, was nicht verboten ist, sollte nun gelten, dass das verboten ist, was nicht ausdrücklich erlaubt war.[57] Diese Auslegung wurde vom Hoge

---

51 Mertz, Der Schutz primärer Vermögensinteressen im niederlandischen und im deutschen Haftungsrecht, S. 13.

52 Mertz, Der Schutz primärer Vermögensinteressen im niederlandischen und im deutschen Haftungsrecht, S. 13.

53 Mertz, Der Schutz primärer Vermögensinteressen im niederländischen und im deutschen Haftungsrecht, S. 13.

54 Pitlo, Het Verbintenissenrecht I, S. 287.

55 Van Maanen, Onrechtmatige daad, S. 43 f.

56 Mertz, Der Schutz primärer Vermögensinteressen im niederlandischen und im deutschen Haftungsrecht, S. 10.

57 Mertz, Der Schutz primärer Vermögensinteressen im niederlandischen und im deutschen Haftungsrecht, S. 10.

Raad am 22. Mai und 26. Juni 1863 bestätigt. Danach wurde eine unerlaubte Handlung angenommen, wenn man etwas tue, wozu man kein Recht habe.[58]

Diese weite Auslegung wurde mit der sog. „notaris-Entscheidung" vom 6. April 1883 eingeschränkt. Nach dieser Entscheidung war eine Handlung nicht mehr unerlaubt, wenn sie nicht im Widerspruch zu einer Rechtspflicht des Täters stand oder sie nicht das Recht eines anderen verletzte.[59] Eine Handlung war somit grundsätzlich erlaubt, solange sie nicht gegen eine Rechtspflicht verstieß oder das subjektive Recht eines anderen verletzte.[60]

## 4. Auswirkungen auf Art. 1402 BW (oud)

Mit der „notaris-Entscheidung" änderten sich nicht nur die von der Rechtsprechung gestellten Anforderungen für eine Haftung gemäß Art. 1401 BW (oud), sondern auch für die Haftung nach Art. 1402 BW (oud). Art. 1402 BW (oud) wurde nach dieser Entscheidung lediglich als eine Ergänzung zu Art. 1401 BW (oud) angesehen. Die Anwendbarkeit des Art. 1402 BW (oud) setzte seitdem immer die Voraussetzungen der Haftung nach Art. 1401 BW (oud) voraus.[61] Daher war es für einen Anspruch nach Art. 1402 BW (oud) nun ebenso erforderlich, dass gegen eine Rechtspflicht verstoßen bzw. ein subjektives Recht eines anderen verletzt wurde. Fortan galt, dass Art. 1401 BW (oud) bei einem Tun und Art. 1402 BW (oud) bei einem Unterlassen Anwendung finden sollte.[62]

---

[58] Mertz, Der Schutz primärer Vermögensinteressen im niederlandischen und im deutschen Haftungsrecht, S. 11.

[59] Mertz, Der Schutz primärer Vermögensinteressen im niederlandischen und im deutschen Haftungsrecht, S. 12.

[60] Mertz, Der Schutz primärer Vermögensinteressen im niederlandischen und im deutschen Haftungsrecht, S. 12.

[61] vgl. Hohlbein, Die neuere Entwicklung des niederländischen außervertraglichen Haftungsrechts, S. 6.

[62] Hohlbein, Die neuere Entwicklung des niederländischen außervertraglichen Haftungsrechts, S. 6.

## 5. Haftung für durch den Betrieb von Kraftfahrzeugen entstandene Schäden

Ab dem Ende des 19. Jahrhunderts entstanden im niederländischen Straßenverkehr auch Schäden aufgrund des beginnenden Betriebs von Kraftfahrzeugen. Als unerlaubte Handlung im Sinne des Art. 1401 BW (oud) kam hierbei zunächst die Verletzung eines subjektiven Rechts in Betracht. Da bei einem Zusammenstoß mit einem Kraftfahrzeug in der Regel in das Eigentumsrecht oder das Recht auf Leben bzw. das Recht auf körperliche Integrität eingegriffen wurde, lag eine unerlaubte Handlung in Form der Verletzung eines subjektiven Rechts vor.

Im Jahre 1905 wurde das Motor-en Rijwielwet (MRW) verabschiedet.[63] Das MRW beinhaltete unter anderem Vorschriften über das Verhalten im Verkehr. Bei einem Unfall mit dem Kraftfahrzeug konnte seitdem eine unerlaubte Handlung auch mit einem Verstoß gegen die Straßenverkehrsregeln und somit gegen geschriebenes Gesetz begründet werden.

Zwanzig Jahre später wurde erstmalig eine Eigentümer- und Halterhaftung in das MRW aufgenommen, so dass sich die Geschädigten eines Zusammenstoßes mit einem Kraftfahrzeug bei der Geltendmachung eines Schadensersatzanspruches nicht mehr auf die verschuldensabhängige Haftung des Art. 1401 BW (oud) beschränken mussten. Die neu geschaffene Haftung des Eigentümers oder Halters nach Art. 25 MRW setzte zwar kein Verschulden voraus, galt aber nur bei einem Verkehrsunfall mit einem Kraftfahrzeug und einem nicht motorisierten Verkehrsteilnehmer. Die Probleme, die sich insbesondere bei dem Nachweis des Verschuldens für eine Haftung nach Art. 1401 BW (oud) stellten, fielen bei den Radfahrern und Fußgängern somit weitestgehend weg. So war es den Geschädigten bis zur Einführung des Art. 25 MRW durch die schnelle Abfolge eines Verkehrsunfalls mit einem Kraftfahrzeug häufig nicht möglich, ein Verschulden nachzuweisen. Art. 1401 BW (oud) verlor daher gegenüber den nicht motorisierten Verkehrsteilnehmern an Bedeutung. Da die Haftung des Eigentümers bzw. Halters jedoch gegenüber anderen Kraftfahrzeugen in Bewegung keine Anwendung fand, war Art. 1401 BW (oud) fortan vor allem für Verkehrsunfälle zwischen zwei Kraftfahrzeugen relevant.

---

63 Stb. 1905, 69.

### III. Konkretisierungen der Haftung nach Art. 1401 BW (oud)

Der Anwendungsbereich des Art. 1401 BW (oud) wurde in der Folgezeit durch weitere gerichtliche Entscheidungen näher konkretisiert, die zum Teil auch Anlass für Gesetzesvorschläge waren.[64]

#### 1. Zutphense waterleiding - Entscheidung

So war bei der sog. „Zutphense waterleiding"- Entscheidung ein großer Schaden in einem Lagerhaus entstanden, da sich eine Nachbarin weigerte, einen Wasserhahn abzustellen, nachdem in dem Lagerhaus eine Wasserleitung geplatzt war. Der Hoge Raad entschied, dass der Frau kein Verhalten vorgeworfen werden könne, welches eine unerlaubte Handlung begründen könne. Zwar sei das Unterlassen der Frau nach gesellschaftlichen und sittlichen Maßstäben zu verurteilen, dies reiche jedoch für das Vorliegen einer unerlaubten Handlung nicht aus.[65]

#### 2. Gesetzesentwurf Heemskerks

Diese Auslegung der unerlaubten Handlung wurde als zu eng angesehen, da sie zu unbefriedigenden Ergebnissen führe. Ein Gesetzesentwurf zu Art. 1401 BW (oud) im Jahr 1913 sah daher eine Erweiterung des Begriffs der unerlaubten Handlung vor, der auch den Verstoß gegen die guten Sitten umfassen sollte:[66]

Art. 1401 Abs. 1 BW (oud): „Jede unerlaubte Handlung, wodurch einem anderen Schaden zufügt wird, verpflichtet denjenigen, durch dessen Schuld der Schaden verursacht wurde, zum Schadensersatz."[67]

---

[64] Asser/ Rutten, 4-III 1979, S. 49 ff.

[65] Mertz, Der Schutz primärer Vermögensinteressen im niederlandischen und im deutschen Haftungsrecht, S. 22.

[66] Wijziging Burgerlijk Wetboek omtrent de verbintenis uit onrechtmatige daad 1913, online aufrufbar unter: http://resolver.kb.nl/resolve?urn=sgd:mpeg21:19121913:0000522&role=pdf; abgerufen am: 10.05.2017.

[67] Gesetzestext von Art. 1401 Abs. 1 BW nach Wijziging Burgerlijk Wetboek omtrent de verbintenis uit onrechtmatige daad 1913, online aufrufbar unter: http://resolver.kb.nl/resolve?urn=sgd:mpeg21:19121913:0000522&role=pdf; abgerufen am: 10.05.2017: „Elke onrechtmatige daad, waardoor aan een ander schade wordt toegebracht, verplicht dengenen door wiens schuld die schade veroozaakt is, tot schadevergoeding.".

Art. 1401 Abs. 2 BW (oud): „Unter einer unerlaubten Handlung wird ein Tun oder Unterlassen verstanden, das entweder das Recht eines anderen verletzt, in Streit mit einer Rechtspflicht des Täters steht, oder gegen die Sitten verstößt, sei es gegen die guten Sitten, sei es gegen die Sorgfalt, die sich im Verkehr hinsichtlich einer anderen Person oder eines anderen Guts gehört.“[68]

Der Entwurf wurde jedoch nicht umgesetzt. Vielmehr war es wieder eine Gerichtsentscheidung des Hoge Raad, die die unerlaubte Handlung nach Art. 1401 BW (oud) erweiterte.

## 3. Lindenbaum-Cohen-Entscheidung

In der sog. „Lindenbaum-Cohen“-Entscheidung vom 31. Januar 1919 ging es um eine Betriebsspionage.[69] Der Hoge Raad entschied, dass eine unerlaubte Handlung nicht nur dann angenommen werden könne, wenn eine Unrechtmäßigkeit aus gesetzlichen Vorschriften unmittelbar herzuleiten sei, sondern in wörtlicher Übernahme des Gesetzesentwurfs Heemskerks nahm der Hoge Raad auch Verstöße gegen die guten Sitten oder gegen die Sorgfalt als unerlaubte Handlung an.[70] Nach dieser Entscheidung war unter einer unerlaubten Handlung im Sinne des Art. 1401 BW (oud) somit ein Tun oder Unterlassen zu verstehen, das entweder das Recht eines anderen verletzt, in Streit mit einer Rechtspflicht des Täters steht, oder gegen Sitten verstößt, sei es gegen die guten Sitten, sei es gegen die Sorgfalt, die sich im Verkehr hinsichtlich einer anderen Person oder Sache gehört.[71] Das Ausspionieren und Abwerben von Aufträgen war in diesem Fall ein Verstoß gegen die im

---

68 Gesetzestext von Art. 1402 Abs. 2 BW nach Wijziging Burgerlijk Wetboek omtrent de verbintenis uit onrechtmatige daad 1913, online aufrufbar unter: http://resolver.kb.nl/resolve?urn=sgd:mpeg21:19121913:0000522&role=pdf; abgerufen am: 10.05.2017: „Onder onregtmatige daad wordt verstaan een handelen of nalaten, dat of inbreuk maakt op een anders regt, of in strijd is met des daders regtspligt, of indruischt, hetzij tegen de goede zeden, hetzij tegen de zorgvuldigheid, welke in het maatschappelijk verkeer betaamt ten aanzien van eens anders persoon of goed.“.

69 Hoge Raad, 31. Januar 1919, NJ 1919, 161.

70 Hoge Raad, 31. Januar 1919, NJ 1919, 161, 163.

71 Hoge Raad 31. Januar 1919, NJ 1919, 161: „Onder onrechtmatige daad ist te verstaan een handelen of nalaten, dat of inbreuk maakt op eens anders recht, of in strijd is met des daders rechtsplicht of indruischt hetzij tegen de goede zeden, het-

Verkehr erforderliche Sorgfalt und somit eine unerlaubte Handlung im Sinne des Art. 1401 BW (oud).[72]

Neben der Erweiterung des Begriffs der unerlaubten Handlung, der nun auch Verstöße gegen die guten Sitten und Sorgfalt umfasste, sah der Hoge Raad eine unerlaubte Handlung im Sinne des Art. 1401 BW (oud) als ein Tun oder Unterlassen an, wodurch die Bedeutung des Art. 1402 BW (oud) als selbstständige Anspruchsgrundlage im Falle eines Unterlassens weiter abnahm.[73]

Diese Erweiterung des Begriffs der unerlaubten Handlung hatte keine Auswirkungen auf die Haftung bei Unfällen im Straßenverkehr. Bei einem Verkehrsunfall lag in der Regel bereits ein Verstoß gegen eine Verhaltensvorschrift aus dem MRW und somit gegen ein Gesetz vor. Auch konnte sich für das Bestehen einer unerlaubten Handlung bereits auf die Verletzung eines subjektiven Rechts gestützt werden, da mit einem Verkehrsunfall in der Regel Personen- oder Sachschäden verbunden waren.

## IV. Einschränkung der Haftung nach Art. 1401 BW (oud)

Die Haftung nach Art. 1401 BW (oud) wurde durch eine Entscheidung des Hoge Raad im Jahr 1928 eingeschränkt.[74] Neben den geschriebenen Tatbestandsmerkmalen musste nun auch das Rechtsgut, das durch die Handlung verletzt wurde, vom Schutzzweck der Norm umfasst sein. Bei einem Verkehrsunfall war dies vor allem für die bei Art. 1401 BW (oud) hinzugezogenen Vorschriften des MRW bedeutsam. Diese schützten in der Regel nur die Verkehrsteilnehmer und keine unbeteiligten Personen, die beispielsweise einen Verkehrsunfall gesehen und hierbei einen Schock erlitten haben.

---

zij tegen de zorgvuldigheid, welke in het maatschappelijk verkeer betaamt ten aanzien van eens anders persoon of goed.“; Hohlbein, Die neuere Entwicklung des niederländischen außervertraglichen Haftungsrechts, S. 11.

72 Hoge Raad, 31. Januar 1919, NJ 1919, 161.

73 Vgl. Hohlbein, Die neuere Entwicklung des niederländischen außervertraglichen Haftungsrechts, S. 11.

74 Hoge Raad, 25. Mai 1928, NJ 1928, S. 1688 ff.

## V. Einführung von Art. 6: 162 BW im Nieuwe Burgerlijk Wetboek

Die Regelung des Art. 1401 BW (oud) wurde vor allem durch die Rechtsprechung näher konkretisiert und ausgelegt.[75] Über lange Zeit fehlte eine gesetzliche Regelung, die vor allem den Anwendungsbereich der unerlaubten Handlung näher festlegte. So kamen immer wieder Reformdiskussionen auf. Gerade nach dem zweiten Weltkrieg mehrten sich die Wünsche nach einer klareren Regelung. So wurde 1947 der Leidener Professor Eduard Meijers durch die Königin Wilhelmina mit der Ausarbeitung eines neuen Entwurfs des Burgerlijk Wetboek beauftragt.[76] Im Jahre 1954 wurden zunächst Entwürfe der Bücher 1-5 und des Einführungstitels veröffentlicht. Nach dem Tod Meijers im Jahr 1954 übernahm eine Kommission die Arbeiten für ein neues Bürgerliches Gesetzbuch. Dies führte zu Verzögerungen, so dass erst 1970 Buch 1 über das Personen- und Familienrecht verabschiedet wurde. 1976 folgte Buch 2 über das Recht der juristischen Personen. Schließlich traten am 1. Januar 1992 die Bücher 3, 5, 6, 7 und 8 des neuen Bürgerlichen Gesetzbuches in Kraft, wobei in Buch 6 das Recht der unerlaubten Handlung geregelt ist und die relevantesten Vorschriften für die Haftung bei einem Verkehrsunfall enthalten sind.[77] Im Jahr 2003 folgte Buch 4, das das in Buch 3 geregelte Erbrecht übernahm. Das Recht der unerlaubten Handlung im Buch 6 ist seit 1992 in den Art. 6: 162 ff. BW geregelt. Art. 6: 162 BW stellt die heutige Generalklausel des Deliktsrechts dar. Dabei hat sich die gefestige Rechtsprechung des Hoge Raad zu Art. 1401 BW (oud) auf die Neufassung des Art. 6: 162 BW ausgewirkt.[78] So ist nach dem noch heute geltenden Art. 6: 162 Abs. 1 BW derjenige, der gegen einen anderen eine unerlaubte Handlung begeht, die ihm zugerechnet werden kann, verpflichtet, den Schaden zu ersetzen, den der andere dadurch erleidet.[79] Die unerlaubte Handlung wird in Art. 6: 162 Abs. 2 BW als ein Eingriff in ein Recht und ein Tun oder Unterlassen, das einer gesetzlichen

75 Simsa, Die gerichtliche und außergerichtliche Regulierung von Verkehrsunfällen in Deutschland und in den Niederlanden, S. 132.

76 Hondius, AcP 1991, 378.

77 Zweigert/ Kötz, Rechtsvergleichung, S. 100; Stb. 1991, 600.

78 Hoge Raad, 31. Januar 1919, NJ 1919, 161.

79 Art. 6: 162 Abs. 1 BW: „Hij die jegens een ander een onrechtmatige daad pleegt, welke hem kan worden toegerekend, is verplicht de schade die de ander dientengevolge lijdt, te vergoeden.“.

Pflicht oder dem, was sich nach ungeschriebenen Regeln im Verkehr gehört, widerspricht, vorbehaltlich des Vorliegens eines Rechtfertigungsgrundes, angesehen.[80] Für das Vorliegen einer unerlaubten Handlung bestehen somit die gleichen Voraussetzungen, wie sie bereits der Hoge Raad in ständiger Rechtsprechung für erforderlich gehalten hatte.[81] Für das Schadensersatzrecht bedeutet die Einführung des Art. 6: 162 BW insofern nur eine Kodifizierung der ständigen Rechtsprechung.[82] Mit Art. 6: 163 BW wurde außerdem eine Regelung geschaffen, nach der keine Verpflichtung zum Schadensersatz besteht, wenn die verletzte Norm nicht gegen einen solchen Schaden schützt, wie ihn der Geschädigte erlitten hat.[83] Auch dieser Artikel beruht auf der bereits in der Rechtsprechung angewandten Lehre vom Schutzzweck der Norm.[84]

## B. Eigentümer- und Halterhaftung nach Art. 185 WVW

Die Haftungsmöglichkeit des Eigentümers oder Halters eines Kraftfahrzeugs bei Verkehrsunfällen besteht seit 1925 und findet sich heute in Art. 185 WVW wieder. Zunächst war die Eigentümer- bzw. Halterhaftung in Art. 25 des Motor- en Rijwielwet (Abk. MRW) geregelt. Das MRW wurde 1905 in den Niederlanden eingeführt.[85] Im Jahr 1925 erfolgte eine Reform des Gesetzes, bei der die Eigentümer- bzw. Halterhaftung nach Art. 25 MRW in das Gesetz aufgenommen wurde.[86] Zehn Jahre später wurde mit dem „Wegenverkeerswet 1935“ (Abk. WVW (oud)) ein neues Gesetz für den Straßenverkehr verabschiedet, wenngleich es erst 1951 in Kraft trat und ab diesem Zeitpunkt das

---

80 Art. 6: 162 Abs. 2 BW: „Als onrechtmatige daad worden aangemerkt een inbreuk op een recht en een doen of nalaten in strijd met een wettelijke plicht of met hetgeen volgens ongeschreven recht in het maatschappelijk verkeer betaamt, een en ander behoudens de aanwezigheid van een rechtvaardigingsgrond.“.

81 Hoge Raad, 31. Januar 1919, NJ 1919, 161.

82 Simsa, Die gerichtliche und außergerichtliche Regulierung von Verkehrsunfällen in Deutschland und in den Niederlanden, S. 132.

83 Art. 6: 163 BW: „Geen verplichting tot schadevergoeding bestaat, wanneer de geschonden norm niet strekt tot bescherming tegen de schade zoals de benadeelde die heeft geleden.“.

84 Hoge Raad, 25. Mai 1928, NJ 1928, S. 1688 ff.

85 Stb. 1905, 69.

86 Stb. 1924, 492.

MRW ersetzte.[87] Der für die Eigentümer- oder Halterhaftung eingeführte Art. 31 WVW (oud) entsprach dabei grundsätzlich dem Art. 25 MRW. Im Jahr 1994 erließ der Gesetzgeber mit dem „Wegenverkeerswet 1994“ (Abk. WVW) wiederum ein neues Straßenverkehrsgesetz.[88] Seit 1994 ist die Eigentümer- und Halterhaftung daher in Art. 185 WVW geregelt, der auch heute noch Geltung hat. Bei der Einführung des Art. 185 WVW wurden die bisherigen Bestimmungen des bis dahin geltenden Art. 31 WVW (oud) weitestgehend übernommen. Teile des Art. 31 WVW (oud) wurden jedoch auch in den Allgemeinen Teil des neuen WVW verschoben. Schließlich kam es im Jahr 2005 zu einer Änderung des Art. 185 WVW, bei der Art. 185 Abs. 3 WVW gestrichen wurde und die anderen Absätze so eine andere Nummerierung erhielten.

### I. Art. 25 Motor- en Rijwielwet

Ende des 19. Jahrhunderts wurden die ersten Kraftfahrzeuge entwickelt und in den Niederlanden gefahren. Zu diesem Zeitpunkt bestimmten die Gemeinden und Provinzen eigenständig die Regelungen für den Verkehr in ihren Gebieten und widersetzten sich einer einheitlichen Regelung.[89] Erst 1899 war es der niederländische Verkehrsminister Lely, der aufgrund des vermehrten Aufkommens von Kraftfahrzeugen ein Gesetz zur Vereinheitlichung des Straßenverkehrsrechts für die Niederlande entwarf.[90] Die Provinzen und Gemeinden lehnten eine einheitliche Regelung jedoch zunächst ab. Erst einige Jahre später wurde erneut ein Gesetzesentwurf zur Vereinheitlichung der Verkehrsregeln für Kraftfahrzeuge in den Niederlanden vorgestellt. Der Gesetzesentwurf enthielt zuerst nur Verkehrsregeln für Kraftfahrzeuge, wurde jedoch noch auf Fahrräder ausgeweitet und schließlich auch umgesetzt. So wurde am 10. Februar 1905 ein nach beiden Verkehrsmitteln benanntes Gesetz, das Kraft- und Fahrradgesetz (Motor- en Rijwielwet, Abk. MRW), erlassen.[91] Bestimmungen zu

---

87 Stb. 1951, K 466; Stb. 1935, 554.

88 Stb. 1994, 475.

89 Van Wijk, Verkeersaansprakelijkheid, S. 13.

90 Stb. 1905, 69; https://www.uni-muenster.de/NiederlandeNet/nl-wissen/freizeit/vertiefung/fahrrad/weichenstellung.html; abgerufen am: 12.07.2016.

91 https://www.uni-muenster.de/NiederlandeNet/nl-wissen/freizeit/vertiefung/fahrrad/weichenstellung.html; abgerufen am: 12.07.2016; Kooiman, De Motor- en Rijwielwet I, S. 40.

einer besonderen zivilrechtlichen Haftung für Kraftfahrzeuge enthielt das MRW dabei noch nicht. Erst in den folgenden Jahren sprach man sich für eine Regelung der Haftung des Eigentümers bzw. Halters im Rahmen von Verkehrsunfällen mit Kraftfahrzeugen aus.[92] Bis dahin herrschte eine unbefriedigende Situation bei der Haftung für die Schäden, die im Rahmen eines Verkehrsunfalls entstanden. So nahm der Verkehr mit Kraftfahrzeugen im frühen 20. Jahrhundert erheblich zu, wodurch die Gefahren für die anderen Verkehrsteilnehmer, insbesondere der nicht motorisierten Verkehrsteilnehmer, größer wurden.[93] Für eine Haftung der bei einem Verkehrsunfall mit Beteiligung eines Kraftfahrzeugs entstandenen Schäden musste der Anspruch jedoch auf die allgemeine deliktische Haftung nach Art. 1401 BW (oud) gestützt und somit Verschulden nachgewiesen werden. Dies war für das Verkehrsopfer durch die schnelle Abfolge des Verkehrsunfalls häufig nicht möglich.[94] Konnte das Verschulden nicht bewiesen werden, hatte der Geschädigte den gesamten Schaden, der ihm zugefügt wurde, selbst zu tragen.[95] Dieser Zustand stieß auf große Kritik, so dass auch der Gesetzgeber tätig wurde und neben einigen anderen Änderungen des MRW im Jahr 1925 auch die Haftung des Eigentümers oder Halters eines Kraftfahrzeugs gemäß Art. 25 MRW einführte.[96]

### 1. Kritik und Entwurf Star Busmanns

Zunächst war es Star Busmann, der sich im Jahr 1908 mit der Haftung bei Unfällen mit Kraftfahrazeugen im Verkehrsrecht beschäftigte und auf die unzureichenden Regelungen der Art. 1401 ff. BW bei Schäden hinwies, die durch den Gebrauch von Kraftfahrzeugen verursacht

---

92 Ekering, Motorrijtuig en Aansprakelijkheid naar Nederlandsch Burgerlijk Recht, S. 3 f.

93 Ekering, Motorrijtuig en Aansprakelijkheid naar Nederlandsch Burgerlijk Recht, S. 3 f.; van Wijk, Verkeersaansprakelijkheid, S. 13; Leerink, De verkeersveiligheid op den weg, S. 56 ff.; Star Busmann, Vragen des Tijds II 1922, 163, 166 f.

94 Star Busmann, Vragen des Tijds 1922 II, 163, 169 f.

95 Ekering, Motorrijtuig en Aansprakelijkheid naar Nederlandsch Burgerlijk Recht, S. 4 f.

96 Stb. 1924, 492; Ekering, Motorrijtuig en Aansprakelijkheid naar Nederlandsch Burgerlijk Recht, S. 27; Ernst – van Dam/ van Maanen, The development of traffic liability, S. 133.

wurden.[97] Für diese Schäden sollte daher eine schärfere Haftung eingeführt werden, wobei Star Busmann aufgrund der fortschreitenden Entwicklung von Kraftfahrzeugen eine Haftung ohne Verschulden für notwendig erachtete. Dies sei aufgrund der hohen Gefahren, die von Kraftfahrzeugen ausgingen, erforderlich.[98] Die Haftung sollte nur entfallen, wenn die Gefährdung im konkreten Fall nicht auf dem Betrieb von Kraftfahrzeugen beruhte, sondern andere besondere Umstände hervorgetreten seien. Diese Umstände sollten dann höhere Gewalt sein.[99] Star Busmann sah daher folgenden Entwurf einer Regelung vor:

> „Die Fahrer und die Eigentümer oder Halter, die sie (Anm.: die Fahrer) fahren lassen, haften für alle Unfallschäden, die durch den Gebrauch von Kraftfahrzeugen auf den Straßen, bei Personen und Gütern verursacht werden, die nicht damit befördert werden; mit Ausnahme der Schäden, die auf höhere Gewalt oder die Schuld des Geschädigten zurückzuführen sind."[100]

## 2. Jahrestagung der niederländischen Juristenvereinigung

Nach fünf Jahren wurde auch im Rahmen der Jahrestagung der niederländischen Juristenvereinigung (Nederlandsche Juristen-Vereeniging) über die Einführung einer verschärften Haftung im Zivil- und insbesondere im Verkehrshaftungsrecht diskutiert. So wurde unter anderem erörtert, ob auch derjenige haften müsse, der nicht unerlaubt (onrechtmatig) handele, aber eine allgemeine Gefahr für das Entstehen eines Schadens schaffe und dieser Schaden dann auch tatsächlich eintrete. Vertreter dieser Auffassung waren vor allem van Leeuwen und Hijmans, die die von Kraftfahrzeugen geschaffenen Gefahren in bestimmten Fällen als Grundlage für das Bestehen eines

---

97 Ekering, Motorrijtuig en Aansprakelijkheid naar Nederlandsch Burgerlijk Recht, S. 28; Star Busmann, Rechtsgeleerd Magazijn 1908, 393, 396.

98 Ekering, Motorrijtuig en Aansprakelijkheid naar Nederlandsch Burgerlijk Recht, S. 28; Star Busmann, Rechtsgeleerd Magazijn 1908, 393.

99 Ekering, Motorrijtuig en Aansprakelijkheid naar Nederlandsch Burgerlijk Recht, S. 28; Star Busmann, Rechtsgeleerd Magazijn 1908, 393, 409 ff.

100 Star Busmann, Rechtsgeleerd Magazijn 1908, 393, 412: „De bestuurders en de eigenaars of houders, die hen doen of laten rijden, zijn aansprakelijk voor alle ongevallenschaden, door het gebruik op de wegen van motorrijtuigen, aan, door deze niet vervoerde, personen en goederen veroorzaakt; uitgezonderd voor dezulke, die aan overmacht of aan schuld van den benadeelde te wijten zijn.".

Schadensersatzanspruchs als ausreichend ansahen.[101] Zu diesen Fällen zählten sie auch die Schäden, die durch den Betrieb von Kraftfahrzeugen entstehen konnten.

### a) Entwurf Van Leeuwens

Nach Van Leeuwen sollte dem MRW nach dem Vorbild des deutschen Rechts, wo im Straßenverkehrsgesetz zwischen „I. Verkehrsvorschriften" und „II. Haftpflicht" differenziert wurde, ebenfalls ein zweiter Abschnitt hinzugefügt werden.[102] Es sollte eine Haftung des Eigentümers oder Halters eines Kraftfahrzeugs für die Schäden geschaffen werden, die durch den Betrieb des Kraftfahrzeugs entstehen. Ein Gesetzesentwurf von Van Leeuwen sah eine Haftung vor, die nicht von einem Verschulden abhängig sein und lediglich bei einem unvermeidbaren Ereignis entfallen sollte. Die beiden wichtigsten Artikel für eine Haftung des Eigentümers bzw. Halters lauteten wie folgt:

> Artikel 1: „Der, der als Eigentümer oder Halter ein Kraftfahrzeug fahren lässt, ist, wenn dabei jemand getötet oder verletzt wird, von jemandem die Gesundheit beeinträchtigt wird oder Güter eines anderen beschädigt werden, verpflichtet, den beim Geschädigten entstanden Schaden zu ersetzen. Gibt es mehrere Eigentümer oder mehrere Halter, dann sind alle gesamtschuldnerisch für den gesamten Schaden gegenüber dem Geschädigten zum Schadensersatz verpflichtet."[103]

> Artikel 2: „Die Haftung entfällt, wenn die nach dem vorherigen Artikel haftpflichtige Person beweist, dass der Unfall auf einem unvermeidbaren Ereignis beruht, das nicht die Folge eines Fehlers in der Konstruktion oder

---

[101] Ekering, Motorrijtuig en Aansprakelijkheid naar Nederlandsch Burgerlijk Recht, S. 12.

[102] Ekering, Motorrijtuig en Aansprakelijkheid naar Nederlandsch Burgerlijk Recht, S. 29 f.

[103] Gesetzestext von Art. 1 nach Ekering, Motorrijtuig en Aansprakelijkheid naar Nederlandsch Burgerlijk Recht, S. 29: „Hij die als eigenaar of houder een motorrijtuig doet of laat rijden is verplicht, wanneer daarbij iemand gedood of gewond wordt, iemands gezondheid wordt benadeeld of eens anders goederen worden beschadigd, aan den benadeelde de toegebrachte schade te vergoeden. Zijn er meerdere eigenaars of meerdere houders dan zijn allen hoofdelijk voor het geheel jegens den benadeelde tot schadevergoeding gehouden.".

dem mangelhaften Zustand des Fahrzeugs, noch eines Funktionsversagens ist. Als unvermeidbar gilt ein Ereignis im Besonderen dann, wenn dieses die Folge von Handlungen des Geschädigten selbst, von einem nicht bei dem Eigentümer oder Halter im Dienst stehenden Dritten oder von einem Tier ist, und ferner sowohl der Fahrer als auch der Eigentümer oder Halter die in den gegebenen Umständen gebotene Sorgfalt beachtet haben."[104]

### b) Ansicht Hijmans

Auch Hijmans nahm Abstand vom Verschuldensgrundsatz bei der Haftung für die Schäden, die bei Verkehrsunfällen mit einem Kraftfahrzeug entstanden sind. Eine Umkehr der Beweislast einzuführen, war nach seiner Ansicht auch nicht ausreichend, da ein Schaden auch ohne Schuld zugefügt werden könne. Außerdem könne bei Verkehrsunfällen nicht immer festgestellt werden, wer schuldhaft gehandelt habe. Einen Gesetzesentwurf, wie eine solche Haftung aussehen könne, legte er jedoch nicht vor.[105]

## 3. Erneute Kritik von Star Busmann

Als weiterer wichtiger Schritt zur Einführung einer Eigentümer- bzw. Halterhaftung im MRW diente im Jahre 1922 wiederum ein Aufruf von Star Busmann, der seine Kritik und seinen Gesetzesvorschlag aus dem Jahr 1908 mit kleinen Veränderungen wiederholte. Er beschäftigte sich mit der Frage, warum eine Haftung ausscheiden solle, nur weil der schwere Beweis einer Schuld durch die Gegenpartei nicht erbracht werden könne.[106] Dies hielt er für nicht sinnvoll. Eine Verbesserung sei jedoch nicht mit einer Umkehr der Beweislast zu erreichen. Die

---

104 Gesetzestext von Art. 2 nach Ekering, Motorrijtuig en Aansprakelijkheid naar Nederlandsch Burgerlijk Recht, S. 29 f.: „De aansprakelijkheid vervalt, wanneer de volgens het vorig artikel aansprakelijke persoon bewijst, dat het ongeval te wijten is aan een onvermijdelijke gebeurtenis, die niet het gevolg is van eene fout in de constructie of den gebrekkigen toestand van het voertuig, noch van een weigering zijner functiën. Als onvermijdelijk geldt een gebeurtenis in het bijzonder dan, wanneer deze het gevolg is van handelingen van den benadeelde zelf, van een niet bij den eigenaar of houder in dienst zijnden derde of en dier, en tevens zoowel de bestuurder als de eigenaar of houder de in de gegeven omstandigheden geboden zorg heeft in acht genomen.".

105 Ekering, Motorrijtuig en Aansprakelijkheid naar Nederlandsch Burgerlijk Recht, S. 30.

106 Star Busmann, Vragen des Tijds 1922 II, 163, 169 ff.

Haftung sollte allein auf der Gefahr, die von Kraftfahrzeugen ausgeht, beruhen und es sollte nur derjenige haften, der diese Gefahr ins Leben gerufen habe. Im Gegensatz zu seiner vorherigen Kritik bezog er den Fahrer nicht mehr mit in die Haftung ein, sondern stellte allein auf die Haftung des Eigentümers bzw. Halters ab. Da Star Busmann jedoch den Glauben in die Einführung einer solchen eigenständigen gesetzlichen Regelung verlor, schlug er vor, diese Haftung über Art. 1406 BW (oud) zu konstruieren, die eigentlich die Haftung des Besitzers für Schäden durch eine bewegliche Sache betraf.[107] Zur Umsetzung dieses Vorschlags kam es jedoch nicht.

## 4. Parlaments- und Senatssitzungen

Vielmehr wurde im Sitzungsjahr 1923/1924 im Parlament (Tweede Kamer) und im Jahr 1924 im Senat (Eerste Kamer) über die Einführung des Art. 25 MRW beraten, der schließlich im Jahr 1925 verabschiedet wurde.[108] Dabei dienten die Ausführungen von Star Busmann, von van Leeuwens und von Hijmans als Grundlage für die neue gesetzliche Regelung. Im Parlament wurden bei der Neuregelung zu Beginn zwei Alternativen erörtert, wie von der bisherigen ausschließlichen Haftung nach Art. 1401 ff. BW (oud) bei einem Verkehrsunfall abgewichen werden kann. So sollte entweder eine Haftung eingeführt werden, die auf einem subjektiven System mit einer Schuldvermutung beruhe, oder eine Haftung, die auf ein objektives System gestützt war, das auf der reinen Gefährdung durch Kraftfahrzeuge beruhe. Dabei waren die Meinungen, auf welche Grundlage (grondslag) das Gesetz gestützt werden sollte, im Senat bzw. Parlament geteilt. Die Systeme und Ansichten über die Grundlage der Gefährdungshaftung wurden in den Sitzungen zum Teil sogar vermischt. Aus der parlamentarischen

---

107 Ekering, Motorrijtuig en Aansprakelijkheid naar Nederlandsch Burgerlijk Recht, S. 31 f.; Gesetzestext von Art. 1406 BW (oud) nach Scholten, WPNR 1911, 2149: „(1) Indien schade wordt toegebragt door een dier of door eenige andere zaak, dan berokkent degegene, aan wiens schuld te wijten is, dat de schade toegebragt wordt, zelf die schade door eene onregtmatige daad.
(2) De eigenaar wordt, behoudens bewijs van het tegendeel, geacht de schade door zijne schuld te hebben berokkend. Met den eigenaar wordt te dezen opzigte gelijk gesteld de laatste eigenaar van eenige zaak, die ten tijde, dat de schade toegebragt werd, aan niemand toebehoorde.“.

108 Stb. 1924, 492.

Entwicklung können daher keine genauen Rückschlüsse für die Grundlage der Haftung nach Art. 25 MRW gezogen werden.[109]

### a) Vorläufiger Bericht

Zuerst kam im sogenannten vorläufigen Bericht (Voorloopig Verslag) des Senats zum Ausdruck, dass die Haftung bei Schäden, die durch ein Kraftfahrzeug verursacht werden, verschärft werden müsse. Nach dem vorläufigen Bericht sollte eine Beweislastumkehr den Ausgangspunkt für eine Haftung dieser bei einem Verkehrsunfall entstandenen Schäden darstellen.

### b) Ministerielle Stellungnahme

In der ministeriellen Stellungnahme zum Gesetzesentwurf kam zum Ausdruck, dass eine Haftung nicht mit einem vermuteten Verschulden begründet werden könne. Diese basiere lediglich auf der Unterstellung, dass Unfälle mit Kraftfahrzeugen in der Regel durch den Fahrer des Kraftfahrzeugs verschuldet würden. Dafür gäbe es jedoch keine Statistik, die diese Vermutung belege. Das bloße Vermuten von Schuld sei deshalb noch nicht ausreichend, um ein solches gesetzliches Eingreifen zu begründen.[110]

### c) Sitzung am 8. Mai 1924

Die Befürworter der verschärften Haftung bei einem Verkehrsunfall mit einem Kraftfahrzeug waren von der ministeriellen Stellungnahme nicht überzeugt. Bei einer anschließenden Sitzung am 8. Mai 1924 wurde daher durch van Sasse van Ijsselt und van Rappard die Einführung der folgenden Regelung vorgeschlagen:

> „Der Eigentümer oder Halter eines Kraftfahrzeugs, das er fahren lässt, haftet für alle Schäden eines Unfalls, die durch einen Zusammenstoß, ein An- oder Überfahren mit dem Fahrzeug auf der Straße an nicht damit

109 Ekering, Motorrijtuig en Aansprakelijkheid naar Nederlandsch Burgerlijk Recht, S. 32 ff.; van Oven, NJB 1932, 145, 146.

110 Ekering, Motorrijtuig en Aansprakelijkheid naar Nederlandsch Burgerlijk Recht, S. 33.

beförderten Personen oder Gütern verursacht werden, solange die Schäden nicht auf höherer Gewalt oder der Schuld des Geschädigten beruhen."[111]

### aa) Zielsetzung und Umsetzung

Ursprünglich sollte eine gesetzliche Regelung entworfen werden, die auf der Gefährlichkeit des Betriebs von Kraftfahrzeugen beruhen sollte. Der Eigentümer bzw. Halter des Kraftfahrzeugs, der für das Inverkehrbringen verantwortlich sei, sollte verschuldensunabhängig für die entstandenen Schäden haften. Eine Umkehr der Beweislast war somit ursprünglich nicht beabsichtigt. Bei dieser könne der Schuldgedanke nicht ganz ausgeschlossen werden, da eine Beweislastumkehr in der Regel auf einer Schuldvermutung beruhe.[112] Der Entwurf von van Sasse van Ijsselt und van Rappard sah zwar eine Haftung vor, die auf der von Kraftfahrzeugen geschaffenen Gefahr beruhte, die Regelung enthielt jedoch zugleich eine Beweislastumkehr, da die Haftung nur bestand, solange die Schäden nicht auf höherer Gewalt oder der Schuld des Geschädigten beruhten. Der Entwurf stellte somit eine Mischung aus einer Gefährdungshaftung und einer Beweislastumkehr dar, was auf Kritik bei Ekering stieß.[113]

### bb) Forderung Heemskerks

Es folgten kontroverse Diskussionen, an denen sich auch der damalige Justizminister Heemskerk beteiligte. Dieser sprach sich zunächst für eine Haftung aus, die allein auf der Gefahr, die von Kraftfahrzeugen ausgeht, bestehen müsse. Danach forderte Heemskerk jedoch, dass kein Anspruch bestehen solle, wenn die erforderliche Sorgfalt beachtet wurde. Fehlerfreies Fahren konnte also wiederum ein Grund für den Ausschluss der Haftung sein. Die Aussage des Ministers war damit

[111] Ekering, Motorrijtuig en Aansprakelijkheid naar Nederlandsch Burgerlijk Recht, S. 33: „De Eigenaar of houder van een motorrijtuig, die het doet of laat rijden, is aansprakelijk voor alle schaden van een ongeval door botsing, aan- of overrijding met dat rijtuig op de wegen veroorzaakt aan door hem niet vervoerde personen of goederen, ten ware die schaden aan overmacht of aan schuld van de benadeelden mochten te wijten zijn.".

[112] Ekering, Motorrijtuig en Aansprakelijkheid naar Nederlandsch Burgerlijk Recht, S. 35.

[113] Ekering, Motorrijtuig en Aansprakelijkheid naar Nederlandsch Burgerlijk Recht, S. 35.

widersprüchlich.[114] Schließlich forderte Heemskerk eine genauere gesetzliche Regelung zu entwerfen.

### cc) Entwurf

Der Forderung des Justizministers kam van Sasse van Ijsselt mit folgendem Entwurf nach:[115]

> „Im Falle eines Zusammenstoßes, An- oder Überfahrens mittels eines Kraftfahrzeugs auf den Straßen oder Fahrradwegen haftet der Eigentümer des Kraftfahrzeugs oder - wenn die nach Art. 10 notwendige, an dem Fahrzeug angebrachte Zahl mit Buchstaben durch die zuständige Behörde auf den Halter gemeldet ist - der Halter für den Schaden, zugefügt an nicht durch das Kraftfahrzeug beförderten Personen oder Gütern, es sei denn, es ist anzunehmen, dass der Schaden auf höherer Gewalt beruht, einschließlich des Verschuldens von jemandem, für den der Eigentümer oder der Halter nicht verantwortlich ist."

Zur Vermeidung jeglicher Missverständnisse legte van Sasse van Ijsselt dar, dass die Haftung einzig und allein auf der Gefahr basieren solle, die durch den Betrieb von Kraftfahrzeugen geschaffen werde. Derjenige, der ein Kraftfahrzeug auf die öffentliche Straße bringe, müsse für den Schaden haften, den er einem anderen damit zufüge. Dies solle jedoch nicht gelten, wenn der Eigentümer oder Halter beweisen könne, dass ihn keine Schuld treffe. Die vorherige Begründung war somit hinfällig. Gleichwohl wurde der Gesetzesvorschlag umgesetzt, ohne dass dem Senat bzw. dem Parlament bewusst war, ob der Haftung

---

114 Ernst – van Dam/ van Maanen, The development of traffic liability, S. 133.

115 Gesetzestext nach Ekering, Motorrijtuig en Aansprakelijkheid naar Nederlandsch Burgerlijk Recht, S. 36: „In geval van botsing, aan- of overrijding met een motorrijtuig op de wegen of rijwielpaden, is de eigenaar van het motorrijtuig of – indien het in Art. 10 bedoelde aan het motorrijtuig aangebrachte nummer met letter door het bevoegde gezeg is opgegeven aan den houder – de houder aansprakelijk voor de schade, toegebracht aan niet door dit motorrijtuig vervoerde personen en goederen , tenzij blijkt dat de schade is te wijten aan overmacht, daaronder begrepen schuld van iemand, voor wien de eigenaar of houder niet aansprakelijk is.".

nunmehr eine Schuldvermutung oder die von Kraftfahrzeugen geschaffene Gefahr zu Grunde liegt.[116]

## 5. Fassung des Art. 25 MRW

Im Jahre 1925 trat schließlich die Ergänzung des MRW um Art. 25 MRW in Kraft.[117] Erstmals konnte seitdem in den Niederlanden der Eigentümer oder Halter eines Kraftfahrzeugs bei einem Verkehrsunfall in Anspruch genommen werden.[118] Art. 25 MRW lautete im Wortlaut wie folgt:[119]

---

116 Ekering, Motorrijtuig en Aansprakelijkheid naar Nederlandsch Burgerlijk Recht, S. 35 ff.

117 Stb. 1924, 492; http://kranten.archiefalkmaar.nl/issue/HC/1925-05-23/edition/null/page/1; abgerufen am: 29.06.2016.

118 https://kranten.archiefalkmaar.nl/issue/HC/1925-05-14/edition/null/page/6; abgerufen am: 29.06.2016.

119 Gesetzestext von Art. 25 MRW nach Stb. 1924, 492: „(1) Ingeval van botsing, aan of overrijding met een motorrijtuig op de wegen of rijwielpaden is de eigenaar van het motorrijtuig of – indien het bij Art. 9 bedoelde aan het rijtuig angebrachte nummer met letter door het bevoegde gezag is opgegeven aan den houder – de houder aansprakelijk voor de schade, toegebracht aan, niet door dat motorrijtuig vervoerde, personen en goederen, tenzij aanemelijk is, dat de schade is te wijten aan overmacht, daaronder begrepen schuld van iemand voor wien de eigenaar of houder niet aansprakelijk is.
(2) De eigenaar of houder, die het motorrijtuig niet zelf bestuurt, is aansprakelijk voor de gedragingen van dengeen, door wien hij het rijtuig doet of laat rijden.
(3) Wanneer het ongeval iemands dood ten gevolge heeft of kwetsing of verminking van eenig deel des lichaams, vinden de artt. 1406 en 1407 van het Burgerlijk Wetboek overeenkomstige toepassing met betrekking tot de personen, die eene rechtsvordering tot schadevergoeding hebben, en de wijze, waarop de schade wordt gewaardeerd.
(4) Terzake van een zelfde ongeval is het totaal bedrag der ingevolge het eerste lid verschuldigde vergoeding voor aan goederen toegebrachte schade beperkt tot de waarde van het motorrijtuig op het oogenblik van het ongeval, tenzij wordt aangetoond schuld van den eigenaar of houder zelf of van iemand, voor wien de eigenaar of houder aansprakelijk is. In geval van geschil heeft de eigenaar of houder aan te toonen tot welk bedrag zijne aansprakelijkheid is beperkt.
(5) Het bepaalde bij de vorige leden vindt geene toepassing ten aanzien van schade, door een motorrijtuig toegebracht aan losloopende dieren, aan een ander motorrijtuig in beweging of aan personen en goederen, welke daarmede worden vervoerd.
(6) De rechter kan het bedrag der schadevergoeding beperken, wanneer aanemelijk is, dat het ongeval mede is te wijten aan de schuld van iemand, voor wien de eigenaar of houder niet aansprakelijk is.

(1) Im Falle eines Zusammenstoßes, An- oder Überfahrens mittels eines Kraftfahrzeugs auf den Straßen oder Fahrradwegen haftet der Eigentümer des Kraftfahrzeugs oder - wenn die nach Art. 9 notwendige, an dem Fahrzeug angebrachte Zahl mit Buchstaben durch die zuständige Behörde auf den Halter gemeldet ist - der Halter für den Schaden, zugefügt an nicht durch das Kraftfahrzeug beförderten Personen oder Gütern, es sei denn, es ist anzunehmen, dass der Schaden auf höherer Gewalt beruht, einschließlich des Verschuldens von jemandem, für den der Eigentümer bzw. der Halter nicht verantwortlich ist.

(2) Der Eigentümer oder Halter, der das Kraftfahrzeug nicht selbst führt, haftet für die Verhaltensweisen desjenigen, den er das Fahrzeug fahren lässt.

(3) Wenn der Unfall einen Tod oder die Verletzung oder Verstümmelung von einigen Teilen des Körpers zur Folge hat, finden die Artikel 1406 und 1407 des Burgerlijk Wetboek enstprechende Anwendung in Bezug auf die Personen, die eine Schadensersatzforderung haben, und die Art und Weise, wie der Schaden bewertet wird.

(4) Bezüglich desselben Unfalls ist der Gesamtbetrag des infolge des ersten Absatzes geschuldeten Ersatzes für an Gütern zugefügten Schaden begrenzt auf den Wert des Kraftfahrzeugs im Zeitpunkt des Unfalls, es sei denn, dass ein Verschulden des Eigentümers oder Halters selbst oder von jemandem, für den der Eigentümer oder Halter verantwortlich ist, nachgewiesen wird. Im Falle eines Rechtsstreites muss der Eigentümer oder Halter beweisen, auf welchen Betrag seine Haftung begrenzt ist.

(5) Die Bestimmungen der vorhergehenden Absätze finden keine Anwendung in Bezug auf einen Schaden, der mittels eines Kraftfahrzeugs an freilaufenden Tieren, an einem anderen in Bewegung befindlichen Kraftfahrzeug oder an Personen und Gütern zugefügt wird, die damit befördert werden.

(6) Der Richter kann den Betrag des Schadensersatzes beschränken, wenn anzunehmen ist, dass der Unfall auch zum Teil auf dem Verschulden von jemandem, für wen der Eigentümer oder Halter nicht verantwortlich ist, beruht.

---

(7) De rechtsvordering tot schadevergoeding vervalt door tijdsverloop van zes maanden, te rekenen van den dag, waarop het ongeval heeft plaats gehad.

(8) De bij dit artikel gegeven voorschriften laten onverkort de uit het gemeene recht voortvloeinde aansprakelijkheid.“.

(7) Die Schadensersatzforderung entfällt durch Zeitablauf von 6 Monaten, zu rechnen ab dem Tag, an dem der Unfall stattgefunden hat.

(8) Die Vorschriften dieses Artikels beschränken nicht die Haftung, die sich aus dem allgemeinen Recht ergibt.

Die endgültige Fassung des Art. 25 MRW entsprach weitestgehend dem Entwurf von van Sasse van Ijsselt. Sowohl van Sasse van Ijsselt als auch das Parlament widersprachen sich jedoch in ihren Ausführungen zur Gesetzesbegründung.[120] Dies wurde auch in der Literatur angenommen, die feststellte, dass die parlamentarische Entwicklung für die Beurteilung der Grundlage von Art. 25 MRW nicht als Richtlinie dienen könne. Dafür seien die Entwicklungen im Senat und Parlament zu kontrovers gewesen, um daraus brauchbare Rückschlüsse ziehen zu können.[121]

## 6. Meinungsstand der Literatur nach der Einführung des Art. 25 MRW

Auch in der Literatur herrschte ein uneinheitliches Bild, ob es sich bei Art. 25 MRW nun um eine Haftung handelte, die auf einer Schuldvermutung oder allein auf der Gefahr, die von Kraftfahrzeugen ausgehe, beruhe.

### a) Risikogrundsatz nach Star Busmann

Der Erste, der sich kurz nach der Einführung des Art. 25 MRW mit der Grundlage der Eigentümer- bzw. Halterhaftung beschäftigte, war wiederum Star Busmann. Dieser nahm an, dass Art. 25 MRW auf einem Risikogrundsatz (risicobeginsel) beruhe, ohne dies näher zu begründen.[122]

---

120 Ekering, Motorrijtuig en Aansprakelijkheid naar Nederlandsch Burgerlijk Recht, S. 36.

121 Star Busmann, Vragen des Tijds 1925 I, 37, 42 ff.; van Oven, NJB 1932, 169.; Ekering, Motorrijtuig en Aansprakelijkheid naar Nederlandsch Burgerlijk Recht, S. 44.

122 Star Busmann, Vragen des Tijds 1925 I, 37, 45.

### b) Grundsatz der Schuld nach van Oven

Anderer Meinung war van Oven, der nach dem Gesetzestext eher den Grundsatz der Schuld und nicht den des Risikos als Grundlage für Art. 25 MRW ansah. Da nach dem Gesetz die Haftung ausgeschlossen sei, wenn höhere Gewalt bewiesen werden könne, müsse damit der weite Begriff der Unschuld gemeint sein. Man stütze sich nicht auf die Schaffung der Gefahr, sondern auf die Meinung, dass bei Autounfällen meistens den Fahrer des Kraftfahrzeugs die Schuld an der Entstehung des Verkehrsunfalls treffe. Redlicher sei es deshalb, die Veranwortlichen von Kraftfahrzeugen haften zu lassen, wenn nicht feststellbar sei, wen die Schuld an der Entstehung des Verkehrsunfalls treffe.[123]

### c) Ansicht Ekerings

Ekering selbst nahm unter Berücksichtigung des Gesetzestextes und der Vorgeschichte zur Entstehung des Art. 25 MRW die von Kraftfahrzeugen geschaffene Gefahr (gevaarschepping) als Grundlage für die verschärfte Haftung an. Die Haftung sei eine objektive außerhalb der Schuld, die nur auf der Beziehung des Eigentümers bzw. Halters zum Kraftfahrzeug beruhe. Sie sei nicht auf ein unrechtes Tun gestützt. Die Haftung entfalle lediglich dann, wenn der Schaden ausschließlich auf fremden Umständen beruhe. Dies seien die Schuld einer Person, für die der Eigentümer bzw. Halter nicht verantwortlich ist, oder Umstände, die unter den engen Begriff der höheren Gewalt gefasst werden könnten. Diese Ansicht stützte Ekering unter anderem darauf, dass die Haftung auf dem Eigentümer bzw. Halter und nicht auf dem Fahrer des Kraftfahrzeugs beruhe. Die Handlungen des direkten Schadensverursachers, nämlich die des Fahrers, stünden außerhalb der rechtlichen Beurteilung. Das Eigentum bzw. die Haltereigenschaft mit den daran verbundenen Risiken seien allein entscheidend für die Beurteilung. Zudem sei die Haftung des Eigentümers oder Halters nach Art. 25 Abs. 4 MRW grundsätzlich auf den Wert des Kraftfahrzeugs beschränkt, es sei denn, es werde ein Verschulden nachgewiesen. Art. 25 Abs. 4 MRW regele einen Ausnahmefall, bei dem von der Hauptregel des Art. 25 Abs. 1 MRW abgewichen werde. Die Ausnahme zeige, dass auch nach Art. 25 Abs. 1 MRW gehaftet werde – zwar beschränkt –, wenn kein Verschulden bestehe. Die Haftung nach

[123] Van Oven, NJB 1932, 169, 170.

Art. 25 MRW beruhe daher nicht auf einer Schuldvermutung. Da das Kraftfahrzeug als Verkehrsmittel auf der Straße für die weiteren Verkehrsteilnehmer - hauptsächlich durch seine Masse und Schnelligkeit - eine Gefahr darstelle, sei es gerechtfertigt, die übrigen Verkehrsteilnehmer weitreichend zu schützen. Deshalb könne auch allein auf das Eigentum bzw. die Haltereigenschaft an einem Kraftfahrzeug abgestellt und auf ein nötiges Verschulden verzichtet werden.[124]

## 7. Rechtsprechungsübersicht

Auch in der Rechtsprechung herrschte zunächst kein einheitliches Bild, auf welcher Grundlage Art. 25 MRW beruhe. Es wurden mit der Theorie der Schuldvermutung und der Gefahrbegründung die gleichen Meinungen wie in der Literatur vertreten. Entscheidend für den entsprechenden Standpunkt war es insbesondere, wie der Begriff der höheren Gewalt ausgelegt wurde. Im Jahr 1937 stellte sich der Hoge Raad schließlich auf den Standpunkt, dass Art. 25 MRW auf der Theorie der Schuldvermutung beruhe, dem die niedrigeren Gerichte folgten.[125]

### a) Gefahrbegründung

Zunächst vertrat der Hof Amsterdam angesichts der Fassung des Art. 25 MRW, dass die Haftung wegen der Gefahren, die der Betrieb von Kraftfahrzeugen auf den Straßen mitbringe, bestehe, und der Eigentümer das Risiko der entstehenden Schäden zu tragen habe.[126] Auch der Gerechtshof 's Hertogenbosch nahm bei einem durch ein Kraftfahrzeug überfahrenem Kind an, dass der Eigentümer aufgrund der Gefahren, die vom Kraftfahrzeug ausgehen, für die entstandenen

---

124 Ekering, Motorrijtuig en Aansprakelijkheid naar Nederlandsch Burgerlijk Recht, S. 44 ff.

125 Hoge Raad, 16. April 1937, NJ 1937, 490.

126 Hof Amsterdam, 28. Januar 1930, NJ 1930, 1021: „... dat, blijkens de redactie dier wetsbepaling en de parlementaire stukken, dit niet is geschied op grond van een wettelijk vermoeden van schuld bij dien eigenaar-bestuurder, maar op grond van de opvatting, dat hij den gevaarlijken toestand op den openbaren weg veroorzaakt, althans dien vermeerdert, zoodat op hem het risico voor de gevolgen rust...".

Schäden haften müsse.[127] Der Gerechtshof 's Hertogenbosch führte aus, dass die Haftung des Eigentümers auch aus der Tatsache folge, dass Art. 25 MRW auf der Theorie des Gefährdungsprinzips beruhe, wie bereits van Sasse van Ijsselt und van Rappard erläutert hätten.[128] Auf die Grundlage der Gefährdung stützte sich auch nochmal der Hof Amsterdam, der entschied, dass nach Art. 25 MRW bei einem Zusammenstoß gehaftet werde, auch wenn keine Schuld nachgewiesen werden könne. Dies könne mit den Gefahren gerechtfertigt werden, die durch den Verkehr mit Kraftfahrzeugen ins Leben gerufen würden.[129]

### b) Theorie der Schuldvermutung

Andere Gerichte nahmen eine Schuldvermutung als Gesetzesgrundlage für Art. 25 MRW aus.[130] Auch der Hoge Raad schloss sich in seiner Entscheidung im Jahr 1937 dieser Meinung an. Zwar beruhe Art. 25 MRW grundsätzlich auf der Gefahr, die der Verkehr mit Kraftfahrzeugen auf der öffentlichen Straße für andere hervorrufe, was eine weitergehende Haftung des Eigentümers oder Halters als nach allgemeinen Recht rechtfertigen würde.[131] Der Hoge Raad verlangte beim Begriff der höheren Gewalt nach Art. 25 Abs. 1 MRW jedoch, dass weder dem Eigentümer oder dem Halter selbst oder noch jemanden, für den diese haften, ein Vorwurf gemacht werden könne (...is overmacht hier gebezigd in den zin van een gebeuren, waarvan men noch den eigenaar of houder zelf, noch iemand, voor wien hij aansprakelijk is, een verwijt kann maken...). Bei höherer Gewalt im Rahmen des Art. 25 MRW müssten nicht nur von außen kommende Ursachen berücksichtigt werden, sondern höhere Gewalt liege auch vor, wenn der Fahrer des Kraftfahrzeugs den Unfall nicht schuldhaft hervorgerufen habe.[132] Da fehlende Schuld das Vorliegen höherer Gewalt begründete

---

127 Gerechtshof 's-Hertogenbosch, 17. November 1931, NJ 1932, 831.

128 Gerechtshof 's-Hertogenbosch, 17. November 1931, NJ 1932, 831.

129 Hof Amsterdam, 26. Oktober 1933, NJ 1934, 858, 859.

130 so Kantongerecht Utrecht, 24. Oktober 1929, NJ 1930, 256: „dat mitsdien de bedoeling van deze bepaling geen andere is dan dat de presumptie van schuld bij den bestuurder van het aanrijdende motorrijtuig,...“; Rechtbank Leeuwarden 29. Dezember 1932, NJ 1934, 870; Rechtbank Rotterdam 1. November 1935, NJ 1936, 411: „...waruit volgt, dat schuld verondersteld wordt bij den bestuurder van het motorrijtuig“.

131 Hoge Raad, 16. April 1937, NJ 1937, 490.

132 Hoge Raad, 16. April 1937, NJ 1937, 490.

und ein Anspruch gemäß Art. 25 Abs. 1 MRW dann nicht bestand, sah der Hoge Raad die Haftung nach Art. 25 MRW als eine Haftung auf der Grundlage einer Schuldvermutung an.[133]

## II. Art. 31 Wegenverkeerswet 1935

Zehn Jahre nach der Einführung des Art. 25 MRW wurde ein neues Straßenverkehrsgesetz verabschiedet. Das sog. „Wegenverkeerswet 1935" (Abk. WVW (oud)) vom 13. September 1935 ersetzte das MRW aus dem Jahr 1905, wenngleich es erst im Januar 1951 in Kraft trat.[134] Bis zu diesem Zeitpunkt fand weiterhin das MRW Anwendung.[135] Mit dem Inkraftreten des Wegenverkeerswet im Jahr 1951 entstand mit Art. 31 WVW (oud) auch eine neue Regelung für die Haftung des Eigentümers bzw. Halters. Diese entsprach jedoch weitestgehend der Haftung nach Art. 25 MRW.

### 1. Vergleich zu Art. 25 MRW

Die Grundvoraussetzungen des Anspruchs nach Art. 31 Abs. 1 WVW (oud) entsprachen denen des vorher geltenden Art. 25 Abs. 1 MRW. Lediglich der Wortlaut des Art. 31 Abs. 1 WVW (oud) war im Vergleich zu Art. 25 Abs. 1 MRW verschieden. So war der Eigentümer oder Halter nach Art. 31 Abs. 1 WVW (oud) nun verpflichtet, den Schaden zu ersetzen, wenn durch einen Zusammenstoß, ein An- oder Überfahren mittels eines Kraftfahrzeuges Schaden an nicht durch das Kraftfahrzeug beförderten Personen oder Sachen zugefügt wurde (...verplicht de schade te vergoeden indien door botsing, aan- of overrijding...), während nach Art. 25 Abs. 1 MRW noch galt, dass der Eigentümer oder Halter im Falle eines Zusammenstoßes, An- oder Überfahrens haftet (ingeval van Botsing, aan- of overrijding; is aansprakelijk). Art. 31 Abs. 2 und Art. 31 Abs. 3 WVW (oud) blieben identisch mit Art. 25 Abs. 2 MRW und Art. 25 Abs. 3 MRW. Auch

---

133 Ekering, Motorrijtuig en Aansprakelijkheid naar Nederlandsch Burgerlijk Recht, S. 80.

134 Stb. 1951, K 466; Stb. 1935, 554; Schwarz, NJW 1991, 2058, 2063; Hohlbein, Die neuere Entwicklung des niederländischen außervertraglichen Haftungsrechts, S. 78.

135 Stb. 1948, 562.

Art. 31 Abs. 4 WVW (oud) stimmte grundsätzlich weiter mit Art. 25 Abs. 4 MRW überein, indem der Schadensersatzanspruch weiter auf den Wert des Kraftfahrzeugs beschränkt blieb, solange keine Schuld des Eigentümers oder Halters festgestellt wurde. Zudem wurde bei einem Kraftfahrzeug mit einem geringeren Wert als 500 Gulden der Betrag des geschuldeten Ersatzes noch auf 500 Gulden festgesetzt. Die Absätze 5 und 6 des Art. 25 MRW wurden bei Art. 31 WVW (oud) in ihrer Reihenfolge getauscht. Neu eingefügt wurden Art. 31 Abs. 7 WVW (oud) und Art. 31 Abs. 8 WVW (oud). Die Verjährungsfrist des Art. 25 Abs. 7 MRW von 6 Monaten wurde gemäß Art. 31 Abs. 9 WVW (oud) auf ein Jahr erhöht. Auch konnte neben der Haftung aus dem WVW weiterhin nach den allgemeinen Vorschriften, wie zum Beispiel der Haftung wegen unerlaubter Handlung nach Art. 1401 BW (oud), gehaftet werden, was sich nun aus Art. 31 Abs. 10 WVW ergab, der identisch mit dem vorherigen Art. 25 Abs. 6 MRW blieb. Art. 31 WVW (oud) lautete seinem Wortlaut nach somit wie folgt:[136]

---

136 Gesetzestext von Art. 31 WVW 1935 nach Stb. 1935, 554: „(1) Indien door botsing, aan- of overrijding met een motorrijtuig, waarmede op een weg wordt gereden, schade wordt toegebracht aan, niet door dat motorrijtuig vervoerde, personen of goederen, is, behoudens de beperking in het vierde lid, de eigenaar van het motorrijtuig of,– indien het in artikel 9, eerste lid, onder 1e. bedoelde, aan het rijtuig aangebrachte kenteken door of vanwege Onzen Minister is opgegeven aan den houder – de houder verplicht om die schade te vergoeden, tenzij aanemelijk is dat de botsing, aan of overijding ist te wijten aan overmacht, daronder begrepen schuld van iemand, voor wie onderscheidenlijk de eigenaar of de houder niet aansprakelijk is.

(2) De eigenaar of houder, die het motorrijtuig niet zelf bestuurt, is aansprakelijk voor de gedragingen van dengeen, door wien hij het rijtuig doet of laat rijden.

(3) Wanneer het ongeval iemands dood ten gevolge heeft of kwetsing of verminking van eenig deel des lichaams, vinden de artikeln 1406 en 1407 van het Burgerlijk Wetboek overeenkomstige toepassing met betrekking tot de personen, die eene rechtsvordering tot schadevergoeding hebben, en de wijze, waarop de schade wordt gewaardeerd.

(4) Ter zake van eenzelfde ongeval is, behalve in het geval dat wordt aangetoond schuld van den eigenaar of houder zelf of van iemand voor wien de eigenaar of houder aansprakelijk is, het bedrag der ingevolge het eerste lid verschuldigde vergoeding voor aan goederen toegebrachte schade beperkt tot de waarde van het motorrijtuig op het ogenblik van het ongeval, tenzij het motorrijtuig alsdan een geringer waarde heeft dann van vijfhonderd gulden, in welk geval het bedrag der beoelde vergoeding wordt beperkt tot vijfhondert gulden. In geval van geschil heeft de eigenaar of houder aan te toonen tot welk bedrag zijne aansprakelijkheid is beperkt.

(1) Wenn durch einen Zusammenstoß, ein An- oder Überfahren mittels eines Kraftfahrzeugs, mit dem auf der Straße gefahren wird, Schaden an nicht durch das Kraftfahrzeug beförderten Personen oder Gütern zugefügt wird, ist, ausgenommen der Einschränkung in Absatz 4, der Eigentümer des Kraftfahrzeugs oder – wenn das in Artikel 9 Abs. 1 unter 1e. beabsichtigte, an das Fahrzeug angebrachte Kennzeichen durch oder im Namen unserer Minister auf den Halter gemeldet ist – der Halter verpflichtet, den Schaden zu ersetzen, es sei denn, dass anzunehmen ist, dass der Zusammenstoß, das An- oder Überfahren auf höherer Gewalt beruht, worunter das Verschulden von jemandem, für den jeweils der Eigentümer bzw. der Halter nicht verantwortlich ist, verstanden wird.

(2) Der Eigentümer oder Halter, der das Kraftfahrzeug nicht selbst führt, haftet für die Verhaltensweisen desjenigen, den er das Fahrzeug fahren lässt.

(3) Wenn der Unfall einen Tod oder die Verletzung oder Verstümmelung von einigen Teilen des Körpers zur Folge hat, finden die Artikel 1406 und 1407 des Burgerlijk Wetboeks enstprechende Anwendung in Bezug auf die Personen, die eine Schadensersatzforderung haben, und die Art und Weise, wie der Schaden bewertet wird.

(4) Bezüglich desselben Unfalls ist, außer in dem Fall, dass ein Verschulden des Eigentümers oder Halters selbst oder von jemandem, für den der Eigentümer oder Halter verantwortlich ist, bewiesen wird, der Betrag des aufgrund des ersten Absatzes geschuldeten Ersatzes für an Gütern zugefügten Schaden begrenzt auf den Wert des Kraftfahrzeugs im

---

(5) De rechter kan het bedrag der schadevergoeding beperken, wanneer aanemelijk is, dat het ongeval mede is te wijten aan de schuld van iemand, voor wien de eigenaar of houder niet aansprakelijk is.
(6) Het bepaalde bij de vorige leden vindt geen toepassing ten aanzien van schade, door een motorrijtuig toegebracht aan losloopende dieren, aan een ander motorrijtuig in beweging of aan personen en goederen, welke daarmede worden vervoerd.
(7) De bekentenis van den eigenaar of houder, waarbij deze tot zijne bevrijding zich op overmacht beroept, mag worden gesplitst.
(8) Omtrent feiten, welke betreffen het al dan niet aannemelijk zijn van de aanwezigheid van overmacht als bedoeld in het eerste lid of medeschuld als bedoeld in het vijfde lid, kan getuigenis worden afgelegd ook door de bloed- en aanverwanten in de rechte linie van partijen, alsmede door hare echtgenooten.
(9) De rechtsvordering tot schadevergoeding vervalt door tijdsverloop van een jaar, te rekenen van den dag, waarop het ongeval heeft plaats gehad.
(10) De bij dit artikel gegeven voorschrfiten laten onverkort de uit het gemeene recht voortvloeinde aansprakelijkheid.".

Zeitpunkt des Unfalls, es sei denn, dass das Kraftfahrzeug zu der Zeit einen geringeren Wert als 500 Gulden hat, in welchem Fall der Betrag des betreffenden Ersatzes auf 500 Gulden begrenzt wird. Im Falle eines Rechtsstreits hat der Eigentümer oder Halter zu beweisen, auf welchen Betrag seine Haftung begrenzt ist.

(5) Der Richter kann den Betrag des Schadensersatzes beschränken, wenn anzunehmen ist, dass der Unfall auch zum Teil auf dem Verschulden von jemandem, für wen der Eigentümer oder Halter nicht verantwortlich ist, beruht.

(6) Die Bestimmungen der vorhergehenden Absätze finden keine Anwendung in Bezug auf Schaden, der durch ein Kraftfahrzeug an freilaufenden Tieren, an einem anderen Kraftfahrzeug in Bewegung oder an Personen oder Gütern, die damit befördert werden, zugefügt wird.

(7) Das Geständnis des Eigentümers oder Halters, bei dem dieser sich zu seiner Befreiung auf höhere Gewalt beruft, kann geteilt werden.

(8) Über Tatsachen, welche das Vorliegen von höherer Gewalt gemäß Absatz 1 oder die Mitschuld gemäß Absatz 5, betreffen, können Zeugenaussagen auch durch Blut- und angeheiratete Verwandte in gerader Linie der Parteien, sowie durch ihre Ehegatten abgelegt werden.

(9) Die Forderung auf Schadensersatz entfällt durch Zeitablauf von einem Jahr, zu rechnen von dem Tag an, an dem der Unfall stattgefunden hat.

(10) Die Vorschriften dieses Artikels beschränken nicht die Haftung, die sich aus dem allgemeinen Recht ergibt.

## 2. Einstufung des Gesetzeszweckes in der Rechtsprechung

Sieben Jahre nach dem Zustandekommen aber noch vor dem Inkrafttreten des Art. 31 WVW (oud) verlegte der Hoge Raad in dem sog. „Torenbout"- Urteil die Grundlage des Gesetzes von der Theorie der Schuldvermutung in Richtung der Gefährdung durch Kraftfahrzeuge.[137] Durch den Mangel eines Bolzens im Steuerungsmechanismus kam ein Auto beim Bremsen plötzlich stark ins Schleudern und es kam zu einer Kollision mit einem Fahrradfahrer. Den Beweisen nach sah die Rechtbank den Eigentümer des Kraftfahrzeugs als nicht für den Mangel

[137] Hoge Raad, 16. April 1942, NJ 1942, 394.

verantwortlich an und lehnte eine Haftung ab. Der Gerechtshof bestätigte das Urteil der Rechtbank. In der Kassation erwog der Hoge Raad, dass das Vorliegen eines Mangels am Kraftfahrzeug noch keine höhere Gewalt begründe.[138] Der Hoge Raad führte zudem aus, dass Art. 25 MRW auf dem Gedanken der Gefahr beruhe, die der Verkehr mit Kraftfahrzeugen auf der öffentlichen Straße für andere mitbringe, und daher eine Haftung gerechtfertigt sei, die weiter gehe als die des allgemeinen Rechts.[139] Der Hoge Raad stellte wiederum auf die Gefährdung durch Kraftfahrzeuge für eine verschärfte Haftung ab. Diesmal ließ er jedoch anders als noch bei der Entscheidung im Jahr 1937[140] nicht die Überlegung folgen, dass höhere Gewalt dort beginne, wo Schuld aufhöre, sondern interpretierte höhere Gewalt so, dass diese auch dort noch nicht eintrete, wo jegliche Schuld fehle.[141] Der Hoge Raad nahm somit allein die Gefahrbegründung von Kraftfahrzeugen als Grundlage für die Haftung an.

Aus der Entscheidung des Hoge Raad konnte jedoch nicht grundsätzlich abgeleitet werden, dass im Rahmen der höheren Gewalt die Schuld bzw. Unschuld nun überhaupt keine Rolle mehr spielte. Dafür schränkte der Hoge Raad in späteren Urteilen den Begriff der höheren Gewalt wieder ein. So urteilte er bei der Frage, ob höhere Gewalt vorliege, unter anderem darüber, ob dem Täter ein Vorwurf gemacht werden könne (verwijtbaarheid).[142]

Die 1951 in Kraft getretene Haftung des Eigentümers bzw. Halters eines Kraftfahrzeugs nach Art. 31 WVW (oud) stimmte grundsätzlich mit der vorherigen Regelung des Art. 25 MRW überein. Die Gefahrbegründung durch Kraftfahrzeuge, die der Hoge Raad als Gesetzesgrundlage für die verschärfte Haftung nach Art. 25 MRW annahm, galt daher auch für Art. 31 WVW (oud).

---

138 Hoge Raad, 16. April 1942, NJ 1942, 394.

139 Hoge Raad, 16. April 1942, NJ 1942, 394.

140 Hoge Raad, 16. April 1937, NJ 1937, 490.

141 Van Wassenaer van Catwijck, BWKJ 1987, 55, 66 („...dat, gezien de omstandigheid, dat Art. 25 MRW berust op de overweging, dat het gevaar, dat het verkeer met motorrijtuigen op den openbaren weg voor anderen oplevert, een aansprakelijkheid rechtvaardigt verder gaande dan die van het gemeene recht, aannemelijk is, dat onder overmacht in den zin van Art. 25 MRW, eerste lid, niet is begrepen hetgeen op het voetspoor van Art. 536 K. schuld van het motorrijtuig zou kunnen worden genoemd.“).

142 Hoge Raad, 24. Dezember 1982, NJ 1983, 443; Hoge Raad, 26. März 1976, NJ 1976, 393.

## III. Gesetzesvorschlag Art. 6.3.14 BW

Im Jahr 1961 stellten J. Drion, G. de Grooth und F.J. de Jong einen überarbeiteten Entwurf für Buch 6 des neuen Bürgerlichen Gesetzbuches von Meijers vor.[143] Der Entwurf enthielt auch eine neue Regelung zur Haftung für die Schäden, die durch ein Kraftfahrzeug entstanden sind. Dabei sollte die Gefährdungshaftung zugunsten der Personen, die nicht selbst am motorisierten Verkehr teilnehmen, weiter gefasst werden als zuvor. So sollte der Schutz der nicht motorisierten Verkehrsopfer unter der Berücksichtigung, dass in bestimmten Verkehrssituationen auch der Idealfahrer mit einem funktionierenden Kraftfahrzeug einen Zusammenstoß aufgrund der Energie und Bewegung des Fahrzeugs nicht verhindern kann, verbessert werden.[144] Ein weiterer Grund für den Vorschlag zur Gesetzesänderung war außerdem die im Jahr 1957 eingeführte Haftpflichtversicherung für Kraftfahrzeuge im Gesetz über die Kfz-Haftpflichtversicherung (Wet aansprakelijkheidsverzekering motorrijtuigen, Abk. WAM). Dadurch mussten die Eigentümer oder Halter eines Kraftfahrzeugs die entstandenen Schäden bei einem Verkehrsunfall nicht mehr selbst tragen. Art. 6.3.14 des Entwurfs, der Art. 31 WVW (oud) ersetzen sollte, lautete wie folgt:[145]

---

143 Van Wassenaer van Catwijck, BWKJ 1987, 55, 57.

144 Kamerstukken II 1997/1998, 25759, Nr. 3, S. 10 f.

145 Art. 6.3.14: „1. Onverminderd het in de voorgaande artikelen bepaalde is de bezitter van een motorrijtuig dat in het verkeer schade aan personen of zaken buiten dat motorrijtuig toebrengt, aansprakelijk, indien dat ongeval is te wijten aan een gebrek van het motorrijtuig of aan een fout van iemand aan wie het door de bezitter werd toevertrouwd. Artikel 8 lid 2 is van overeenkomstige toepassing. (Art. 8 lid 2: Een geestelijke of lichamelijke tekortkoming levert geen grond op voor disculpatie.)

2. Ook zonder dat een gebrek of een fout als bedoeld in het vorige lid komt vast te staan, is de bezitter aansprakelijk indien het gevaar dat een motorrijtuig in beweging oplevert voor personen of zaken, zich bij zijn motorrijtuig heeft verwezenlijkt, behalve voor schade toegebracht aan motorrijtuigen die aan het verkeer deelnemen of aan daarmee vervoerde personen of zaken.

3. De eigenaar van een motorrijtuig wordt vermoed de bezitter te zijn. Medebezitters zijn hoofdelijk aansprakelijk.

4. Bij motorrijtuigen waarvoor een kentekenbewijs is afgegeven, is degene op wiens naam dat bewijs gesteld is, de aansprakelijke persoon, tenzij hij onvrijwillig het bezit van het motorrijtuig had verloren.

5. Bij toepassing van Art. 6.1.9.6 gelden omstandigheden waarvoor de bezitter of kentekenhouder aansprakelijk is jegens de schuldenaar, als omstandigheden die ook aan de eigenaar van het motorrijtuig of van de zich daarin bevindende zaken kunnen worden toegerekend.“.

1. Ungeachtet der vorhergehenden Artikel haftet der Besitzer eines Kraftfahrzeugs, das im Straßenverkehr einen Schaden an Personen oder Sachen außerhalb des Kraftfahrzeugs zufügt, wenn der Unfall auf einem Mangel des Kraftfahrzeugs oder auf einem Fehler von jemandem, dem das Kraftfahrzeug durch den Besitzer anvertraut wurde, beruht. Artikel 8 Abs. 2 ist entsprechend anwendbar. (Artikel 8 Abs. 2: Ein geistiger oder körperlicher Mangel stellt keinen Grund zur Exkulpation dar.)

2. Auch ohne dass ein Mangel oder ein Fehler gemäß des vorherhigen Absatzes festgestellt wird, haftet der Besitzer, wenn die Gefahr, die ein Kraftfahrzeug in Bewegung für Personen oder Sachen mit sich bringt, sich bei seinem Kraftfahrzeug verwirklicht hat, mit Ausnahme der Schäden, die an Kraftfahrzeugen, die am Straßenverkehr teilnehmen oder den damit beförderten Personen oder Sachen zugefügt werden.

3. Es wird vermutet, dass der Eigentümer der Besitzer des Kraftfahrzeugs ist. Mitbesitzer haften gesamtschuldnerisch.

4. Bei Kraftfahrzeugen, für die ein Fahrzeugschein ausgestellt ist, haftet diejenige Person, auf dessen Namen der Fahrzeugschein angemeldet wurde, es sei denn, dass er unfreiwillig den Besitz über das Kraftfahrzeug verloren hat.

5. Bei Anwendung von Art. 6.1.9.6 gelten Umstände, für die der Besitzer oder Kennzeichenhalter gegenüber dem Schuldner haftet, als Umstände, die auch dem Eigentümer des Kraftfahrzeugs oder der sich darin befindenden Sachen, zugerechnet werden können.

Im Gegensatz zu Art. 31 WVW (oud), der den Eigentümer oder Halter eines Kraftfahrzeugs haften ließ, sollte die Haftung nach dem Gesetzesvorschlag auf dem Besitzer (bezitter) ruhen. Die Haftung des Besitzers nach Art. 6.3.14 Abs. 1 war zudem nicht nur auf Verkehrsunfälle mit einem nicht motorisierten Verkehrsteilnehmer beschränkt. Die Haftung nach Art. 6.3.14 Abs. 1 sollte sich vielmehr auf alle Schäden außerhalb des eigenen Kraftfahrzeugs erstrecken, die durch das Kraftfahrzeug im Straßenverkehr verursacht werden, wenn ein Mangel am Kraftfahrzeug oder ein Fehler desjenigen, dem man das Kraftfahrzeug anvertraute, vorgelegen hat. Unter einem Fehler wurde eine zurechenbare unerlaubte Handlung des Fahrers verstanden.[146]

[146] Van Wassenaer van Catwijck, BWKJ 1987, 55, 59 ff.

Während für die Schäden, die ein motorisierter Verkehrsteilnehmer durch ein Verschulden des Fahrers erlitt, bislang nur der Fahrer aus unerlaubter Handlung gemäß Art. 1401 BW (oud) haftete, sollte nach dem Gesetzesvorschlag daneben nun auch noch der Besitzer haften.

Die bedeutsamere Neuregelung des Gesetzesentwurfs war jedoch in Art. 6.3.14 Abs. 2 normiert. So sollte nach Absatz 2 eine Haftung eingeführt werden, die allein aufgrund der Betriebsgefahr eines Kraftfahrzeugs besteht. Wie bei Art. 31 WVW (oud) sollte nach Art. 6.3.14 Abs. 2 nur gegenüber nicht motorisierten Verkehrsteilnehmern gehaftet werden. Anders als bei Art. 31 WVW (oud) sollte jedoch keine Kollision oder ein An- bzw. Überfahren für eine Haftung erforderlich sein, sondern ausreichend war bereits die Entstehung eines Schadens infolge der von einem Kraftfahrzeug ausgehenden Gefahren. Die Haftung des Besitzers sollte somit zum Beispiel den Fall umfassen, bei dem ein Fahrradfahrer einem verkehrswidrig fahrenden Kraftfahrzeug ausweichen muss und beim Ausweichen einen Schaden erleidet. Daneben sollte außerdem nicht mehr die Möglichkeit bestehen, sich auf höhere Gewalt zu berufen. Die Haftung nach Art. 6.3.14 Abs. 2 gegenüber den nicht motorisierten Verkehrsteilnehmern hatte somit zum einen einen größeren Anwendungsbereich als Art. 31 WVW (oud) und konnte zum anderen nicht durch den Rechtfertigungsgrund der höheren Gewalt ausgeschlossen werden.

Der Gesetzesentwurf wurde in der Literatur kritisiert, da dieser wie Art. 31 WVW (oud) nur die unterschiedlichen Gefahren zwischen den Kraftfahrzeugen auf der einen Seite und den nicht motorisierten Verkehrsteilnehmern auf der anderen Seite berücksichtigte.[147] Gleichwohl würde sich die Gefahr in verschiedenen Maßen auch unter den Kraftfahrzeugen selbst realisieren. Bei einem Verkehrsunfall zwischen einem Mofafahrer und einem Kraftfahrzeug sei der Mofahrer genauso betroffen, wie bei einem Verkehrsunfall zwischen einem Radfahrer und einem Kraftfahrzeug. Daher ginge die Haftung des Art. 6.3.14 Abs. 2 immer noch nicht weit genug. Dies zeige sich vor allem dann, wenn es nicht nur zu Sach-, sondern auch zu Personenschaden komme.[148]

Der Gesetzesvorschlag scheiterte schließlich im Parlament, da das Vorhaben bestand, diese Materie eigenständig in Buch 8 (Verkehrsmittel und Beförderung, verkeersmiddelen en vervoer) des

---

147 Van Wassenaer van Catwijck, BWKJ 1987, 55, 61 ff.

148 Van Wassenaer van Catwijck, BWKJ 1987, 55, 61 ff.

neuen Bürgerlichen Gesetzbuches zu regeln.[149] Auch der Justizminister teilte mit, Art. 31 WVW (oud) bis zur Einführung des Buchs 8 aufrechterhalten zu wollen, so dass es nicht zur Umsetzung des Art. 6.13.4 kam.[150]

## IV. Gesetzesanpassung Art. 31 Abs. 9 WVW (oud)

Im Jahr 1963 wurde eine kleine Änderung an Art. 31 Abs. 9 WVW (oud) vorgenommen. So sollte im Falle eines Verstoßes gegen Art. 30 Abs. 1 WVW die Frist zur Geltendmachung des Schadensersatzanspruches erst ab dem Tag beginnen, an dem die Identität des Fahrers zum Zeitpunkt des Unfalls festgestellt werden konnte.[151] Nach Art. 30 WVW (oud) war es für den Fahrer eines Kraftfahrzeugs verboten, nach einem Unfall eine Unfallflucht zu begehen.[152] Nach der Gesetzesänderung lautete Art. 31 Abs. 9 WVW (oud) somit wie folgt:[153]

> Die Forderung auf Schadensersatz entfällt durch Zeitablauf von einem Jahr, zu rechnen von dem Tag an, an dem der Unfall stattgefunden hat, oder im Falle eines Verstoßes gegen Art. 30 Abs. 1 WVW (oud) ab der Feststellung der Identität des Kraftfahrzeugs und desjenigen, der das Kraftfahrzeug zum Zeipunkt des Unfalls führte.

## V. Weitere Gesetzesvorhaben

In der Folgezeit zeigte sich jedoch weiterhin, dass die Regelung des Art. 31 WVW (oud) nach Ansicht einiger Autoren nicht zufriedenstellend war. Insbesondere wurden Stimmen lauter, die Haftung für Verkehrsunfälle durch ein Versicherungssystem zu ersetzen. So war es zunächst A.R. Bloembergen, der in einer Rede im

---

149 Kamerstukken II 1997/1998, 25759, Nr. 3, S. 10 f.

150 Van Wassenaer van Catwijck, BWKJ 1987, 55, 58.

151 Stb. 1963, 228.

152 Stb. 1935, 554.

153 Gesetzestext von Art. 31 Abs. 9 WVW (oud) nach Stb. 1963, 228: „De rechtsvordering tot schadevergoeding vervalt door tijdsverloop van een jaar, te rekenen van de dag waarop het ongeval heeft plaatsgehad, of, ingeval van overtreding van artikel 30 eerste lid, vanaf de vaststelling van de identiteit van het motorrijtuig en van degene die ten tijde van het ongeval het motorrijtuig bestuurde".

Jahr 1965 für die Abschaffung der gesetzlichen Haftung bei Verkehrsunfällen plädierte. Davon sollten die vorsätzlich zugefügten Schäden jedoch ausgenommen sein. Kurze Zeit später veröffentlichte L.E.H. Rutten in der Zeitschrift für Verkehrsrecht (verkeersrecht) die ursprünglich von Tunc stammenden Vorstellungen, die Haftung für Verkehrsunfälle abzuschaffen und eine Verkehrsversicherung einzuführen.[154] Das Verkehrsopfer sollte danach den Schaden, den es bei einem Unfall unter Beteiligung eines Kraftfahrzeugs erleidet, unabhängig davon, wer den Unfall verursacht hat, von der Versicherung des Eigentümers bzw. Halters des Kraftfahrzeugs ersetzt bekommen.[155] Im Jahr 1967 beschäftigte sich dann auch die Niederländische Juristenvereinigung (Nederlandse Juristen-Vereniging, Abk. NJV) mit der Frage, ob die gesetzliche Haftung bei Verkehrsunfällen durch ein Versicherungssystem ersetzt werden solle. Die Versammlung verneinte dies jedoch mit großer Mehrheit.[156]

Einige Jahre später sprach sich bei einem Studientag der Niederländischen Vereinigung der Automobilversicherer (Nederlandse Vereniging van Automobielassuradeuren, Abk. NVVA) über das Thema „Von der Haftpflichtversicherung zur Verkehrsversicherung - oder nicht?" die Mehrzahl der Teilnehmer wiederum dafür aus, die Regelung des Art. 31 WVW (oud) vor allem im Bereich der Personenschäden zu ersetzen.[157] Im Jahr 1973 wurde daher durch den Justizminister eine Studiengruppe zur Verkehrshaftung (studiegroep verkeersaansprakelijkheid) ernannt. In der Studiengruppe waren Vertreter des Ministeriums, Vertreter der Niederländischen Vereinigung von Automobilversicherern und Vertreter des Allgemeinen Niederländischen Radfahrerverbunds (Algemene Nederlandse Wielrijdersbond, Abk. ANWB).[158]

## VI. Gesetzesänderung in Bezug auf die Haltereigenschaft

Bevor es zur Vorstellung der Ergebnisse der Studiengruppe kam, wurde Art. 31 WVW (oud) im Jahr 1974 erneut leicht geändert. Die Änderung beruhte auf der Einführung von neuen Regelungen im Rahmen der

154 Rutten, VR 1966, S. 1.
155 Rutten, VR 1966, S. 1.
156 Clausing, TPR 1978, 1011, 1069.
157 Van Wassenaer van Catwijck, BWKJ 1987, 55, 70.
158 Clausing, TPR 1978, 1011, 1071.

Führungspflicht und Registrierung eines Kennzeichens.[159] So wurde in Art. 31 Abs. 1 WVW (oud) der Satzteil „– wenn das in Artikel 9 Abs. 1 unter 1e. beabsichtigte, an das Fahrzeug angebrachte Kennzeichen durch oder im Namen unserer Minister auf den Halter gemeldet ist –" durch „wenn es einen Halter des Kraftfahrzeugs gibt," („indien er een houder van het motorrijtuig is") ersetzt. Außerdem wurde nach Absatz 1 ein neuer zweiter Absatz eingeführt, der wie folgt lautete:[160]

> „Bei Kraftfahrzeugen, für die ein Kennzeichen angemeldet ist, wird vorbehaltlich eines Gegenbeweises derjenige als Halter des Kraftfahrzeugs vermutet, auf dessen Namen das Kennzeichen angemeldet wurde."

Durch das Einfügen des neuen Absatzes wurden die Absätze 2 bis 10 als Absätze 3 bis 11 nummeriert. Ferner wurde die nun in Art. 31 Abs. 10 WVW (oud) geregelte Verjährungsfrist auf 3 Jahre erhöht und der Beginn der Frist angepasst. Konnte die Idenität des Fahrers des Kraftfahrzeugs nicht festegestellt werden und lag ein Verstoß gegen Art. 30 Abs. 1 WVW (oud) vor, fing die Frist nach der alten Regelung erst an dem Tag der Feststellung an zu laufen. Das Erfordernis eines Verstoßes gegen Art. 30 WVW (oud) wurde nun gestrichen und Art. 31 Abs. 10 WVW (oud) bezog sich nur noch auf die Feststellung der Identität des Eigentümers bzw. Halters des Kraftfahrzeugs. Demnach hatte Art. 31 Abs. 10 WVW (oud) folgenden Wortlaut:[161]

> „Die Forderung auf Schadensersatz verjährt durch Zeitablauf von drei Jahren, zu rechnen von dem Tag an, an dem der Unfall stattgefunden hat, oder falls die Identität des Eigentümers bzw. Halters des Kraftfahrzeugs

---

159 Stb. 1974, 546.

160 Gesetzestext von Art. 31 Abs. 2 WVW nach Stb. 1974, 546: „Bij motorrijtuigen, waarvoor een kenteken is opgegeven, wordt behoudens tegenbewijs, degene aan wie dat kenteken is opgegeven, vermoed de eigenaar of houder van dat motorrijtuig te zijn.".

161 Gesetzestext von Art. 31 Abs. 10 WVW (oud) nach Stb. 1974, 546: „De rechtsvordering tot schadevergoeding verjaart door tijdsverloop van drie jaar, te rekenen vanaf de dag, waarop het ongeval heeft plaatsgehad, of, ingeval de identiteit van de eigenaar onderscheidenlijk de houder van het motorrijtuig ten tijde van het ongeval niet kon worden vastgesteld, vanaf de dag van vaststelling van die identiteit".

zum Zeipunkt des Unfalls nicht festgestellt werden kann, ab dem Tag der Feststellung der Identität."

## VII. Vorstellungen Studiengruppe

Die Studiengruppe erstellte einen Bericht, der Vorschläge enthielt, um die Abwicklung von Schäden, die die Folge eines Verkehrsunfalls waren, zu verbessern. 1978 erschien der erste von zwei Teilen dieses Berichts.[162] Teil 1 befasste sich mit Vorschlägen in Bezug auf die Entschädigung von Personenschäden, während Teil 2, der 1980 veröffentlicht wurde, Sachschäden betraf.[163] Die Berichte waren Diskussionsbeiträge und gaben nicht den Standpunkt des Ministers oder der Regierung wieder.

### 1. Personenschäden (Teil 1)

Für eine Verbesserung des Schadensersatzrechtes bei Personenschäden im Rahmen eines Verkehrsunfalls stellte die Studiengruppe zwei mögliche Systeme vor. Für beide Systeme fasste sie zunächst drei Ausgangspunkte zusammen, die erreicht werden sollten. So sollten die Interessen der Verkehrsopfer und deren Hinterbliebenen bestmöglich gewahrt werden, der Schaden so schnell und effizient wie möglich abgewickelt werden können und das System sollte zudem versicherbar sein.

Als erste Möglichkeit sah die Studiengruppe eine Verschärfung der Gefährdungshaftung vor. Ein Verkehrsunfall mit Beteiligung eines Kraftfahrzeugs sollte immer als durch den motorisierten Verkehrsteilnehmer verursacht, angesehen werden. Die zweite Möglichkeit war die Einführung einer allgemeinen Verkehrsversicherung. Bei beiden Systemen sollte eigenes Verschulden der Geschädigten nicht mehr berücksichtigt werden. Zudem sollten nur noch die Verkehrsopfer selbst und deren Erben Ansprüche geltend machen können, so dass mögliche Regressrechte weitestgehend abgeschafft werden sollten.[164]

---

162 Cleton, Rapport van de Studiegroep Verkeersaansprakelijkheid – Deel I

163 Cleton, Rapport van de Studiegroep Verkeersaansprakelijkheid – Deel II

164 Cleton, Rapport van de Studiegroep Verkeersaansprakelijkheid – Deel I, S. 4 ff.

## 2. Sachschäden (Teil 2)

Bei dem Bericht über die Sachschäden ging es hauptsächlich um neue Regelungen für Schäden am Kraftfahrzeug (cascoschade). Für die Entschädigung von Sachschäden sah die Studiengruppe andere Regelungen als für die Entschädigung von Personenschäden vor. Bei der Abwicklung von Sachschäden stünden andere Aspekte im Vordergrund als bei der Abwicklung von Personenschäden. So ginge es bei Sachschäden mehr um die Effizienz der Schadensabwicklung und ein erträgliches Prämienniveau als um soziale Aspekte, die bei Personenschäden im Vordergrund stünden.[165] Die Studiengruppe kam zu dem Ergebnis, dass ein sog. „Barema-System" eingeführt werden könnte, nach dem für bestimmte Verkehrssituationen bereits gesetzlich festgelegt wird, wer die Schuld für das Entstehen des Verkehrsunfalls trägt. Dadurch sollen Kosten und Zeit, die für die Schuldfrage aufgewendet würden, gespart werden.[166]

## 3. Umsetzung der Vorstellungen

Allerdings konnten sich auch die Vorstellungen der Studiengruppe nicht durchsetzen. Aus einem im Jahr 1981 veröffentlichten Report zur Kostenschätzung der Systeme (Geldelijke Ramingen Ander Stelsen) ging hervor, dass die Vorstellungen der Studiengruppe, die Regressrechte der Versicherungen sowohl im System der Gefährdungshaftung, als auch im Verkehrsversicherungssystem abzuschaffen, zu einer Verdreifachung der Schadenslast bei diesen führen würde. Außerdem stellte der Sozialversicherungsrat fest, dass die Vorschläge der Studiengruppe auch dann zu einer erheblichen Steigerung der Versicherungsprämien führen würden, wenn man die Regressrechte nicht abschaffen würde. Es wurde daher entschieden, nicht weiter an der Ausarbeitung des Gesetzesvorschlags zu arbeiten.[167]

# VIII. Veränderung der Gesetzesbegründung

Während die Gesetzesentwürfe scheiterten und Art. 31 WVW (oud) aufrechterhalten wurde, änderte sich in der Rechtsprechung ab dem Jahr

---

165 Cleton, Rapport van de Studiegroep Verkeersaansprakelijkheid – Deel II, S. 7.

166 Cleton, Rapport van de Studiegroep Verkeersaansprakelijkheid – Deel II, S. 55 ff.

167 Kamerstukken II 1997/1998, 25759, Nr. 3, S. 10 f.

1977 die Ansicht, worauf Art. 31 WVW (oud) beruhe. Der Hoge Raad sah ab dem sog. „Sanitaire stop"-Urteil auch den Verkehrsopferschutz als Grundlage für die verschuldensunabhängige Haftung des Eigentümers bzw. Halters an.[168]

Bereits in anderen Bereichen war die Tendenz zu erkennen, den Opferschutz voranzustellen. So dienten das Inkrafttreten des WAM zum 1. Januar 1965 und die damit einhergehende Einführung der Kfz-Haftpflichtversicherung vor allem dem Schutz der schwächeren Verkehrsteilnehmer.[169] Grund für die Einführung der WAM-Versicherung waren auch Entwicklungen in Europa, wo der Europarat die Bestrebung hatte, die Geschädigten bei Unfällen mit Kraftfahrzeugen einheitlich zu schützen.[170] Am 20. April 1959 wurde daher das sog. Straßburger Übereinkommen (Europäisches Übereinkommen über die obligatorische Haftpflichtversicherung) geschlossen, wonach die Vertragsstaaten verpflichtet wurden, eine Pflichtversicherung zur Deckung der Schäden, die durch Kraftfahrzeuge entstanden sind, einzuführen. Das Übereinkommen sollte insbesondere die Rechte der Opfer von Verkehrsunfällen mit Kraftfahrzeugen verbessern und war Ausgangspunkt für die weiteren Entwicklungen in den Niederlanden.[171]

Auch beim Gesetzesentwurf des Art. 6.3.14 BW im Jahr 1961 wurde der Verkehrsopferschutz als hauptsächliches Motiv für die neu entworfenen Regelungen herangezogen.[172]

Der Hoge Raad entschied im „Sanitaire stop"-Urteil, dass Art. 31 WVW (oud) den Zweck habe, die juristische Position des Verkehrsopfers zu verbessern.[173] Der Schutz des Geschädigten rückte somit in den Vordergrund. Noch ausdrücklicher machte dies der Hoge Raad in seinem Urteil vom 24. Dezember 1982, wo es hieß: „Dieser Ausgangspunkt stimmt nicht mit dem Schutz des Art. 31 (oud) WVW überein..., der abzielt, den Fußgänger in Zusammenhang mit den Gefahren des motorisierten Verkehrs zu schützen".[174] Auch bei einem weiteren

---

168 Hoge Raad, 21. Januar 1997, NJ 1977, 386.

169 De Bosch Kemper/ Gruben/ Vreugdenhil, De WAM in werking, S. 10; Lemor, SVR 2009, 86, 88.

170 Franck, Der Direktanspruch gegen den Haftpflichtversicherer, S. 63.

171 Franck, Der Direktanspruch gegen den Haftpflichtversicherer, S. 63.

172 Siehe 3. Kapitel, B., III.

173 Hoge Raad, 21. Januar 1997, NJ 1977, 386: „...strekking van Art. 31 WVW tot verbetering van de juridische positie van het slachtoffer...".

174 Hoge Raad, 24. Dezember 1982, NJ 1983, 443: „Dit uitgangspunt strookt niet met de bescherming die Art. 31 lid 1...aan de voetganger i.v.m. de gevaren van het gemotoriseerde verkeer beoogt te bieden.".

Urteil des Hoge Raad am 24. Januar 1986 betonte dieser, dass Art. 31 WVW (oud) bezwecke, die Fußgänger im Hinblick auf die Gefahren des motorisierten Verkehrs zu schützen.[175] Schließlich entschied der Hoge Raad im Jahr 1990, dass Art. 31 WVW (oud) dazu diene, Fahrradfahrern und Fußgängern besonderen Schutz vor den Folgen der entstehenden Gefahren von Kraftfahrzeugen auf den Straßen zu bieten.[176] Dies gelte insbesondere gegenüber Kindern als Verkehrsopfern, denn Art. 31 WVW (oud) bezwecke auch, Kinder vor den zusätzlichen Gefahren, die der motorisierte Verkehr mit sich bringt, zu schützen.[177]

Der Verkehrsopferschutz, der in den Urteilen seit 1977 hauptsächlich als Grundlage für Art. 31 WVW (oud) angesehen wurde, stand dabei immer im engen Zusammenhang mit der Gefahr, die von Kraftfahrzeugen für die nicht motorisierten Verkehrsteilnehmer ausgeht. Dass Art. 31 WVW (oud) neben dem Verkehrsopferschutz auch weiterhin auf der Gefährdung für die nicht motorisierten Verkehrsteilnehmer durch Kraftfahrzeuge beruhte, zeigte sich bei einem Urteil des Gerechtshof Den Haag. Danach sei Art. 31 WVW (oud) deshalb nicht bei Verkehrsunfällen mit anderen Kraftfahrzeugen in Bewegung anwendbar, da diese eine zumindest gleich große Gefahr im Straßenverkehr mit sich bringen würden.[178] Insgesamt beruhte die Eigentümer- bzw. Halterhaftung seit 1977 auf einer Mischung beider Faktoren, auch wenn in der Rechtsprechung die Tendenz zu erkennen war, dass der Verkehrsopferschutz Grundlage des Art. 31 WVW (oud) ist.

## IX. Wegfall von Art. 31 Abs. 8, 9 WVW (oud)

Da 1983 eine Neuregelung des Beweisrechts für Zivilsachen entworfen wurde, sollten bestehende Gesetze, die damit verbundene Regelungen enthielten, geändert werden.[179] So wurden im Jahr 1987

---

175 Hoge Raad, 24. Januar 1986, NJ 1986, 377: „..de strekking van Art. 31 WVW en de bescherming die dat artikel aan de voetganger, in verband met de gevaren van het gemotoriseerde verkeer, beoogt te bieden…“.

176 Hoge Raad, 19. Okober 1990, NJ 1991, 7: „…omdat Art. 31 WVW ertoe strekt fietsers een bijzondere bescherming te geven tegen de gevolgen van het zich verwezenlijken van de gevaren die het rijden met een motorrijtuig op de weg meebrengt...“.

177 Hoge Raad, 23. Mai 1986, NJ 1987, 482: „De strekking van Art. 31 WVW is mede kinderen te beschermen tegen de extra risico's die het gemotoriseerde verkeer voor hen meebrengt.“.

178 Gerechtshof Den Haag, 26. Mai 1977, NJ 1978, 44.

179 Stb. 1987, 591.

Art. 31 Abs. 8 WVW (oud) und Art. 31 Abs. 9 WVW (oud) ersatzlos gestrichen. Die ursprünglichen Absätze 10 und 11 wurden zu den Absätzen 9 und 10 des Art. 31 WVW (oud). Außerdem wurde die Verweisung auf Absatz 4 im ersten Absatz durch Absatz 5 ersetzt.[180] Dies wurde bei der letzten Gesetzesänderung und der damit verbundenen Verschiebung der Absätze missachtet.

## X. Gesetzesänderung unter Einfluss der Einführung des BW

Mit der beabsichtigten Einführung des BW im Jahr 1992 ging einher, dass Änderungen an den bestehenden Gesetzen vorgenommen werden mussten, da deren Vorschriften nun zum Teil allgemein im BW geregelt werden sollten.[181] Die im Jahr 1989 bzw. 1991 aufgestellten Änderungen für Art. 31 WVW (oud) traten mit der Einführung des BW zum 1. Januar 1992 ebenfalls in Kraft.[182] So wurde zunächst das Wort „Güter" (goederen) im ersten, fünften und siebten Absatz des Art. 31 WVW (oud) durch das Wort „Sachen" (zaken) ersetzt. Aus dem Gesetzestext wurde nun deutlich, dass sich die Gefährdungshaftung des Eigentümers bzw. Halters auf alle Gegenstände und Waren bezieht. Weiterhin wurden im ersten Absatz die Wörter „worunter das Verschulden von jemandem" (daronder begrepen schuld van iemand) durch die Wörter „worunter der Fall zu verstehen ist, dass der Verkehrsunfall durch jemanden verursacht wurde" (daaronder begrepen het geval dat zij is veroorzaakt door iemand) ersetzt.[183]

Daneben wurde Art. 31 Abs. 4 WVW (oud) gestrichen und in Absatz 5 das Wort „Verschulden" (schuld) durch das Wort „Fehler" (fout) ersetzt. Unter einem Fehler verstand man grundsätzlich eine zurechenbare unerlaubte Handlung im Sinne des Art. 6: 162 BW.[184] Schließlich wurden noch Art. 31 Abs. 6 WVW (oud) und Art. 31 Abs. 8 WVW (oud) gestrichen.[185] Die Verjährung richtete sich nun nach der allgemeinen Regel des Art. 3: 310 BW. Es fand diesmal jedoch keine neue Nummerierung statt. Vielmehr bestand Art. 31 WVW (oud) nun aus sechs nicht durchnummerierten Absätzen

180 Stb. 1987, 591.

181 Stb. 1989, 491.

182 Stb. 1991, 608; Stb. 1989, 491.

183 Stb. 1991, 608; Stb. 1989, 491.

184 Spier/ Hartlief/ Keirse/ Lindenbergh/ Vriesendorp – van Maanen/ Lindenbergh, Verbintenissen uit de wet en Schadevergoeding, S. 25.

185 Stb. 1991, 608; Stb. 1989, 491.

(Absätze 1, 2, 3, 5, 7, 9).[186] Die Gesetzesänderung stellte die letzte Änderung des Art. 31 WVW (oud) dar. Dieser lautete im Jahr 1992 wie folgt:

> (1) Wenn durch einen Zusammenstoß, ein An- oder Überfahren mittels eines Kraftfahrzeugs, mit dem auf der Straße gefahren wird, Schaden an nicht durch das Kraftfahrzeug beförderten Personen oder Gütern zugefügt wird, ist, ausgenommen der Einschränkung in Absatz 5, der Eigentümer des Kraftfahrzeugs oder – wenn es einen Halter gibt – der Halter verpflichtet, den Schaden zu ersetzen, es sei denn, dass anzunehmen ist, dass der Zusammenstoß, das An- oder Überfahren auf höherer Gewalt beruht, worunter der Fall zu verstehen ist, dass der Verkehrsunfall durch jemanden verursacht wurde, für den jeweils der Eigentümer oder der Halter nicht verantwortlich ist
>
> (2) Bei Kraftfahrzeugen, für die ein Kennzeichen angemeldet ist, wird vorbehaltlich eines Gegenbweises derjenige als Halter des Kraftfahrzeugs vermutet, auf dessen Namen das Kennzeichen angemeldet wurde.
>
> (3) Der Eigentümer oder Halter, der das Kraftfahrzeug nicht selbst führt, haftet für die Verhaltensweisen desjenigen, den er das Kraftfahrzeug fahren lässt.
>
> (5) Bezüglich desselben Unfalls ist, außer in dem Fall, dass ein Fehler des Eigentümers oder Halters selbst oder von jemandem, für den der Eigentümer oder Halter verantwortlich ist, bewiesen wird, der Betrag des aufgrund des ersten Absatzes geschuldeten Ersatzes für an Sachen zugefügten Schaden begrenzt auf den Wert des Kraftfahrzeugs im Zeitpunkt des Unfalls, es sei denn, dass das Kraftfahrzeug zu der Zeit einen geringeren Wert als 500 Gulden hat, in welchem Fall der Betrag des betreffenden Ersatzes auf 500 Gulden begrenzt wird. Im Falle eines Rechtsstreits hat der Eigentümer oder Halter zu beweisen, auf welchen Betrag seine Haftung begrenzt ist.
>
> (7) Die Bestimmungen der vorhergehenden Absätze finden keine Anwendung in Bezug auf einen Schaden, der durch ein Kraftfahrzeug an freilaufenden Tieren, an einem anderen Kraftfahrzeug Bewegegung oder an Personen oder Sachen, die damit befördert werden, zugefügt wird.
>
> (9) Die Vorschriften dieses Artikels beschränken nicht die Haftung, die sich aus dem allgemeinen Recht ergibt.

---

186 Asser/ Hartkamp/ Sieburgh, 6-IV* 2011, Rn. 293.

## XI. Art. 185 Wegenverkeerswet 1994

Im Jahr 1994 erließ der Gesetzgeber mit dem „Wegenverkeerswet 1994“ ein neues Straßenverkehrsgesetz. Nachdem zahlreiche Gesetzesentwürfe zur Neureglung des Haftungsrechts im Straßenverkehr gescheitert waren, enthielt das neue Straßenverkehrsgesetz mit Art. 185 WVW auch eine neue Regelung über die Haftung des Eigentümers bzw. Halters eines Kraftfahrzeugs. Das Gesetz vom 21. April 1994 trat zum 1. Januar 1995 in Kraft.[187] Seit dem Inkrafttreten des WVW (oud) im Jahr 1951 bis zu dieser Gesetzesänderung waren fast über 40 Jahre vergangen, in denen sich der Straßenverkehr erheblich verändert hatte. So hatte sich unter anderem die Anzahl der Kraftfahrzeuge und Verkehrsunfälle auf den niederländischen Straßen drastisch erhöht. Ein Jahr vor der Gesetzesänderung waren ca. 7 Millionen Kraftfahrzeuge in den Niederlanden registriert, mehr als jeder dritte Einwohner besaß somit ein Kraftfahrzeug.[188] In demselben Jahr verunglückten 48.829 Menschen im Straßenverkehr, wovon 1.252 getötet wurden.[189] Die Schadenslast der Kraftfahrzeugversicherungen für Unfälle mit einem Kraftfahrzeug betrug 3,8 Milliarden Gulden (ca. 1,7 Milliarden Euro).[190] Trotz des erheblich veränderten Straßenbildes wurden die Voraussetzungen für eine Haftung des Eigentümers oder Halters eines Kraftfahrzeugs nur geringfügig geändert. Dies lag unter anderem daran, dass weiterhin das Vorhaben bestand, eine allgemeine Verkehrshaftung in Buch 8 des BW einzuführen.

### 1. Gesetzestext

Art. 185 WVW, der mit der Einführung des neuen Gesetzes Art. 31 WVW (oud) ersetzte, lautete bei seiner Einführung wie folgt:[191]

---

187 Asser/ Hartkamp/ Sieburgh, 6-IV 2015, Rn. 275; Stb. 1994, 475.

188 Simsa, Die gerichtliche und außergerichtliche Regulierung von Verkehrsunfällen in Deutschland und in den Niederlanden, S. 8.

189 Simsa, Die gerichtliche und außergerichtliche Regulierung von Verkehrsunfällen in Deutschland und in den Niederlanden, S. 8.

190 Simsa, Die gerichtliche und außergerichtliche Regulierung von Verkehrsunfällen in Deutschland und in den Niederlanden, S. 8.

191 Gesetzestext von Art. 185 WVW nach Stb. 1994, 475: „(1) Indien een motorrijtuig waarmee op de weg wordt gereden, betrokken is bij een verkeersongeval waardoor schade wordt toegebracht aan, niet door dat motorrijtuig vervoerde, personen of zaken, is, behoudens de beperking in het derde lid, de eigenaar van het motorrijtuig of - indien er een houder van het motorrijtuig is - de houder verplicht om die

(1) Wenn ein Kraftfahrzeug, mit dem auf der Straße gefahren wird, an einem Verkehrsunfall beteiligt ist, wodurch Schaden an Personen oder Sachen zugefügt wird, die nicht durch das Kraftfahrzeug befördert werden, ist, die Einschränkung in Absatz 3 ausgenommen, der Eigentümer des Kraftfahrzeugs oder - wenn es einen Halter des Kraftfahrzeugs gibt - der Halter verpflichtet den Schaden zu ersetzen, es sei denn, dass anzunehmen ist, dass der Unfall auf höherer Gewalt beruht, worunter der Fall zu verstehen ist, dass der Verkehrsunfall durch jemanden verursacht wurde, für den jeweils der Eigentümer oder der Halter nicht verantwortlich ist.

(2) Der Eigentümer oder Halter, der das Kraftfahrzeug nicht selbst führt, haftet für die Verhaltensweisen desjenigen, den er das Kraftfahrzeug fahren lässt.

(3) Bezüglich desselben Unfalls ist, außer in dem Fall, dass ein Fehler des Eigentümers oder Halters selbst oder von jemandem, für den der Eigentümer oder Halter verantwortlich ist, bewiesen wird, der Betrag des infolge des ersten Absatzes geschuldeten Ersatzes für an Sachen zugefügten Schaden begrenzt auf den Wert des Kraftfahrzeugs im Zeitpunkt des Unfalls, es sei denn, dass das Kraftfahrzeug zu der Zeit einen geringeren Wert als 500 Gulden hat, in welchem Fall der Betrag des betreffenden Ersatzes auf 500 Gulden begrenzt wird. Im Falle eines Rechtsstreits hat der

---

schade te vergoeden, tenzij aannemelijk is dat het ongeval is te wijten aan overmacht, daaronder begrepen het geval dat het is veroorzaakt door iemand, voor wie onderscheidenlijk de eigenaar of de houder niet aansprakelijk is.
(2) De eigenaar of houder die het motorrijtuig niet zelf bestuurt, is aansprakelijk voor de gedragingen van degene door wie hij dat motorrijtuig doet of laat rijden.
(3) Ter zake van eenzelfde ongeval is, behalve in het geval dat een fout wordt aangetoond van de eigenaar of houder zelf of van iemand voor wie de eigenaar of houder aansprakelijk is, het bedrag van de ingevolge het eerste lid verschuldigde vergoeding voor aan zaken toegebrachte schade beperkt tot de waarde van het motorrijtuig op het ogenblik van het ongeval, tenzij het motorrijtuig alsdan een geringere waarde heeft dan vijfhonderd gulden, in welk geval het bedrag van de bedoelde vergoeding wordt beperkt tot vijfhonderd gulden. In geval van geschil heeft de eigenaar of houder aan te tonen tot welk bedrag zijn aansprakelijkheid is beperkt.
(4) Het eerste tot en met derde lid vindt geen toepassing ten aanzien van schade, door een motorrijtuig toegebracht aan loslopende dieren, aan een ander motorrijtuig in beweging of aan personen en zaken die daarmee worden vervoerd.
(5) Dit artikel laat onverkort de uit andere wettelijke bepalingen voortvloeiende aansprakelijkheid.“.

Eigentümer oder Halter zu beweisen, auf welchen Betrag seine Haftung begrenzt ist.

(4) Der erste bis dritte Absatz findet keine Anwendung in Bezug auf einen Schaden, der durch ein Kraftfahrzeug an freilaufenden Tieren, an einem anderen Kraftfahrzeug in Bewegung oder an Personen und Sachen, die damit befördert werden, zugefügt wird.

(5) Dieser Artikel beschränkt nicht die aus anderen gesetzlichen Bestimmungen hervorgehende Haftung.

## 2. Vergleich zu Art. 31 WVW (oud)

In Erwartung einer allgemeinen Verkehrshaftung in Buch 8 des neuen Bürgerlichen Gesetzbuches sah man von einer großen inhaltlichen Anpassung des Art. 185 WVW noch ab.[192] Daher behielten die Ansichten in der Rechtsprechung und Literatur zu Art. 31 WVW (oud) für Art. 185 WVW auch grundsätzlich unverändert ihre Bedeutung.[193] Trotzdem änderten sich die Voraussetzungen der Haftung zumindest teilweise. Während für eine Haftung nach Art. 31 Abs. 1 WVW (oud) noch ein Zusammenstoß, An- oder Überfahren (botsing, aan- of overrijding) mit einem Kraftfahrzeug erforderlich war, wurde mit der Einführung des Art. 185 WVW nur noch die Beteiligung eines Kraftfahrzeugs an einem Verkehrsunfall (betrokken bij een verkeersongeval) verlangt. Damit wurde eine Lücke im Gesetz geschlossen. Ein Zusammenstoß, An- oder Überfahren umfasste lediglich Fälle, bei denen auch tatsächlich eine Kollision stattgefunden hatte. Radfahrer oder Fußgänger, die einem verkehrswidrig fahrenden Kraftfahrzeug ausweichen mussten und dabei Schaden erlitten, konnten aufgrund einer fehlenden Kollision keinen Anspruch gemäß Art. 31 WVW (oud) geltend machen.[194] Mit der Einführung des Art. 185 WVW haftete für diese Fälle nun auch der Eigentümer oder Halter eines Kraftfahrzeugs.

Die Bestimmung des Art. 31 Abs. 2 WVW (oud) wurde nicht mehr in Art. 185 WVW übernommen. Danach wurde derjenige als Eigentümer oder Halter eines Kraftfahrzeugs angesehen, auf dessen Namen ein Kennzeichen angemeldet ist. Diese Regelung wurde mit der

192 Kamerstukken II 1990/91, 22030, Nr. 3, S. 152.

193 Asser/ Hartkamp/ Sieburgh, 6-IV 2015, Rn. 275.

194 Van Wassenaer van Catwijck, VR 1995, 197, 198.

Einführung des WVW im Jahr 1994 in den allgemeinen Teil des WVW verschoben und ist seitdem in Art. 1 Abs. 3 WVW normiert.[195]

Nach Art. 31 Abs. 3 WVW (oud) haftete der Eigentümer oder Halter des Kraftfahrzeugs, der das Kraftfahrzeug nicht selbst führt, für die Verhaltensweisen desjenigen, den er das Kraftfahrzeug fahren lässt. Diese Bestimmung wurde unverändert in Art. 185 Abs. 2 WVW übernommen.

In Art. 31 Abs. 5 WVW (oud) war nomiert, dass der Schadensersatz für Sachen auf den Wert des unfallverursachenden Kraftfahrzeugs im Zeitpunkt des Verkehrsunfalls beschränkt ist, solange kein Fehler des Eigentümers oder Halters vorlag.[196] Diese Regelung wurde in Art. 185 Abs. 3 WVW übernommen, auch wenn es Überlegungen gab, diesen Absatz ersatzlos zu streichen.[197]

Die Regelung des Art. 31 Abs. 7 WVW (oud) wurde gleichbleibend in Art. 185 Abs. 4 WVW übernommen. Die Eigentümer- oder Halterhaftung fand somit auch nach Art. 185 Abs. 4 WVW weiterhin keine Anwendung bei den Schäden, die mittels eines Kraftfahrzeugs an freilaufenden Tieren, einem anderen in Bewegung befindlichen Kraftfahrzeug oder Personen und Sachen, die damit befördert werden, zugefügt wurden. Art. 31 Abs. 9 WVW (oud) wurde in seinem Wortlaut bei der Übernahme in Art. 185 Abs. 5 WVW leicht geändert. Grundsätzlich blieb es jedoch dabei, dass weiterhin neben Art. 185 WVW nach den anderen gesetzlichen Bestimmungen gehaftet werden konnte.

## XII. Reformvorschlag zur Einführung des Abschnitts 8.14.1 BW für Verkehrsunfälle

Drei Jahre nach der Einführung des Art. 185 WVW wurde das Vorhaben, ein neues Buch 8 über eine allgemeine Verkehrshaftung zu schaffen, näher konkretisiert. Es sollte ein neuer Abschnitt über Verkehrsunfälle (afdeling 8.14.1, verkeersongevallen) in das BW aufgenommen werden, um einzelnen Personen einen besseren Schutz im Rahmen eines Verkehrsunfalls mit einem Kraftfahrzeug zu bieten.[198] Insbesondere sollten die Passagiere eines Kraftfahrzeugs besser geschützt werden, da

195 Asser/ Hartkamp/ Sieburgh, 6-IV* 2011, Rn. 293.

196 Clausing, TPR 1978, 1011, 1035.

197 Van Wassenaer van Catwijck, VR 1995, 197.

198 Kamerstukken II 1997/1998, 25759, Nr. 1-3.

auch diese bei einem Verkehrsunfall erhebliche Verletzungen erleiden könnten.[199] Diese bekamen ihren Schaden bei einem Verkehrsunfall bislang nur ersetzt, wenn eine unerlaubte Handlung vorlag und die Schuld des Fahrers oder eines anderen Verkehrsteilnehmers bewiesen werden konnte.

Hinsichtlich entstandener Sachschäden bei einem Verkehrsunfall gab es außerdem keinen Grund mehr dafür, die Haftung des Eigentümers oder Halters auf die Höhe des Wertes des Kraftfahrzeugs zu beschränken, solange kein Verschulden nachgewiesen werden konnte. Der Sachschaden, der durch eine Kollision mit einem Kraftfahrzeug entsteht, konnte auch sehr groß sein. Es sei nicht ersichtlich, warum für die besonders großen Schäden, die über den Wert des Kraftfahrzeugs hinausgehen, ein Verschulden nachgewiesen werden müsse.[200] Bei den Sachschäden der nicht motorisierten Verkehrsteilnehmer und der Passagiere sollte fortan differenziert werden, ob bei ihnen zugleich Personen- und Sachschaden oder nur Sachschaden entstanden ist. Wenn es bei ihnen zugleich zu Personen- und Sachschaden kam, sollte bei der Haftung des entstandenen Sachschadens nichts anderes gelten als bei der Haftung des entstandenen Personenschadens, um getrennte Prozesse zu vermeiden.[201]

### 1. Fassung der Art. 1202 ff.

Der Gesetzesentwurf sah daher folgende neue Regelungen vor, die in Buch 8, Titel 14, Abschnitt 1 aufgenommen werden sollten:[202]

Art. 1202

In diesem Abschnitt wird verstanden unter

a. Kraftfahrzeug: ein Kraftfahrzeug gemäß Art. 1 Abs. 1 c WVW 1994, mit Ausnahme von Rollstühlen mit eigenem Antrieb, mit denen ein Behinderter am Verkehr teilnimmt;

---

199 Kamerstukken II 1997/1998, 25759, Nr. 3, S. 13.

200 Kamerstukken II 1997/1998, 25759, Nr. 3, S. 25 ff.

201 Kamerstukken II 1997/1998, 25759, Nr. 3, S. 27 ff.

202 Gesetzestexte nach Kamerstukken II 1997/1998, 25759, Nr. 2.

b. Halter: ein Halter gemäß Art. 1 Abs. 1 n WVW 1994. Es wird vermutet, dass derjenige, auf dem ein Kennzeichen gemäß Art. 36 Abs. 1 WVW angemeldet ist, Besitzer oder Halter eines Kraftfahrzeugs ist;

c. Fahrer: ein Fahrer gemäß Art. 1 Abs. 1 m WVW 1994

d. Passagier: eine durch ein Kraftfahrzeug beförderte Person, die nicht der Fahrer ist;

e. Nicht motorisierter Verkehrsteilnehmer: ein Verkehrsteilnehmer, der weder durch ein schienengebundenes Fahrzeug noch durch ein Kraftfahrzeug befördert wird.[203]

## Art. 1203

1. Der Besitzer oder - wenn es einen Halter gibt - der Halter eines Kraftfahrzeugs, das an einem Verkehrsunfall beteiligt ist, haftet für den infolgedessen durch Tod oder Verletzungen erlittenen Schaden eines nicht motorisierten Verkehrsteilnehmers, außer wenn der Schaden die Folge von Vorsatz oder bewusster Rücksichtslosigkeit des nicht motorisierten Verkehrsteilnehmers zum Zeitpunkt des Unfalls ist.

2. Haftet der Besitzer oder Halter aufgrund des vorherigen Absatzes, dann haftet er gegenüber dem nicht motorisierten Verkehrsteilnehmer in derselben Weise für den dadurch erlittenen Schaden am Fahrzeug, mit dem dieser fährt und an den Sachen, die er an oder bei sich hat.

---

[203] Artikel 1202: „In deze afdeling wordt verstaan onder:
a. motorrijtuig: een motorrijtuig als bedoeld in artikel 1, lid 1, onder c, van de Wegenverkeerswet 1994 met uitzondering van rolstoelen met een eigen aandrijving waarmee door een gehandicapte aan het verkeer wordt deelgenomen;
b. houder: een houder als bedoeld in artikel 1, lid 1, onder n, van de Wegenverkeerswet 1994. Degene aan wie een kenteken als bedoeld in artikel 36, lid 1, van de Wegenverkeerswet 1994 is opgegeven, wordt vermoed bezitter of houder van een motorrijtuig te zijn;
c. bestuurder: een bestuurder als bedoeld in artikel 1, lid 1, onder m, van de Wegenverkeerswet 1994;
d. passagier: een door een motorrijtuig vervoerde persoon die niet is de bestuurder;
e. ongemotoriseerde verkeersdeelnemer: een verkeersdeelnemer die noch door een langs spoorstaven voortbewogen voertuig, noch door een motorrijtuig wordt vervoerd.“.

3. Der Besitzer oder Halter haftet nicht, wenn sich der Schaden aus einem Tun oder Unterlassen desjenigen ergibt, der sich durch Diebstahl oder Gewaltanwendung die Macht über das Kraftfahrzeug verschaffen hat oder von dem, der dies wissend, das Kraftfahrzeug ohne rechtmäßigen Grund gebraucht, so dass in diesem Fall die Haftung nach den Absätzen 1 und 2 auf diesen Personen ruht.

4. Ist bei einem Verkehrsunfall mehr als ein Kraftfahrzeug beteiligt, dann ruht auf jedem Besitzer oder Halter der beteiligten Kraftfahrzeuge oder auf den Personen gemäß Absatz 3 eine Verpflichtung zum Ersatz des gesamten in diesem Artikel genannten Schadens. In ihrem Verhältnis untereinander tragen sie in gleichen Teilen zum Schadensersatz bei.[204]

## Art. 1204

1. Der Besitzer oder - wenn es einen Halter gibt - der Halter eines Kraftfahrzeugs, das an einem Verkehrsunfall beteiligt ist, haftet für den infolgedessen durch Tod oder Verletzungen erlittenen Schaden des mit Zustimmung des Fahrers beförderten Passagiers des Kraftfahrzeugs, außer wenn der Schaden die Folge von Vorsatz oder bewusster Rücksichtslosigkeit des Passagiers zum Zeitpunkt des Unfalls ist.

---

204 Artikel 1203: „1. De bezitter of - indien er een houder is - de houder van een motorrijtuig dat betrokken is bij een verkeersongeval, is aansprakelijk voor de dientengevolge geleden schade door dood of letsel van een ongemotoriseerde verkeersdeelnemer, behoudens indien de schade het gevolg is van opzet of bewuste roekeloosheid van de ongemotoriseerde verkeersdeelnemer ten tijde van het ongeval.
2. Is de bezitter of houder op grond van het vorige lid aansprakelijk, dan is hij jegens de ongemotoriseerde verkeersdeelnemer op dezelfde voet aansprakelijk voor de door deze geleden schade aan het voertuig waarmee deze zich vervoert en aan zaken die hij op of bij zich heeft.
3. De bezitter of houder is niet aansprakelijk indien de schade voortvloeit uit een handelen of nalaten van degene die zich door diefstal of geweldpleging de macht over het motorrijtuig heeft verschaft of van hem die, dit wetende, dat motorrijtuig zonder geldige reden gebruikt, in welk geval op deze personen de aansprakelijkheid uit de leden 1 en 2 rust.
4. Is bij een verkeersongeval meer dan een motorrijtuig betrokken, dan rust op ieder van de bezitters of houders van de betrokken motorrijtuigen of op personen als bedoeld in lid 3 een verplichting tot vergoeding van de gehele in dit artikel bedoelde schade. In hun onderlinge verhouding dragen zij in gelijke delen in de schadevergoeding bij.“.

2. Haftet der Besitzer oder Halter aufgrund des vorherigen Absatzes, dann haftet er auch gegen den Passagier in derselben Weise für den dadurch erlittenen Schaden an den Sachen, die er an oder bei sich hat.

3. Der Besitzer oder Halter haftet nicht, wenn sich der Schaden aus einem Tun oder Unterlassen desjenigen ergibt, der sich durch Diebstahl oder Gewaltanwendung die Macht über das Kraftfahrzeug verschaffen hat oder von dem, der dies wissend, das Kraftfahrzeug ohne rechtmäßigen Grund gebraucht. In einem solchen Fall ruht die Haftung nach den Absätzen 1 und 2 auf diesen Personen, es sei denn, dass der Passagier sich im Bewusstsein über den Diebstahl oder die Gewaltanwendung freiwillig befördern ließ.

4. Haftet ein Beförderer im Sinne der Art. 100 und 1140, dann kann der Reisende in Abweichung von Art. 116 und 1081 den Beförderer weitgehender in Anspruch nehmen, als dieser aufgrund der geschlossenen Vereinbarung haften würde. Der Beförderer kann sich jedoch auf die Beschränkung seiner Haftung auf die in Art. 110 und 1157 geregelten allgemeinen Beträge berufen.

5. Von diesem Artikel kann nicht zum Nachteil des Passagiers abgewichen werden. [205]

---

205 Artikel 1204: „1. De bezitter of - indien er een houder is - de houder van een motorrijtuig dat betrokken is bij een verkeersongeval, is aansprakelijk voor de dientengevolge geleden schade door dood of letsel van een met instemming van de bestuurder vervoerde passagier van dat motorrijtuig, behoudens indien de schade het gevolg is van opzet of bewuste roekeloosheid van de passagier ten tijde van het ongeval.
2. Is de bezitter of houder op grond van het vorige lid aansprakelijk, dan is hij jegens de passagier op dezelfde voet aansprakelijk voor de door deze geleden schade aan zaken die hij op of bij zich heeft.
3. De bezitter of houder is niet aansprakelijk indien de schade voortvloeit uit een handelen of nalaten van degene die zich door diefstal of geweldpleging de macht over het motorrijtuig heeft verschaft of van hem die, dit wetende, dat motorrijtuig zonder geldige reden gebruikt. In zodanig geval rust de aansprakelijkheid uit de leden 1 en 2 op deze personen, tenzij de passagier, zich bewust zijnde van de diefstal of geweldpleging, vrijwillig laat vervoeren.
4. Is een vervoerder in de zin van de artikelen 100 en 1140 ingevolge dit artikel aansprakelijk, dan kan de reiziger in afwijking van de artikelen 116 en 1081 de vervoerder verder aansprakelijk houden dan deze op grond van de door hem gesloten overeenkomst zou zijn. De vervoerder kan zich echter wel beroepen op de beperking van zijn aansprakelijkheid tot de in de artikelen 110 en 1157 bedoelde bij of krachtens algemene maatregel van bestuur bepaalde bedragen.
5. Van dit artikel kan niet ten nadele van de passagier worden afgeweken.“.

## Art. 1205

1. Der Besitzer oder - wenn es einen Halter gibt - der Halter eines Kraftfahrzeugs, das an einem Verkehrsunfall beteiligt ist, haftet für den Schaden an anderen Sachen als denen gemäß Artikel 1203 Abs. 2, es sei denn, dass anzunehmen ist, dass der Unfall dem Fahrer nicht zugerechnet werden kann. Der vorherige Satz ist nicht anwendbar in Bezug auf Schäden an frei herumlaufenden Tieren, an einem anderen am Verkehr teilnehmenden Kraftfahrzeug oder an damit beförderten Sachen.

2. Der Besitzer oder Halter eines Kraftfahrzeugs, das an einem Verkehrsunfall beteiligt ist, haftet in derselben Weise für den infolgedessen durch Tod oder Verletzungen erlittenen Schaden einer Person, die durch ein schienengebundenes Fahrzeug befördert wird.

3. Die Absätze 3 und 4 von Artikel 1203 sind entsprechend anwendbar.[206]

## Art. 1206

Der nicht motorisierte Verkehrsteilnehmer haftet nicht für Schäden, für die der Besitzer oder Halter eines Kraftfahrzeugs oder eine Person gemäß Art. 1203 Abs. 3 und 1204 Abs. 3 infolge der Artikel 1203-1205 verantwortlich ist, es sei denn, dass der Schaden die Folge von Vorsatz oder bewusster Rücksichtslosigkeit des nicht motorisierten Verkehrsteilnehmers zur Zeit des Verkehrsunfalls ist. Dies gilt gleichermaßen für denjenigen, der infolge der Artikel 169-172 von Buch 6 für die Fehler des nicht motorisierten Verkehrsteilnehmers haftet.[207]

---

[206] Artikel 1205: „1. De bezitter of – indien er een houder is – de houder van een motorrijtuig dat betrokken is bij een verkeersongeval, is aansprakelijk voor de schade aan andere zaken dan bedoeld in artikel 1203 lid 2, tenzij aannemelijk is dat het ongeval de bestuurder niet kan worden toegerekend. De vorige volzin is niet van toepassing ten aanzien van schade aan loslopende dieren, aan een ander aan het verkeer deelnemend motorrijtuig of aan daarmee vervoerde zaken.
2. De bezitter of houder van een motorrijtuig dat betrokken is bij een verkeersongeval is op dezelfde voet aansprakelijk voor de dientengevolge geleden schade door dood of letsel van een persoon die door een langs spoorstaven voortbewogen voertuig wordt vervoerd.
3. De leden 3 en 4 van artikel 1203 zijn van overeenkomstige toepassing.“.

[207] Artikel 1206: „De ongemotoriseerde verkeersdeelnemer is niet aansprakelijk voor schade waarvoor de bezitter of houder van een motorrijtuig of een persoon als

## 2. Erläuterung des Gesetzesentwurfs

### a) Art. 1202

Art. 1202 des Gesetzentwurfes definierte über den geltenden Art. 1 WVW hinaus noch den Passagier und den nicht motorisierten Verkehrsteilnehmer. Als nicht motorisierte Verkehrsteilnehmer wurden Personen bezeichnet, die weder durch ein schienengebundenes Fahrzeug noch durch ein Kraftfahrzeug befördert werden. Passagiere einer Straßenbahn oder eines Zuges sollten somit anders als beim WVW nicht mehr den Fußgängern gleichgestellt werden.

### b) Art. 1203

Im Gegensatz zur Haftung nach Art. 185 WVW, die auf den Eigentümer oder Halter abstellte, sollte nach dem Gesetzesentwurf des Art. 1203 der Besitzer (bezitter) oder Halter haften. In Anlehnung an Art. 6: 173 BW, Art. 6: 174 BW und Art. 6: 179 BW, nach denen auch der Besitzer für Sachen, Gebäude oder Tiere haftete, sollte die haftpflichtige Person geändert werden. Auch ruhte die Versicherungspflicht für ein Kraftfahrzeug nach dem Wortlaut des Art. 2 WAM auf dem Besitzer und nicht auf dem Eigentümer oder Halter des Kraftfahrzeugs.

Nach Art. 1203 Abs. 1 sollte eine Gefährdungshaftung für die Personenschäden eines nicht motorisierten Verkehrsteilnehmers eingeführt werden, bei der im Vergleich zu Art. 185 WVW höhere Gewalt kein befreiender Umstand mehr sein sollte. Allein die Beteiligung eines Kraftfahrzeugs an einem Verkehrsunfall bildete nach dem Gesetzesentwurf den Anknüpfungspunkt für eine Haftung.[208] Die entworfene verschuldensunabhängige Haftung wurde damit begründet, dass Verkehrsunfälle häufig auf zufälligen Umständen beruhen, bei denen keinem Beteiligten ein Verschulden nachgewiesen werden könne. Da die Realisierung der Betriebsgefahr von Kraftfahrzeugen zu schwerwiegenden Folgen für die nicht motorisierten Verkehrsteilnehmer führen könnte, sei es angemessen, sowohl das Entstehen als auch die Folgen des Un-

bedoeld in de artikelen 1203 lid 3 en 1204 lid 3 ingevolge de artikelen 1203–1205 aansprakelijk is, tenzij de schade het gevolg is van opzet of bewuste roekeloosheid van de ongemotoriseerde verkeersdeelnemer ten tijde van het verkeersongeval. Dit geldt eveneens voor degene die ingevolge de artikelen 169–172 van Boek 6 aansprakelijk is voor de fouten van de ongemotoriseerde verkeersdeelnemer.“.

208 Kamerstukken II 1997/1998, 25759, Nr. 3, S. 40.

falls zu Lasten desjenigen gehen zu lassen, der die mit dem Kraftfahrzeug verbundene Gefahr durch den Gebrauch ins Leben gerufen habe und von dem Gebrauch profitiere.[209] Außerdem sei die Haftung, für die ein Kraftfahrzeug Anlass gibt, nach dem WAM versichert, so dass das Vermögen der haftenden Partei nicht direkt betroffen werde.[210] Für die Regulierung der Sachschäden des nicht motorisierten Verkehrsteilnehmers sollten gemäß Art. 1203 Abs. 2 des Gesetzesentwurfs die gleichen Regelungen wie für Personenschäden gelten, wenn der nicht motorisierte Verkehrsteilnehmer zugleich Personenschäden erlitten hat. Entstand beim nicht motorisierten Verkehrsteilnehmer allein ein Sachschaden, sollte Art. 1205 Abs. 1 Anwendung finden.[211]

### c) Art. 1204

Mit Art. 1204 Abs. 1 sollte eine Gefährdungshaftung für die Personenschäden eingeführt werden, die Passagiere eines Kraftfahrzeugs erleiden. Die Haftung des Besitzers oder Halters gegenüber einem Passagier war im Vergleich zur bisher geltenden Eigentümer- bzw. Halterhaftung neu. Der Eigentümer bzw. Halter haftete sowohl gemäß Art. 25 MRW, Art. 31 WVW (oud) als auch nach Art. 185 WVW nicht für den Schaden, der an beförderten Personen oder Sachen eines Kraftfahrzeugs zugefügt wurde. Die Haftung nach Art. 1204 Abs. 1 sollte der des Art. 1203 Abs. 1 weitestgehend entsprechen. Die Beteiligung eines Kraftfahrzeugs an einem Verkehrsunfall sollte bereits für eine Haftung des Besitzers bzw. Halters ausreichen, wenn der Passagier zudem mit der Zustimmung des Fahrers des Kraftfahrzeugs befördert wurde. Der Anspruch des Passagiers nach Art. 1204 Abs. 1 sollte jedoch ausgeschlossen sein, wenn dieser mit Vorsatz oder bewusst rücksichtslos handelte. Das Mitfahren bei einem betrunkenen Fahrer oder das Nichttragen eines Gurtes sollte für die Annahme von Vorsatz oder einer bewussten Rücksichtslosigkeit dabei noch nicht ausreichend sein.[212] Nach Art. 1204 Abs. 2 sollte eine Gefährdungshaftung für die erlittenen Sachschäden des Passagiers zumindest dann bestehen, wenn dieser neben einem Sachschaden zugleich einen Personenschaden erlitten hat.

---

209 Kamerstukken II 1997/1998, 25759, Nr. 3, S. 16.

210 Kamerstukken II 1997/1998, 25759, Nr. 3, S. 16.

211 Kamerstukken II 1997/1998, 25759, Nr. 3, S. 37 ff.

212 Kamerstukken II 1997/1998, 25759, Nr. 3, S. 44 ff.

Anderenfalls sollte sich der Passagier für einen allein erlittenen Sachschaden auf die allgemeine verschuldensabhängige Haftung nach Art. 6: 162 BW berufen.[213]

### d) Art. 1205

Nach Art. 1205 Abs. 1 sollte eine Haftung des Besitzers oder Halters geregelt werden, wenn bei einem Verkehrsunfall nur ein Sachschaden und nicht zugleich ein Personenschaden entstanden ist. Es sollte also für die Sachschäden gehaftet werden, die nicht bereits von Art. 1203 Abs. 2 umfasst waren. Für Schäden an frei herumlaufenden Tieren, an einem anderen am Verkehr teilnehmenden Kraftfahrzeug oder an damit beförderten Sachen sollte der Besitzer oder Halter jedoch nicht haften. Es ging somit in erster Linie um Sachschäden eines nicht motorisierten Verkehrsteilnehmers, der nicht zugleich einen Personenschaden erlitten hat. Dabei war die Haftung nach Art. 1205 Abs. 1 enger als die des Art. 1203 des Entwurfs. Für eine Haftung des Besitzers oder Halters nach Art. 1205 Abs. 1 musste der Unfall dem Fahrer zugerechnet werden können. Die Voraussetzung der Zurechnung sollte dabei wie bei Art. 6: 162 Abs. 3 BW verstanden werden. Der Fahrer musste den Unfall somit grundsätzlich verschuldet haben, damit neben diesem auch der Besitzer oder Halter in Anspruch genommen werden konnte. Möglich sollte es dadurch auch sein, sich auf eigene Schuld des Geschädigten zu berufen, so dass die Entschädigungspflicht ganz oder zum Teil entfallen konnte.[214] Nach Art. 1205 Abs. 2 sollte daneben der Besitzer oder Halter gegenüber Straßenbahn- oder Zugpassagieren haften, wenn dem Fahrer der Unfall zugerechnet werden konnte.

### e) Art. 1206

Ein nicht motorisierter Verkehrsteilnehmer, der an einem Verkehrsunfall mit einem Kraftfahrzeug beteiligt ist, sollte nach Art. 1206 Abs. 1 des Gesetzesentwurfes nicht für die Schäden gegenüber Dritten haften, wenn der Besitzer bzw. Halter des Kraftfahrzeugs oder die Personen im Sinne der Art. 1203 Abs. 3 und Art. 1204 Abs. 3 bereits nach den Art. 1203 - 1205 hafteten. Durch die Beteiligung eines Kraftfahrzeugs

---

213 Kamerstukken II 1997/1998, 25759, Nr. 3, S. 46.

214 Kamerstukken II 1997/1998, 25759, Nr. 3, S. 47 ff.

an einem Verkehrsunfall werde der Schaden von Verkehrsopfern in der Regel größer, als wenn lediglich Fahrradfahrer und Fußgänger an dem Unfall beteiligt gewesen wären. Die Beteiligung eines Kraftfahrzeugs an einem Unfall sollte nicht mit nachteiligen Folgen für die nicht motorisierten Verkehrsteilnehmer sein. Deren Haftung sollte daher ausgeschlossen werden.[215]

### 3. Umsetzung

Der Gesetzesentwurf wurde jedoch nicht umgesetzt. Am 16. Juni 1999 teilte der damalige Justizminister A.H. Korthals in einem Schreiben an den Vorsitzenden des Parlaments mit, dass der Gesetzesentwurf aufgehoben und ein neuer Entwurf vorbereitet werden solle.[216] Insbesondere sollte die Haftung des Besitzers oder Halters eines Kraftfahrzeugs überdacht werden, der nach dem Entwurf den gesamten Schaden der nicht motorisierten Verkehrsteilnehmer ersetzen musste, auch wenn er keine Schuld an dem Verkehrsunfall hatte. Die entworfene Haftung führe zu einer Verletzung des Gerechtigkeitsgefühls derjenigen, die schuldlos den Schaden eines nicht motorisierten Verkehrsteilnehmers ersetzen müssten. Daher müsse dem Verhalten der Fußgänger oder Fahrradfahrer eine größere Bedeutung zukommen. So sollten bei einem neuen Entwurf Fahrradfahrer und Fußgänger grundsätzlich keinen Schaden ersetzt bekommen, wenn sie rücksichtslos (roekeloos) gehandelt haben. Bislang war für den Ausschluss der Haftung Vorsatz oder ein bewusst rücksichtsloses Verhalten erforderlich (bewuste roekeloosheid). Im Vergleich zum bisherigen Gesetzesentwurf sollten die Fahrradfahrer und Fußgänger nicht mehr geschützt werden, die sich ihrem gefährlichen Verhalten zwar nicht bewusst waren, aber sich dessen hätten bewusst sein müssen. Die Abgrenzung zwischen bewusster Rücksichtslosigkeit und „einfacher" Rücksichtslosigkeit soll anhand des folgenden Beispiels deutlich werden: Ein Radfahrer, der ein Auto kommen sieht, trotzdem über eine rote Ampel fährt und darauf vertraut, dass er es schaffe, die Ampel zu überqueren, handele bewusst rücksichtslos (bewust roekeloos). Demgegenüber handele ein Radfahrer nur rücksichts-

215 Kamerstukken II 1997/1998, 25759, Nr. 3, S. 48 ff.
216 Kamerstukken II 1998/1999, 25759, Nr. 5, S. 1.

los (roekeloos), wenn er über eine rote Ampel fährt, ohne sich umzuschauen, ob ein Auto angefahren komme.[217] Dies sollte bereits ausreichend für einen Ausschluss der Haftung sein. Lediglich für Kinder unter 14 Jahren sollte es bei der Grenze der bewussten Rücksichtslosigkeit bleiben, da sie im motorisierten Verkehr größere Gefahren befürchten müssten als Erwachsene und die Folgen eines Unfalls für sie schwerwiegender seien.[218]

Die nach dem Gesetzesentwurf bezweckte Ausweitung des Schutzes der Passagiere eines Kraftfahrzeugs sollte ebenfalls mit der Maßgabe geändert werden, dass auch hier bereits ein rücksichtsloses Verhalten des Passagiers den Anspruch ausschließen sollte. So sollte zum Beispiel das Nichttragen eines Gurtes im Auto oder das Nichttragen eines Helmes auf einem Motorrad unter Umständen unter den Begriff der „einfachen" Rücksichtslosigkeit fallen und den Anspruch somit ausschließen können.[219]

Außerdem sollte Art. 1203 Abs. 2 geändert werden, nach dem ein nicht motorisierter Verkehrsteilnehmer für entstandene Sachschäden einen Anspruch aus Gefährdungshaftung geltend machen konnte, wenn es neben einem Sachschaden auch zu einem Personenschaden gekommen ist. Es bestünde sonst die Gefahr, dass es zu Betrugsfällen komme. Fahrradfahrer oder Fußgänger könnten Köperverletzungen simulieren, um ihre Sachschäden einfacher ersetzt zu bekommen.

Doch auch dieses Gesetzesvorhaben wurde weder vom Justizminister Korthals noch von einem seiner Nachfolger umgesetzt.[220] Vielmehr bekräftigte der spätere Justizminister Hirsch Ballin die bestehende Gesetzeslage im Jahr 2007, nachdem es zwei Jahre zuvor eine kleine Änderung des Art. 185 WVW gab.[221]

## XIII. Gesetzesreform

Im Jahr 2005 wurde Art. 185 WVW leicht geändert.[222] Die Änderung ging auf den Gesetzesentwurf des damaligen niederländischen Verkehrsministers K. M. H. Peijs und des Justizministers J. P. H. Donner

217 Kamerstukken II 1998/1999, 25759, Nr. 5, S. 3.
218 Kamerstukken II 1998/1999, 25759, Nr. 5, S. 4.
219 Kamerstukken II 1998/1999, 25759, Nr. 5, S. 5.
220 Kamerstukken II 2006/07, 656, S. 1407 ff.
221 Kamerstukken II 2006/07, 656, S. 1407 ff.; Stb. 2005, 357.
222 Stb. 2005, 357.

zurück, nach dem Art. 185 Abs. 3 WVW gestrichen und die Gefährdungshaftung für mangelhafte Sachen gemäß Art. 6: 173 BW auch auf Kraftfahrzeuge ausgeweitet werden sollte.[223] Art. 185 Abs. 3 WVW beschränkte die Höhe des geltend gemachten Sachschadens auf den Wert des unfallverursachenden Kraftfahrzeugs zum Zeitpunkt des Verkehrsunfalls mit einer Untergrenze von 500 Gulden bzw. 250 €. Dies galt nicht, wenn dem Eigentümer oder Halter selbst oder jemandem, für den sie verantwortlich sind, ein Fehler zugerechnet werden konnte.[224] Schäden, die über den Wert des Kraftfahrzeugs hinausgingen, mussten anderweitig, zum Beispiel mit der verschuldensabhängigen Haftung wegen unerlaubter Handlung gemäß Art. 6: 162 BW gegen den Fahrer, geltend gemacht werden.[225] Mit der Streichung des Art. 185 Abs. 3 WVW waren Art. 185 Abs. 4 WVW und Art. 185 Abs. 5 WVW in ihrem Wortlaut nach unverändert nun in Art. 185 Abs. 3 WVW bzw. Art. 185 Abs. 4 WVW nummeriert. Außerdem entfiel in Art. 185 Abs. 1 WVW die Verweisung auf die Beschränkung nach Art. 185 Abs. 3 WVW.[226]

### 1. Wegfall von Art. 185 Abs. 3 WVW

Die Haftungsbeschränkung für Sachschäden bestand seit der Einführung des Art. 25 MRW im Jahr 1925.[227] Die Begrenzung der Haftung auf den Wert des Kraftfahrzeugs wurde eingeführt, da die verschuldensunabhängige Haftung sonst zu schwer wiegen würde, wenn Güter von

223 Kamerstukken II 2004/05, 29955 Nr. 3, S.1.

224 Gesetzestext von Art. 185 Abs. 3 WVW vor 2005 nach Stb. 1994, 475: „Ter zake van eenzelfde ongeval is, behalve in het geval dat een fout wordt aangetoond van de eigenaar of houder zelf of van iemand voor wie de eigenaar of houder aansprakelijk is, het bedrag van de ingevolge het eerste lid verschuldigde vergoeding voor aan zaken toegebrachte schade beperkt tot de waarde van het motorrijtuig op het ogenblik van het ongeval, tenzij het motorrijtuig alsdan een geringere waarde heeft dan vijfhonderd gulden, in welk geval het bedrag van de bedoelde vergoeding wordt beperkt tot vijfhonderd gulden. In geval van geschil heeft de eigenaar of houder aan te tonen tot welk bedrag zijn aansprakelijkheid is beperkt.".

225 Kamerstukken II 2004/05, 29955, Nr. 3, S. 3.

226 Stb. 2005, 357.

227 Stb. 1924, 492.

einem unbekannt hohen Wert betroffen seien.[228] Da es bei Verkehrsunfällen zwischen Kraftfahrzeugen und nicht motorisierten Verkehrsteilnehmern häufig auch zu einem Personenschaden kommt, der in der Regel größer als der entstandene Sachschaden ist, führte die Beschränkung zu keiner großen Erleichterung für den Eigentümer oder Halter eines Kraftfahrzeugs.[229] Vielmehr trug der nicht motorisierte Verkehrsteilnehmer, der Waren auf der Straße transportierte, das Risiko, sich auf die Verschuldenshaftung stützen zu müssen, wenn seine Waren einen höheren Wert als das schädigende Kraftfahrzeug hatten.[230] An Schäden, die durch einen Unfall an der Straße oder der Straßenausstattung entstehen können und häufig höher sind als der Wert eines Kraftfahrzeugs, wurde bei der Einführung der Regelung zudem noch nicht gedacht. Zu berücksichtigen ist jedoch, dass die Kosten für Reparaturmaßnahmen an der Straßenausstattung zu dieser Zeit auch deutlich geringer als heute waren, da es beispielsweise noch keine Schutzplanken oder Lärmschutzwände gab.[231]

Auch die mit der Einführung des Art. 31 WVW (oud) ins Gesetz aufgenommene Untergrenze der Beschränkung in Höhe von 500 Gulden, die zum Zeitpunkt der Einführung auch galt, weil die Kraftfahrzeuge noch einen geringeren Wert hatten, ist zum Zeitpunkt der Gesetzesänderung im Jahr 2005 nicht mehr angemessen gewesen.[232] So entsprach die damalige Untergrenze von 500 Gulden im Jahr 1992 in etwa 15.000 Gulden.[233] Zwar erkannte man die unangemessene Wertgrenze auch Jahre zuvor bei der Einführung des Wegenverkeerswet 1994. In Erwartung einer allgemeinen Verkehrshaftung in Buch 8 des neuen Bürgerlichen Gesetzbuches wurde von einer inhaltlichen Anpassung bei Art. 185 WVW zu diesem Zeitpunkt jedoch noch abgesehen.[234]

Da das Gesetzesvorhaben, ein neues Buch 8 über die Verkehrshaftung einzuführen, scheiterte, kam es 2005 nicht nur zu einer Anpassung der Untergrenze, sondern zur gesamten Streichung des

---

228 Ekering, Motorrijtuig en Aansprakelijkheid naar Nederlandsch Burgerlijk Recht, S. 182.

229 Asser/ Hartkamp, 4-III 1998, Rn. 227.

230 Kamerstukken II 2004/05, 29955, Nr. 3, S. 4.

231 Kamerstukken II 2004/05, 29955, Nr. 3, S. 4.

232 Van Wassenaer van Catwijck, VR 1995, 197; Kamerstukken II 1933/34, 484, Nr. 3, S. 13: „Vele motorrijtuigen, welke thans op den weg voorkomen, vertegenwoordigen eene zeer geringe waarde. Voor de bepaling van vergoeding is dus een grens gesteld van *f* 500.“.

233 Van Wassenaer van Catwijck, VR 1995, 197.

234 Kamerstukken II 1990/91, 22030, Nr. 3, S. 152.

Art. 185 Abs. 3 WVW. Derjenige, der die Vorteile des Gebrauchs eines Kraftfahrzeugs nutze, sollte auch die vollständige Verantwortlichkeit für die daraus entstehenden Folgen tragen.[235] Es sei nicht verständlich, warum der Eigentümer oder Halter eines Kraftfahrzeugs nicht den gesamten, durch ihn verursachten Schaden ersetzen solle, wenn die Voraussetzungen der Haftung nach Art. 185 WVW erfüllt sind.[236]

### 2. Ausweitung des Art. 6: 173 BW

Neben der Streichung des Art. 185 Abs. 3 WVW sah der Gesetzesentwurf noch eine Ausweitung der Haftung nach Art. 6: 173 BW vor, die nun auch für mangelhafte Kraftfahrzeuge Anwendung finden sollte. Die Gesetzesänderung wird im Rahmen der Darstellung dieses Artikels besprochen.[237]

## XIV. Zusammenfassung

Lange Zeit war der Gesetzgeber unschlüssig, wie die Haftung für entstandene Schäden im Rahmen eines Verkehrsunfalls aussehen sollte. Insbesondere herrschte Unklarheit darüber, worauf die Gefährdungshaftung des Eigentümers bzw. Halters gestützt werden sollte. Während heute vor allem vertreten wird, dass Art. 185 WVW dem Schutz der schwachen Verkehrsteilnehmer dienen soll, zog man zuvor noch die Gefahr, die von Kraftfahrzeugen ausgeht, als Begründung für das Bestehen der Gefährdungshaftung heran. Zum Teil werden diese beiden Begründungen auch vermischt.

Der Verkehrsopferschutz nicht motorisierter Verkehrsteilnehmer, der der Haftung nach Art. 185 WVW heute vor allem zugrunde gelegt wird, erscheint durchaus plausibel, da es bei einem Zusammenstoß eines Kraftfahrzeugs mit einem Fahrradfahrer oder Fußgänger in der Regel zu schweren Verletzungen beim nicht motorisierten Verkehrsteilnehmer kommt, während am Kraftfahrzeug häufig nur ein Blech- bzw. Sachschaden entsteht. Die Betriebsgefahr, die von Kraftfahrzeugen ausgeht, rechtfertigt daher auch eine strengere Haftung. Zieht man jedoch Unfälle eines Autos mit einem Mofa oder eines LKWs mit einem Kleinwagen heran, wird deutlich, dass auch unterschiedliche Gefahren

235 Kamerstukken II 2004/05, 29955, Nr. 3, S. 4.

236 Kamerstukken II 2004/05, 29955, Nr. 3.

237 Siehe 4. Kapitel, C., I.

von den Kraftfahrzeugen ausgehen. So ist ein Mofafahrer bei einem Verkehrsunfall mit einem Auto ähnlich wie ein Fahrradfahrer besonders hohen Gefahren ausgesetzt und kann ebenso einen großen Sach- und vor allem Personenschaden erleiden. Auf der anderen Seite gehen von einem Mofafahrer aufgrund der höheren Geschwindigkeiten größere Gefahren für andere Verkehrsteilnehmer aus als von einem Fahrradfahrer. Es kann daher durchaus gerechtfertigt sein, sie nicht von der Gefährdungshaftung profitieren zu lassen.

Erst in den frühen 90er Jahren machte sich der Justizminister für eine Neuregelung stark. Die lange Inaktivität des Gesetzgebers, die Entwicklung der Verkehrsunfälle als soziales Problem und der Druck der Literatur, das System zu reformieren, führten dazu, dass der Hoge Raad eine Stellung einnahm, die einem Gesetzgeber gleichstand. Aus der Rechtsprechung des Hoge Raad lassen sich daher noch heute viele geltende Rechtsgrundsätze ableiten. Dies soll anhand des geltenden Systems aufgezeigt werden.

# 4. Kapitel: Voraussetzungen der Haftung des Schädigers und der verantwortlichen Personen mit Vergleich zum deutschen Recht

Die Haftung bei einem Verkehrsunfall ist im niederländischen Gesetz weitgehend geregelt, gleichwohl hat die Rechtsprechung unter anderem durch die Schaffung bestimmter Fallgruppen bei Verkehrsunfällen einen bedeutenden Einfluss auf die Rechtswirklichkeit der Haftung bei Verkehrsunfällen. So existiert beispielsweise bei Art. 185 WVW mit der sog. 50%- und 100%-Regel eine feste Rechtsprechung zur Höhe des zu ersetzenden Schadens, die sich nicht aus dem Gesetz ableiten lässt. Auch für die Haftung des Fahrers nach Art. 6: 162 BW lassen sich wichtige Rückschlüsse aus der Rechtsprechung für die bestehende Rechtspraxis bei einem Verkehrsunfall herleiten.

## A. Haftung nach Art. 6: 162 BW

Das gesetzliche Schuldverhältnis der unerlaubten Handlung hat bei der Abwicklung von Verkehrsunfällen in den Niederlanden große Bedeutung.[238] Bei knapp 70% aller Verkehrsunfälle wurde um 1980 die anschließende Haftung auf die unerlaubte Handlung gemäß Art. 6: 162 BW gestützt.[239] Aufgrund der Nichtanwendbarkeit der Gefährdungshaftung des Art. 185 WVW bei einem Verkehrsunfall zwischen zwei Kraftfahrzeugen in Bewegung und der Häufigkeit dieser Verkehrsunfälle stellt eine Haftung nach Art. 6: 162 BW daher auch heute noch den Hauptanwendungsfall bei Unfällen im Straßenverkehr dar.

### I. Anwendungsbereich

Grundsätzlich erfüllt ein Verkehrsunfall, bei dem es zu einem Schaden gekommen ist, den objektiven Tatbestand einer unerlaubten Handlung nach Art. 6: 162 Abs. 1 BW.[240] Dabei muss es zu einem Schaden bei einem anderen gekommen sein. Ausgeschlossen von der Haftung nach Art. 6: 162 BW sind die Schäden, die durch eigenes Verhalten an den

238 Verheugt, Inleiding in het Nederlandse Recht, S. 312.
239 Hartlief/ Tjittes, Verzekering en aansprakelijkheid, S. 99.
240 AG Geldern NJW 2011, 686.

eigenen Sachen entstanden sind. Falls jemand sein Kraftfahrzeug beim Parken gegen einen Straßenpfeiler fährt, wodurch am eigenen Kraftfahrzeug ein Schaden entsteht, kann er diesen Schaden von keinem anderen aus unerlaubter Handlung gemäß Art. 6: 162 Abs. 1 BW ersetzt verlangen. Das niederländische Recht verfolgt somit, wie das deutsche Recht auch, den Grundsatz, dass jeder grundsätzlich seinen eigenen Schaden trägt.[241]

Der Anspruch nach Art. 6: 162 BW richtet sich gegen denjenigen, der die unerlaubte Handlung begangen hat, also in der Regel der tatsächliche Schädiger. Dies können bei einem Unfall im Straßenverkehr unter anderem der Fahrer eines Kraftfahrzeugs, ein Radfahrer oder ein Fußgänger sein, wenn diese für die Entstehung eines Verkehrsunfalls verantwortlich sind. Daneben können zum Beispiel aber auch der Beifahrer oder Einweiser nach Art. 6: 162 BW haften, wenn durch deren Handlung ein Schaden entsteht.[242] Der Eigentümer oder Halter eines Kraftfahrzeugs haftet nur selten aus unerlaubter Handlung. Auf ihnen ruht die Verantwortung zur Instandhaltung und Durchführung von Reparaturen für das Kraftfahrzeug. Werden beispielsweise Fehlermeldungen ignoriert oder wird das Kraftfahrzeug nicht gewartet, könnten sie zwar auf der Grundlage des Art. 6: 162 BW in Anspruch genommen werden, wenn es dadurch zu einem Verkehrsunfall gekommen ist, jedoch kann die mangelhafte Wartung in der Praxis nur schwer nachgewiesen werden und mit Art. 6: 173 BW besteht zudem eine speziellere Regelung für die Haftung von mangelhaften Sachen, zu denen auch Kraftfahrzeuge zählen. Hauptanwendungsfall des Art. 6: 162 BW bei einem Verkehrsunfall mit Beteiligung eines Kraftfahrzeugs ist daher die Haftung des Fahrers eines Kraftfahrzeugs.

## II. Unerlaubte Handlung

Für eine Haftung nach Art. 6: 162 BW müssen mit dem Vorliegen einer unerlaubten Handlung (onrechtmatige daad), der erforderlichen Zurechnung (toerekenbaarheid), dem Bestehen eines Schadens (schade),

241 Van Wijk, Verkeersaansprakelijkheid, S. 25; Spier/ Hartlief/ Keirse/ Lindenbergh/ Vriesendorp – van Maanen/ Lindenbergh, Verbintenissen uit de wet en Schadevergoeding, S. 5.

242 Bachmeier – Veermann/ Boendermaker/ Janssen, Regulierung von Auslandsunfällen, S. 409.

der nötigen Kausalität (causaal verband) und dem Relativitätserfordernis (relativiteit) fünf Voraussetzungen erfüllt sein.[243] Die unerlaubte Handlung ist in Art. 6: 162 Abs. 2 BW legal definiert. Danach werden ein Eingriff in ein Recht und ein Tun oder Unterlassen, das gesetzlichen Pflichten oder Verhaltensregeln des Verkehrs aufgrund ungeschriebenen Rechts widerspricht, als unerlaubte Handlung angesehen, jeweils vorbehaltlich eines Rechtfertigungsgrunds.[244] Es bestehen somit drei Möglichkeiten eine unerlaubte Handlung zu begehen.

### 1. Eingriff in ein Recht

Die erste Variante nach Art. 6: 162 Abs. 2 BW ist der Eingriff in ein Recht. Für die deliktische Haftung muss eine Rechtsverletzung vorliegen.[245] Unter Recht im Sinne des Art. 6: 162 BW werden alle subjektiven Rechte eines anderen verstanden.[246] Der Begriff des subjektiven Rechts ist nicht gesetzlich definiert, es ist damit jedoch grundsätzlich das eigene persönliche Recht gemeint. Dabei ist der Begriff weit zu fassen und es wird zumeist zwischen absoluten Vermögensrechten (absolute vermogensrechten) und Persönlichkeitsrechten (persoonlijkheidsrechten) unterschieden.[247] Zu den Vermögensrechten gehören unter anderem alle Sachenrechte, insbesondere das Eigentumsrecht. Über die Persönlichkeitsrechte werden zum Beispiel das Recht auf Leben, das Recht auf körperliche Integrität und das Recht auf Freiheit geschützt.[248] Daneben sind Eingriffe in weitere absolute Rechte, wie das Urheberrecht oder das Markenrecht, umfasst.[249]

---

243 Stolker – Jansen, GS Onrechtmatige Daad, Art. 6:162 BW A1; Chao-Duivis/ Strang, Naar een andere verdeling van verantwoordelijkheid in de bouw, S. 75.

244 Art. 6: 162 Abs. 2 BW: „Als onrechtmatige daad worden aangemerkt een inbreuk op een recht en een doen of nalaten in strijd met een wettelijke plicht of met hetgeen volgens ongeschreven recht in het maatschappelijk verkeer betaamt, een en ander behoudens de aanwezigheid van een rechtvaardigingsgrond.“.

245 Mincke, Einführung in das niederländische Recht, Rn. 289.

246 Spier/ Hartlief/ Keirse/ Lindenbergh/ Vriesendorp – van Maanen/ Lindenbergh, Verbintenissen uit de wet en Schadevergoeding, S. 37 ff; Stolker – Jansen, GS Onrechtmatige Daad, Art. 6:162 BW 4.1.5.

247 Krans/ Stolker/ Valk – Lindenbergh, T&C Burgerlijk Wetboek, Art. 6: 162 BW, Rn. 2.

248 Spier/ Hartlief/ Keirse/ Lindenbergh/ Vriesendorp – van Maanen/ Lindenbergh, Verbintenissen uit de wet en Schadevergoeding, S. 38.

249 Spier/ Hartlief/ Keirse/ Lindenbergh/ Vriesendorp – van Maanen/ Lindenbergh, Verbintenissen uit de wet en Schadevergoeding, S. 38 f.

Bei Verkehrsunfällen wird in der Regel in das Eigentumsrecht, das Recht auf Leben oder das Recht auf körperliche Integrität eingegriffen. In der Regel findet ein Eingriff in das Eigentumsrecht in Form einer Beschädigung statt, ein Eingriff kann aber auch bei Behinderungen vorliegen.[250] Bei einem Unfall im Straßenverkehr liegt regelmäßig eine Sachbeschädigung und damit ein Eingriff in das Eigentumsrecht vor. Dabei kann in das Eigentumsrecht nur bei dem tatsächlichen Eigentümer eingegriffen werden, so dass auch nur dieser anspruchsberechtigt ist.[251] Ist ein Kraftfahrzeug beispielsweise verliehen und es entsteht nur ein Schaden am Kraftfahrzeug, kann der Entleiher keinen Schadensersatzanspruch nach Art. 6: 162 BW aufgrund einer Rechtsgutsverletzung geltend machen. Eigentümer des Kraftfahrzeugs bleibt in diesem Fall der Verleiher, der somit auch nur anspruchsberechtigt ist. Ein Eingriff in das Recht auf körperliche Integrität bzw. das Recht auf Leben liegt bei einem Verkehrsunfall vor, wenn es bei diesem auch zu Körperverletzungen oder Tötungen von anderen Personen kommt.

### 2. Tun oder Unterlassen, das gesetzlichen Pflichten widerspricht

Eine unerlaubte Handlung im Sinne des Art. 6: 162 BW liegt auch vor, wenn ein Tun (doen) oder Unterlassen (nalaten) einer gesetzlichen Pflicht widerspricht.[252] Unter den Begriff der gesetzlichen Pflicht fallen alle Gesetze im materiellen als auch formell-materiellen Sinne. So ist zum Beispiel die Begehung einer Straftat ein Tun oder Unterlassen, das in Widerspruch mit einer gesetzlichen Pflicht steht. Derjenige, der eine strafbare Handlung begeht, bei der es auch zu einem Schaden kommt, kann somit nicht nur strafrechtlich verfolgt werden, sondern aufgrund von Art. 6: 162 BW auch zivilrechtlich auf Ersatz des zugefügten Schadens in Anspruch genommen werden.[253] Beispielsweise ist das absichtliche Verursachen eines Verkehrsunfalls mit tödlicher Folge strafrecht-

---

250 Verheugt, Inleiding in het Nederlandse Recht, S. 318 f.

251 Spier/ Hartlief/ Keirse/ Lindenbergh/ Vriesendorp – van Maanen/ Lindenbergh, Verbintenissen uit de wet en Schadevergoeding, S. 37 f.

252 Stolker – Jansen, GS Onrechtmatige Daad, Art. 6:162 BW 3.2.

253 Verheugt, Inleiding in het Nederlandse Recht, S. 319; Krans/ Stolker/ Valk – Lindenbergh, T&C Burgerlijk Wetboek, Art. 6: 162 BW, Nr. 2.

lich als Totschlag im Sinne des Art. 287 Sr anzusehen und es liegt zivilrechtlich aufgrund des Verstoßes gegen ein Gesetz zudem eine unerlaubte Handlung im Sinne des Art. 6: 162 Abs. 2 BW vor.[254]

Neben den Vorschriften aus dem Strafgesetzbuch kommen bei einem Verkehrsunfall unter anderem noch Verletzungen gesetzlicher Bestimmungen aus dem WVW oder der Verordnung über Verkehrsregeln und Verkehrszeichen (Reglement verkeersregels en verkeerstekens, Abk. RVV) in Betracht. In den Art. 5 bis 13 WVW sind Verhaltensnormen (gedragsregels) im Straßenverkehr geregelt, die unter eine gesetzliche Verpflichtung im Sinne des Art. 6: 162 Abs. 2 BW fallen. Eine Verletzung dieser Artikel kann darüber hinaus gemäß Art. 175 ff. WVW sogar zu einer Geld- oder Gefängnisstrafe führen. Die bedeutendsten Verhaltensnormen des WVW sind Art. 5 und Art. 6 WVW. Nach Art. 5 WVW ist es jedem verboten, sich so zu verhalten, dass eine Gefahr auf der Straße verursacht wird oder verursacht werden kann oder, dass der Verkehr behindert wird oder behindert werden kann.[255] Bei einem Verkehrsunfall ist Art. 5 WVW in den meisten Fällen verletzt, da die Regelung sehr allgemein und weit formuliert ist.[256] Wer beispielsweise seine Geschwindigkeit nicht an die örtlichen Umstände, wie etwa schlechte Sichtverhältnisse wegen geparkter Autos auf der Straße, anpasst, schafft eine Gefahr für andere Verkehrsteilnehmer und verstößt damit gegen Art. 5 WVW.[257] Nach Art. 6 WVW ist es jedem, der am Verkehr teilnimmt, verboten, sich so zu verhalten, dass ein von ihm verschuldeter Verkehrsunfall stattfindet, wodurch ein anderer getötet wird oder wodurch einem anderen schwere körperliche Verletzungen zugefügt werden oder solche Körperverletzungen, dass daraus eine vorübergehende Krankheit oder eine Verhinderung in der Ausübung der normalen Beschäftigung entsteht.[258] Auch Art. 6 WVW ist sehr weit gefasst und kann für die Haftung des Fahrers eines Kraftfahrzeugs nach

254 Hoge Raad, 9. Oktober 2009, NJ 2010, 397.

255 Art. 5 WVW: „Het is een ieder verboden zich zodanig te gedragen dat gevaar op de weg wordt veroorzaakt of kan worden veroorzaakt of dat het verkeer op de weg wordt gehinderd of kan worden gehinderd.".

256 Bachmeier – Veermann/ Boendermaker/ Janssen, Regulierung von Auslandsunfällen, S. 409.

257 Rechtbank Rotterdam, 26. Oktober 2011, ECLI:NL:RBROT:2011:BU2002.

258 Art. 6 WVW: „Het is een ieder die aan het verkeer deelneemt verboden zich zodanig te gedragen dat een aan zijn schuld te wijten verkeersongeval plaatsvindt waardoor een ander wordt gedood of waardoor een ander zwaar lichamelijk letsel

Art. 6: 162 BW praktisch bei jedem Verkehrsunfall mit Personenschaden herangezogen werden, wenn es sich nicht nur um leichte Verletzungen beim Verkehrsopfer handelt.

Zur näheren Auslegung der genannten Artikel des WVW werden die Vorschriften des RVV herangezogen. Das RVV enthält Verkehrsregeln und Regelungen über die Verkehrszeichen für die Niederlande und ist somit vergleichbar mit der StVO in Deutschland. So ist beispielsweise in Art. 19 RVV festgelegt, welchen Abstand der Fahrer einhalten muss. In den Art. 20 bis 22 RVV sind die Geschwindigkeitsgrenzen für verschiedene Kraftfahrzeuge sowie die Geschwindigkeitsgrenzen innerorts und außerorts festgelegt. Neben der näheren Auslegung werden die Bestimmungen des RVV in der Praxis auch als Gesetze im Sinne der gesetzlichen Verpflichtungen nach Art. 6: 162 Abs. 2 BW verstanden. Ein Verstoß gegen eine der dort normierten Straßenverkehrsregel kann somit auch zum Vorliegen einer unerlaubten Handlung nach Art. 6: 162 Abs. 2 BW führen.[259]

### 3. Tun oder Unterlassen, das Verhaltensregeln des Verkehrs aufgrund ungeschriebenen Rechts widerspricht

Die dritte Möglichkeit für das Vorliegen einer unerlaubten Handlung nach Art. 6: 162 Abs. 2 BW ist ein Tun oder Unterlassen, das Verhaltensregeln des Verkehrs aufgrund ungeschriebenen Rechts widerspricht. Die Regelung ist sehr abstrakt formuliert und dient als Auffangtatbestand, wenn kein Eingriff in ein Recht oder kein Tun oder Unterlassen, das gesetzlichen Pflichten widerspricht, besteht.[260] Unter einem Widerspruch gegen Verhaltensregeln des Verkehrs werden insbesondere Verstöße gegen die Sorgfalt bzw. die guten Sitten verstanden.[261] Damit sind unter anderem Verletzungen von Verkehrssicherungspflichten gemeint. Zudem werden dazu die Fälle, die im deutschen Recht als Verstoß gegen Treu und Glauben erfasst werden, gezählt.[262] Diese

wordt toegebracht of zodanig lichamelijk letsel dat daaruit tijdelijke ziekte of verhindering in de uitoefening van de normale bezigheden ontstaat.“; Vellinga, VR 1995, 195.

259 So etwa bei Verstoß gegen Art. 3 RVV: Rechtbank Arnhem, 03. September 2003, ECLI:NL:RBARN:2003:AL2043; bei Verstoß gegen Art. 17, Art. 18, Art. 54 RVV: Rechtbank Gelderland 16. August 2017, ECLI:NL:RBGEL:2017:4946.

260 Mincke, Einführung in das niederländische Recht, Rn. 291.

261 Jansen, Onrechtmatige daad, S. 33 f.

262 Mincke, Einführung in das niederländische Recht, Rn. 291.

Möglichkeit der Begehung einer unerlaubten Handlung spielt bei einem Verkehrsunfall im Prinzip keine Rolle. Verkehrsverstöße sind hinreichend im RVV geregelt. Außerdem liegt bei einem Verkehrsunfall in der Regel ein Eingriff in ein fremdes Recht vor, indem es zu einem Personen- oder Sachschaden kommt.

### 4. Rechtfertigungsgrund

Nach Art. 6: 162 Abs. 2 BW werden die drei beschriebenen Möglichkeiten vorbehaltlich eines Rechtfertigungsgrunds (rechtvaardigingsgrond) als unerlaubte Handlung angesehen. Ein Rechtfertigungsgrund macht die Tat, welche nach allgemeiner Umschreibung unrechtmäßig ist, in dem konkreten Fall zu einer rechtmäßigen Tat.[263] Der Schädiger haftet dann nicht nach Art. 6: 162 BW. Als Rechtfertigungsgründe werden vor allem die des Strafgesetzbuches (Wetboek van Strafrecht, Abk. Sr) herangezogen.[264] Nach Art. 40 bis 43 Sr zählen zu den strafrechtlichen Rechtfertigungsgründen höhere Gewalt (wie Notstand), Notwehr, die Ausführung einer gesetzlichen Vorschrift und die Befolgung eines amtlichen Befehls.[265] Daneben kann zum Beispiel auch die Einwilligung (toestemming) desjenigen, gegen den sich die Handlung richtet, als Rechtfertigung dienen.[266]

#### a) Höhere Gewalt

Der Begriff der höheren Gewalt wird im niederländischen Recht an verschiedenen Stellen benutzt und unterschiedlich ausgelegt. So erklärt Art. 40 Sr den Täter für nicht strafbar, der eine Handlung begangen hat, wozu er durch höhere Gewalt gezwungen war.[267] Daneben schließt zum

---

263 Krans/ Stolker/ Valk – Lindenbergh, T&C Burgerlijk Wetboek, Art. 6: 162 BW, Nr. 3; Spier/ Hartlief/ Keirse/ Lindenbergh/ Vriesendorp – van Maanen/ Lindenbergh, Verbintenissen uit de wet en Schadevergoeding, S. 27.

264 Asser/ Hartkamp – Sieburgh, 4-III 2006, Rn. 58.

265 Spier/ Hartlief/ Keirse/ Lindenbergh/ Vriesendorp – van Maanen/ Lindenbergh, Verbintenissen uit de wet en Schadevergoeding, S. 27 f.

266 Spier/ Hartlief/ Keirse/ Lindenbergh/ Vriesendorp – van Maanen/ Lindenbergh, Verbintenissen uit de wet en Schadevergoeding, S. 28.

267 Art. 40 Sr: „Niet strafbaar is hij die een feit begaat waartoe hij door overmacht is gedrongen.“.

Beispiel auch Art. 185 WVW die Haftung des Eigentümers oder Halters eines Kraftfahrzeugs aus, wenn der Verkehrsunfall auf höherer Gewalt beruht (tenzij aannemelijk is dat het ongeval is te wijten aan overmacht). Bei einer Haftung nach Art. 6: 162 BW im Rahmen eines Verkehrsunfalls wird auf den Begriff des Art. 185 WVW Bezug genommen. Beim Vorliegen höherer Gewalt im Sinne des Art. 185 WVW ist somit auch die unerlaubte Handlung nach Art. 6: 162 BW gerechtfertigt.[268] Aus der Bestimmung des Art. 185 Abs. 1 WVW geht nicht hervor, wann höhere Gewalt vorliegt. Die Rechtsprechung hat dies jedoch näher konkretisiert. So wird in ständiger Rechtsprechung vertreten, dass höhere Gewalt im Sinne des Art. 185 WVW vorliegt, wenn dem Fahrer kein einziger Vorwurf in Bezug auf die Art und Weise, wie er am Straßenverkehr teilgenommen hat, und in Bezug auf die Verursachung des Verkehrsunfalls gemacht werden kann. Dafür sind begangene Fehler anderer Verkehrsteilnehmer - auch des Verkehrsopfers selbst - nur von Belang, wenn sie für den Fahrer des Kraftfahrzeugs so unwahrscheinlich waren, dass dieser bei der Bestimmung seines Fahrverhaltens mit dieser Möglichkeit vernünftigerweise nicht zu rechnen brauchte.[269] Es werden somit sehr hohe Anforderungen gestellt, um das Vorliegen höherer Gewalt zu begründen. Nur in seltenen Fällen führen Umstände zur Annahme von höherer Gewalt. So bilden zum Beispiel plötzlich auftretende Naturereignisse rechtfertigende Umstände, wobei beispielsweise schwerer Schlagregen, der die Sicht beeinträchtigt,[270] oder Glätte bei Frostwetter[271] noch nicht ausreichend für die Annahmer höherer Gewalt sind. Daneben können auch plötzliche Handlungen von Dritten oder Tieren zur Annahme von höherer Gewalt führen. Auch hier wird der Begriff der höheren Gewalt von der Rechtsprechung eng ausgelegt

---

268 Rechtbank 's Hertogenbosch, 24. Oktober 2012, ECLI:NL:RBSHE:2012:BY7564.

269 Hoge Raad, 17. November 2000, NJ 2001, 260: „Het beroep van de eigenaar of houder van een motorrijtuig, of diens WAM-verzekeraar, op overmacht kann slechts slagen als hij aannemelijk maakt dat aan de bestuurder van het motorrijtuig ter zake van de wijze waarop hij aan het verkeer heeft deelgenomen, voor zover van belang voor de veroorzaking van heet ongeval, rechtens geen enkel verwijt kann worden gemaakt. Daarbij zijn eventuele fouten van andere weggebruikers - daaronder begrepen het slachtoffer zelf - allen van belang indien zij voor de bestuurder van het motorrijtuig zo onwaarschijnlijk waren dat deze bij het bepalen van zijn verkeersgedrag met die mogelijkheid naar redlijkjheid geen rekening behoefde te houden.“; Hoge Raad 4. Oktober 1996, NJ 1997, 147; Hoge Raad, 22. Mai 1992, NJ 1992, 527; Hoge Raad, 28. Februar 1992, NJ 1993, 566.

270 Rechtbank Rotterdam, 25. Juni 1934, NJ 1935, 362.

271 Rechtbank Amsterdam, 8. Januar 1935, NJ 1937, 370.

und nur selten angenommen. So nahm der Hoge Raad beispielsweise bei einem Fußgänger, der urplötzlich die Fahrbahn überquerte[272], das Vorliegen höherer Gewalt an.

### b) Notwehr

In Notwehr handelt gemäß Art. 41 Sr derjenige, der eine Handlung begeht, die zur Verteidigung des eigenen oder des Lebens eines anderen, der Ehre oder einer Sache gegen einen gegenwärtigen, rechtswidrigen Angriff notwendig ist.[273] Notwehr unterscheidet sich vom Notstand dadurch, dass die drohende Gefahr durch eine rechtswidrige Handlung eines anderen entstanden ist.[274]

### c) Ausführung einer gesetzlichen Vorschrift

Die Unrechtmäßigkeit kann nach Art. 42 Sr außerdem bei einer Handlung entfallen, die zur Ausführung einer gesetzlichen Vorschrift verrichtet wurde.[275] Deshalb handelt beispielsweise ein Polizist nicht unrechtmäßig, wenn er bei einem Polizeieinsatz gegen Geschwindigkeitsvorschriften verstößt.

### d) Befolgung eines amtlichen Befehls

Wer auf Anweisung eines Verkehrspolizisten über eine rote Ampel fährt, verstößt gegen Art. 68 RVV. Der formelle Verstoß ist in diesem

---

272 Hoge Raad, 10. Mai 1974, VR 1975, 10.

273 Art. 41 Abs. 1 Sr: „Niet strafbaar is hij die een feit begaat, geboden door de noodzakelijke verdediging van eigen of eens anders lijf, eerbaarheid of goed tegen ogenblikkelijke, wederrechtelijke aanranding." (übersetzt: „Nicht strafbar ist derjenige, der eine Tat begeht, geboten durch die notwendige Verdeidigung des eigenen oder eines anderen Lebens, der Ehre oder Sache gegen einen gegenwärtigen, rechtswidrigen Angriff.").

274 Asser/ Hartkamp – Sieburgh, 4-III 2006, Rn. 61, 62.

275 Art. 42 Sr: „Niet strafbaar is hij die een feit begaat ter uitvoering van een wettelijk voorschrift.".

Fall jedoch durch den amtlichen Befehl gerechtfertigt. Dieser strafrechtliche Rechtfertigungsgrund (Art. 43 Sr) gilt auch für das Zivilrecht.[276]

#### e) Einwilligung

Grundsätzlich handelt es sich bei einer Einwilligung um einen Rechtfertigungsgrund im Sinne des Art. 6: 162 Abs. 2 BW. Dabei stellt sich bei einem Verkehrsunfall mit einem Kraftfahrzeug insbesondere die Frage, ob auch das Mitfahren in einem Kraftfahrzeug als konkludente Einwilligung hinsichtlich eines Eingriffs in die subjektiven Rechte angesehen werden kann. In der Rechtsprechung und Literatur herrschten darüber zunächst unterschiedliche Auffassungen.[277] Nach heutiger Ansicht enthält das bloße Mitfahren in einem Kraftfahrzeug keine konkludente Vereinbarung, dass in mögliche Fehler des Fahrers und entstehende Schäden eingewilligt werde.[278] Da somit kein Rechtfertigungsgrund besteht, kann der Fahrer bei einem Verkehrsunfall gegenüber dem Insassen nach Art. 6: 162 BW haften.[279] Es kann jedoch eine Anpassung des Schadensersatzanspruches durch Heranziehung von Art. 6: 109 BW erfolgen.[280] Nach Art. 6: 109 Abs. 1 BW kann der Richter eine gesetzliche Verpflichtung zum Schadensersatz beschränken, wenn die Zuerkennung vollen Schadensersatzes unter den gegebenen Umständen, worunter die Art der Haftung, das zwischen den Parteien bestehende Rechtsverhältnis und ihre beider Leistungsfähigkeit fallen, zu offensichtlich unzumutbaren Folgen führen würde.[281]

---

276 Spier/ Hartlief/ Keirse/ Lindenbergh/ Vriesendorp – van Maanen/ Lindenbergh, Verbintenissen uit de wet en Schadevergoeding, S. 27 f.

277 So sahen Hogenraad, De aansprakelijkheid bij kosteloos meerijden, S. 159; van Dunné, Verbintenissenrecht Deel 2, S. 629 eine beschränkte Haftung vor; dies ablehnend: Hoge Raad, 20. Dezember 1957, NJ 1958, 68; Rutten, VR 1954, S. 161, 164.

278 Hoge Raad, 11. April 1975, NJ 1975, 373; Bachmeier – Veermann/ Boendermaker/ Janssen, Regulierung von Auslandsunfällen, S. 411.

279 Bachmeier – Veermann/ Boendermaker/ Janssen, Regulierung von Auslandsunfällen, S. 411; Asser/ Hartkamp/ Sieburgh, 6-IV 2015, Rn. 278.

280 Asser/ Hartkamp/ Sieburgh, 6-IV 2015, Rn. 278.

281 Art. 6: 109 Abs. 1 BW: „Indien toekenning van volledige schadevergoeding in de gegeven omstandigheden waaronder de aard van de aansprakelijkheid, de tussen partijen bestaande rechtsverhouding en hun beider draagkracht, tot kennelijk onaanvaardbare gevolgen zou leiden, kan de rechter een wettelijke verplichting tot schadevergoeding matigen.“.

Ursprünglich wurde in der Literatur vertreten, dass ein Passagier konkludent in leichte Fehler des Fahrers einwillige und der Fahrer des Kraftfahrzeugs nur hafte, wenn er mit Vorsatz oder grober Schuld (opzet of grove schuld) gehandelt hat. Bei leichten Verkehrsfehlern des Fahrers sollte demnach kein Anspruch des Insassen aus unerlaubter Handlung gegen den Fahrer bestehen.[282] Das Bestehen einer solchen allgemeinen Regel bestritt der Hoge Raad bereits im Jahr 1957.[283] Die Haftung eines Fahrers gegenüber einem kostenlos mitgenommenen Passagier auf Vorsatz oder grober Schuld zu beschränken, fände keinen Anklang im Gesetz.[284] Auch bei weiteren Entscheidungen haftete der Fahrer des Kraftfahrzeugs trotz fehlenden Vorsatzes oder grober Schuld nach Art. 6: 162 BW gegenüber einem kostenlos beförderten Passagier.[285]

### III. Zurechenbarkeit

Die unerlaubte Handlung muss demjenigen, der eine unerlaubte Handlung begangen hat, gemäß Art. 6: 162 Abs. 1 BW auch zugerechnet werden können. Die zurechenbare unerlaubte Handlung wird im BW auch als Fehler (fout) bezeichnet.[286] So wird beispielsweise bei Art. 6: 170 BW ein Fehler eines Untergeordneten (fout van een ondergeschikte) vorausgesetzt, womit in diesem Fall eine zurechenbare unerlaubte Handlung eines Arbeitnehmers gemeint sein soll.[287]

#### 1. Zurechnungsmöglichkeiten

Bei einem Verkehrsunfall muss dem Schädiger also die Handlung, die zur Entstehung des Unfalls geführt hat, zugerechnet werden können.[288]

---

282 Hogenraad, De aansprakelijkheid bij kosteloos meerijden, S. 159 f.; van Dunné, Verbintenissenrecht Deel 2, S. 629.

283 Hoge Raad, 20. Dezember 1957, NJ 1958, 68.

284 Hoge Raad, 20. Dezember 1957, NJ 1958, 68.

285 Entscheidungen noch zu Art. 1401 BW (oud): Hoge Raad, 11. April 1975, NJ 1975, 373; Hoge Raad, 3. Dezember 1971, NJ 1972, 144; Asser/ Hartkamp/ Sieburgh, 6-IV 2015, Rn. 278; van Dunné, Verbintenissenrecht Deel 2, S. 628 ff.

286 Stolker – Jansen, GS Onrechtmatige Daad, Art. 6:162 BW 1.1.

287 Spier/ Hartlief/ Keirse/ Lindenbergh/ Vriesendorp – van Maanen/ Lindenbergh, Verbintenissen uit de wet en Schadevergoeding, S. 25.

288 Hoge Raad, 20. März 1992, NJ 1993, 547.

Wann dies der Fall ist, ist in Art. 6: 162 Abs. 3 BW gesetzlich geregelt. Danach kann die unerlaubte Handlung dem Täter zugerechnet werden, wenn er sie schuldhaft verursacht hat oder wenn die Ursache nach dem Gesetz oder nach der Verkehrsauffassung seiner Risikosphäre zuzuordnen ist.[289] Der dritte Absatz des Art. 6: 162 BW bietet durch das Verschulden (schuld), der Zuordnung zur Risikosphäre des Täters aufgrund des Gesetzes (een specifieke wettelijke bepaling) und aufgrund der Verkehrsauffassung (de in het verkeer geldende opvattingen) drei Möglichkeiten dem Täter die unerlaubte Handlung zuzurechnen.[290]

### a) Schuldhafte Verursachung

Von den drei beschriebenen Möglichkeiten einer Zurechnung ist die erste die schuldhafte Verursachung der unerlaubten Handlung durch den Täter. Es wird daher auch von einer Verschuldenshaftung (schuldaansprakelijkheid) gesprochen. Der Täter handelt schuldhaft, wenn ihm ein Vorwurf (verwijt) gemacht werden kann.[291] Er muss vorsätzlich, unvorsichtig oder unaufmerksam gehandelt haben. Wenn der Täter eine Handlung verrichtet oder unterlässt, die eine besonnene Person in gleicher Situation aufgrund der nachteiligen Folgen für Dritte unterlassen oder vorgenommen hätte, handelt er schuldhaft.[292]

Für eine schuldhafte Verursachung eines Verkehrsunfalls durch den Fahrer eines Kraftfahrzeugs muss diesem somit zunächst bei seiner Fahrweise rechtlich ein Vorwurf gemacht werden können.[293] Dabei wird ein hohes Maß an Sorgfalt vom Fahrer verlangt, welches beim Anspruch nach Art. 6: 162 BW in gleicher Weise beurteilt wird, wie es bei der Haftung nach Art. 185 WVW der Fall ist.[294] Dort bringt die Sorgfaltspflicht unter anderem mit, dass der Fahrer eines Kraftfahrzeugs bei der Bestimmung seines Fahrverhaltens mit Fehlern anderer, wozu auch

---

289 Art. 6: 162 Abs. 3 BW: „Een onrechtmatige daad kan aan de dader worden toegerekend, indien zij te wijten is aan zijn schuld of aan een oorzaak welke krachtens de wet of de in het verkeer geldende opvattingen voor zijn rekening komt.“.

290 Spier/ Hartlief/ Keirse/ Lindenbergh/ Vriesendorp – van Maanen/ Lindenbergh, Verbintenissen uit de wet en Schadevergoeding, S. 78.

291 Spier/ Hartlief/ Keirse/ Lindenbergh/ Vriesendorp – van Maanen/ Lindenbergh, Verbintenissen uit de wet en Schadevergoeding, S. 79.

292 Verheugt, Inleiding in het Nederlandse Recht, S. 330 f.

293 Rechtbank Amsterdam, 26. Mai 2011, ECLI:NL:RBAMS:2011:BR2561.

294 Rechtbank Amsterdam, 26. Mai 2011, ECLI:NL:RBAMS:2011:BR2561; Rechtbank Arnhem, 22. August 2002, ECLI:NL:RBARN:2002:AE7132.

das Verkehrsopfer selbst gehört, rechnen muss, solange die Fehler nicht so unwahrscheinlich sind, dass mit ihnen vernünftigerweise nicht gerechnet werden braucht.[295] Es werden somit hohe Anforderungen an das Fahrverhalten eines Fahrers eines Kraftfahrzeugs gestellt. In der Praxis führt dies bei einem Verkehrsunfall zu einer sehr schnellen Annahme eines Verschuldens beim Fahrer.[296] Die Beurteilung, ob der Fahrer schuldhaft gehandelt hat, ist dabei immer eine objektive Beurteilung, bei der es nicht auf die menschliche Vorwerfbarkeit ankommt.[297] Zum Ausdruck kommt dies insbesondere bei den sog. „Ausweich-Fällen" im Straßenverkehr, bei denen der Fahrer zum Beispiel aufgrund plötzlich auftretenden Wildwechsels in den Gegenverkehr lenkt, um der drohenden Gefahr auszuweichen. Dabei handelt es sich zwar grundsätzlich um eine menschlich verständliche Reaktion, sie ist jedoch rechtlich vorwerfbar, weil sich der Fahrer besser bzw. weniger gefährlich verhalten konnte, indem er etwa mit dem Tier kollidiert oder auf den Seitenstreifen ausgewichen wäre. Der Hoge Raad erwog zwar, ob dem Fahrer rechtlich kein einziger Vorwurf (rechtens geen enkel verwijt) gemacht werden könne, wenn dieser in einem solchen Fall mit einem anderen Verkehrsteilnehmer im Gegenverkehr kollidiere, dem Fahrer des Kraftfahrzeugs treffe aber gleichwohl Schuld bei einem solchen Verkehrsunfall.[298]

Die hohen Anforderungen, die an das Fahrverhalten des Fahrers eines Kraftfahrzeugs im Straßenverkehr gestellt werden, zeigten sich auch in dem Fall, bei dem einem Fahrer eines Kraftfahrzeugs bei einer Kollision ein rechtlicher Vorwurf gemacht wurde, obwohl dieser bei „Grün" über eine Kreuzung fuhr.[299] Grundsätzlich kann derjenige, der bei „Grün" eine Kreuzung überquert, darauf vertrauen, dass die anderen Verkehrsteilnehmer die Rangordnung respektieren und kein Verkehr aus der anderen Fahrtrichtung kommt. Fährt der Fahrer über die Kreuzung, ohne sich jedoch vorher zu vergewissern, ob die Kreuzung auch

---

295 Rechtbank Amsterdam, 26. Mai 2011, ECLI:NL:RBAMS:2011:BR2561; Rechtbank Arnhem, 22. August 2002, ECLI:NL:RBARN:2002:AE7132.

296 Hoge Raad, 11. November 1983, NJ 1984, 331.

297 Spier/ Hartlief/ Keirse/ Lindenbergh/ Vriesendorp – van Maanen/ Lindenbergh, Verbintenissen uit de wet en Schadevergoeding, S. 79.

298 Hoge Raad, 11. November 1983, NJ 1984, 331.

299 Hoge Raad, 17. November 2006, ECLI:NL:HR:2006:AY9749; Rechtbank 's-Hertogenbosch, 14. März 2007, ECLI:NL:RBSHE:2007:BA1361.

frei ist, kann ihm bei einem daraus entstehenden Zusammenstoß auch ein rechtlicher Vorwurf gemacht werden.[300]

### b) Zuordnung zur Risikosphäre nach Gesetz

Eine untergeordnete Rolle bei einem Verkehrsunfall spielt die Zurechnung zur Risikosphäre aufgrund des Gesetzes. In bestimmten Fällen kann einem Täter die unerlaubte Handlung auch ohne Schuld aufgrund des Gesetzes zugerechnet werden. Dies ist zum Beispiel gemäß Art. 6: 165 Abs. 1 BW der Fall. Danach findet eine Zurechnung einer unerlaubten Handlung statt, die unter Einfluss geistiger oder körperlicher Mängel, die die Schuld entfallen lassen, begangen wurde.[301]

### c) Zuordnung zur Risikosphäre nach der Verkehrsauffassung

Die dritte Zurechnungsmöglichkeit wird bei Fällen angewendet, bei denen dem Täter selbst kein Vorwurf gemacht werden kann, eine Haftung aber dennoch nach der Verkehrsauffassung für erforderlich gehalten wird. Die persönliche Vorwerfbarkeit wird hierbei außer Betracht gelassen. Es geht vielmehr um allgemein bestehende Maßstäbe, deren Nichteinhaltung dazu führen soll, dass Personen trotzdem für bestimmte Handlungen verantwortlich gemacht werden können. Als Beispiel dient ein unerfahrener Autofahrer, der bei einem Verkehrsunfall Schaden bei einem anderen zufügt, da er einen Fahrfehler begeht, den ein erfahrener Fahrer nicht gemacht hätte.[302] Dem unerfahrenen Autofahrer kann zwar persönlich kein Vorwurf gemacht werden, aber die unerlaubte Handlung kann ihm aufgrund der Verkehrsauffassung trotzdem zugerechnet werden.[303] So wird zum Beispiel auch einem ausländischen Autofahrer ein Verkehrsunfall nach der Verkehrsauffassung

---

300 Rechtbank 's-Hertogenbosch, 14. März 2007, ECLI:NL:RBSHE:2007:BA1361.

301 Art. 6: 165 Abs. 1 BW: „De omstandigheid dat een als een doen te beschouwen gedraging van een persoon van veertien jaren of ouder verricht is onder invloed van een geestelijke of lichamelijke tekortkoming, is geen beletsel haar als een onrechtmatige daad aan de dader toe te rekenen.“.

302 Krans/ Stolker/ Valk – Lindenbergh, T&C Burgerlijk Wetboek, Art. 6: 162 BW, Rn. 4; Verheugt, Inleiding in het Nederlandse Recht, S. 330 f.; von Bar – Hondius/ van Dam, Deliktsrecht in Europa – Landesbericht Niederlande, S. 9.

303 Krans/ Stolker/ Valk – Lindenbergh, T&C Burgerlijk Wetboek, Art. 6: 162 BW, Rn. 4; Verheugt, Inleiding in het Nederlandse Recht, S. 330 f.

zugerechnet, der sich über die Bedeutung eines Verkehrsschilds irrt und deshalb einen Verkehrsunfall verursacht.[304]

## 2. Keine Zurechenbarkeit bei Kindern

Bei einem Verkehrsunfall mit einem Kind unter 14 Jahren ist zu beachten, dass erlittene Schäden gemäß Art. 6: 162 BW nicht vom Kind ersetzt verlangt werden können. Kinder unter 14 Jahren sind nach Art. 6: 164 BW generell von der Zurechenbarkeit ausgenommen.[305] Nach Art. 6: 164 BW wird das Verhalten eines Kindes, das das Alter von 14 Jahren noch nicht erreicht hat, ihm nicht als unerlaubte Handlung zugerechnet.[306] Erst ab Vollendung des 14. Lebensjahres gelten auch für sie die allgemeinen Regelungen der Zurechnung.[307] Für Kinder unter 14 Jahren haften stattdessen die Eltern oder der Vormund aus der Gefährdungshaftung nach Art. 6: 169 BW.[308] Gemäß Art. 6: 169 Abs. 1 BW haftet derjenige, der die elterliche Gewalt oder die Vormundschaft über das Kind ausübt, für den Schaden, den ein Dritter durch ein als Tun zu betrachtendes Verhalten eines Kindes erleidet, das noch nicht das Alter von 14 Jahren erreicht hat und dem dieses Verhalten als eine unerlaubte Handlung zugerechnet werden könnte, wenn sein Alter dem nicht entgegenstünde.[309] Verursacht ein Kind unter 14 Jahren, in der Regel also als Fahrradfahrer oder Fußgänger, einen Verkehrsunfall, so haften die Eltern bzw. gesetzlichen Vertreter für die entstandenen Schäden nach Art. 6: 169 BW. Ferner haften gemäß Art. 6: 169 Abs. 2 BW die gesetzlichen Vertreter neben dem Kind, wenn es das 14. aber noch nicht das 16. Lebensjahr vollendet hat, es sei denn sie können

---

304 Spier/ Hartlief/ Keirse/ Lindenbergh/ Vriesendorp – van Maanen/ Lindenbergh, Verbintenissen uit de wet en Schadevergoeding, S. 81.

305 Mincke, Einführung in das niederländische Recht, Rn. 292.

306 Art. 6: 164 BW: „Een gedraging van een kind dat de leeftijd van veertien jaren nog niet heeft bereikt, kan aan hem niet als een onrechtmatige daad worden toegerekend.“.

307 Mincke, Einführung in das niederländische Recht, Rn. 292.

308 Bachmeier – Veermann/ Boendermaker/ Janssen, Regulierung von Auslandsunfällen, S. 420.

309 Art. 6: 169 Abs. 1 BW: „Voor schade aan een derde toegebracht door een als een doen te beschouwen gedraging van een kind dat nog niet de leeftijd van veertien jaren heeft bereikt en aan wie deze gedraging als een onrechtmatige daad zou kunnen worden toegerekend als zijn leeftijd daaraan niet in de weg zou staan, is degene die het ouderlijk gezag of de voogdij over het kind uitoefent, aansprakelijk.“.

nachweisen, dass ihnen keine mangelnde Aufsicht vorgeworfen werden kann.[310] Es handelt sich dann nicht mehr um eine Gefährdungshaftung, sondern um eine Verschuldenshaftung mit Beweislastumkehr.[311] Die Haftung neben dem Kind entfällt mit der Vollendung des 16. Lebensjahrs des Kindes.[312]

## IV. Schaden

Für eine Haftung nach Art. 6: 162 BW muss der Anspruchsteller auch einen Schaden erlitten haben. Gemäß Art. 6: 95 BW umfasst der Schaden, der aufgrund einer gesetzlichen Verpflichtung zu ersetzen ist, Vermögensschäden und andere Nachteile.[313] Der Vermögensschaden umfasst nach Art. 6: 96 Abs. 1 BW neben dem Verlust auch den entgangenen Gewinn. Mit dem Begriff der anderen Nachteile sind vor allem immaterielle Schäden gemeint.[314] Im Rahmen eines Verkehrsunfalls kommt es in der Regel zu einem Personen- und Sachschaden, der grundsätzlich von Art. 95 ff. BW gedeckt ist und nach Art. 6: 162 BW ersetzt werden kann.

---

310 Art. 6: 169 Abs. 2 BW: „Voor schade, aan een derde toegebracht door een fout van een kind dat de leeftijd van veertien jaren al wel maar die van zestien jaren nog niet heeft bereikt, is degene die het ouderlijk gezag of de voogdij over het kind uitoefent, aansprakelijk, tenzij hem niet kan worden verweten dat hij de gedraging van het kind niet heeft belet.“ (übersetzt im Ganzen: „Für den Schaden, den ein Dritter durch ein Fehler eines Kindes erleidet, das zwar das Alter von 14 Jahren, aber noch nicht das Alter von 16 Jahren erreicht hat, haftet derjenige, der die elterliche Gewalt oder die Vormundschaft über das Kind ausübt, es sei denn, dass ihm nicht vorgeworfen werden kann, das Verhalte des Kindes nicht verhindert zu haben.“).

311 Bachmeier – Veermann/ Boendermaker/ Janssen, Regulierung von Auslandsunfällen, S. 420.

312 Mincke, Einführung in das niederländische Recht, Rn. 298.

313 Krans/ Stolker/ Valk – Lindenbergh, T&C Burgerlijk Wetboek, Art. 6: 95 BW, Rn. 1 ff.; Lindenbergh, Schadevergoeding: algemeen, deel 1, Rn. 33.

314 Krans/ Stolker/ Valk – Lindenbergh, T&C Burgerlijk Wetboek, Art. 6: 95 BW, Rn. 3.

## V. Kausalität

Der Schaden muss auch kausal auf die unerlaubte Handlung zurückzuführen sein.[315] Nach Art. 6: 162 Abs. 1 BW ist derjenige, der gegen einen anderen eine unerlaubte Handlung begeht, die ihm zugerechnet werden kann, verpflichtet, dem anderen den dadurch erlittenen Schaden zu ersetzen. Aus dem Wort „dadurch“ (dientengevolge) wird abgeleitet, dass der Gesetzgeber einen Zusammenhang zwischen der unerlaubten Handlung und dem daraus hervorgehenden Schaden für erforderlich hält. Für das Bestehen eines kausalen Zusammenhangs zwischen dem Schaden und der Handlung wird auch im niederländischen Recht zunächst die „conditio sine qua non“ - Formel angewendet. Wenn also eine Handlung weggedacht werden kann und der Schaden trotzdem entstanden wäre, liegt keine Kausalität vor.

Um die Kausalität nicht zu weit zu fassen und den Täter nicht für den gesamten Schaden verantwortlich zu stellen, der unabhängig von der ursprünglichen Tat betsteht, führte der Hoge Raad im Jahr 1927 die Adäquanzlehre (adequatieleer) ein.[316] Danach sollte der Täter nur noch für den Schaden haften, der nach Erfahrungsregeln vernünftigerweise als Folge der unerlaubten Handlung zu erwarten ist.[317] Es ging also um Schäden, die für den Täter infolge der unerlaubten Handlung vorhersehbar waren (te voorzien zijn geweest).[318] Im Laufe der Zeit, insbesondere nach der massiven Zunahme des Autoverkehrs nach 1945, wurde die Adäquanzlehre jedoch mehr und mehr ausgehöhlt. So wurden eigentlich fernliegende Folgen als vorhersehbar angesehen. Der Rechtsprechung ging es kaum noch darum, ob die konkrete kausale Kette vernünftigerweise vorhersehbar war, sondern es wurde generell gefragt, ob bei der Art der Handlung eine bestimmte Schadensart häufig vorkommt.[319] Die Prüfung der Vorhersehbarkeit erschien allgemein und willkürlich, da insbesondere Kriterien in Bezug auf die Annahme bzw. Ablehnung der Vorhersehbarkeit fehlten.[320]

---

315 Koziol, ZEuP 1996, 587, 590.

316 Hoge Raad, 3. Februar 1927, NJ 1927, 636.

317 Hoge Raad, 3. Februar 1927, NJ 1927, 636.

318 Verheugt, Inleiding in het Nederlandse Recht, S. 331 ff.; Hoge Raad, 14. März 1958, NJ 1961, 570.

319 Verheugt, Inleiding in het Nederlandse Recht, S. 331 ff.; Hoge Raad, 20. Juni 1969, NJ 1969, 374; Hoge Raad, 2. Dezember 1966, NJ 1967, 42.

320 Van Schellen, Toerekening naar redelijkheid, S. 9 ff.

Der Hoge Raad führte 1970 daher die Lehre von der Zurechnung nach Angemessenheit (leer van de toerekening naar redelijkheid) ein.[321] Es handelte sich um einen Unfall eines LKWs, der mit Öl beladen war. Das geladene Öl lief bei dem Unfall in ein nahegelegenes und der Trinkwassergewinnung dienendes Wasserschutzgebiet aus. Bei der Schadensbeseitigung entstanden daher erhebliche Mehrkosten, die über normale Reinigungskosten bei einem Verkehrsunfall hinausgingen. Der Hoge Raad entschied, dass Schäden hinsichtlich der Wassergewinnung in den Niederlanden keine so außergewöhnlichen Schäden eines solchen Unfalls seien, dass diese Schäden unter Berücksichtigung der Angemessenheit nicht vom Schädiger getragen werden müssten.[322] Seit dieser Entscheidung umfasst die Haftung bei einer unerlaubten Handlung somit den gesamten Schaden, es sei denn, dass der Schaden so außergewöhnlich war oder in einem so fernen Zusammenhang mit dem Verhalten steht, dass der Schaden nach Angemessenheit nicht zu Lasten des Täters gehen soll.[323]

Der Begriff der „Angemessenheit" (redelijkheid) sollte dem Richter eigentlich keinen weiten Beurteilungsspielraum anerkennen. Daher wurde bei der späteren gesetzlichen Normierung der Theorie in Art. 6: 98 BW auch auf das Wort „redelijkheid" verzichtet und seitdem auch in der Literatur und Rechtspraxis nur noch von Zurechnung (toerekening) gesprochen.[324] Nach Art. 6: 98 BW kommt für den Ersatz nur ein Schaden in Betracht, der in einem solchen Zusammenhang mit dem Ereignis steht, auf dem die Haftung des Schuldners beruht und der ihm mit Hinblick auf die Art der Haftung und des Schadens als Folge dieses Ereignisses zugerechnet werden kann.[325]

Bei der Art der Haftung werden hauptsächlich der Zweck der verletzten Norm und der Grad des Verschuldens berücksichtigt. Wenn eine verletzte Norm bezweckt, den im konkreten Fall entstanden Schaden zu verhindern, soll eine weitreichendere Zurechnung gerechtfertigt sein. Demnach ist zum Beispiel bei einem entstandenen Personenschaden eine weitergehende Zurechnung zum Täter gerechtfertigt, wenn eine

---

321 Hoge Raad, 20. März 1970, NJ 1970, 251.

322 Hoge Raad, 20. März 1970, NJ 1970, 251.

323 Verheugt, Inleiding in het Nederlandse Recht, S. 331 ff; Hoge Raad, 20. März 1970, NJ 1970, 251.

324 Asser/ Hartkamp – Sieburgh, 4-I 2004, S. 363.

325 Art. 6: 98 BW: „Voor vergoeding komt slechts in aanmerking schade die in zodanig verband staat met de gebeurtenis waarop de aansprakelijkheid van de schuldenaar berust, dat zij hem, mede gezien de aard van de aansprakelijkheid en van de schade, als een gevolg van deze gebeurtenis kan worden toegerekend.".

Verkehrsregel verletzt wurde, die dem Schutz von Verkehrsteilnehmern dient.[326] Beim Grad des Verschuldens geht es darum, dass ein stärkeres Verschulden auch eine weitreichendere Zurechnung rechtfertigen soll. Einem vorsätzlichen Handelnden soll also ein Erfolg eher zugerechnet werden können, als jemandem, der nur fahrlässig handelt. Ferner soll zwischen einer Haftung, die Verschulden erfordert, und einer verschuldensunabhängigen Haftung differenziert werden. Bei der Haftung, die ein Verschulden voraussetzt, soll eine Zurechnung der Schäden eher möglich sein, als es bei der verschuldensunabhängigen Haftung der Fall ist.[327] Bei der Art des Schadens wird differenziert, was für ein Schaden entstanden ist. So sollen dem Täter zum Beispiel Personenschäden eher zugerechnet werden können als Sachschäden und Sachschäden wiederum eher als weitere Vermögensschäden, wie etwa ein entgangener Gewinn.[328]

Als kausalen Schaden sah der Hoge Raad beispielsweise die Aufwendungen eines Verkehrsopfers an, das zur Feststellung des Schadenumfangs einen Arzt beauftragte, der jedoch keinen Schaden feststellen konnte.[329] Auch wenn der Arzt keinen Schaden feststellen könne, handele es sich bei den Arztkosten um Kosten, die infolge des Unfalls entstanden sind und in einem solchen Zusammenhang mit der Kollision stünden, dass sie dem Schädiger zugerechnet werden könnten.[330]

Sehr weit fasste der Gerechtshof Leeuwarden die Kausalität in einer Entscheidung aus dem Jahr 2001 auf.[331] Bei einem Fußgänger, der bei einem Unfall Verletzungen erlitt, offenbarten sich psychische Probleme mit Selbstmordgedanken, die zur Aufnahme in ein Krankenhaus führten. Dort kam es zu einer falschen Behandlung. Der Gerechtshof entschied, dass zwischen dem Verkehrsunfall und den darauffolgenden Suizidgedanken einerseits und dem Fehler im Krankenhaus andererseits noch ein kausaler Zusammenhang bestünde.[332]

Schließlich regelt Art. 6: 99 BW noch den Fall, wenn der Schaden die Folge von zwei oder mehr Ereignissen sein konnte und mindestens

---

326 Krans/ Stolker/ Valk – Lindenbergh, T&C Burgerlijk Wetboek, Art. 6: 98 BW, Rn. 3; Hoge Raad, NJ 1980, 77.

327 Krans/ Stolker/ Valk – Lindenbergh, T&C Burgerlijk Wetboek, Art. 6: 98 BW, Rn. 3; Hoge Raad.

328 Krans/ Stolker/ Valk – Lindenbergh, T&C Burgerlijk Wetboek, Art. 6: 98 BW, Rn. 4.

329 Hoge Raad, 11. Juli 2003, NJ 2005, 50.

330 Hoge Raad, 11. Juli 2003, NJ 2005, 50.

331 Gerechtshof Leeuwarden, 8. August 2001, NJ 2002, 209.

332 Gerechtshof Leeuwarden, 8. August 2001, NJ 2002, 209.

eines kausal für den Schaden war.[333] Es handelt sich um den Fall der alternativen Kausalität.[334] Danach haftet jede der Personen, die nicht beweisen kann, dass der Schaden nicht die Folge des Ereignisses ist, wofür sie verantwortlich ist.[335]

## VI. Relativitätserfordernis

Der Schaden, der durch die unerlaubte Handlung entstanden ist, muss gemäß Art. 6: 163 BW auch dem Schutzzweck der verletzten Norm entsprechen. Nach Art. 6: 163 BW besteht keine Verpflichtung zum Schadensersatz, wenn die verletzte Norm nicht den Schutz vor einem solchen Schaden bezweckt, wie ihn der Geschädigte erlitten hat.[336] Es besteht kein Anspruch auf Schadensersatz gemäß Art. 6: 162 BW, wenn die verletzte Norm nicht dem Schutz des Geschädigten dient oder wenn der Schaden oder die Weise, warum der Schaden entstanden ist, außerhalb des Schutzbereichs liegt.[337] Es ist daher eine Beziehung zwischen der verletzten Norm (normschending) und dem verletzten Interesse (geschonden belang) des Geschädigten erforderlich.[338] So schützen beispielsweise die Normen aus dem Verkehrsrecht in der Regel nur die Interessen eines Verkehrsteilnehmers und nicht die Interessen anderer Personen. So sind in Art. 68 Abs. 1 RVV die Bedeutungen der jeweiligen Ampelfarben geregelt, die dazu dienen, Verkehrsunfälle zu vermeiden.[339] Bei einem Verkehrsunfall zwischen 2 Kraftfahrzeugen an einer Kreuzung, bei dem der Fahrer eines der beiden Kraftfahrzeuge

---

333 Art. 6: 99 BW: „Kan de schade een gevolg zijn van twee of meer gebeurtenissen voor elk waarvan een andere persoon aansprakelijk is, en staat vast dat de schade door ten minste één van deze gebeurtenissen is ontstaan, dan rust de verplichting om de schade te vergoeden op ieder van deze personen, tenzij hij bewijst dat deze niet het gevolg is van een gebeurtenis waarvoor hijzelf aansprakelijk is.“

334 Klaassen, Schadevergoeding: algemeen, deel 2, Rn. 69.

335 Krans/ Stolker/ Valk – Lindenbergh, T&C Burgerlijk Wetboek, Art. 6: 99 BW, Rn. 5.

336 Art. 6: 163 BW: „Geen verplichting tot schadevergoeding bestaat, wanneer de geschonden norm niet strekt tot bescherming tegen de schade zoals de benadeelde die heeft geleden.“.

337 Krans/ Stolker/ Valk – Lindenbergh, T&C Burgerlijk Wetboek, Art. 6: 163 BW, Rn. 1.

338 Spier/ Hartlief/ Keirse/ Lindenbergh/ Vriesendorp – van Maanen/ Lindenbergh, Verbintenissen uit de wet en Schadevergoeding, S. 76.

339 Art. 68 RVV: „Bij driekleurige verkeerslichten betekent: a. groen licht: doorgaan; b. geel licht: stop; voor bestuurders die het teken zo dicht genaderd zijn dat stoppen redelijkerwijs niet meer mogelijk is: doorgaan; c. rood licht: stop.“.

über „Rot" fährt, kann der Geschädigte den Fahrer des Kraftfahrzeugs aus unerlaubter Handlung nach Art. 6: 162 BW in Anspruch nehmen, da sein entstandener Schaden gemäß Art. 6: 163 BW vom Schutzzweck des Art. 68 RVV umfasst ist. Hingegen fällt ein Schaden, den ein an der Kreuzung wohnender Nachbar aufgrund eines Schrecks über den Verkehrsunfall erleidet, nicht mehr unter den Schutzzweck der Norm. Hat der Nachbar aus Schreck durch den lauten Unfall einen Herzinfarkt bekommen und entstehen durch die Behandlung Krankenkosten, gegen die er nicht versichert ist, kann er keinen Anspruch aus unerlaubter Handlung gegen den Fahrer geltend machen.[340]

Der Hoge Raad musste außerdem über den Ersatz der Schäden entscheiden, die ein Passagier erlitten hat, der ohne Mitwissen des Fahrers in einem Kraftfahrzeug mitfuhr.[341] Der Mitfahrer hatte sich im Laderaum eines Lieferwagens versteckt und verletzte sich infolge eines Verkehrsunfalls. Der Mitfahrer nahm den Fahrer des Kraftfahrzeugs aufgrund eines Verstoßes gegen Art. 5 WVW aus unerlaubter Handlung gemäß Art. 6: 162 BW in Anspruch. Nach Art. 5 WVW ist es jedem verboten, sich so zu verhalten, dass eine Gefahr auf der Straße verursacht wird oder verursacht werden kann, oder dass der Verkehr behindert wird oder behindert werden kann.[342] Der Hoge Raad entschied, dass der Schutzzweck des Art. 5 WVW zwar darin liege, Verkehrsunfälle zu vermeiden, jedoch sei der persönliche Schutzbereich im vorliegenden Fall nicht betroffen, da der blinde Passagier nicht zu dem Personenkreis gehöre, der von Art. 5 WVW geschützt werde.[343] Die Verhaltensvorschriften des WVW sollen somit nicht vor den Schäden schützen, die bei Personen entstehen, die ohne Wissen des Fahrers in einem Kraftfahrzeug mitfahren. Der Passagier, von dem der Fahrer keine Kenntnis hat, kann daher grundsätzlich keine Schäden vom Fahrer nach Art. 6: 162 BW ersetzt verlangen.

Anders entschied der Hoge Raad bei einer Mutter eines bei einem Verkehrsunfall ums Leben gekommenen Kindes, die den sog. Schockschaden (shockschade) ersetzt verlangen konnte, weil der Schädiger auch ihr gegenüber unerlaubt gehandelt habe und ihre Schäden vom Schutzzweck der im Straßenverkehr geltenden Normen umfasst

---

340 Verheugt, Inleiding in het Nederlandse Recht, S. 328 f.

341 Hoge Raad, 27. Januar 1984, NJ 1984, 536.

342 Art. 5 WVW: „Het is een ieder verboden zich zodanig te gedragen dat gevaar op de weg wordt veroorzaakt of kan worden veroorzaakt of dat het verkeer op de weg wordt gehinderd of kan worden gehinderd.".

343 Hoge Raad, 27. Januar 1984, NJ 1984, 536.

seien.[344] Ihr 5-jähriges Kind war durch einen Taxibus von hinten überfahren worden. Die Mutter sah ihr Kind kurze Zeit später leblos auf der Straße liegen und litt seitdem unter psychischen Störungen. Der Hoge Raad urteilte, dass derjenige, der durch die Verletzung einer Straßenverkehrsregel einen solch schweren Unfall verursache, nicht nur unrechtmäßig gegenüber dem direkten Geschädigten handele. Vielmehr werde – wie in diesem Fall – auch gegenüber denjenigen unerlaubt gehandelt, die durch die Wahrnehmung des Unfalls oder durch die direkte Konfrontation mit den schweren Folgen einen heftigen emotionalen Schock erleiden. Dies gelte insbesondere dann, wenn eine sehr nahe Beziehung zum Verkehrsopfer bestand. Auch wenn die Mutter keine Verkehrsteilnehmerin sei, würden die Straßenverkehrsvorschriften in diesem Fall ausnahmsweise auch vor Schäden schützen, die die Mutter erlitten hat.[345]

### VII. Verjährung

Die Verjährung des Schadensersatzanspruchs aus unerlaubter Handlung richtet sich nach der allgemeinen Regelung des Art. 3: 310 BW.[346] Nach Art. 3: 310 Abs. 1 BW verjährt eine Rechtsforderung auf Schadensersatz oder zur Zahlung einer vereinbarten Geldstrafe nach Ablauf von 5 Jahren ab dem Anfang des Tages, folgend auf dem, an dem dem Geschädigten sowohl der Schaden oder die Fälligkeit der Geldstrafe als auch die dafür verantwortliche Person bekannt geworden ist, und in jedem Fall durch Ablauf von 20 Jahren nach dem Ereignis, wodurch der Schaden verursacht wurde oder die Geldstrafe fällig geworden ist.[347] Für den Schadensersatzanspruch wegen unerlaubter Handlung gemäß Art. 6: 162 BW gilt somit grundsätzlich eine fünfjährige Verjährungs-

---

344 Hoge Raad, 22. Februar 2002, ECLI:NL:HR:2002:AD5356.

345 Hoge Raad, 22. Februar 2002, ECLI:NL:HR:2002:AD5356.

346 Lindenbergh, Schadevergoeding: algemeen, deel 1, Rn. 53; Brunner/ Jong – Brunner, Verbintenissenrecht allgemeen S. 266.

347 Art. 3: 310 Abs. 1 BW: „Een rechtsvordering tot vergoeding van schade of tot betaling van een bedongen boete verjaart door verloop van vijf jaren na de aanvang van de dag, volgende op die waarop de benadeelde zowel met de schade of de opeisbaarheid van de boete als met de daarvoor aansprakelijke persoon bekend is geworden, en in ieder geval door verloop van twintig jaren na de gebeurtenis waardoor de schade is veroorzaakt of de boete opeisbaar is geworden.“.

frist. Die Frist beginnt mit dem Eintritt des Unfalls, soweit der Schädiger bekannt ist.[348] Hat der Fahrer des unfallverursachenden Kraftfahrzeugs beispielsweise Unfallflucht begangen und ist dem Verkehrsopfer nicht bekannt, beginnt die Verjährungsfrist noch nicht an zu laufen.[349] Werden Verhandlungen mit dem Schädiger oder dessen Versicherung aufgenommen, ist die Verjährung solange gehemmt, bis die Verhandlungen abgebrochen werden.[350] Auch wird die Verjährung durch die Erhebung der Klage, durch ein Schuldanerkenntnis seitens des Schädigers oder durch eine förmlich zugestellte Mahnung gehemmt.[351]

## VIII. Mitverschulden und Billigkeitskorrektur

Zu einer Anspruchskürzung kann es führen, wenn ein Verschulden des Geschädigten oder eines anderen Verkehrsteilnehmers bei der Entstehung des Schadens mitgewirkt hat.

### 1. Eigenes Verschulden des Geschädigten

Der Schädiger kann sich auf eigene Schuld (eigen schuld) des Geschädigten berufen. Dies richtet sich nach Art. 6: 101 BW. Gemäß Art. 6: 101 Abs. 1 BW wird, wenn der Schaden auch eine Folge eines Umstands ist, der dem Geschädigten zugerechnet werden kann, die Ersatzpflicht dadurch gemindert, dass der Schaden zwischen dem Verletzten und dem Ersatzpflichtigen entsprechend dem Maß verteilt wird, in dem die ihnen jeweils zuzurechnenden Umstände zum Schaden beigetragen haben; unter Berücksichtigung, dass eine andere Verteilung stattfindet oder die Ersatzpflicht ganz erlischt oder bestehen bleibt, wenn die Billigkeit dies wegen der unterschiedlichen Schwere der gemachten Fehler oder wegen anderer Umstände des Falles erfordert.[352]

---

348 Haus/ Krumm/ Quarch – Fres, Gesamtes Verkehrsrecht, S. 2641.

349 Haus/ Krumm/ Quarch – Fres, Gesamtes Verkehrsrecht, S. 2641.

350 Haus/ Krumm/ Quarch – Fres, Gesamtes Verkehrsrecht, S. 2641.

351 Haus/ Krumm/ Quarch – Fres, Gesamtes Verkehrsrecht, S. 2641.

352 Art. 6: 101 Abs. 1 BW: „Wanneer de schade mede een gevolg is van een omstandigheid die aan de benadeelde kan worden toegerekend, wordt de vergoedingsplicht verminderd door de schade over de benadeelde en de vergoedingsplichtige te verdelen in evenredigheid met de mate waarin de aan ieder toe te rekenen omstandigheden tot de schade hebben bijgedragen, met dien verstande dat een andere verdeling plaatsvindt of de vergoedingsplicht geheel vervalt of in

Somit findet zunächst eine kausale Verteilung (causale verdeling) statt, der anschließend noch eine sog. Billigkeitskorrektur (billijkheidscorrectie) folgen kann.[353] Die Billigkeitskorrektur kann zu einer anderen Schadensverteilung führen, als sie zuvor bei den jeweiligen Verschuldensanteilen festgestellt wurde. Art. 6: 101 BW gilt für alle gesetzlichen Schadensersatzansprüche und findet somit neben der Haftung aus unerlaubter Handlung gemäß Art. 6: 162 BW zum Beispiel auch bei der Haftung des Eigentümers oder Halters nach Art. 185 WVW Anwendung.[354]

### a) kausale Verteilung

Bei der kausalen Verteilung wird berücksichtigt, inwiefern die dem Verursacher und Geschädigten zuzurechnenden Umstände zur Entstehung des Schadens beigetragen haben.[355] Es wird also geschaut, in welchem Maße einerseits das Verkehrsverhalten des Verkehrsopfers und andererseits das Verhalten des Kraftfahrzeugführers die Gefahr eines Zusammenstoßes ins Leben gerufen haben.[356] Dabei kommt es insbesondere darauf an, ob auch der Geschädigte gegen Straßenverkehrsregeln verstoßen hat. Häufig liegen eigene Geschwindigkeitsverstöße oder Verstöße gegen die Abstandseinhaltung beim Verkehrsopfer vor.[357] Ein kausaler Beitrag des Geschädigten besteht beispielsweise auch, wenn er als Mofafahrer (bromfietser) ohne Helm fährt oder als Autofahrer keinen Sicherheitsgurt trägt und die Folgen des Unfalls daher schwerer sind.[358] Nach der kausalen Verteilung steht also fest, in welchem Verhältnis die Handlungen des Schädigers und des Geschädigten zum Schaden beigetragen haben. Dies wird prozentual angegeben. Haben beispielsweise der Schädiger und der Geschädigte im gleichen Maße gegen eine Geschwindigkeitsvorschrift verstoßen, führen die

---

stand blijft, indien de billijkheid dit wegens de uiteenlopende ernst van de gemaakte fouten of andere omstandigheden van het geval eist.".

353 Bolt, VR 1992, 175, 176.

354 Hoge Raad, 28. Februar 1992, NJ 1993, 566.

355 Gerechtshof Amsterdam, 24. Mai 2011, ECLI:NL:GHAMS:2011:BQ7560.

356 Van Wijk, Verkeersaansprakelijkheid, S. 133; Hoge Raad, 2. Juni 1995, VR 1995, 145.

357 So z.B. bei Rechtbank Amsterdam, 26. Mai 2016, ECLI:NL:RBAMS:2016:3557

358 Hoge Raad, 1. Juni 1990, NJ 1990, 578.

Verstöße dazu, dass der Geschädigte und der Schädiger im Verhältnis 50% / 50% zum Schaden beigetragen haben.

### b) Billigkeitskorrektur

Die kausale Verteilung ist jedoch nicht abschließend für die Verteilung des Schadens. Bei der anschließenden Billigkeitskorrektur kann von dieser kausalen Verteilung noch abgewichen werden. Für die abschließende Beurteilung bei der Billigkeitskorrektur spielen unter anderem die Schwere der Verletzungen und besondere Umstände, wie eine bestehende Versicherung, eine wichtige Rolle.[359] Nicht selten bekommt der Schädiger aufgrund der Billigkeitskorrektur seinen gesamten Schaden ersetzt, obwohl in der vorherigen kausalen Verteilung ein Mitverursachungsbeitrag festgestellt wurde. Dies ist beispielsweise dann der Fall, wenn der Geschädigte schwere körperliche Schäden erlitten hat und es beim Schädiger nur zu einem Sachschaden gekommen ist. So urteilte die Rechtbank Gelderland beispielsweise bei einem Verkehrsunfall zwischen einem Motorradfahrer und einem Kraftfahrzeug, dass der verletzte Motorradfahrer aufgrund eines unrechtmäßigen Überholvorgangs gegen Art. 5 WVW verstoßen habe und daher mit 40% zur Entstehung des Schadens beigetragen habe. Da der Motorradfahrer jedoch infolge des Unfalls schwere körperliche Verletzungen (zwei gebrochene Rippen, Lungenquetschung, gebrochenes Schlüsselbein, gebrochener Arm…) erlitten hatte, erhöhte die Rechtbank die Ersatzpflicht des Schädigers auf 80%.[360]

Bei einem anderen Verkehrsunfall zwischen zwei Kraftfahrzeugen konnte zwar aufgrund einer Überschreitung der Geschwindigkeitsgrenze ebenfalls ein kausaler Beitrag des Geschädigten am Verkehrsunfall bestehen,[361] die Rechtbank ließ die Frage jedoch bewusst offen, da sie bereits die im Rahmen der Billigkeitskorrektur zu berücksichtigenden schweren erlittenen Verletzungen für ausreichend erhielt, dem Geschädigten einen vollständigen Schadensersatzanspruch zuzusprechen.[362]

---

359 Bloembergen/ Bolt/ Boonekamp – Boonekamp, Schadevergoeding Art. 6: 101 BW, Rn. 17.1.

360 Rechtbank Gelderland, 16. August 2017, ECLI:NL:RBGEL:2017:4946.

361 Rechtbank Amsterdam, 26. Mai 2016, ECLI:NL:RBAMS:2016:3557.

362 Rechtbank Amsterdam, 26. Mai 2016, ECLI:NL:RBAMS:2016:3557.

Die Wirkungen der Billigkeitskorrektur werden auch noch einmal bei einem durch die Rechtbank Midden-Nederland entschiedenen Fall deutlich, der einen Verkehrsunfall eines Kraftfahrzeugs mit drei Insassen betraf.[363] Der betrunkene Fahrer (1,19 Promille) geriet mit seinem Kraftfahrzeug ins Schleudern und landete in einem Graben. Ein Insasse, der nicht angeschnallt war, verletzte sich dabei so schwer, dass er seitdem querschnittsgelähmt war. Der Fahrer des Kraftfahrzeugs verstieß gegen Art. 8 WVW (Fahren unter Alkoholeinfluss) und fuhr zudem 15 km/h zu schnell. Da der verletzte Insasse entgegen Art. 58a, 59 RVV keinen Anschnallgurt trug, wurde ihm auch ein Eigenverschuldensanteil zugerechnet. Nach der vorgenommenen kausalen Verteilung waren nach Ansicht des Gerichts der Fahrer des Kraftfahrzeugs für 75% und der verletzte Insasse für 25% des Schadens verantwortlich. Im Rahmen der Billigkeitskorrektur wurde eine Anpassung in Höhe von 10% zugunsten des Geschädigten vorgenommen. Die Rechtbank entschied, dass der Fahrer neben dem deutlich schwereren Fehler (Fahren unter Alkoholeinfluss) auch mit Wissen und Wollen das Risiko auf sich genommen habe, einem anderen einen Schaden zuzufügen. Zudem müssten die Verletzungen des Insassen berücksichtigt werden, die sein Leben dauerhaft verändern würden. Der verletzte Insasse bekam daher 85% seines Schadens ersetzt.[364]

Das deutsche Recht kennt eine solche nachträgliche Korrektur der Quoten nicht. Anders als im niederländischen Recht werden bei der Festlegung der Haftungssumme nur die Verschuldens- und Verursachungsbeiträge berücksichtigt. Die Schwere der Verletzungen oder das Bestehen einer Versicherung führen in Deutschland also nicht zu einer Änderung der ermittelten Haftungsquote.

## 2. Verschulden mehrerer Schädiger

Neben dem Geschädigten selbst können bei einem Unfall im Straßenverkehr, bei dem mehr als zwei Personen beteiligt sind, auch andere Verkehrsteilnehmer den Unfall mitverursacht haben. Haben mehrere Personen einen Schaden verursacht, werden diese gemäß Art. 6: 102

363 Rechtbank Midden-Nederland, 18. Oktober 2013, ECLI:NL:RBMNE:2013:5000.

364 Rechtbank Midden-Nederland, 18. Oktober 2013, ECLI:NL:RBMNE:2013:5000.

Abs. 1 BW gesamtschuldnerisch verbunden.[365] Für eine Gesamtschuldnerschaft im Sinne des Art. 6: 102 Abs. 1 S. 1 BW müssen zwei oder mehr Personen jeweils zum Ersatz desselben entstanden Schadens verpflichtet sein.[366] Der Geschädigte kann in diesem Fall von jedem Schuldner den Schaden ersetzt verlangen. Kommt es zur teilweisen oder vollständigen Zahlung durch einen der Schuldner, so befreit dies auch die Mitschuldner. Das Eigenverschulden des Geschädigten nach Art. 6: 101 BW wird bei der Gesamtschuldnerschaft gemäß Art. 6: 102 Abs. 2 S. 1 BW gegenüber jedem Schuldner einzeln beurteilt, wobei der Geschädigte nicht mehr verlangen kann, als ihm zustehen würde, wenn nur eine Person haften würde. Hat ein Schuldner die Schuld beglichen, erfolgt im Innenverhältnis der Gesamtschuldner eine Verteilung im Verhältnis ihres Anteils am Verschulden.

## IX. Geltendmachung des Anspruchs

Die Voraussetzungen für eine Haftung nach Art. 6: 162 BW, insbesondere das Verschulden des Schädigers, müssen dargelegt und bewiesen werden.

### 1. Allgemeines Beweisrecht

Grundsätzlich werden gemäß Art. 149 Abs. 1 S. 2 Rv die Tatsachen oder Rechte, die durch eine Partei gestellt sind und nicht durch die Gegenpartei bestritten werden, vom Richter als feststehend angesehen.[367] Sind die Tatsachen oder Rechte streitig, muss Beweis erhoben werden. Art. 150 Rv ist die Hauptregel für die Beweislastverteilung. Danach wird grundsätzlich jeder Partei die Beweislast für die ihr günstigen Tatsachen auferlegt.[368] Nach Art. 150 Rv trägt die Partei, die sich auf Rechtsfolgen von durch ihr gestellte Tatsachen oder Rechte beruft, die

---

365 Bachmeier – Veermann/ Boendermaker/ Janssen, Regulierung von Auslandsunfällen, S. 426.

366 Art. 6: 102 Abs. 1 S. 1 BW: „Rust op ieder van twee of meer personen een verplichting tot vergoeding van dezelfde schade, dan zijn zij hoofdelijk verbonden.“.

367 Art. 149 Abs. 2 S. 1 Rv: „Feiten of rechten die door de ene partij zijn gesteld en door de wederpartij niet of niet voldoende zijn betwist, moet de rechter als vaststaand beschouwen,...“.

368 AG Geldern NJW 2011, 686.

Beweislast für die Tatsachen und Rechte, es sei denn, dass sich aus einigen besonderen Regeln oder aus den Anforderungen von Angemessenheit und Billigkeit eine andere Verteilung der Beweislast ergibt.[369] Grundsätzlich trägt daher der Kläger die Beweislast für die anspruchsbegründenden Tatsachen. Der Beklagte trägt wiederum die Beweislast für anspruchsverhindernde und anspruchsvernichtende Einreden und Einwendungen.[370] Von der grundsätzlichen Beweislastregelung wird abgewichen, wenn dies ausdrücklich im Gesetz vorgesehen ist. Auch kann eine Umkehr der Beweislast bei Ausdrücken wie „wird vermutet" (wordt vermoed) oder „es sei denn, dass" (tenzij) impliziert sein. Außerdem wurden von der Rechtsprechung besondere Beweislastregeln entwickelt, bei denen unter Berücksichtigung der Angemessenheit und Billigkeit von der gesetzlichen Verteilung der Beweislast abgewichen wird.[371] Dies ist zum Beispiel der Fall, wenn die Gegenpartei willentlich Beweismittel zerstört.[372]

Einen Anscheinsbeweis, bei dem bei typischen Geschehensabläufen von bestimmten, entweder unstreitigen oder mittels Vollbeweises nachgewiesenen Tatsachen im Sinne einer widerlegbaren Vermutung auf das Vorliegen anderer Tatsachen oder Umstände geschlossen wird, gibt es in dieser Form nicht.[373] So begründet ein Auffahrunfall in den Niederlanden noch keinen Beweis des ersten Anscheins dafür, dass der Unfall durch den Auffahrenden verschuldet wurde. Die Tatsache, dass der Auffahrende sein Fahrzeug nicht zum Stillstand bringen konnte, ohne einen Zusammenstoß zu vermeiden, rechtfertigt nach niederländischem Recht noch nicht den Schluss, dass dieser den Unfall auch verursacht oder verschuldet hat.[374]

---

369 Art. 150 RV: „De partij die zich beroept op rechtsgevolgen van door haar gestelde feiten of rechten, draagt de bewijslast van die feiten of rechten, tenzij uit enige bijzondere regel of uit de eisen van redelijkheid en billijkheid een andere verdeling van de bewijslast voortvloeit.".

370 Bachmeier – Veermann/ Boendermaker/ Janssen, Regulierung von Auslandsunfällen, S. 424.

371 Bachmeier – Veermann/ Boendermaker/ Janssen, Regulierung von Auslandsunfällen, S. 424.

372 Bachmeier – Veermann/ Boendermaker/ Janssen, Regulierung von Auslandsunfällen, S. 425.

373 Bachmeier – Veermann/ Boendermaker/ Janssen, Regulierung von Auslandsunfällen, S. 421.

374 Hoge Raad, 13. April 2001, ECLI:NL:HR:2001:AB1065; AG Geldern NJW 2011, 686.

## 2. Beweislastverteilung bei Art. 6: 162 BW

Die allgemeinen Regelungen des Beweisrechts nach den §§ 149 ff. Rv gelten auch für die Haftung nach Art. 6: 162 BW. Die Beweislastverteilung für die Voraussetzungen der Haftung aus unerlaubter Handlung richtet sich somit ebenfalls nach Art. 150 Rv.

### a) Beweislastverteilung

Bei der Haftung nach Art. 6: 162 BW muss der Kläger darlegen und beweisen, dass der Beklagte eine zurechenbare unerlaubte Handlung begangen und er einen kausalen Schaden erlitten hat. Der Beklagte kann mögliche Einreden und Einwendungen geltend machen. Darunter fällt auch die Berufung auf Art. 6: 163 BW, wenn der erlittene Schaden des Geschädigten nicht vom Schutzzweck der verletzten Norm umfasst ist.[375] Der Beklagte muss außerdem die Einrede der Verjährung gemäß Art. 3: 310 BW geltend machen und die Tatsachen beweisen, dass der Anspruch nach Art. 6: 162 BW verjährt ist. Der Beklagte kann sich schließlich noch auf eigene Schuld des Klägers berufen. Er muss also darlegen und beweisen, dass der Kläger den Verkehrsunfall kausal mitverursacht hat. Die Umstände, die zu einer Billigkeitskorrektur führen können, sind in der Regel bereits Prozessstoff. Die Billigkeitskorrektur findet jedoch nicht von Amts wegen statt, sondern es muss sich auch darauf berufen werden.

### b) Umkehrregel

Für das Bestehen der Kausalität zwischen der unerlaubten Handlung und dem entstandenen Schaden hat die Rechtsprechung im Rahmen des Grundsatzes der Angemessenheit und Billigkeit die sog. Umkehrregel (omkeringsregel) eingeführt. Diese führt in bestimmten Fällen zur Abweichung von der allgemeinen Beweislastregelung des Art. 150 Rv.[376] Die Anwendung der Umkehrregel ist jedoch an einige Voraussetzungen geknüpft. So muss eine Handlung vorgelegen haben, die gegen eine

---

375 Spier/ Hartlief/ Keirse/ Lindenbergh/ Vriesendorp – van Maanen/ Lindenbergh, Verbintenissen uit de wet en Schadevergoeding, S. 69.

376 Bachmeier - Veermann/ Boendermaker/ Janssen, Regulierung von Auslandsunfällen, S. 421.

Norm verstößt, die der Vermeidung einer spezifischen Gefahr hinsichtlich des erlittenen Schadens dient. Die spezifische Gefahr muss sich auch im konkreten Fall verwirklicht haben.[377] Dem Beklagten bleibt es überlassen, zu beweisen, dass der entstandene Schaden auch ohne seine Handlung entstanden wäre.[378] Für die Lieferung des Gegenbeweises ist es ausreichend, wenn der Beklagte glaubhaft macht (aanemelijk maken), dass der Schaden auch ohne seine Handlung entstanden wäre.[379]

Der Begriff der Umkehrregel ist dabei unpräzise, da keine Beweislastumkehr stattfindet, sondern lediglich vermutet wird, dass ein kausaler Zusammenhang zwischen der unerlaubten Handlung und dem entstanden Schaden besteht.[380] Diese Vermutung kann der Beklagte widerlegen, wenn er glaubhaft macht, dass der Schaden auch ohne die Normverletzung entstanden wäre. Der Gegenbeweis muss dabei nur so stark sein, dass der Richter begründete Zweifel an der vom Kläger dargelegten Sachlage hat.[381] Gelingt dies dem Beklagten, liegt die volle Beweislast für das Bestehen der Kausalität zwischen der unerlaubten Handlung und dem entstandenen Schaden wieder beim Kläger.[382]

Werden Straßenverkehrsregeln des WVW oder RVV verletzt und entsteht dadurch ein Verkehrsunfall, findet die Umkehrregel häufig Anwendung, da die Verkehrsvorschriften in der Regel bezwecken, Verkehrsunfälle zu verhindern und den Eintritt eines Schadens zu vermeiden.[383] So wurde beispielsweise bei einem Verkehrsunfall, bei dem der Fahrer eines Kraftfahrzeugs unter Alkoholeinfluss stand und in der Dunkelheit gegen ein unbeleuchtet geparktes Kraftfahrzeug am Straßenrand fuhr, das Bestehen der Kausalität aufgrund der Umkehrregel vermutet.[384] Nach Art. 8 Abs. 2 WVW ist es verboten ein Kraftfahrzeug zu führen, wenn der Atemalkoholgehalt bei mehr als 220

377 Hoge Raad, 23. November 2012, ECLI:NL:HR:2012:BX7264; Hoge Raad, 19. Dezember 2008, NJ 2009, 28.

378 Hoge Raad, 23. November 2012, ECLI:NL:HR:2012:BX7264; Bachmeier – Veermann/ Boendermaker/ Janssen, Regulierung von Auslandsunfällen, S. 422.

379 Hoge Raad, 29. November 2002, NJ 2004, 304; Rechtbank Utrecht, 03. März 2010, ECLI:NL:RBUTR:2010:BL4035.

380 Rechtbank Utrecht, 03. März 2010, ECLI:NL:RBUTR:2010:BL4035.

381 Bachmeier – Veermann/ Boendermaker/ Janssen, Regulierung von Auslandsunfällen, S. 422.

382 Bachmeier – Veermann/ Boendermaker/ Janssen, Regulierung von Auslandsunfällen, S. 422.

383 so z.B. Hoge Raad, 24. September 2004, NJ 2005, 466 bei einem Verstoß gegen Art. 5 WVW i.V.m. Art. 19 RVV.

384 Fall nach Gerechtshof Leeuwarden, 22. März 2011, ECLI:NL:GHLEE:2011:BQ0556.

Mikrogramm Alkohol pro Liter ausgeatmeter Luft liegt (Art. 8 Abs. 2 a. WVW) oder der Alkoholgehalt im Blut mehr als 0,5 Milligramm Alkohol pro Milliliter Blut beträgt (Art. 8 Abs. 2 b. WVW).[385] Das Fahren unter Alkoholeinfluss erhöht grundsätzlich die Gefahr für das Eintreten eines Schadens bei einem anderen Verkehrsteilnehmer.[386] Art. 8 Abs. 2 WVW bezweckt daher vor allem, Verkehrsunfälle und daraus entstehende Schäden zu vermeiden. Kommt es zu einem Verkehrsunfall, bei dem eine Partei die Alkoholwerte des Art. 8 Abs. 2 WVW überschreitet, verwirklicht sich die spezifische Gefahr, gegen die der Artikel Schutz bieten soll. Aufgrund der Umkehrregel wurde der kausale Zusammenhang zwischen der Handlung und dem entstandenen Schaden in diesem Fall vermutet, da der betrunkene Fahrer nicht glaubhaft bestreiten konnte, dass der Schaden auch ohne die gefahrerhöhende Handlung entstanden wäre.[387]

Das Bestehen eines kausalen Zusammenhangs aufgrund der Umkehrregel wird nicht vermutet, wenn der Beklagte glaubhaft bestreiten kann, dass der Schaden auch ohne Normverletzung entstanden wäre, wie es bei einem Kettenunfall mit drei Kraftfahrzeugen der Fall war.[388] Der Fahrer und Eigentümer des mittleren der drei Kraftfahrzeuge, der zunächst auf das vorderste Kraftfahrzeug aufgefahren war, forderte Ersatz für erlittene Personenschäden von dem Fahrer des hinteren Kraftfahrzeugs, der ihm aufgefahren war.[389] Zwar verstieß der letzte Fahrer gegen Art. 5 WVW i.V.m. Art. 19 RVV, der besagt, dass der Fahrer sein Fahrzeug innerhalb des Abstands, den er überblicken kann, zum Stehen bringen muss,[390] jedoch konnte der Beklagte glaubhaft machen, dass die Personenschäden auch durch den Aufprall auf das erste Fahrzeug und nicht erst durch den letzten Aufprall entstanden sein konnten.[391]

---

385 Art. 8 Abs. 2 WVW: „Het is een ieder verboden een voertuig te besturen of als bestuurder te doen besturen na zodanig gebruik van alcoholhoudende drank, dat:
a. het alcoholgehalte van zijn adem bij een onderzoek hoger blijkt te zijn dan 220 microgram alcohol per liter uitgeademde lucht, dan wel
b. het alcoholgehalte van zijn bloed bij een onderzoek hoger blijkt te zijn dan 0,5 milligram alcohol per milliliter bloed.“.

386 Gerechtshof Leeuwarden, 22. März 2011, ECLI:NL:GHLEE:2011:BQ0556.

387 Gerechtshof Leeuwarden, 22. März 2011, ECLI:NL:GHLEE:2011:BQ0556.

388 Rechtbank Utrecht, 3. März 2010, ECLI:NL:RBUTR:2010:BL4035.

389 Rechtbank Utrecht, 3. März 2010, ECLI:NL:RBUTR:2010:BL4035.

390 Art. 19 RVV: „De bestuurder moet in staat zijn voertuig tot stilstand te brengen binnen de afstand waarover hij de weg kan overzien en waarover deze vrij is.“.

391 Rechtbank Utrecht, 3. März 2010, ECLI:NL:RBUTR:2010:BL4035.

## X. Zusammenfassung und Vergleich zum deutschen Recht

Die Haftung aus unerlaubter Handlung gemäß Art. 6: 162 BW ist vor allem für die Haftung des Fahrers bei einem Verkehrsunfall zwischen zwei Kraftfahrzeugen in Bewegung relevant. Anders als nicht-motorisierte Verkehrsteilnehmer werden die Fahrer und Passagiere eines Kraftfahrzeugs nicht besonders geschützt.[392] So ist die Haftung des Eigentümers oder Halters nach Art. 185 WVW bei einem Unfall zwischen zwei Kraftfahrzeugen in Bewegung ausgeschlossen. Außerdem wird bei einem Verkehrsunfall zwischen einem motorisierten und einem nicht motorisierten Verkehrsteilnehmer in der Regel der Eigentümer oder Halter des Kraftfahrzeugs gemäß Art. 185 WVW in Anspruch genommen, da Art. 185 WVW anders als Art. 6: 162 BW kein Verschulden voraussetzt. Hingegen haften nach deutschem Recht bei Unfällen zwischen zwei Kraftfahrzeugen sowohl der Halter gemäß § 7 StVG als auch der Fahrer gemäß § 18 StVG bzw. § 823 Abs. 1, Abs. 2 BGB. Im Gegensatz zum niederländischen Recht ist die Gefährdungshaftung[393] nach § 7 StVG bei Verkehrsunfällen zwischen zwei Kraftfahrzeugen in Deutschland nicht ausgeschlossen. Bei einem Unfall zwischen zwei Kraftfahrzeugen ist jedoch § 17 Abs. 2 StVG zu berücksichtigen, der bei der Halterhaftung in diesen Fällen zu einer Anspruchskürzung wegen eigener Mitverantwortung des Geschädigten führen kann. Nach § 17 Abs. 2 StVG wird die Haftungsquote für die selbst erlittenen Schäden nach § 17 Abs. 1 StVG bestimmt. Es wird eine Haftungsquote nach Verursachungsbeiträgen gebildet, wenn kein unabwendbares Ereignis im Sinne des § 17 Abs. 3 StVG vorlag. Ein unabwendbares Ereignis besteht, wenn ein schadenstiftendes Ereignis vorlag, das auch bei der äußersten möglichen Sorgfalt nicht abgewendet werden konnte. Derjenige, der sich aufgrund des unabwendbaren Ereignisses entlasten will, hat zu beweisen, dass beim Fahrer kein Verstoß gegen die Straßenverkehrsvorschriften vorlag und sich ein gedachter Idealfahrer nicht anders verhalten hätte. Gelingt dies, kann der Halter seinen gesamten Schaden von dem anderen Halter des Kraftfahrzeugs ersetzt verlangen. Liegt kein unabwendbares Ereignis vor, wird das Gewicht der jeweiligen Verursachungsbeiträge der Halter bestimmt und anschließend gegeneinander abgewogen. Dabei wird unter anderem das Fahrverhalten des Fahrers, die Beschaffenheit des Kraftfahrzeugs und

392 Bouman/ van Wassenaer van Catwijck, VR 1993, 221.

393 Burmann/ Heß/ Hühnermann/ Jahnke/ Janker – Burmann, Straßenverkehrsrecht, StVG, § 7 Rn. 1.

die gefahrene Geschwindigkeit mit dem Kraftfahrzeug mitberücksichtigt. Wenn kein unterschiedliches Gewicht der jeweiligen Verursachungsbeiträge festgestellt werden kann, ergibt sich eine Haftungsquote von jeweils 50%. Andernfalls verschiebt sich die Höhe der Haftung in dem jeweiligen Maße des Verursachungsbeitrags, wobei die einfache Betriebsgefahr in Höhe von ca. 20% stets berücksichtigt werden muss. Diese tritt nur bei schwerwiegenden Verkehrsverstößen zurück. Bei einem Verkehrsunfall zwischen zwei Kraftfahrzeugen kommt es bei der Haftung des Halters im deutschen Recht somit auch auf die Verschuldensanteile an. Anders als im niederländischen Recht werden dabei nur feststehende, kausale Ursachen mitberücksichtigt. Eine Änderung der Haftungsquoten aus Billigkeitsgesichtspunkten erfolgt nicht. Sofern keine Billigkeitskorrektur vorgenommen wird, haftet daher zunächst lediglich eine andere haftende Partei. Da die Haftung dieser Personen grundsätzlich von einer Kfz-Haftpflichtversicherung gedeckt ist, bestehen in diesem Fall keine großen Unterschiede.

Ein deutlicher Unterschied besteht jedoch bei Verkehrsunfällen zwischen zwei Kraftfahrzeugen, bei denen kein Verschulden nachgewiesen werden kann. Da die Gefährdungshaftung nach Art. 185 WVW keine Anwendung findet und eine Haftung nach Art. 6: 162 BW den Nachweis eines Verschuldens voraussetzt, kann kein Schadensersatzanspruch geltend gemacht werden. Die Geschädigten müssen ihren Schaden vollständig selbst tragen. In Deutschland hingegen ist für die Gefährdungshaftung nach § 7 StVG kein Verschulden erforderlich, so dass grundsätzlich gehaftet würde. Ohne feststellbare Verursachungsbeiträge ergäbe sich eine Haftungsquote von jeweils 50%. In Deutschland müssten die Geschädigten also lediglich die Hälfte ihres Schadens selbst tragen und bekommen die andere Hälfte ihres Schadens ersetzt. Insbesondere bei Verkehrsunfällen zwischen zwei Kraftfahrzeugen, die einen großen Wertunterschied haben, kommt es trotz fehlenden Nachweises eines Verschuldens zu besonderen sozialen Folgen. Bei einer Kollision zwischen einem Gebrauchtwagen, der einen Wert von 1.000 EUR hat, und einem Sportwagen mit einem Wert von 400.000 EUR, die einen Totalschaden beider Kraftfahrzeuge zur Folge hat, führt das deutsche Recht dazu, dass der Halter des Gebrauchtwagens dem Eigentümer des Sportwagens 200.000 EUR schuldet, während der Halter des Sportwagens dem Eigentümer des Gebrauchtwagens nur 500 EUR schuldet. Der Schaden, den die Halter jeweils ersetzen müssen, ist zwar grundsätzlich von der Haftpflichtversicherung gedeckt, jedoch kann dies einen sozialen Unterschied zur Folge haben, indem der Halter des Sportwagens eine Rückstufung seines Schadensfreiheitsrabatts leicht durch Zahlung der 500 EUR abwenden kann, während dies dem Halter des Gebrauchtwagens kaum möglich ist.

Neben dem Halter haftet im deutschen Recht auch noch der Fahrer eines Kraftfahrzeugs, wenn ein Verkehrsunfall zwischen zwei Kraftfahrzeugen stattgefunden hat. Die Fahrerhaftung richtet sich nach § 18 StVG und § 823 Abs. 1 BGB bzw. § 823 Abs. 2 BGB. Die Ansprüche treten in Anspruchskonkurrenz nebeneinander. Anders als im niederländischen Recht, bei dem der Fahrer nur nach der allgemeinen Regel des Art. 6: 162 BW haftet, besteht in Deutschland mit § 18 StVG eine Sondervorschrift für die Haftung des Fahrers. Dabei wird das Verschulden des Fahrers vermutet. Nach § 18 Abs. 1 S. 2 StVG ist die Ersatzpflicht lediglich dann ausgeschlossen, wenn der Schaden nicht durch ein Verschulden des Kraftfahrzeugführers verursacht ist. Die gesetzliche Schuldvermutung ist beispielsweise widerlegt, wenn der Unfall auf einem technischen Fehler beruht und der Führer schuldlos die Kontrolle verloren hat oder der Führer nachweist, dass er verkehrsrichtig gehandelt hat.[394]

Die Haftung des Halters als auch des Fahrers findet nach § 18 StVG keine Anwendung bei den in § 8 StVG beschriebenen Fällen. Sie scheidet also beispielsweise nach § 8 Nr. 1 StVG aus, wenn der Unfall durch ein Kraftfahrzeug verursacht wurde, das mit keiner höheren Geschwindigkeit als 20 km/h gefahren werden kann. Bei den dort genannten Fällen ist lediglich eine Haftung nach § 823 BGB möglich, für die das Verschulden bewiesen werden muss. Daneben hat die verschuldensabhängige Haftung gemäß § 823 BGB praktisch jedoch nur Bedeutung, wenn die Haftungshöchstgrenze nach § 12 f. StVG überschritten oder der Anspruch nach § 15 StVG verwirkt ist. Die Haftung nach § 823 BGB ähnelt der Haftung aufgrund unerlaubter Handlung nach Art. 6: 162 BW am meisten. Es handelt sich jeweils um eine verschuldensunabhängige Haftung. Während für Art. 6: 162 BW eine unerlaubte Handlung erforderlich ist, muss nach § 823 Abs. 1 BGB zwar ein Recht oder Rechtsgut oder gemäß § 823 Abs. 2 BGB ein Schutzgesetz verletzt werden, die unerlaubte Handlung umfasst allerdings mit dem Eingriff in ein Recht auch diese subjektiven und objektiven Rechte. Zudem liegt eine unerlaubte Handlung vor, wenn ein Tun oder Unterlassen besteht, das gegen gesetzliche Pflichten widerspricht, was der Vorschrift des § 828 Abs. 2 BGB praktisch entspricht. Ein Unterschied besteht darin, dass

394 Burmann/ Heß/ Hühnermann/ Jahnke/ Janker – Heß, Straßenverkehrsrecht, StVG, § 18 Rn. 8; OLG Hamm, NZV 1998, 463.

nach Art. 6: 162 BW die Kausalität zwischen der Handlung und dem entstandenen Schaden in bestimmten Fällen vermutet wird. Die Umkehrregel ist dem deutschen Recht fremd. Hier trägt der Kläger in jedem Fall die Beweislast für das Vorliegen der Kausalität.

## B. Haftung nach Art. 185 WVW

Im Rahmen des Verkehrshaftungsrechts ist neben dem Anspruch aus Art. 6: 162 BW die Gefährdungshaftung des Eigentümers oder Halters nach Art. 185 WVW von besonderer Bedeutung. Diese Haftung wird durch Art. 185 Abs. 3 WVW stark eingeschränkt, da die Haftung des Eigentümers oder Halters bei Verkehrsunfällen zwischen mehreren Kraftfahrzeugen in Bewegung keine Anwendung findet. Bei Art. 185 WVW geht es somit hauptsächlich um Verkehrsunfälle zwischen einem Kraftfahrzeug und einem nicht motorisierten Verkehrsteilnehmer. Daneben haftet der Eigentümer oder Halter des Kraftfahrzeugs nach Art. 185 WVW aber auch, wenn beim Verkehrsunfall ein Schaden an Sachen entsteht, die sich zum Zeitpunkt des Verkehrsunfalls nicht in einem Kraftfahrzeug in Bewegung befinden. Fährt beispielsweise der Fahrer eines Kraftfahrzeugs gegen einen an die Straße grenzenden Gartenzaun oder gegen ein geparktes Kraftfahrzeug, ist der Eigentümer der beschädigten Sachen durch die Gefährdungshaftung des Art. 185 WVW geschützt.

### I. Voraussetzungen des Art. 185 Abs. 1 WVW

Für eine Haftung des Eigentümers oder Halters gemäß Art. 185 Abs. 1 WVW muss zunächst ein Verkehrsunfall mit einem Kraftfahrzeug stattgefunden haben und Schaden an Personen oder Sachen entstanden sein, die nicht durch das Kraftfahrzeug befördert wurden. Zudem darf der Verkehrsunfall nicht auf höherer Gewalt beruht haben.

#### 1. Eigentümer und Halter

Nach Art. 185 Abs. 1 WVW ist der Eigentümer oder, wenn es einen Halter gibt, der Halter des Kraftfahrzeugs verpflichtet, (...is de eigenaar van het motorrijtuig of - indien er een houder van het motorrijtuig is -

de houder verplicht...) den entstandenen Schaden bei einem Verkehrsunfall zu ersetzen. Die Haftung des Eigentümers und Halters des Kraftfahrzeugs ist nicht kumulativ. Gibt es neben dem Eigentümer auch einen Halter des Kraftfahrzeugs, so haftet dieser anstelle des Eigentümers.[395] Wenn der Eigentümer und Halter zwei unterschiedliche Personen sind, ist der Halter für die entstandenen Schäden in Anspruch zu nehmen. Die alternative Haftung wird auch durch das Wort „onderscheidenlijk" am Ende des erstens Absatzes deutlich, welches dort zum Ausdruck bringt, dass „jeweils" der Eigentümer oder der Halter nicht für jemanden haften, für den sie nicht verantwortlich sind (voor wie onderscheidenlijk de eigenaar of de houder niet aansprakelijk is).[396] Häufig ist der Halter jedoch identisch mit dem Eigentümer des Kraftfahrzeugs, so dass die Abgrenzung in den meisten Fällen von keiner großen Bedeutung ist.

### a) Definition und Anwendungsbeispiele

Die Haltereigenschaft für ein Kraftfahrzeug ist in Art. 1 Abs. 1 o. WVW legal definiert. Danach ist derjenige Halter des Kraftfahrzeugs, der über das Fahrzeug aufgrund eines Mietkaufvertrags (huurkoop) verfügt; der das Kraftfahrzeug in Nießbrauch (vruchtgebruik) hat; oder in sonstiger Weise, anders als ein Eigentümer oder Besitzer, zur dauerhaften Nutzung zur Verfügung hat (duurzaam gebruik).[397] Ferner bestimmt Art. 1 Abs. 3 WVW, dass derjenige, auf dem ein Kennzeichen für ein Kraftfahrzeug oder Anhänger angemeldet ist, als Eigentümer oder Halter des Kraftfahrzeugs bzw. Anhängers angesehen wird, sofern nichts anderes ersichtlich ist.[398]

---

395 De Haas/ Hartlief, Verkeersaansprakelijkheid, S. 162; Ekering, Motorrijtuig en Aansprakelijkheid naar Nederlandsch Burgerlijk Recht, S. 167.

396 Asser/ Hartkamp/ Sieburgh, 6-IV 2015, Rn. 281.

397 Art. 1 Abs. 1 o WVW: „In deze wet en de daarop berustende bepalingen wordt verstaan onder: houder van een motorrijtuig of een aanhangwagen: degene die het voertuig:
1°. op grond van een overeenkomst van huurkoop onder zich heeft,
2°. in vruchtgebruik heeft, of
3°. anderszins, anders dan als eigenaar of bezitter, tot duurzaam gebruik onder zich heeft.".

398 Art. 1 Abs. 3 WVW: „Degene aan wie een kenteken is opgegeven voor een motorrijtuig of een aanhangwagen wordt, tenzij anders blijkt, voor de toepassing van het bepaalde bij of krachtens deze wet beschouwd als eigenaar of houder van dat motorrijtuig of die aanhangwagen."; vollständige Übersetzung: „Derjenige,

Für die Annahme einer Haltereigenschaft ist es noch nicht ausreichend, ein Kraftfahrzeug nur für einige Tage im Besitz zu haben.[399] Wer beispielsweise über einen kurzen Zeitraum einen Mietwagen nutzt, ist noch kein Halter im Sinne des Art. 1 Abs. 1 o. WVW.[400] Halter bleibt in diesem Fall der Vermieter. Dieser haftet somit grundsätzlich auch nach Art. 185 WVW, wenn es zu einem Verkehrsunfall mit dem Mietwagen kommt. Der Mieter kann vom Geschädigten lediglich nach der verschuldensabhängigen Haftung des Art. 6: 162 BW in Anspruch genommen werden, wenn er der Fahrer des Mietwagens im Zeitpunkt des Unfalls war. Bei einem Dieb eines Kraftfahrzeugs handelt es sich ebenfalls nicht um den Halter im Sinne des WVW. Eine Haftung des Diebes gemäß Art. 185 WVW scheidet damit aus, da er auch nicht Eigentümer des Kraftfahrzeugs ist.[401] Auch der tatsächliche Eigentümer bzw. Halter haftet nicht nach Art. 185 WVW für die Schäden, die mit dem gestohlenen Kraftfahrzeug verursacht werden, da ihnen das Verhalten des Diebes nicht gemäß Art. 185 Abs. 2 WVW zugerechnet werden kann. Der Dieb kann als Fahrer des Kraftfahrzeugs bei einem Verkehrsunfall nur aus nach Art. 6: 162 BW in Anspruch genommen werden.

Ein häufig vorkommendes Finanzierungsmodell bei der Anschaffung von Kraftfahrzeugen stellt das Leasing dar. Wer beim Leasingvertrag als Halter des Kraftfahrzeugs angesehen wird, ergibt sich nicht direkt aus dem WVW. Art. 185 Abs. 1 WVW i.V.m. Art. 1 Abs. 1 o. WVW regelt lediglich für den Mietkaufvertrag (huurkoop), dass bei einem Verkehrsunfall, der durch den Gebrauch eines solchen Kraftfahrzeugs verursacht wird, der Mieter als Halter haftet. Der Mietkaufvertrag unterscheidet sich vom Leasingvertrag nur bei der abschließenden Eigentumsübertragung. Während beim Mietkaufvertrag das Eigentum am Ende der Laufzeit aufgrund des Eintritts der Bedingung vollständiger Kaufpreiszahlung übergeht, wird beim Leasing das Eigentum optional übertragen. Der Leasingnehmer verfügt somit wie der Mieter beim Mietkaufvertrag über einen langfristigen Zeitraum über das Kraftfahrzeug. Er hat das Kraftfahrzeug nicht nur für einige Tage im Besitz, son-

---

auf dem ein Kennzeichen für ein Kraftfahrzeug oder Anhänger angemeldet ist, wird, außer wenn anderes ersichtlich, für die Anwendung der Bestimmungen durch oder kraft dieses Gesetzes als Eigentümer oder Halter des Kraftfahrzeugs oder des Anhängers angesehen.".

399 Hoge Raad, 29. Oktober 1991, NJ 1992, 235.

400 Hoge Raad, 29. Oktober 1991, NJ 1992, 235.

401 Kamerstukken II 1997/98, 25759, Nr. 3, S. 7.

dern in der Regel über einem Zeitraum von nicht unter einem Jahr. Daher muss die Regelung des Art. 1 Abs. 1 o. WVW entsprechend für den Leasingnehmer gelten. Der Leasingnehmer ist somit während der Laufzeit des Leasingvertrags auch als Halter des Kraftfahrzeugs anzusehen.

Aus einem Umkehrschluss des Art. 185 Abs. 1 WVW ist zu entnehmen, dass der Eigentümer, der nicht zugleich Halter des Kraftfahrzeugs ist, nur dann haftet, wenn es keinen Halter für das Kraftfahrzeug gibt. Ein Halter eines Kraftfahrzeuges nach Art. 1 Abs. 1 o. WVW fehlt also, wenn niemand über das Kraftfahrzeug aufgrund der Übereinstimmung eines Mietkaufvertrages verfügt, das Fahrzeug in Nießbrauch hat oder das Fahrzeug in sonstiger Weise, anders als ein Eigentümer oder Besitzer, zur dauerhaften Nutzung zur Verfügung hat. Denkbar wäre beispielsweise der Fall eines in einem Autohaus stehenden Fahrzeugs, welches unbefugt kurzzeitig im Straßenverkehr benutzt wird. Der Inhaber des Autohauses wäre nicht als Halter anzusehen, da das Fahrzeug nicht zum Betrieb im Straßenverkehr vorgesehen war; eine Haltereigenschaft des unbefugten Nutzers scheidet aufgrund der nur kurzzeitigen Nutzung ebenfalls aus. Folglich verbliebe lediglich die Haftung des Inhabers des Autohauses als Eigentümer des Kraftfahrzeugs nach Art. 185 Abs. 1 WVW, die jedoch nach Absatz 2 wegen der fehlenden Zurechnung aufgrund unbefugter Benutzung ausgeschlossen sein kann.

### b) Vergleich zum deutschen Recht

In Deutschland haftet gemäß § 7 StVG lediglich der Halter des Kraftfahrzeugs aus der Gefährdungshaftung. Anders als in den Niederlanden besteht keine Haftung des Eigentümers eines Kraftfahrzeugs im StVG. Dies stellt jedoch schlussendlich keinen wesentlichen Unterschied zur niederländischen Regelung dar, da der Eigentümer im niederländischen Recht nur haftet, wenn es keinen Halter gibt, was in der Praxis nur selten der Fall ist.

Während im niederländischen Recht mit Art. 1 Abs. 1 o. WVW eine gesetzliche Definition des Halterbegriffs existiert, wird in Deutschland ohne Legaldefinition derjenige als Halter eines Kraftfahrzeugs angesehen, der das Kraftfahrzeug im eigenen Namen nicht nur ganz vorübergehend für eigene Rechnung in Gebrauch hat und der die Verfügungsgewalt über das Kraftfahrzeug ausübt.[402] Die Verfügungsgewalt besteht

[402] BGH NJW 1992, 900, 902; BGH NJW 1983, 1492, 1493.

darin, Anlass, Zeit und Zeitpunkt der Fahrt selbst zu bestimmen.[403] Für die Haltereigenschaft ist in Deutschland nicht das Rechtsverhältnis am Kraftfahrzeug, wie etwa das Eigentumsverhältnis, entscheidend.[404] Auch spielt es für die Haltereigenschaft eine untergeordnete Rolle, auf wessen Namen das Fahrzeug zugelassen und haftpflichtversichert ist.[405] Kein Halter ist, wie in den Niederlanden auch, beispielsweise der Mieter eines Kraftfahrzeugs, wenn das Fahrzeug nicht für einen besonders langen Zeitraum genutzt wird.[406] Trotz unterschiedlicher Systematik unterscheidet sich somit der Begriff des Halters nach niederländischem und deutschem Recht kaum.

### 2. Kraftfahrzeuge im Sinne des Art. 1 WVW

Art. 185 WVW setzt für die Haftung des Eigentümers oder Halters die Beteiligung eines Kraftfahrzeugs an einem Verkehrsunfall voraus.

#### a) Definition und Anwendungsbeispiele

Unter den Begriff des Kraftfahrzeugs fallen nach Art. 1 Abs. 1 c. WVW alle Fahrzeuge, die bestimmt sind, um anders als über Schienen, ausschließlich oder unter anderem durch mechanische Kraft, die am oder auf dem Fahrzeug selbst vorhanden ist, oder durch Elektroantrieb mit Stromzufuhr von einer anderen Stelle aus angetrieben werden, mit Ausnahme von Fahrrädern mit Tret- bzw. Pedalunterstützung.[407] Zu den Kraftfahrzeugen werden neben Autos, Bussen, Lastkraftwagen oder Motorrädern zum Beispiel auch Mopeds und Mofas gezählt.[408] E-Bikes, die nicht schneller als 25 km/h fahren können, sind hingegen den „normalen" Fahrrädern gleichgestellt. Sie sind, wie die anderen Fahrräder

---

403 Hentschel/ König/ Dauer – König, Straßenverkehrsrecht, StVG, § 7 Rn. 14.

404 Neumann, JA 2016, 167, 168.

405 OLG Hamm NZV 1990, 363.

406 BGH, 3. Dezember 1991, ZIP 1992, 407.

407 Art. 1 Abs. 1 c) WVW: „In deze wet en daarop berustende bepalingen wordt verstaan onder motorrijtuigen: alle voertuigen, bestemd om anders dan langs spoorstaven te worden voortbewogen uitsluitend of mede door een mechanische kracht, op of aan het voertuig zelf aanwezig dan wel door elektrische tractie met stromtoevoer van elders, met uitzondering van fietsen met trapondersteuning.".

408 Rechtbank 's-Gravenhage, 12. Februar 2012, ECLI:NL:RBSGR:2012:BV8991; Rechtbank Rotterdam, 7. Juli 2010, ECLI:NL:RBROT:2010:BN4534; Rechtbank Maastricht, 6. August 2003, ECLI:NL:RBMAA:2003:AI6107.

auch, keine Kraftfahrzeuge im Sinne des WVW.[409] Die im Straßenverkehr zunehmenden Segways sind gemäß Art. 1 Abs. 1 d. WVW i.V.m. Art. 20b WVW eine Art Mofa und sind daher auch Kraftfahrzeuge nach dem WVW.[410]

Entscheidend für das Vorliegen eines Kraftfahrzeugs ist dessen Bestimmung als Kraftfahrzeug. So geht zum Beispiel durch eine zeitweilige Unbrauchbarkeit des Fahrzeugs der Charakter als Kraftfahrzeug nicht verloren.[411] Ein defektes, abgeschlepptes oder für die Verschrottung bestimmtes Kraftfahrzeug bleibt ein Kraftfahrzeug im Sinne des WVW, solange es noch dazu bestimmt ist, durch mechanische Kraft fortbewegt zu werden.[412]

Gerichtlich entschieden wurde, dass die Ladung eines Kraftfahrzeugs auch noch zum Kraftfahrzeug gehört.[413] In dem der Entscheidung zugrunde liegenden Fall stieß ein Straßenbahnwagen mit einem hinausragenden Balken eines Frachtwagens zusammen. Nach Ansicht des Hoge Raad bildet die Ladung mit dem fahrenden Kraftfahrzeug eine Einheit, die in ihrer Gesamtheit eine größere Gefahr ausmache, als das Kraftfahrzeug allein.[414]

### b) Vergleich zum deutschen Recht

Der Begriff des Kraftfahrzeugs ist in Deutschland in § 1 Abs. 2 StVG legal definiert. Danach gelten als Kraftfahrzeuge Landfahrzeuge, die durch Maschinenkraft bewegt werden, ohne an Bahngleise gebunden zu sein. Zu den Kraftfahrzeugen nach § 1 Abs. 2 StVG werden neben Autos unter anderem auch Motorräder, Mofas und Segways gezählt.[415] Kein Kraftfahrzeug im Sinne dieser Vorschrift ist die Straßenbahn, da diese an Bahngleise gebunden ist.[416] Fahrräder sind ebenfalls keine

---

409 Van der Pluijm, Zakboek Wegenverkeerswet, S. 24 ff.

410 Van der Pluijm, Zakboek Wegenverkeerswet, S. 25.

411 Ekering, Motorrijtuig en Aansprakelijkheid naar Nederlandsch Burgerlijk Recht, S. 159.

412 Hoge Raad, 14 Dezember 1965, NJ 1966, 360; Van der Pluijm, Zakboek Wegenverkeerswet, S. 24.

413 Hoge Raad, 11. Mai 1934, NJ 1934, 1041.

414 Hoge Raad, 11. Mai 1934, NJ 1934, 1041: „De lading van een rijdend motorrijtuig maakt darmede een geheel uit. Zij leveren te zamen hetzelfde gevaar op en zelfs een grooter gevaar dan een motorrijtuig zonder lading, wanneer deze, zoowals hier, ver buiten het rijtuig uitsteekt.".

415 Hentschel/ König/ Dauer – Dauer, Straßenverkehrsrecht, StVG, § 1 Rn. 14.

416 BVerwG NZV 2000, 309.

Kraftfahrzeuge nach § 1 StVG, da diese durch Muskelkraft fortbewegt werden. In beiden Ländern werden zudem die meisten Fahrräder mit elektromotorischer Pedalunterstützung (E-Bikes/ Pedelecs) nicht als Kraftfahrzeuge angesehen. Dies wurde in Deutschland mit dem „Gesetz zur Änderung des Güterkraftverkehrsgesetzes und anderer Gesetze“ vom 17. Juni 2013 durch eine Ergänzung des § 1 StVG ausdrücklich geregelt.[417] Danach sind Fahrräder mit elektromotorischer Tretunterstützung unter den dort bestimmten Voraussetzungen keine Kraftfahrzeuge im Sinne des § 1 StVG. Gemäß § 1 Abs. 3 S. 3 StVG sind für diese Fahrzeuge, wie in den Niederlanden auch, die Vorschriften über Fahrräder anzuwenden. Der Begriff des Kraftfahrzeugs ist in Deutschland und in den Niederlanden daher weitestgehend identisch.

#### aa) Ausschluss der Haftung bei langsam fahrenden Kraftfahrzeugen

Anders als im deutschen Recht ist es in den Niederlanden für die Eigentümer- bzw. Halterhaftung jedoch unerheblich, ob die Kraftfahrzeuge eine bestimmte Geschwindigkeit fahren können. In Deutschland haftet der Halter gemäß § 8 Nr. 1 StVG nicht, wenn der Unfall durch ein Kraftfahrzeug, das auf ebener Bahn mit keiner höheren Geschwindigkeit als 20 km/h fahren kann, verursacht wurde. Die Einschränkung betrifft vor allem Kraftfahrzeuge in der Landwirtschaft.[418] Eine solche Regelung existiert in den Niederlanden nicht. Nach Art. 185 Abs. 1 WVW ist es ausreichend, dass das Kraftfahrzeug an einem Verkehrsunfall beteiligt ist. Der Eigentümer bzw. Halter eines Kraftfahrzeugs haftet unabhängig davon, wie schnell das Kraftfahrzeug fahren kann. Ziel und Zweck der Gefährdungshaftung nach Art. 185 WVW ist es unter anderem, schwache Verkehrsteilnehmer vor den Gefahren des motorisierten Verkehrs zu schützen. Die Gefahren, die von Kraftfahrzeugen für die anderen Verkehrsteilnehmer ausgehen, können sich bereits allein aufgrund der Masse von motorisierten Kraftfahrzeugen auch bei einer Geschwindigkeit von unter 20 km/h realisieren.[419] Zum Teil können von

---

417 BGBl I 2013, 1558, 1560.

418 OLG Celle, Urteil vom 2.9.2009, Az. 14 U 17/09, BeckRS 2010, 60.

419 Medicus, DAR 2000, 442, 443.

diesen Kraftfahrzeugen sogar höhere Gefahren im Straßenverkehr ausgehen, indem sie den Verkehr stören.[420] Durch die Einbeziehung auch dieser Kraftfahrzeuge bei der Eigentümer- bzw. Halterhaftung nach Art. 185 WVW wird diesbezüglich ein umfassenderer Schutz in den Niederlanden gewährleistet als in Deutschland.

### bb) Haftung für die durch einen Anhänger verursachten Schäden

Während das deutsche Recht nach § 7 Abs. 1 StVG eine Haftung des Halters eines Kraftfahrzeugs oder Anhängers vorsieht, bezieht sich Art. 185 WVW seinem Wortlaut nach nur auf die Haftung des Eigentümers bzw. Halters eines Kraftfahrzeugs. Zwar wird gemäß Art. 1 Abs. 1 o. WVW zwischen einem Halter eines Kraftfahrzeugs und einem Halter eines Anhängers differenziert,[421] bei Art. 185 WVW wird diese Unterscheidung jedoch nicht mehr vorgenommen. Vielmehr entschied der Hoge Raad bereits im Jahr 1937, dass Art. 25 MRW auch für Kraftfahrzeuge mit einem Anhänger gelte. Zwar sei ein Anhänger kein Kraftfahrzeug im Sinne des MRW, jedoch müsse Art. 25 MRW weit ausgelegt werden, da die Gefahr bei einem Kraftfahrzeug mit einem Anhänger in keinem geringeren Maße bestehe, als wenn sich das Kraftfahrzeug allein und ohne Anhänger in Bewegung setze.[422] Vielmehr seien die Risiken bei einem Kraftfahrzeug mit Anhänger sogar erhöht, da es unter anderem aufgrund des längeren Bremswegs leicht zu Verkehrsunfällen kommen könne und bei einem Verkehrsunfall zudem eine größere Masse auf die anderen Verkehrsteilnehmer treffe. Zuvor hatte bereits der Gerechtshof 's Hertogenbosch entschieden, dass ein Anhänger, der an ein Kraftfahrzeug gekoppelt ist, die gleiche Gefahr wie ein Kraftfahrzeug auf der Straße hervorrufe, und eine Haftung gemäß Art. 25 MRW daher gerechtfertigt sei.[423] Diese Auffassung wird auch heute noch bei der Haftung nach Art. 185 WVW vertreten.[424]

---

420 Burmann/ Heß/ Hühnermann/ Jahnke/ Janker – Heß, Straßenverkehrsrecht, StVG, § 8 Rn. 2.

421 Art. 1 Abs. 1 o. WVW: „In deze wet en de daarop berustende bepalingen wordt verstaan onder: o. houder van een motorrijtuig of een aanhangwagen: degene die het voertuig: (…).".

422 Hoge Raad, 4. Februar 1937, NJ 1937, 489.

423 Gerechtshof 's-Hertogenbosch, 17. November 1931, NJ 1932, 831.

424 so z.B. Gerechtshof 's Hertogenbosch, 19. Oktober 2010,

## 3. Fahrendes Kraftfahrzeug

Nach Art. 185 Abs. 1 WVW muss das Kraftfahrzeug, mit dem auf der Straße gefahren wird, an einem Verkehrsunfall beteiligt gewesen sein. Für eine Haftung des Eigentümers bzw. Halters ist somit das Fahren mit einem Kraftfahrzeug erforderlich. Dabei kommt es jedoch mehr auf eine bewusste Teilnahme am Verkehr als auf eine tatsächliche Fortbewegung des Kraftfahrzeugs an. So handelt es sich grundsätzlich bei einem verkehrsbedingt zum Stillstand gebrachten Kraftfahrzeug noch um ein Kraftfahrzeug, mit dem auf der Straße gefahren wird.[425] So wird beispielsweise als Teil des Fahrens noch das Warten vor einer Kreuzung angesehen.[426] Auch wenn mit dem Kraftfahrzeug nur kurz auf der Straße gestoppt wird, um beispielsweise den Kofferraum zu schließen, gilt das Kraftfahrzeug noch als fahrend.[427]

Als nicht mehr fahrend beurteilte das Kantongerecht Leeuwarden hingegen ein Kraftfahrzeug, das sowohl auf einem Grünstreifen als auch zum Teil auf einem Radweg stand und somit verbotswidrig parkte.[428] Für das Fahren auf der Straße im Sinne des Art. 185 Abs. 1 WVW sei eine Bewegung erforderlich. Ein dauerhaft still stehendes Kraftfahrzeug auf dem Grünstreifen und Radweg fahre daher nicht mehr und die Voraussetzungen für eine Haftung nach Art. 185 WVW seien somit nicht erfüllt.[429] Im Gegensatz zur Entscheidung des Gerechtshof Den Haag[430] wurde das Kraftfahrzeug nicht nur kurzzeitig, sondern dauerhaft geparkt. Bei dauerhaft geparkten Kraftfahrzeugen handelt es sich unabhängig davon, ob sie ordnungsgemäß oder verbotswidrig geparkt sind, somit nicht mehr um fahrende Kraftfahrzeuge im Sinne des Art. 185 Abs. 1 WVW. Ein Radfahrer, der im Dunkeln gegen ein geparktes Auto fährt, hat somit keinen Anspruch

---

ECLI:NL:GHSHE:2010:BO2125; Rechtbank Zwolle-Lelystad, 16. Juni 2010, ECLI:NL:RBZLY:2010:BN8672.

425 Bachmeier – Veermann/ Boendermaker/ Janssen, Regulierung von Auslandsunfällen, S. 422.

426 Kamerstukken II 1997/98, 25759, Nr. 3, S. 7.

427 Gerechtshof Den Haag, 26. Mai 1977, NJ 1978, 44.

428 Kantongerecht Leeuwarden, 30. Oktober 2001, ECLI:NL:KTGLEE:2001:AD6010.

429 Kantongerecht Leeuwarden, 30. Oktober 2001, ECLI:NL:KTGLEE:2001:AD6010.

430 Gerechtshof Den Haag, 26. Mai 1977, NJ 1978, 44.

gemäß Art. 185 WVW gegen den Eigentümer oder Halter eines Kraftfahrzeugs.[431]

Anders als im deutschen Recht, wo „beim Betrieb“ des Kraftfahrzeugs ein Schaden entstanden sein muss, ist im niederländischen das „Fahren“ eines Kraftfahrzeugs entscheidend. Nach der grundsätzlich herrschenden verkehrstechnischen Auffassung ist ein Kraftfahrzeug in Deutschland in Betrieb, wenn es sich im öffentlichen Verkehrsbereich bewegt oder in verkehrsbeeinflussender Weise darin ruht. Demgegenüber beginnt nach der engeren maschinentechnischen Auffassung der Betrieb eines Kraftfahrzeuges mit der Ingangsetzung des Motors und endet mit dem Motorstillstand außerhalb des öffentlichen Verkehrsbereichs.[432] Im deutschen Recht fallen zumindest verbotswidrig abgestellte Kraftfahrzeuge noch unter den Betrieb eines Kraftfahrzeugs, da sie für den fließenden Verkehr eine Gefahr darstellen.[433] Die Voraussetzung des Fahrens in den Niederlanden ist daher enger zu werten als die des Betriebs eines Kraftfahrzeugs in Deutschland. Dies zeigt sich auch beim Be- und Entladen eines Kraftfahrzeugs, was nach deutschem Recht noch zum Betrieb eines Kraftfahrzeugs zählt[434], während dies in den Niederlanden grundsätzlich nicht mehr unter den Begriff des Fahrens nach Art. 185 WVW fällt, da es bereits zu einem dauerhaften Stillstand des Kraftfahrzeugs gekommen ist und keine bewusste Teilnahme mehr am Verkehr stattfindet.

### 4. Verkehrsunfall

Weiterhin muss das Kraftfahrzeug, mit dem auf der Straße gefahren wird, an einem Verkehrsunfall beteiligt gewesen sein.

#### a) Anwendungsbereich

Die Voraussetzung des Vorliegens eines Verkehrsunfalls im Rahmen der Haftung des Eigentümers oder Halters eines Kraftfahrzeugs besteht erst seit der Einführung des Art. 185 WVW im Jahre 1994. Bis dahin war gemäß Art. 31 WVW (oud) ein Zusammenstoß (botsing) oder ein

---

431 Faure/ Hartlief – Frenk, Verkeersaansprakelijkheid in België en Nederland, S. 124.

432 Vgl. Buschbell – Kuhn, Straßenverkehrsrecht, § 23 Rn. 25.

433 BGH NJW 1983, 1326, 1327; OLG Hamm NZV 1999, 291.

434 BGH NJW 1988, 3019.

An- bzw. Überfahren (aan of overrijden) mit einem Kraftfahrzeug erforderlich. Die Gesetzesänderung bezweckte keine inhaltliche Änderung der Begriffe und der Anwendungsbereich der Eigentümer bzw. Halterhaftung sollte nicht eingeschränkt werden.[435] Alle Unfälle, die von Art. 31 WVW (oud) erfasst waren, sollten daher auch noch unter den Begriff des Verkehrsunfalls im Sinne des Art. 185 Abs. 1 WVW fallen.[436] Darüber hinaus können unter die neue Formulierung des Art. 185 WVW nun auch Verkehrssituationen fallen, die von Art. 31 WVW (oud) nicht umfasst waren.[437] Zum Beispiel konnte ein Radfahrer, der aufgrund eines Fahrfehlers des motorisierten Verkehrsteilnehmers ausweichen musste und stürzte, keinen Schadensersatzanspruch gegen den Eigentümer oder Halter des Kraftfahrzeugs gemäß Art. 31 WVW (oud) geltend machen, da kein direkter Zusammenstoß (botsing) oder ein An- bzw. Überfahren (aan of overrijden) vorlag.[438] Der Begriff des Verkehrsunfalls umfasst nach dem Wortlaut nun auch Unfälle, die durch Handlungen entstanden sind, um einen Zusammenstoß oder ein An- bzw. Überfahren zu vermeiden. Der Eigentümer oder Halter haftet somit nach Art. 185 WVW auch für den Schaden, der beim Versuch, einem anderen Fahrzeug auszuweichen, entsteht.[439]

Unter einen Verkehrsunfall im Sinne des Art. 185 Abs. 1 WVW fällt auch der vorsätzlich herbeigeführte Unfall durch einen anderen Verkehrsteilnehmer.[440] Die vorsätzliche Verursachung steht einer Anwendung des Art. 185 WVW nicht entgegen, da dieser umfassend vor den hohen Risiken, die grundsätzlich von der Teilnahme von Kraftfahrzeugen am Straßenverkehr ausgehen, schützen soll. Der diesbezüglich weite Anwendungsbereich der Haftung kann immer noch durch den Ausschließungsgrund der höheren Gewalt ausgeglichen werden.[441]

---

435 Asser/ Hartkamp/ Sieburgh, 6-IV 2015, Rn. 275.

436 Gerechtshof 's-Hertogenbosch, 23. August 2005, ECLI:NL:GHSHE:2005:AU4104; Gerechtshof Arnhem, 7. Juni 2005, ECLI:NL:GHARN:2005:AT7150; Kamerstukken II 1990/91, 22030, Nr. 3, S. 152.

437 Asser/ Hartkamp/ Sieburgh, 6-IV 2015, Rn. 276.

438 Asser/ Hartkamp/ Sieburgh, 6-IV 2015, Rn. 276.

439 Asser/ Hartkamp/ Sieburgh, 6-IV 2015, Rn. 276.

440 Rechtbank Gelderland, 5. Februar 2014, ECLI:NL:RBGEL:2014:1567.

441 Rechtbank Gelderland, 5. Februar 2014, ECLI:NL:RBGEL:2014:1567.

### b) Sonderfall: In Brand geratene Kraftfahrzeuge

Lange Zeit umstritten war, ob es sich bei einem spontan in Brand geratenen Kraftfahrzeug, das einen Schaden an der Straße verursacht, noch um einen Verkehrsunfall im Sinne des Art. 185 WVW handelt. Dieser Streit verlor mit der Gesetzesänderung des Art. 6: 173 BW im Jahr 2005 seine Bedeutung. Seit der Gesetzesänderung fallen auch mangelhafte Kraftfahrzeuge unter die mangelhaften Sachen im Sinne des Art. 6: 173 Abs. 1 BW. Für den Geschädigten besteht somit jedenfalls ein Schadensersatzanspruch gemäß Art. 6: 173 BW gegen den Besitzer des mangelhaften Kraftfahrzeugs. Ob es sich bei einem in Brand geratenen Kraftfahrzeug nun um einen Verkehrsunfall nach Art. 185 WVW handelt, ist daher in den meisten Fällen nicht von entscheidender Bedeutung.[442]

In der Literatur vertrat man die Auffassung, den Begriff des Verkehrsunfalls weit auszulegen. Darunter sollte dann auch die Situation fallen, dass ein Kraftfahrzeug in Brand gerät und einen Schaden an der Straße verursacht, auch wenn es nicht zu einer typischen Kollision kam.[443] Die Rechtsprechung war geteilt über die Auslegung des Art. 185 WVW bei Kraftfahrzeugen, die ohne äußere Einflüsse in Brand geraten. So entschied die Rechtbank Arnhem, dass unter einem Verkehrsunfall auch der Fall zu fassen sei, bei dem ein auf der Straße in Brand geratenes Kraftfahrzeug Schaden an der Straße bzw. Straßenausstattung verursache, obwohl kein Zusammenstoß stattgefunden habe.[444] Hingegen fiel nach Ansicht der Rechtbank Maastricht ein weder durch einen Zusammenstoß noch durch die Teilnahme am Verkehr in Brand geratenes Kraftfahrzeug auf dem Standstreifen nicht unter den Begriff des Verkehrsunfalls.[445] Das Kraftfahrzeug nehme nicht mehr am Verkehr teil und stelle keine Gefährdung für andere Verkehrsteilnehmer dar. Ein Ausbrennen eines Autos auf dem Seitenstreifen sei anstatt eines Verkehrsunfalls eher mit einem Reifendefekt oder einer sonstigen Autopanne, in deren Fällen das Kraftfahrzeug auch auf dem Seitenstreifen gestellt werde, gleichzusetzen. Nach dem normalen Sprachgebrauch würden diese Fälle auch nicht als Verkehrsunfall bezeichnet

---

442 Kamerstukken II 2004/05, 29955, Nr. 3.

443 Asser/ Hartkamp, 4-III 2002, S. 224.

444 Rechtbank Arnhem, 25. Februar 2004, ECLI:NL:RBARN:2004:AO5429.

445 Rechtbank Maastricht, 11. Februar 2004, ECLI:RBMAA:2004:AO4266; bestätigt durch Gerechtshof 's-Hertogenbosch, 23. August 2005, ECLI:NL:GHSHE:2005:AU4104.

werden.[446] In weiteren Entscheidungen der Rechtsprechung wurde außdem angenommen, dass es sich bei brennenden Kraftfahrzeugen, die einen Schaden an anderen Sachen verursachen, um keine Situationen eines Verkehrsunfalls im Sinne des Art. 185 WVW handele.[447]

### c) Vergleich zum deutschen Recht

Nach § 7 StVG muss für die Haftung des Halters kein Verkehrsunfall stattgefunden haben. Es reicht vielmehr aus, dass beim Betrieb eines Kraftfahrzeugs bzw. Anhängers ein Schaden entstanden ist. Die Haftung nach § 7 StVG ist wie die des Art. 185 WVW nicht nur auf die Schäden beschränkt, die auf einem physischen Kontakt mit dem Unfallfahrzeug beruhen.[448] Auch nach deutschem Recht besteht ein Anspruch aus der Gefährdungshaftung des § 7 StVG gegen den Halter, wenn beispielsweise ein Fahrradfahrer bei dem Versuch, einem Kraftfahrzeug auszuweichen, zu Fall kommt.[449] Während in den Niederlanden umstritten war, ob bei brennenden Kraftfahrzeugen ein Verkehrsunfall im Sinne des Art. 185 WVW angenommen werden kann, führen nach deutschem Recht Schäden durch ein Kraftfahrzeug, das aufgrund eines Defekts in Brand geraten ist, zur Haftung des Halters nach § 7 StVG.[450] Ansonsten würde sich in diesen Fällen auch eine Haftungslücke im deutschen Recht ergeben. Denn anders als in den Niederlanden, wo in diesen Fällen nach Art. 6: 173 BW gehaftet werden kann, gibt es in Deutschland keine vergleichbare Norm, die den Besitzer für Schäden einer mangelhaften Sache ohne Vertragsbindung und ohne Verschulden haften lässt.

## 5. Öffentliche Straße

Darüber hinaus muss der Verkehrsunfall gemäß Art. 185 Abs. 1 WVW auf einer Straße (op de weg) stattgefunden haben. Unter Straßen werden

---

446 Gerechtshof 's-Hertogenbosch, 23. August 2005, ECLI:NL:GHSHE:2005:AU4104.

447 So auch Gerechtshof Arnhem, 7. Juni 2005, ECLI:NL:GHARN:2005:AT7150; Rechtbank Leeuwarden, 17. März 2004, ECLI:NL:RBLEE:2004:AO6070; Rechtbank Utrecht, 2. Juni 1993, VR 1994, Nr. 41 (zu Art. 31 WVW (oud)).

448 Kötz/ Wagner, Deliktsrecht, S. 220.

449 BGH NJW 1988, 2802; BGH NJW1973, 44.

450 BGH NJW 2014, 1182.

gemäß Art. 1 Abs. 1 b. WVW alle für den öffentlichen Verkehr offenstehenden Straßen oder Wege einschließlich der darin liegenden Brücken und Düker und die zu den Straßen gehörenden Wege und Seitenstreifen oder Seitenränder verstanden.[451]

### a) Merkmale einer Straße im Sinne des WVW

Nach der Definition des Art. 1 Abs. 1 b. WVW sind drei Merkmale für die Qualifizierung einer Fläche als Straße entscheidend. Dies sind die Einrichtung einer Fläche als Straße oder Weg, die Öffentlichkeit und das tatsächliche Stattfinden eines Verkehrs.[452] Für die Einrichtung einer Fläche als Straße oder Weg muss eine befestigte oder unbefestigte Fahrbahn vorhanden sein, die grundsätzlich für die Benutzung mit normalen Verkehrsmitteln, wie Personenkraftwagen, Motorrädern und Fahrrädern geeignet ist.[453] Damit die Straße öffentlich ist, muss sie dem öffentlichen Verkehr tatsächlich offenstehen.[454] Dies ist der Fall, wenn die Straße für eine unbegrenzte Anzahl von Verkehrsteilnehmern zugänglich ist. Verkehr findet auf der Straße statt, wenn beispielsweise mit Kraftfahrzeugen auf ihr gefahren wird.[455]

### b) Rechtsprechungsübersicht

Die in der Rechtsprechung behandelten Fälle bieten Aufschluss darüber, wann im konkreten Fall von einer Straße im Sinne des WVW gesprochen werden kann. Nach der Rechtsprechung sind mit Straßen alle tatsächlich für den öffentlichen Verkehr offenstehende Straßen ge-

---

451 Art. 1 Abs. 1 b. WVW: „In deze wet en de daarop berustende bepalingen wordt verstaan onder wegen: alle voor het openbaar verkeer openstaande wegen of paden met inbegrip van de daarin liggende bruggen en duikers en de tot die wegen behorende paden en bermen of zijkanten.“.

452 Simmelink, Algemeenheden in het wegenverkeersrecht, S. 321 f.

453 Simmelink, Algemeenheden in het wegenverkeersrecht, S. 321 f.

454 De Goede, VR 1960, 137.

455 Simmelink, Algemeenheden in het wegenverkeersrecht, S. 321 f.

meint, ungeachtet des Umstands, ob sie auf einem Privatgelände liegen.[456] Entscheidend ist also unter anderem, ob der Rechtsinhaber duldet, dass allgemeiner Verkehr auf ihr stattfindet.[457] Straßen, auf denen dies stillschweigend geschieht, fallen auch darunter.[458] Die Straßen müssen für einen unbegrenzten Kreis von Verkehrsteilnehmern zugänglich sein. Eine Straße, deren Gebrauch nur einem bestimmten Personenkreis offensteht, ist keine öffentliche Straße im Sinne des WVW.[459] So lehnte die Rechtbank Amsterdam einen nach Art. 185 Abs. 1 WVW geltend gemachten Schadensersatzanspruch eines Fußgängers, der von einem Gabelstapelfahrer auf einem mit Schranken abgeschlossenen Betriebsgelände angefahren wurde, ab, da ein mit Schranken abgeschlossenes Gebiet keine für den öffentlichen Verkehr offenstehende Straße sei.[460] Hingegen ist nach einer Entscheidung des Gerechtshof Arnhem ein privates Betriebsgelände, das zwar an drei Seiten durch Firmengebäude umschlossen ist, jedoch durch einen asphaltierten Zugangsweg direkt erreichbar ist, eine Straße im Sinne des WVW.[461] Da der Eigentümer die Zufahrt zum Betriebsgelände nicht durch Verbotsschilder für Dritte verwehrt habe, könne jeder von dem Zugangsweg Gebrauch machen und es handele sich um eine Straße nach Art. 1 Abs. 1 b. WVW.[462] So ist auch ein Weg innerhalb eines Parkhauses in der Regel eine Straße im Sinne des WVW, solange das Parkhaus für jeden zugänglich ist.[463]

Für das Vorliegen einer Straße nach Art. 1 Abs. 1 b. WVW muss diese vor allem für jeden frei zugänglich sein und es dürfen keine Personenkreise durch Vorrichtungen, wie Schranken oder Verbotsschilder, ausgeschlossen werden. Der Verkehrsunfallort muss dabei nicht direkt auf der Straße liegen.[464] Liegt eine Straße im Sinne des WVW vor, fallen unter einen Unfall auf einer Straße beispielsweise auch noch die

---

456 Hoge Raad, 16. Januar 2001, NJ 2001, 254; Hoge Raad, 3. November 1998, VR 1999, 91; Hoge Raad, 12. Januar 1982, NJ 1983, 244; Hoge Raad, 11. März 1975, NJ 1975, 292; Hoge Raad, 13. Mai 1958, NJ 1958, 329; Gerechtshof Leeuwarden, 23. Juni 2008, ECLI:NL:GHLEE:2008:BE8895.

457 Hoge Raad, 8. April 1997, VR 1998, 2.

458 Gerechtshof Arnhem, 14. März 2006, ECLI:NL:GHARN:2006:AV6398.

459 Hoge Raad, 12. Januar 1982, NJ 1983, 244.

460 Rechtbank Amsterdam, 26. Mai 2011, ECLI:NL:RBAMS:2011:BR2561.

461 Gerechtshof Arnhem, 14. März 2006, ECLI:NL:GHARN:2006:AV6398.

462 Gerechtshof Arnhem, 14. März 2006, ECLI:NL:GHARN:2006:AV6398.

463 Hoge Raad, 24. Juni 1975, NJ 1976, 59.

464 Asser/ Hartkamp/ Sieburgh, 6-IV 2015, Rn. 277.

Situationen, bei denen ein fahrendes Auto gegen ein an der Straße stehendes Haus oder gegen die Oberleitung einer Straßenbahn fährt.[465] Der Begriff wird in diesen Fällen weit ausgelegt.

### c) Vergleich zum deutschen Recht

Für eine Haftung nach § 7 Abs. 1 StVG ist es unerheblich, ob der beim Betrieb des Kraftfahrzeugs entstandene Schaden im öffentlichen Straßenverkehr oder auf einem Privatgrundstück entstanden ist.[466] Die Gefährdungshaftung nach § 7 StVG ist nicht auf eine dem öffentlichen Verkehr dienenden Straßenfläche beschränkt. Es kommt bei einer weiten Auslegung vielmehr darauf an, ob der Unfall bzw. entstandene Schaden im Zusammenhang mit einem bestimmten Betriebsvorgang oder einer bestimmten Betriebseinrichtung des Kraftfahrzeugs steht.[467] Somit wird auch auf nicht-öffentlichen Wegen, wie beispielsweise in einer privaten Tiefgarage, nach § 7 StVG gehaftet.[468] Die Halterhaftung in Deutschland geht in diesem Punkt daher weiter als im niederländischen Recht, wo die Straße für einen unbestimmten Personenkreis offenstehen muss.

## 6. Schaden an anderen als durch das Kraftfahrzeug beförderten Personen oder Sachen

Für eine Haftung des Eigentümers oder Halters nach Art. 185 Abs. 1 WVW muss bei dem Verkehrsunfall, an dem das Kraftfahrzeug beteiligt ist, Schaden an Personen oder Sachen zugefügt worden sein, die nicht durch das Kraftfahrzeug befördert wurden.

---

465 Gerechtshof `s Gravenhage, 28. April 1972, NJ 1972, 473; Asser/ Hartkamp/ Sieburgh, 6-IV 2015, Rn. 277.

466 BGH NJW-RR, 1995, 215, 216; OLG Celle NZV 2013, 292; Hentschel/ König/ Dauer – König, StVG, § 7 Rn. 1; Neumann, JA 2016, 167, 169.

467 Vgl. OLG Celle NZV 2013, 292; Ernst, SVR 2011, 241, 242.

468 BGH NJW 2014, 1182.

### a) Geltungsbereich

Aus einem Umkehrschluss des Art. 185 Abs. 1 WVW wird deutlich, dass der Eigentümer bzw. Halter des Kraftfahrzeugs nicht für die Schäden haftet, die bei einem Verkehrsunfall beim Fahrer, den weiteren Insassen oder an Sachen, die mit dem Kraftfahrzeug befördert werden, entstehen. Die Beschränkung der Haftung auf den Schaden an Personen oder Sachen, die nicht durch das Kraftfahrzeug befördert werden, wird mit dem Gesetzeszweck des Art. 185 WVW begründet. Art. 185 WVW bezwecke nicht den Schutz der Benutzer des Kraftfahrzeugs selbst, die vom Gebrauch des Kraftfahrzeugs profitieren, sondern solle den übrigen Verkehr, insbesondere die schwachen Verkehrsteilnehmer, vor den Gefahren des motorisierten Verkehrs schützen.[469] Ein Anspruch des geschädigten Insassen gemäß Art. 185 WVW gegen den Eigentümer oder Halter besteht somit nicht. Für ihn verbleibt lediglich die Möglichkeit, den Fahrer des Kraftfahrzeugs aus der verschuldensabhängigen Haftung des Art. 6: 162 BW in Anspruch zu nehmen. Unter Berücksichtigung des Schutzes der Verkehrsopfer, den Art. 185 WVW bieten will, muss bezweifelt werden, ob diese Regelung noch sinnvoll ist.[470] Auch beim Reformvorschlag zur Einführung des Kapitels 8.14.1 für Verkehrsunfälle wurde an dieser Regelung bereits Kritik geübt.[471] Nach dem Gesetzesentwurf sollten daher auch die Passagiere eines Kraftfahrzeugs von der Gefährdungshaftung geschützt werden.[472] Dies wurde auch von der Rechtsprechung erkannt, die zumindest den Begriff des Passagiers seitdem eng ausgelegt. So werden beispielsweise Personen, die gerade aus dem Kraftfahrzeug aussteigen, nicht mehr als Insassen, sondern bereits als Fußgänger angesehen, damit ihnen der Schutz des Art. 185 WVW zu Gute kommt.[473]

---

469 Asser/ Hartkamp/ Sieburgh, 6-IV 2015, Rn. 277.

470 Sterk, Verhoogd gevaar in het aansprakelijkheidsrecht, S. 290 f.; Asser/ Hartkamp/ Sieburgh, 6-IV 2015, Rn. 277.

471 Kamerstukken II 1997/98, 25759, Nr. 3, S. 13.

472 Kamerstukken II 1997/98, 25759, Nr. 3.

473 Hoge Raad, 25. Februar 2000, ECLI:NL:HR:2000:AA4943.

### b) Vergleich zum deutschen Recht

Das deutsche Recht schließt nach § 8 Nr. 2, 3 StVG die Halterhaftung nach § 7 StVG zum einen gegenüber den bei dem Betrieb des Kraftfahrzeugs oder Anhängers tätigen Personen und zum anderen bei beförderten Sachen aus.

#### aa) Bei dem Betrieb tätige Personen

Nach § 8 Nr. 2 StVG haftet der Halter nicht gegenüber einem Geschädigten, der bei dem Betrieb des Kraftfahrzeugs oder Anhängers tätig war. Wer sich durch seine Tätigkeit freiwillig den besonderen Gefahren des Betriebs eines Kraftfahrzeugs aussetze, dem solle nicht der erhöhte Schutz des Gesetzes zuteilwerden.[474] Die Tätigkeit bei dem Betrieb des Kraftfahrzeugs setzt eine gewisse Dauer voraus und ist als Ausnahmevorschrift eng auszulegen. Vor allem der Fahrer eines Kraftfahrzeugs fällt unter diese Regelung.[475] Daher kann zum Beispiel der Fahrer eines Mietwagens keinen Anspruch gegen den Vermieter als Halter des Kraftfahrzeugs gem § 7 StVG geltend machen, da der Halter dem Fahrer die Beherrschung der Betriebsgefahr anvertraut hat.[476] Daneben sind von § 8 Nr. 2 StVG Fahrschüler[477] und Personen, die beim Tanken, Waschen, Reparieren oder Be- und Entladen eines Kraftfahrzeugs Hilfe leisten, umfasst, sofern ihre Tätigkeit in unmittelbarer Beziehung zum Betrieb des Kraftfahrzeugs steht und sie den ausgehenden Gefahren vom Kraftfahrzeug stärker ausgesetzt sind als die Allgemeinheit.[478] Im niederländischen Recht besteht ein Ausschluss der Haftung nur für die Personen, die durch das Kraftfahrzeug befördert werden. Übereinstimmend scheidet also eine Haftung des Eigentümers oder Halters gegenüber dem Fahrer nach beiden Rechtsordnungen aus. Personen, die beim Tanken, Waschen oder ähnlichem Hilfe leisten, werden im niederländischen Recht jedoch als Fußgänger und nicht mehr als beförderte Personen angesehen, so dass in diesen Fällen anders als in Deutschland weiterhin der Eigentümer bzw. Halter haftet.

---

474 BGH NJW 2011, 292, 295.

475 BGH NJW 2011, 292, 295; Hentschel/ König/ Dauer – König, StVG, § 8 Rn. 4.

476 Burmann/ Heß/ Hühnermann/ Janke/ Janker – Heß, Straßenverkehrsrecht, StVG, § 8 Rn. 8.

477 OLG Saarbrücken, NZV 1998, 246.

478 Burmann/ Heß/ Hühnermann/ Jahnke/ Janker – Heß, Straßenverkehrsrecht, StVG, § 8a Rn. 10.

### bb) Weitere Insassen

Neben dem Fahrer können in den Niederlanden auch die weiteren durch das Kraftfahrzeug beförderten Personen ihre bei einem Verkehrsunfall erlittenen Schäden nicht vom Eigentümer oder Halter gemäß Art. 185 Abs. 1 WVW ersetzt verlangen. Auch in Deutschland konnten die Insassen eines Kraftfahrzeugs bis zur Reform des Schadensersatzrechts zum 1. August 2002 den Halter nicht erfolgreich auf Schadensersatz in Anspruch nehmen.[479] Nach § 8a Abs. 1 S. 1 StVG a.F. haftete der Halter nur für Schäden an einer beförderten Person, wenn es sich um eine entgeltliche und geschäftsmäßige Personenbeförderung handelte. Mit der Reform des Schadensersatzrechts ist dieses Haftungsprivileg gestrichen worden.[480] Seitdem können auch Insassen des Kraftfahrzeugs Ansprüche gegen den Halter gemäß § 7 StVG geltend machen, unabhängig davon, ob sie geschäftsmäßig, entgeltlich oder unentgeltlich befördert werden. Die hinter der alten Regelung stehende Erwägung, dass jemand nicht schutzwürdig sei, wenn er in ein Kraftfahrzeug einsteige und sich somit selbst freiwillig der Betriebsgefahr aussetze, passe nicht mehr in die heutige Zeit.[481] Aus einem Umkehrschluss des heute geltenden § 8a Abs. 1 S. 1 StVG kann die Verpflichtung des Halters bei unentgeltlicher Personenbeförderung jedoch ausgeschlossen oder beschränkt werden.[482] Der Ausschluss der Eigentümer- bzw. Halterhaftung hinsichtlich der beförderten Personen in den Niederlanden ist damit umfassender als in Deutschland. Während der Halter in Deutschland auch gegenüber den Insassen eines Kraftfahrzeugs aus der Gefährdungshaftung nach § 7 StVG haftet, ist dies in den Niederlanden bei allen durch das Kraftfahrzeug beförderten Personen nicht der Fall.

### cc) Beförderte Sachen

Der Eigentümer oder Halter eines Kraftfahrzeugs in den Niederlanden haftet gemäß Art. 185 WVW nicht für die Sachen, die durch das Kraftfahrzeug befördert werden. Nach deutschem Recht ist die Haftung des

---

479 BGBl, I, 2002, 2674 ff.

480 BGBl, I, 2002, 2674 ff.

481 Vgl. Burmann/ Heß/ Hühnermann/ Jahnke/ Janker – Heß, Straßenverkehrsrecht, StVG, § 8a Rn. 2.

482 § 8a Abs. 1 StVG: „Im Fall einer entgeltlichen, geschäftsmäßigen Personenbeförderung darf die Verpflichtung des Halters, wegen Tötung oder Verletzung beförderter Personen Schadensersatz nach § 7 zu leisten, weder ausgeschlossen noch beschränkt werden.“.

Halters nach § 8 Nr. 3 StVG ebenfalls ausgeschlossen, wenn eine Sache beschädigt wurde, die durch das Kraftfahrzeug oder durch den Anhänger befördert worden ist. Dies gilt dann nicht, wenn eine beförderte Person die Sache an sich trägt oder mit sich führt. Dafür ist nicht erforderlich, dass alle Sachen bei der beförderten Person, zu der der Fahrer des Kraftfahrzeugs nicht gehört, am Körper getragen werden.[483] Umfasst sind auch die Unfallschäden an Sachen, die der Beförderte vertragsgemäß mit sich führt.[484] Dies kann auch das Gepäck im Kofferraum oder auf der Rückbank sein.[485] Somit sind bei den Insassen in Deutschland weite Teile der beförderten Sachen nicht vom Ausschluss der Halterhaftung betroffen. Die Regelung im niederländischen Recht beschränkt daher die Haftung des Eigentümers bzw. Halters in größerem Maße, als es im deutschen Recht der Fall ist.

### 7. Kein Ausschluss durch Höhere Gewalt

Schließlich darf der Verkehrsunfall für die erfolgreiche Geltendmachung eines Anspruchs nach Art. 185 Abs. 1 WVW nicht auf höherer Gewalt beruhen. Nach Art. 185 Abs. 1 WVW ist der Anspruch gegen den Eigentümer oder Halter des Kraftfahrzeugs ausgeschlossen, wenn anzunehmen ist, dass der Unfall auf höherer Gewalt beruht, worunter der Fall zu verstehen ist, dass der Verkehrsunfall durch jemanden verursacht wurde, für den jeweils der Eigentümer oder der Halter nicht verantwortlich ist.[486] Wenn der Verkehrsunfall ausschließlich durch den Geschädigten selbst oder durch einen anderen Verkehrsteilnehmer verursacht wurde und die Fehler für den Fahrer des Kraftfahrzeugs unvorhersehbar waren, kann sich der Eigentümer oder Halter erfolgreich auf höhere Gewalt berufen.[487] Ein Fehler eines Fahrers des Kraftfahr-

---

483 Hentschel/ König/ Dauer – König, StVG, § 8 Rn. 7.

484 Hentschel/ König/ Dauer – König, StVG, § 8 Rn. 9.

485 Burmann/ Heß/ Jahnke/ Janker – Heß, Straßenverkehrsrecht, StVG, § 8 Rn. 14.

486 Art. 185 Abs. 1 WVW: „Indien een motorrijtuig waarmee op de weg wordt gereden, betrokken is bij een verkeersongeval waardoor schade wordt toegebracht aan, niet door dat motorrijtuig vervoerde, personen of zaken, is de eigenaar van het motorrijtuig of - indien er een houder van het motorrijtuig is - de houder verplicht om die schade te vergoeden, tenzij aannemelijk is dat het ongeval is te wijten aan overmacht, daaronder begrepen het geval dat het is veroorzaakt door iemand, voor wie onderscheidenlijk de eigenaar of de houder niet aansprakelijk is.".

487 Hoge Raad, 26. März 1976, NJ 1976, 393; Hoge Raad, 23. Mai 1986, NJ 1987, 482.

zeugs, der nicht zugleich Eigentümer oder Halter ist, begründet bei diesen noch keine höhere Gewalt. Denn gemäß Art. 185 Abs. 2 WVW ist der Eigentümer bzw. Halter für das Verhalten des Fahrers verantwortlich. Die Regelung des Schlusssatzes des Art. 185 Abs. 1 WVW („einschließlich des Falles, dass der Unfall durch jemanden verursacht wurde, für den jeweils der Eigentümer oder der Halter nicht verantwortlich ist“) greift daher in diesem Fall nicht. Im Allgemeinen ist der Schlusssatz des ersten Absatzes somit eine nicht notwendige Verdeutlichung der Regelung des Art. 185 Abs. 2 WVW. Denn aus einem Umkehrschluss des Art. 185 Abs. 2 WVW wird ebenfalls deutlich, dass der Eigentümer oder Halter nicht für das Verhalten anderer Personen als des Fahrers haftet.[488]

#### a) Begriff

Der Begriff der höheren Gewalt wird aufgrund der Gefahren, die von Kraftfahrzeugen ausgehen, eng ausgelegt. In ständiger Rechtsprechung wird vertreten, dass höhere Gewalt nur vorliegt, wenn dem Fahrer kein einziger Vorwurf in Bezug auf die Art und Weise, wie er am Straßenverkehr teilgenommen hat, und hinsichtlich der Verursachung des Verkehrsunfalls gemacht werden kann. Dafür sind begangene Fehler anderer Verkehrsteilnehmer - auch des Verkehrsopfers selbst - nur von Belang, wenn sie für den Fahrer des Kraftfahrzeugs so unwahrscheinlich waren, dass dieser bei der Bestimmung seines Fahrverhaltens mit dieser Möglichkeit vernünftigerweise nicht zu rechnen brauchte.[489] Keinen einzigen Vorwurf kann dem Fahrer gemacht werden, wenn die Entstehung des Verkehrsunfalls auf einem unvorhersehbaren Naturereignis

---

488 Asser/ Hartkamp/ Sieburgh, 6-IV 2015, Rn. 281.

489 Hoge Raad, 17. November 2000, NJ 2001, 260: „Het beroep van de eigenaar of houder van een motorrijtuig, of diens WAM-verzekeraar, op overmacht kann slechts slagen als hij aannemelijk maakt dat aan de bestuurder van het motorrijtuig ter zake van de wijze waarop hij aan het verkeer heeft deelgenomen, voor zover van belang voor de veroorzaking van heet ongeval, rechtens geen enkel verwijt kann worden gemaakt. Daarbij zijn eventuele fouten van andere weggebruikers - daaronder begrepen het slachtoffer zelf - allen van belang indien zij voor de bestuurder van het motorrijtuig zo onwaarschijnlijk waren dat deze bij het bepalen van zijn verkeersgedrag met die mogelijkheid naar redlijkjheid geen rekening behoefde te houden.“; Hoge Raad 4. Oktober 1996, NJ 1997, 147; Hoge Raad, 22. Mai 1992, NJ 1992, 527; Hoge Raad, 28. Februar 1992, NJ 1993, 566.

beruht. Unvorhersehbare außergewöhnliche Glätte kann somit beispielsweise höhere Gewalt begründen.[490] Dagegen sind schwerer Schlagregen, der die Sicht beeinträchtigt,[491] oder Glätte bei Frostwetter[492] nicht ausreichend. Der Fahrer muss bei Frostwetter mit der Möglichkeit plötzlicher Glätte auf der Straße rechnen, so dass dieser Umstand nicht zur Annahme höherer Gewalt führt.[493] Die enge Auslegung höherer Gewalt wird nicht nur bei Naturereignissen deutlich. So liegt bei einem Verkehrsunfall, der aufgrund eines Mangels am Kraftfahrzeug entstanden ist, ebenfalls keine höhere Gewalt vor, auch wenn dem Eigentümer oder Halter kein Vorwurf wegen des Mangels gemacht werden kann.[494] Zudem wird keine höhere Gewalt angenommen, wenn beim Fahrer des Kraftfahrzeugs plötzlich körperliche Beschwerden, wie Bewusstlosigkeit, ein Schlaganfall oder eine Lähmung, auftreten und dadurch ein Verkehrsunfall verursacht wird.[495]

In der Praxis ist die Berufung auf höhere Gewalt vor allem relevant, wenn der Verkehrsunfall ausschließlich auf dem fehlerhaften Verhalten des Verkehrsopfers selbst oder eines Dritten beruht.[496] Grundsätzlich kann im Straßenverkehr nicht stets darauf vertraut werden, dass sich jeder Verkehrsteilnehmer strikt an die Verkehrsregeln hält. Es ist daher erforderlich, dass eine adäquate Reaktion auf unvorsichtiges Verhalten (onvoorzichtig gedrag) anderer möglich bleibt.[497] Ein bloß schuldhaftes Verhalten des Verkehrsopfers selbst oder eines Dritten kann die Annahme höherer Gewalt daher noch nicht begründen.[498] Vielmehr muss der Verkehrsunfall ausschließlich auf Fehlern anderer beruhen, die nicht vorhersehbar waren.[499]

---

490 Hoge Raad, 11. Februar 1977, NJ 1977, 511.

491 Rechtbank Rotterdam 25. Juni 1934, NJ 1935, 362.

492 Rechtbank Amsterdam, 8. Januar 1935, NJ 1937, 370.

493 Rechtbank Amsterdam, 8. Januar 1935, NJ 1937, 370.

494 Hoge Raad, 16. April 1942, NJ 1942, 394.

495 Rechtbank Amsterdam, 22. Dezember 1959, NJ 1960, 284.

496 Spier/ Hartlief/ Keirse/ Lindenbergh/ Vriesendorp – Hartlief, Verbintenissen uit de wet en Schadevergoeding, S. 167.

497 Rechtbank Utrecht, 28. Okotber 2009, ECLI:NL:RBUTR:2009:BK4922.

498 Hoge Raad, 28. Februar 1992, NJ 1993, 566.

499 Gerechtshof 's-Hertogenbosch, 12. November 2013, ECLI:NL:GHSHE:2013:5320; bestätigt durch Hoge Raad, 27. März 2015: ECLI:NL:HR:2015:760.

### b) Rechtsprechung

Für die Annahme höherer Gewalt, insbesondere der Unvorhersehbarkeit von Fehlern des Geschädigten selbst oder von anderen Verkehrsteilnehmern, werden in der niederländischen Rechtsprechung hohe Maßstäbe gesetzt. Vor allem junge Verkehrsopfer werden besonders geschützt. Man differenziert grundsätzlich zwischen nicht motorisierten Verkehrsteilnehmern unter 14 Jahren und nicht motorisierten Verkehrsteilnehmern über 14 Jahren als Verkehrsopfer.

#### aa) Kinder unter 14 Jahren

Gegenüber nicht motorisierten Verkehrsopfern unter 14 Jahren hat die Berufung auf höhere Gewalt nur Erfolg, wenn die Kinder mit Vorsatz oder daran grenzender Rücksichtslosigkeit gehandelt haben.[500] Bei Unfällen zwischen einem Kraftfahrzeug und einem nicht durch das Kraftfahrzeug beförderten Kind unter 14 Jahren sind Fehler des Kindes, die zum Unfall beigetragen haben, grundsätzlich dem Fahrer zuzuordnen und begründen für ihn keine höhere Gewalt.[501] Der Hoge Raad führte diese Sonderregelung gegenüber Kindern unter 14 Jahren im sog. „Marbeth van Uitregt"-Urteil im Jahr 1991 ein.[502] In dem „Marbeth van Uitregt"-Urteil fuhr die 10-jährige Marbeth mit ihrem Fahrrad ohne sich umzusehen über die Straße und beging somit einen schweren Verkehrsverstoß. Der Fahrer eines Kraftfahrzeugs, der unter der erlaubten Geschwindigkeitsgrenze fuhr, hatte keine Möglichkeit das Kind zu sehen und kollidierte mit diesem.[503] Nach dem Urteil des Hoge Raad reichte dies für die Annahme höherer Gewalt nicht aus, da es sich um kein vorsätzliches oder an Vorsatz grenzendes rücksichtsloses Verhalten des Kindes handelte. Bei Verkehrsunfällen zwischen einem Kraftfahrzeug und einem nicht motorisierten Verkehrsteilnehmer unter 14 Jahren kommt es seit der Entscheidung nicht mehr darauf an, ob dem Fahrer

---

500 Hoge Raad, 31. Mai 1991, NJ 1991 721.

501 Hoge Raad, 31. Mai 1991, NJ 1991 721: „Bij aanrijdingen tussen een motorrijtuig en een niet door dat motorrijtuig vervoerd kind beneden de vertien jaar moet derhalve – afgezien van gevallen van opzet of aan opzet grenzende roekeloosheid – woorden aanvaard dat fouten van het kind die hebben bijgedragen aan de aanrijding – in de woorden van Art. 6: 162 lid 3 NBW – voor rekening van de bestuurder komen en voor hem geen overmacht opleveren.".

502 Hoge Raad, 31. Mai 1991, NJ 1991 721.

503 Hoge Raad, 31. Mai 1991, NJ 1991 721.

des Kraftfahrzeugs rechtlich ein Vorwurf gemacht werden kann, sondern es besteht grundsätzlich eine Haftung, die nur ausgeschlossen werden kann, wenn das Kind mit Vorsatz oder daran grenzender Rücksichtslosigkeit handelt.

Bis zu dieser grundlegenden Entscheidung kam es in der Rechtsprechung für das Vorliegen höherer Gewalt auch gegenüber Kindern unter 14 Jahren auf die fehlende Vorhersehbarkeit eines Fehlers der Kinder an. So hatte der Hoge Raad beispielsweise bei zwei sich auf dem Fußgängerweg unterhaltenden Kindern im Alter von 8 Jahren, die zunächst mit dem Rücken zur Straße standen und plötzlich auf die Straße liefen, zu entscheiden, ob dieses Verhalten für einen sich nähernden Fahrer eines Kraftfahrzeugs vorhersehbar war.[504] Der Hoge Raad urteilte, dass der Fahrer nach der Wahrnehmung der Kinder mit der Überquerung der Straße durch die Kinder habe rechnen müssen. Der Fahrer hätte seine Fahrweise an die Umstände anpassen und beispielsweise die Geschwindigkeit verlangsamen müssen, damit ihm kein einziger Vorwurf gemacht werden könne. Nehme er die Kinder wahr, ändere sein Fahrverhalten jedoch nicht, könne er sich nicht auf höhere Gewalt berufen.[505] Die Frage, ob ein unvorhersehbares Verhalten von Kindern unter 14 Jahren für das Bestehen höherer Gewalt vorliegt, hat bei Kindern unter 14 Jahren seit der „Marbeth van Uitregt"-Entscheidung[506] nun keine Bedeutung mehr. Es kommt allein darauf an, ob die Kinder mit Vorsatz oder daran grenzender Rücksichtslosigkeit gehandelt haben. Nur dann liegt höhere Gewalt vor.

Der Hoge Raad erweiterte mit der „Marbeth van Uitregt"-Entscheidung seine bis dahin geltende Rechtsprechung zum Schutz von Kindern unter 14 Jahren im Straßenverkehr. So hatte er bereits ein Jahr zuvor im Rahmen des Eigenverschuldens und der Schadensverteilung entschieden, dass der Eigentümer oder Halter eines Kraftfahrzeugs bei einem Verkehrsunfall mit einem Kind unter 14 Jahren immer vollständig hafte, solange das Kind nicht mit Vorsatz oder daran grenzender Rücksichtslosigkeit gehandelt habe.[507] Diese Grundsätze sind mit der „Marbeth van Uitregt"-Entscheidung auf den Begriff der höheren Gewalt bei Verkehrsunfällen mit Kindern unter 14 Jahren übertragen worden. In den Entscheidungen wurde zwar nicht näher darauf eingegangen, was allgemein unter Vorsatz oder daran grenzender Rücksichtslosigkeit zu

504 Hoge Raad, 23. Mai 1986, NJ 1987, 482.

505 Hoge Raad, 23. Mai 1986, NJ 1987, 482.

506 Hoge Raad, 31. Mai 1991, NJ 1991, 721.

507 Hoge Raad, 1. Juni 1990, NJ 1991, 720.

verstehen ist. Unter Berücksichtigung späterer Urteile, auf die im Rahmen des Eigenverschuldens noch näher eingegangen wird,[508] ist jedenfalls erforderlich, dass sich die Verkehrsopfer unter 14 Jahren der Gefahr ihres Handelns bewusst sind.[509] Da Kinder unter 14 Jahren jedoch in der Regel noch keine ausreichende Verkehrseinsicht besitzen und die Konsequenzen sowie Risiken ihres Handelns im Straßenverkehr nicht genau absehen können, ist es in der Praxis kaum möglich, ihnen Vorsatz oder eine an Vorsatz grenzende Rücksichtslosigkeit vorzuwerfen. Vor diesem Hintergrund ist der Einwand des Vorliegens höherer Gewalt gegenüber den nicht motorisierten Verkehrsteilnehmern unter 14 Jahren praktisch abgeschafft.[510]

#### bb) Vorliegen höherer Gewalt bei über 14 Jahre alten Verkehrsopfern

Während es für die Annahme höherer Gewalt bei Kindern unter 14 Jahren auf das Vorliegen von Vorsatz oder einer daran grenzenden Rücksichtslosigkeit der Kinder ankommt, stellt die Rechtsprechung bei einem Verkehrsunfall mit Verkehrsopfern über 14 Jahren auf die Vorhersehbarkeit der Fehler anderer Verkehrsteilnehmer ab. Auch hierbei werden strenge Anforderungen gestellt. So wurde beispielsweise bei einer Kollision eines Fahrradfahrers mit einem vorfahrtberechtigten Kraftfahrzeug entschieden, dass der Fahrer des Kraftfahrzeugs seine Geschwindigkeit hätte verlangsamen müssen, da er den Fahrradfahrer an der Kreuzung gesehen habe.[511] Obwohl dieser zunächst neben seinem Fahrrad stand und der Fahrer des Kraftfahrzeugs nicht davon ausging, dass der Radfahrer die Straße vor ihm überqueren will, sei der Unfall für den Fahrer des Kraftfahrzeugs gleichwohl vorhersehbar gewesen, so dass höhere Gewalt ausscheide. Dem Fahrer des Kraftfahrzeugs wurde vielmehr ein Anteil von 20% an der Mitentstehung des Unfalls zugerechnet, da er mit der Möglichkeit der Vorfahrtsverletzung des Radfahrers habe rechnen müssen.[512] Einfache Vorfahrtsverletzungen begründen daher in der Regel noch keine höhere Gewalt im Sinne des Art. 185 WVW.[513] Höhere Gewalt wurde auch im folgendem Fall

---

508 Siehe 4. Kapitel, B., I., 8., b), aa), (1).

509 Hoge Raad, 30. März 2007, NJ 2008, 64.

510 Asser/ Hartkamp/ Sieburgh, 6-IV 2015, Rn. 285.

511 Hoge Raad, 10. November 2000, NJ 2000, 718.

512 Hoge Raad, 10. November 2000, NJ 2000, 718.

513 So auch Rechtbank Zutphen, 12. November 2009,

abgelehnt:[514] Ein betrunkener Radfahrer (2,31 Promille) überquerte von einem gesonderten Fahrradweg auf der rechten Seite plötzlich die Straße, ohne sich vorher zu vergewissern, ob die Straße frei war. Das sich auf der Straße nähernde Auto konnte nicht mehr ausweichen und es kam zu einer Kollision. Die Unfallstelle lag 50 Meter hinter einem Fahrradübergang. Die Rechtbank Utrecht entschied, dass es nicht unwahrscheinlich sei, dass jemand 50 Meter hinter einem Fahrradübergang plötzlich die Straße überquere. Der Fahrer eines Kraftfahrzeugs habe damit rechnen können. Auch aus dem Umstand, dass der Fahrer des Kraftfahrzeugs den Fahrradfahrer zunächst stehend auf dem Radweg gesehen habe, folge, dass mit diesem Verhalten gerechnet werden müsse. Höhere Gewalt schied damit aus und dem Fahrer des Kraftfahrzeugs wurden 10% hinsichtlich der Verursachung des Schadens zugerechnet.[515]

Wie sich aus der Rechtsprechung ergibt, kann höhere Gewalt im Sinne des Art. 185 WVW grundsätzlich nicht angenommen werden, wenn der nicht motorisierte Verkehrsteilnehmer vor dem Verkehrsunfall vom Fahrer des Kraftfahrzeugs wahrgenommen wurde.[516] In diesen Fällen werden sehr hohe Anforderungen an das Verkehrsverhalten des motorisierten Verkehrsteilnehmers gestellt. Im besonderen Maße gilt dies für unübersichtliche Orte; an Schulen und Supermärkten sowie sonstige Stellen, die dem Fahrer des Kraftfahrzeugs als gefährlich bekannt sind.[517]

Dass es vor allem auf die Wahrnehmung der anderen Verkehrsteilnehmer im Rahmen der Unvorhersehbarkeit ankommt, zeigt sich auch bei den Fällen aus der Rechtsprechung, in denen höhere Gewalt angenommen wurde. So wurde das Vorliegen höherer Gewalt bei einem LKW-Fahrer bejaht, der über eine grüne Ampel fuhr und sich noch vor dem Abbiegen umschaute, ob der Radweg frei sei.[518] Da dies der Fall war, bog der LKW-Fahrer ab. Beim Abbiegen fuhr ein Radfahrer in die rechte Seite des Anhängers des LKWs. Der Fahrradfahrer musste entweder das Rotlicht missachtet oder den LKW erkannt haben, da dieser

---

ECLI:NL:RBZUT:2009:BK4223.

514 Rechtbank Utrecht, 25. August 2010, ECLI:NL:RBUTR:2010:BN5518.

515 Rechtbank Utrecht, 25. August 2010, ECLI:NL:RBUTR:2010:BN5518.

516 Spier/ Hartlief/ Keirse/ Lindenbergh/ Vriesendorp – Hartlief, Verbintenissen uit de wet en Schadevergoeding, S. 168.

517 Spier/ Hartlief/ Keirse/ Lindenbergh/ Vriesendorp – Hartlief, Verbintenissen uit de wet en Schadevergoeding, S. 168; Hartlief, TPR 1996, 1271, 1295 f.

518 Rechtbank Gelderland, 3. Februar 2014, ECLI:NL:RBGEL:2014:1217.

die Kreuzung bereits zur Hälfte überquert hatte. Dem LKW-Fahrer konnte kein Vorwurf gemacht werden, da die Kollision ausschließlich auf einem Fehler des Fahrradfahrers beruhte, der für den LKW-Fahrer so unwahrscheinlich war, dass dieser damit vernünftigerweise nicht zu rechnen brauchte.[519] Ähnlich wurde bei einem Radfahrer entschieden, der über eine rote Ampel fuhr und mit einem Bus kollidierte.[520] Der Bus fuhr mit einer geringen Geschwindigkeit über die Straße, so dass ihm diesbezüglich kein Vorwurf gemacht werden konnte. Zudem fuhr der Fahrradfahrer über die rote Ampel, ohne ausreichende Sicht auf die Straße zu haben. Ihm versperrte ein anderer Bus die Sicht und die Sonne stand sehr tief. Durch die tiefstehende Sonne war auch die Sicht des Busfahrers auf die Kreuzung eingeschränkt und er konnte den Radfahrer nicht erkennen. Da die Ampel für den Busfahrer „Grün" zeigte, war das Überqueren der Straße durch den erwachsenen Radfahrer für den Busfahrer so unwahrscheinlich, dass er nicht damit rechnen musste. Der Hoge Raad nahm folglich das Vorliegen höherer Gewalt an.[521] Bei einem einfachen Rotlichtverstoß eines Fahrradfahrers ist jedoch nicht in jedem Fall von höherer Gewalt auszugehen.[522] Es müssen vielmehr weitere Umstände, wie beispielsweise in den vorherigen Fällen, hinzukommen.

Höhere Gewalt lag daneben auch bei einem Fahrer eines Kraftfahrzeugs vor, der auf einer Landstraße einen Fußgänger anfuhr, der die Straßenseite wechseln wollte.[523] Der Fußgänger kam aus einer mit einer 2,10 Meter hohen Hecke umfassten Straße, so dass er vom Fahrer des Kraftfahrzeugs nicht gesehen werden konnte. Zudem unterschritt der Fahrer die Geschwindigkeitsgrenze von 80 km/h bereits erheblich, indem er lediglich 40-60 km/h fuhr. Die Rechtbank entschied, dass der Fahrer trotz der Hofeinfahrt auf der gegenüberliegenden Straßenseite nicht damit habe rechnen müssen, dass hier Personen die Straße überqueren würden. Es führe grundsätzlich zu weit, dass bei bloßem Vorliegen von Straßen- bzw. Hofeinfahrten immer damit gerechnet werden müsse, dass Fußgänger die Straße überqueren und der Fahrer dies bei seinem Fahrverhalten berücksichtigen müsse.[524]

---

519 Rechtbank Gelderland, 3. Februar 2014, ECLI:NL:RBGEL:2014:1217.

520 Hoge Raad, 16. Februar 1996, NJ 1996, 393.

521 Hoge Raad, 16. Februar 1996, NJ 1996, 393.

522 Rechtbank Utrecht, 28. Oktober 2009, ECLI:NL:RBUTR:2009:BK4922.

523 Rechtbank Maastricht, 16. März 2005, ECLI:NL:RBMAA:2005:AT2914.

524 Rechtbank Maastricht, 16. März 2005, ECLI:NL:RBMAA:2005:AT2914.

Bei den beschriebenen Fällen, bei denen das Vorliegen höherer Gewalt bejaht wurde, wurden die Verkehrsopfer zunächst nicht vom Fahrer des Kraftfahrzeugs wahrgenommen. Für die Annahme höherer Gewalt ist dies eine Grundvoraussetzung. Im Umkehrschluss wird daraus deutlich, dass die Annahme höherer Gewalt in der Regel ausgeschlossen ist, wenn der nicht motorisierte Verkehrsteilnehmer vor dem Verkehrsunfall vom Fahrer des Kraftfahrzeugs erkannt wurde.[525]

### c) Nachweis höherer Gewalt

Grundsätzlich hat derjenige, der sich auf höhere Gewalt beruft, den Nachweis des Vorliegens der höheren Gewalt zu führen. Dies sind bei der Haftung nach Art. 185 Abs. 1 WVW der Eigentümer bzw. Halter des Kraftfahrzeugs. Nach Art. 185 Abs. 1 WVW reicht es allerdings aus, wenn bereits anzunehmen ist (aannemelijk is), dass der Zusammenstoß auf höherer Gewalt beruht. Höhere Gewalt muss also nicht nach der allgemeinen Regel des Art. 150 Rv bewiesen werden.[526] Dem Richter steht somit ein großer Freiraum in der Wertung der Tatsachen zu.[527] Der in Art. 185 Abs. 1 WVW gebrauchte Wortlaut dient dazu, den Nachweis des Vorliegens von höherer Gewalt zu erleichtern und dem Richter bei der Wertung der verfügbaren Mittel größere Freiheiten einzuräumen, als es nach den üblichen Regeln des Beweisrechts zulässig wäre.[528] Wenn sich der Eigentümer oder Halter auf höhere Gewalt beruft, soll er die Tatsachen darlegen, woraus sich dies ergibt. Der Richter kann die Wahrscheinlichkeit des Vorliegens höherer Gewalt unter anderem auch aus Gutachten, durch von der Polizei angefertigte und in das Verfahren gebrachte Protokolle oder dem Vorbringen der Parteien ableiten.[529] Hintergrund der erleichterten Beweisführung beim Nachweis der höheren Gewalt gemäß Art. 185 Abs. 1 WVW ist die Stärkung der Position des Eigentümers und Halters, da diese bereits durch das Bestehen der Gefährdungshaftung stark belastet werden.[530] Wenn die Ursache eines Verkehrsunfalls jedoch nicht feststeht, hat die Berufung auf höhere Gewalt auch keinen Erfolg, da nicht angenommen werden

---

525 So auch Hartlief, TPR 1996, 1271, 1295 f.

526 Asser/ Hartkamp/ Sieburgh, 6-IV 2015, Rn. 288.

527 Asser/ Hartkamp/ Sieburgh, 6-IV 2015, Rn. 288.

528 Hoge Raad 18. Juni 1971, NJ 1971, 354.

529 Asser/ Hartkamp/ Sieburgh, 6-IV 2015, Rn. 288.

530 Asser/ Hartkamp/ Sieburgh, 6-IV 2015, Rn. 288; Ekering, Motorrijtuig en Aansprakelijkheid naar Nederlandsch Burgerlijk Recht, S. 170.

kann, dass dem Fahrer, dessen Verhalten dem Eigentümer oder Halter nach Art. 185 Abs. 2 WVW zugerechnet wird, kein einziger Vorwurf gemacht werden kann.[531]

### d) Vergleich zum deutschen Recht

Auch im deutschen Recht ist die Haftung des Halters nach § 7 Abs. 2 StVG ausgeschlossen, wenn der Unfall durch höhere Gewalt verursacht wurde. Der Ausschluss der Ersatzpflicht durch höhere Gewalt wurde 2002 eingeführt und ersetzte den früheren Haftungsausschluss bei einer Unfallverursachung durch ein unabwendbares Ereignis.[532] Der Ausschluss wegen eines unabwendbaren Ereignisses findet nach § 17 Abs. 3 StVG nur noch bei Verkehrsunfällen mit mehreren Kraftfahrzeugen Anwendung. Gegenüber einem Geschädigten, der selbst nicht als Halter eines Kraftfahrzeugs für die Betriebsgefahr eines am Unfall beteiligten Kraftfahrzeugs einzustehen hat, ist der Schädiger als Halter des Kraftfahrzeugs somit gemäß § 7 Abs. 2 StVG nur bei höherer Gewalt entlastet. Gegenüber einem Geschädigten, der selbst ebenfalls als Halter eines Kraftfahrzeugs für die Betriebsgefahr eines am Unfall beteiligten Kraftfahrzeugs einzustehen hat, ist der Schädiger als Halter eines Kraftfahrzeugs nach § 17 Abs. 3 StVG bereits bei einem unabwendbaren Ereignis entlastet.[533]

Die Ersetzung des unabwendbaren Ereignisses durch höhere Gewalt bei § 7 Abs. 2 StVG im Jahr 2002 führte zu einer Ausdehnung der Gefährdungshaftung. Die Position von Fußgängern, Radfahrern und insbesondere Kindern sollte im Schadensfall gestärkt werden. Ein unabwendbares Ereignis lag vor, wenn der Unfall durch Vorgänge verursacht wurde, die von außen auf den Betrieb des Kraftfahrzeugs einwirkten und der Halter oder Fahrer den Verkehrsunfall auch bei der höchsten Sorgfalt nicht verhindern konnten.[534] Bezugspunkt war das Verhalten eines Idealfahrers und nicht die absolute Unvermeidbarkeit.[535] Gegenüber Kindern führte die bis zum Jahr 2002 bestehende Rechtslage

531 Hoge Raad, 17. November 2000, NJ 2001, 260.

532 Hentschel/ König/ Dauer – König, Straßenverkehrsrecht, § 7 Rn. 30.

533 Burmann/ Heß/ Hühnermann/ Janke/ Janker – Heß, Straßenverkehrsrecht, StVG, § 17 Rn. 7.

534 BGH NJW 1992, 1684, 1685; Yeh, Der Verkehrsopferschutz und dessen Entwicklung, S. 48.

535 BGH NJW 1992, 1684, 1685; Yeh, Der Verkehrsopferschutz und dessen Entwicklung, S. 48.

zu unbefriedigenden Ergebnissen.[536] Das unsachgemäße Verhalten von Kindern im Straßenverkehr, zum Beispiel, wenn sie zwischen geparkten Autos auf die Straße laufen, führte in einigen Fällen zur Annahme eines unabwendbaren Ereignisses und somit zum Ausschluss des Schadenersatzanspruches des Kindes.[537] Mit der Änderung des § 7 Abs. 2 StVG sollten diese Fälle keine höhere Gewalt begründen und nicht mehr zum Ausschluss der Haftung des Halters nach § 7 StVG führen. Höhere Gewalt ist ein außergewöhnliches, betriebsfremdes, von außen durch elementare Naturkräfte oder durch Handlungen dritter Personen herbeigeführtes und nach menschlicher Einsicht und Erfahrung unvorhersehbares Ereignis, das mit wirtschaftlich erträglichen Mitteln auch nach den Umständen durch äußerste, vernünftigerweise zu erwartende Sorgfalt nicht verhütet werden kann, und das auch nicht im Hinblick auf reine Häufigkeit in Kauf genommen werden muss.[538] Wer ein Kraftfahrzeug hält, schafft damit ein erhebliches Risiko für andere Verkehrsteilnehmer. Dieses Risiko soll durch die verschuldensunabhängige Haftung des Halters kompensiert werden. Die Haftung findet ihre Grenzen, wenn es um Ereignisse geht, die betriebsfremd und außergewöhnlich sind und nicht mehr zum wirtschaftlich noch aufzufangenden Risiko des Halters gerechnet werden können.[539]

Unter höhere Gewalt fallen im deutschen Recht vor allem plötzliche Naturereignisse, wie eine Überflutung, ein Blitzeinschlag, Erdbeben oder Erdrutsch.[540] Keine höhere Gewalt begründen dagegen einfache Regelverstöße des Unfallopfers. Auch liegt keine höhere Gewalt vor, wenn Kinder zwischen parkenden Kraftfahrzeugen plötzlich auf die Straße treten oder ein Fahrrad fahrendes Kind plötzlich und unachtsam die Straße überquert.[541] In den Niederlanden ist die Haftung des Eigentümers oder Halters nach Art. 185 WVW in diesen Fällen ebenfalls nicht wegen höherer Gewalt ausgeschlossen. Bei Kindern unter 14 Jahren gilt sogar die strenge Auslegung, dass höhere Gewalt bei ihnen nur vorliegt, wenn diese mit Vorsatz oder daran grenzender Rücksichtslosigkeit gehandelt haben. Anders als im deutschen Recht ist es für das

536 BT-Drs. 14/7752, 30.

537 BT-Drs. 14/7752, 30.

538 BGH NZV 1988, 100; BGH NJW 1953, 154; LG Itzehoe NZV 2004, 364.

539 Vgl. Neumann, JA 2016, 168, 170; BGH NZV 2004, 395, 396.

540 Hentschel/ König/ Dauer – König, Straßenverkehrsrecht, § 7 Rn. 34.

541 Kötz/ Wagner, Deliktsrecht, S. 223; Steffen, DAR 1998, 135; OLG Oldenburg, DAR 2005, 343.

Vorliegen höherer Gewalt im Sinne des Art. 185 WVW auch nicht notwendig, dass es sich um von außen auf den Fahrzeugbetrieb einwirkende Ereignisse handeln muss, sondern höhere Gewalt kann auch bei fehlerhaftem Verkehrsverhalten Dritter oder des Geschädigten selbst angenommen werden, wenn dieses für den Fahrer des Kraftfahrzeugs so unwahrscheinlich war, dass dieser bei der Bestimmung seines Fahrverhaltens mit dieser Möglichkeit vernünftigerweise nicht zu rechnen brauchte.[542] Der Begriff der höheren Gewalt im niederländischen Recht ist damit weiter und entspricht daher eher dem zuvor in § 7 StVG verwendeten Begriff des unabwendbaren Ereignisses als dem Begriff der höheren Gewalt. Ein unabwendbares Ereignis meint nicht die absolute Unvermeidbarkeit des Unfalls, sondern ein schadenstiftendes Ereignis, das auch bei der äußersten möglichen Sorgfalt nicht abgewendet werden kann.[543] Dafür ist ein sachgemäßes, geistesgegenwärtiges Handeln erheblich über den Maßstab der im Verkehr erforderlichen Sorgfalt im Sinne von § 276 BGB hinaus gefordert.[544] Es kommt nicht nur darauf an, wie ein Idealfahrer in der konkreten Gefahrensituation reagiert hätte, sondern auch darauf, ob ein Idealfahrer überhaupt in eine solche Gefahrenlage geraten wäre.[545]

Die Beweislast liegt wie im niederländischen Recht bei demjenigen, der sich mit höherer Gewalt entlasten will.[546] Allerdings sieht das deutsche Recht keine dem niederländischen Recht vergleichbare Beweiserleichterung vor. Vielmehr muss für die Annahme höherer Gewalt der volle Beweis erbracht werden.

---

542 Hoge Raad, 17. November 2000, NJ 2001, 260: „Het beroep van de eigenaar of houder van een motorrijtuig, of diens WAM-verzekeraar, op overmacht kann slechts slagen als hij aannemelijk maakt dat aan de bestuurder van het motorrijtuig ter zake van de wijze waarop hij aan het verkeer heeft deelgenomen, voor zover van belang voor de veroorzaking van heet ongeval, rechtens geen enkel verwijt kann worden gemaakt. Daarbij zijn eventuele fouten van andere weggebruikers - daaronder begrepen het slachtoffer zelf - allen van belang indien zij voor de bestuurder van het motorrijtuig zo onwaarschijnlijk waren dat deze bij het bepalen van zijn verkeersgedrag met die mogelijkheid naar redlijkjheid geen rekening behoefde te houden."; Hoge Raad 4. Oktober 1996, NJ 1997, 147; Hoge Raad, 22. Mai 1992, NJ 1992, 527; Hoge Raad, 28. Februar 1992, NJ 1993, 566.

543 BGH NZV 2005, 305.

544 BGH NJW 1992, 1684, 1685.

545 BGH NJW 1992, 1684.

546 Hentschel/ König/ Dauer – König, Straßenverkehrsrecht, § 7 Rn. 33.

## 8. Eigene Schuld des Geschädigten

Liegen die Voraussetzungen des Art. 185 WVW vor und kann keine höhere Gewalt bewiesen werden, steht zunächst fest, dass der Eigentümer oder Halter des Kraftfahrzeugs nach Art. 185 WVW haftet. Allerdings kann auch das Verkehrsopfer zur Entstehung des Unfalls und der Vergrößerung des Schadens beigetragen haben. Dem Verkehrsopfer wird dann eigene Schuld (eigen schuld) an der Verursachung vorgeworfen.[547] Da die Hürden nicht so hoch sind, wie bei dem Vorliegen von höherer Gewalt, ist in der Praxis die Berufung auf eigene Schuld des Geschädigten bedeutsamer als die Berufung auf höhere Gewalt.[548] Bei einer erfolgreichen Berufung muss das Verkehrsopfer in der Regel einen Teil des Schadens selbst tragen.[549]

Die Berufung des Eigentümers oder Halters auf eigenes Verschulden des Geschädigten erfolgt wie bei Art. 6: 162 BW grundsätzlich nach Art. 6: 101 BW.[550] Art. 6: 101 BW wird nicht von Amts wegen angewendet, es sei denn besondere Umstände des Einzelfalls geben dazu Anlass.[551] Anders als in Deutschland, wo nach § 254 BGB das Mitverschulden stets berücksichtigt wird, muss sich derjenige, der in Anspruch genommen wird, auf eigenes Verschulden des Geschädigten berufen.[552] Gemäß Art. 6: 101 Abs. 1 BW wird, wenn der Schaden auch eine Folge eines Umstands ist, der dem Geschädigten zugerechnet werden kann, die Ersatzpflicht dadurch gemindert, dass der Schaden zwischen dem Verletzten und dem Ersatzpflichtigen entsprechend dem Maß verteilt wird, in dem die ihnen jeweils zuzurechnenden Umstände zum Schaden beigetragen haben; unter der Berücksichtigung, dass eine andere Verteilung stattfindet oder die Ersatzpflicht ganz erlischt oder bestehen bleibt, wenn die Billigkeit dies wegen der unterschiedlichen

---

547 Kamerstukken II 1997/98, 25759, Nr. 3, S. 8 f.; Bolt, VR 1992, 175, 176.

548 Spier/ Hartlief/ Keirse/ Lindenbergh/ Vriesendorp – Hartlief, Verbintenissen uit de wet en Schadevergoeding, S. 168.

549 Spier/ Hartlief/ Keirse/ Lindenbergh/ Vriesendorp – Hartlief, Verbintenissen uit de wet en Schadevergoeding, S. 168 ff.

550 Bachmeier – Veermann/ Boendermaker/ Janssen, Regulierung von Auslandsunfällen, S. 419.

551 Bachmeier – Veermann/ Boendermaker/ Janssen, Regulierung von Auslandsunfällen, S. 425.

552 Bachmeier – Veermann/ Boendermaker/ Janssen, Regulierung von Auslandsunfällen, S. 425.

Schwere der gemachten Fehler oder wegen anderer Umstände des Falles erfordert.[553] Es findet daher zunächst eine kausale Verteilung (causale verdeling) statt, der eine Billigkeitskorrektur (billijkheidscorrectie) folgen kann. Dabei werden alle Umstände des Einzelfalls berücksichtigt.[554]

Bei der kausalen Verteilung im Sinne des Art. 6: 101 BW erfolgt eine objektive Beurteilung, bei der alle Handlungen erfasst werden, die zu einer Erhöhung der Gefahr führten. Es wird also berücksichtigt, inwieweit die beteiligten Personen am Verkehrsunfall mit zur Entstehung des entstandenen Schadens beigetragen haben.[555] Nach der kausalen Verteilung kann eine Billigkeitskorrektur vorgenommen werden, bei der weitere Umstände, wie beispielsweise das Lebensalter, die Schwere der Verletzungen oder das Bestehen einer Versicherung beim Geschädigten, mit in die Abwägung einbezogen werden.[556] Es kann unter Einbeziehung dieser Umstände zu einer anderen Schadensverteilung kommen, als zunächst nach der kausalen Verteilung festgestellt wurde. In ständiger Rechtsprechung wurden darüber hinaus Mindestwerte für die Höhe der zu ersetzenden Schäden der nicht motorisierten Verkehrsopfer bei der Haftung nach Art. 185 WVW festgelegt.[557] Dabei wird wiederum zwischen nicht motorisierten Verkehrsopfern unter 14 Jahren und nicht motorisierten Verkehrsopfern über 14 Jahren unterschieden.

### a) Kinder unter 14 Jahren

Für Kinder unter 14 Jahren besteht eine starre Regelung bei der Schadensverteilung. Sie bekommen unabhängig davon, in welchem Maße

---

553 Art. 6: 101 Abs. 1 BW: „Wanneer de schade mede een gevolg is van een omstandigheid die aan de benadeelde kan worden toegerekend, wordt de vergoedingsplicht verminderd door de schade over de benadeelde en de vergoedingsplichtige te verdelen in evenredigheid met de mate waarin de aan ieder toe te rekenen omstandigheden tot de schade hebben bijgedragen, met dien verstande dat een andere verdeling plaatsvindt of de vergoedingsplicht geheel vervalt of in stand blijft, indien de billijkheid dit wegens de uiteenlopende ernst van de gemaakte fouten of andere omstandigheden van het geval eist.“.

554 Bachmeier – Veermann/ Boendermaker/ Janssen, Regulierung von Auslandsunfällen, S. 419.

555 Spier/ Hartlief/ Keirse/ Lindenbergh/ Vriesendorp – Hartlief, Verbintenissen uit de wet en Schadevergoeding, S. 171.

556 Gerechtshof Leeuwarden, 3. Mai 2011, ECLI:NLGHLEE:2001:BQ5008; Gerechtshof 's-Gravenhage, 19. Juni 2008, ECLI:NL:GHSGR:2008:BD6919.

557 Hoge Raad, 28. Februar 1992, NJ 1993, 566; Hoge Raad, 1. Juni 1990, NJ 1991, 720; Hoge Raad 31. Mai 1991, NJ 1991, 721.

sie zur Entstehung des Unfalls beigetragen haben, immer ihren gesamten erlittenen Schaden ersetzt, solange sie nicht mit Vorsatz oder daran grenzender Rücksichtslosigkeit gehandelt haben.[558] Dies entschied der Hoge Raad im sog. „Ingrid Kolkman"-Urteil, bei der die 13-jährige Ingrid als Radfahrerin mit einem Kraftfahrzeug kollidierte. Der Hoge Raad entschied, der Eigentümer eines Kraftfahrzeugs müsse grundsätzlich vollständig haften und der Schadensersatzspruch könne aufgrund des Verhaltens eines Kindes nur gemindert werden, wenn es den Verkehrsunfall mit Vorsatz oder mit an Vorsatz grenzender Rücksichtslosigkeit hervorgerufen habe.[559] Eigene Schuld im Sinne des Art. 6: 101 BW des nicht motorisierten Verkehrsopfers unter 14 Jahren mindert die Schadensersatzpflicht des Eigentümers bzw. Halters seitdem somit nur, wenn das Kind mit Vorsatz oder daran grenzender Rücksichtslosigkeit gehandelt hat.[560] Diese für Kinder unter 14 Jahren festgelegte Schadensverteilung zu Lasten des Eigentümers oder Halters wird auch als sog. „100% - Regel" bezeichnet.[561]

Schon in früheren Urteilen des Hoge Raad war die Tendenz zu erkennen, dass junge Kinder im Rahmen eines Verkehrsunfalls mit einem Kraftfahrzeug besonders geschützt werden sollten. So entschied der Hoge Raad zuvor, dass die Billigkeit bei Verkehrsunfällen zwischen Kindern und Kraftfahrzeugen es erfordere, den Eigentümer des Kraftfahrzeugs grundsätzlich für den gesamten Schaden haften zu lassen, auch wenn das Verhalten der Kinder in großem Maße zur Entstehung des Unfalls beigetragen habe.[562] Wenn ein junges Kind durch ein Kraftfahrzeug angefahren werde, sei es unbillig den Schaden, den das Kind durch den Unfall erleide, dem Kind ganz oder zum Teil anzulasten, auch wenn das Kind den Unfall durch ein unvorsichtiges Verkehrsverhalten mitverursacht habe.[563] Auch urteilte der Hoge Raad, dass zu Fuß

---

558 Hoge Raad, 1. Juni 1990, NJ 1991, 720.

559 Hoge Raad, 1. Juni 1990, NJ 1991, 720: „...moet worden geoordeeld dat in een geval als het oderhavige de eigenaar van het motorrijtuig in beginsel volledig aansprakelijk is en dat van een vermindering van de schadevergoeding op grond van gedragingen van het kind slechts sprake kann zijn, wanneer die gedragingen opzet of aan opzet grenzende roekeloosheid ter zake van die aanrijding opleveren.".

560 Van Wassenaer van Catwijck, VR 1994, 253.

561 Van Wijk, Verkeersaansprakelijkheid, S. 133 f.; Hoge Raad, 2. Juni 1995, VR 1995, 145.

562 Hoge Raad, 20. Februar 1987, NJ 1987, 483; Hoge Raad, 30. Juni 1978, NJ 1978, 685.

563 Hoge Raad, 30. Juni 1978, NJ 1978, 685: „Wanneer, gelijk in het onderhavige geval, een zeer jeugdig kind wordt aangereden door een autobestuurder, die door

gehende oder Rad fahrende Kinder durch Art. 31 WVW (oud) besonders geschützt werden müssten, da sie durch ihre Impulsivität und Unberechenbarkeit besonders großen Gefahren im motorisierten Straßenverkehr ausgesetzt seien.[564] Dem „Ingrid Kolkman"-Urteil[565] folgte ein Jahr später die „Marbeth van Uitregt"- Entscheidung, bei der die Voraussetzungen für das Vorliegen höherer Gewalt bei Kindern unter 14 Jahren erheblich eingeschränkt wurden.[566] Das Vorliegen höherer Gewalt bei Kindern unter 14 Jahren kann seitdem nur bejaht werden, wenn diese mit Vorsatz oder daran grenzender Rücksichtlosigkeit gehandelt haben. Es wird daher zum Teil auch vertreten, dass die 100%-Regel eine Kombination aus der „Ingrid-Kolkman"- und „Marbeth van Utrigt"- Entscheidung ist.[567]

### aa) 100%-Regel

Gleichwohl handelt es sich nach herrschender Auffassung bei der 100%-Regel um eine Regelung im Rahmen der eigenen Schuld des geschädigten Kindes. Danach haftet der Eigentümer oder Halter eines Kraftfahrzeugs vollständig für den erlittenen Schaden eines Verkehrsopfers unter 14 Jahren, solange kein Vorsatz oder eine daran grenzende Rücksichtslosigkeit beim Kind vorlag.[568] Selbst wenn dem Fahrer des Kraftfahrzeugs kein Vorwurf gemacht werden kann, hat er 100% des Schadens zu ersetzen, wenn das unter 14 Jahre alte Kind nicht mit Vorsatz oder daran grenzender Rücksichtslosigkeit gehandelt hat.[569] Ein Mitverursachungsbeitrag eines Kindes unter 14 Jahren führt somit zu keiner anderen Schadensverteilung. Als Hintergrund der vollständigen Haftung des Eigentümers bzw. Halters gegenüber nicht motorisierten Verkehrsopfern unter 14 Jahren werden unter anderem die besonders einschneidenden Folgen von körperlichen Schäden oder psychischen

---

onvoorzichtig rijden schuld heeft aan de aanrijding, is het onbillijk de schade die het kind door het ongeval lijdt geheel of ten dele te zijnen laste te laten op de enkele grond dat het ongeval mede het gevolg is van een – aan de leeftijd van het kind eigen – onvoorzichtig verkeersgedrag.".

[564] Hoge Raad, 20. Februar 1987, NJ 1987, 483.

[565] Hoge Raad, 1. Juni 1990, NJ 1991, 720.

[566] S.o. zu Hoge Raad, 31. Mai 1991, NJ 1991 721.

[567] So. z.B. Spier/ Hartlief/ Keirse/ Lindenbergh/ Vriesendorp – Hartlief, Verbintenissen uit de wet en Schadevergoeding, S. 168.

[568] Hoge Raad, 30. März 2007, NJ 2008, 64; Hoge Raad, 1. Juni 1990, NJ 1991, 720.

[569] Hoge Raad, 1. Juni 1990, NJ 1991, 720; Hoge Raad 31. Mai 1991, NJ 1991, 721.

Störungen für Kinder angesehen. Diese wiegen in der Regel schwerer als bei nicht motorisierten erwachsenen Verkehrsteilnehmern.[570] Insbesondere können bei Kindern eher Langzeitschäden auftreten als bei Erwachsenen. Auch ist der entstandene Schaden bei den Kindern von der verpflichtenden WAM-Versicherung für das Kraftfahrzeug gedeckt, während die Kinder in der Regel keinen Versicherungsschutz haben.[571] Sie müssten ihren Anteil des entstandenen Schadens selbst tragen.

Grundsätzlich kann Kindern unter 14 Jahren nur in den seltensten Fällen Vorsatz oder eine daran grenzende Rücksichtslosigkeit vorgeworfen werden. Sie besitzen zumeist keine ausreichende Verkehrseinsicht und können die Konsequenzen und Risiken ihres Handelns kaum absehen.[572] Bei einem Verkehrsunfall, an dem ein Kraftfahrzeug und ein nicht motorisiertes Kind unter 14 Jahren beteiligt sind, haftet der Eigentümer oder Halter nach Art. 185 WVW daher regelmäßig und zu 100% für die beim Kind entstandenen Schäden.[573]

### bb) Personenkreis der 100%-Regel

Für die gewählte Auswahl des Geltungsbereichs der 100%-Regel bei Kindern unter 14 Jahren diente Art. 6: 164 BW als Grundlage.[574] Art. 6: 164 BW bestimmt für das Verhalten eines Kindes, das das Alter von 14 Jahren noch nicht erreicht hat, dass ihm dieses nicht als unerlaubte Handlung zugerechnet werden kann.[575] Bei der Altersgrenze von 14 Jahren handelt es sich um eine feste Begrenzung.

Der Hoge Raad entschied, dass es keinen Unterschied mache, wenn sich das Verkehrsopfer, das im konkreten Fall 14 Jahre und 8 Monate alt war, zum Zeitpunkt des Unfalls geistig und körperlich nicht von einem unter 14 Jahre alten Kind unterscheide, da die vom Hoge Raad entwickelte Lebensaltersgrenze als eine absolute Grenze aufgefasst

---

570 Hoge Raad, 1. Juni 1990, NJ 1991, 720: „Kinderen... door hun impulsiviteit en onberekenbaarheid van het gemotoriseerde verkeer aanzienlijk meer gevaar te duchten hebben dan volwassen voetgangers of wielrijders".

571 Hoge Raad, 1. Juni 1990, NJ 1991, 720.

572 Asser/ Hartkamp/ Sieburgh, 6-IV 2015, Rn. 285.

573 Engelhard/ van Maanen, VR 1999, 353.

574 Hoge Raad, 1. Juni 1990, NJ 1991, 720.

575 Art. 6: 164 BW: „Een gedraging van een kind dat de leeftijd van veertien jaren nog niet heeft bereikt, kan aan hem niet als een onrechtmatige daad worden toegerekend.".

werden müsse.[576] Wegen des Verweises auf Art. 6: 164 BW und der zu gewährleistenden Rechtssicherheit für die Haftung des Eigentümers bzw. Halters sei eine feste Lebensaltersgrenze erforderlich. Der Umstand des geringen Lebensalters des Verkehrsopfers könne jedoch in der allgemeinen Billigkeitskorrektur berücksichtigt werden.[577]

Aufgrund der festen Altersgrenze gilt daher auch bei Senioren, die Verkehrssituationen ab einem bestimmten Alter nicht mehr so gut wahrnehmen können und im Straßenverkehr genauso gefährdet sein können wie Kinder, dass die 100% - Regel bei ihnen keine Anwendung findet.[578] Die in der „Ingrid-Kolkman“-Entscheidung aufgeführten Argumente zur Einführung der 100%-Regel zugunsten des Schutzes für Kinder unter 14 Jahren seien zudem bei Senioren nicht so offensichtlich.[579] So fehle zunächst ein Anknüpfungspunkt im Gesetz, der eine Altersgrenze bei Senioren festlege und als Grundlage herangezogen werden könne, wie es bei Kindern mit Art. 6: 164 BW der Fall sei. Auch würden Senioren keine vergleichbare homogene Gruppe wie junge Kinder bilden. Bei jungen Kindern könne im Allgemeinen davon ausgegangen werden, dass sie durch mangelnde Verkehrserfahrung und aufgrund ihres impulsiven und unberechenbaren Verhaltens einem erhöhten Risiko im Verkehr ausgesetzt sind. Bei Senioren könne im Gegensatz dazu nicht einheitlich für jede Person auf ein bestimmtes Verkehrsverhalten geschlossen werden. Schließlich bestehe mit der allgemeinen Billigkeitskorrektur gemäß Art. 6: 101 BW noch ein hinreichendes Instrument solche Umstände im Einzelfall zu berücksichtigen. Deshalb sei eine Ausweitung der 100%-Regel auf Senioren nicht erforderlich.[580]

#### cc) Vergleich zum deutschen Recht

Die 100%-Regel erscheint dem deutschen Recht zunächst fremd, da es für Kinder im deutschen Straßenverkehrsrecht keine solche abstrakt benannte Regelung gibt. Dennoch finden sich vergleichbare Regelungen im deutschen Recht, auch wenn hierbei unterschiedliche Altersgrenzen gelten. Auch in Deutschland kann der Halter nach § 7 StVG vollständig für die bei einem Kind entstanden Schäden haften, selbst wenn das Kind

---

576 Hoge Raad, 24. Dezember 1993, NJ 1995, 236.

577 Hoge Raad, 24. Dezember 1993, NJ 1995, 236.

578 Hoge Raad, 28. Februar 1992, NJ 1993, 566.

579 Hoge Raad, 28. Februar 1992, NJ 1993, 566.

580 So Hoge Raad, 28. Februar 1992, NJ 1993, 566.

den Verkehrsunfall mitverursacht hat. Bei einem Verkehrsunfall mit einem Kind ist im Rahmen des Mitverschuldens § 828 BGB zu berücksichtigen.[581] Danach gilt für Kinder unter 7 Jahren bei entsprechender Anwendung des § 828 Abs. 1 BGB, dass ihnen in keinem Fall ein Mitverschulden zugerechnet werden kann. Der Halter haftet gegenüber diesen Kindern somit grundsätzlich auch zu 100%. Dies gilt selbst dann, wenn sie vorsätzlich gehandelt haben, was einen Unterschied zum niederländischen Recht darstellt.

Kinder, die das siebente aber nicht das zehnte Lebensjahr vollendet haben, sind gemäß § 828 Abs. 2 S. 1 BGB für ihr Verhalten im Straßenverkehr nicht verantwortlich. Bei entsprechender Anwendung der Vorschriften kann ihnen ebenfalls kein Mitverschulden angerechnet werden. Diese Haftungsprivilegierung gilt nach § 828 Abs. 2 S. 2 BGB jedoch nur für fahrlässiges Verhalten und greift nach der Rechtsprechung außerdem nicht ein, wenn der Schaden bei keiner verkehrstypischen Überforderungssituation entstanden ist. Dies ist beispielsweise der Fall, wenn ein Kind zwischen 7 und 10 Jahren mit einem Kickboard gegen ein parkendes Kraftfahrzeug fährt.[582] Bei einem Verkehrsunfall im fließenden Straßenverkehr haftet der Halter somit auch vollständig, selbst wenn dem Kind zwischen 7 und 10 Jahren ein Vorwurf gemacht werden kann. Dies gilt nur dann nicht, wenn es vorsätzlich oder grob fahrlässig gehandelt hat. Die Regelung kommt der 100%-Regel in den Niederlanden daher sehr nahe.

Bei Verkehrsopfern, die älter als 10 Jahre sind, das Lebensalter von 18 Jahren jedoch noch nicht erreicht haben, wird bei analoger Anwendung des § 828 Abs. 3 BGB unter Berücksichtigung ihrer Einsichtsfähigkeit entschieden, ob ihnen ein Mitverschulden zugerechnet werden kann. Eine solche Abwägung findet in den Niederlanden nicht statt. Dort wird, unabhängig von der Einsichtsfähigkeit, nur auf die starre Altersgrenze von 14 Jahren abgestellt. Mangelnde Einsichtsfähigkeit kann lediglich im Rahmen der Billigkeitskorrektur als Umstand für eine andere Verteilung gewertet werden. Soweit die Kinder in Deutschland einsichtsfähig sind, werden beim Mitverschulden auch fahrlässige Handlungen miteinbezogen, während nach niederländischem Recht bei Kindern bis 14 Jahren Vorsatz oder eine daran grenzende Rücksichtslosigkeit für eine Einbeziehung erforderlich ist.

---

581 Vgl. Buschbell, SVR 2006, 241, 242.

582 BGH NJW 2005, 354.

### b) Nicht motorisierte Verkehrsopfer über 14 Jahren

Auch für die nicht motorisierten Verkehrsopfer über 14 Jahren wurde in der niederländischen Rechtsprechung eine feste Regelung im Rahmen des eigenen Verschuldens aufgestellt.[583] Sie gilt für alle nicht motorisierten Verkehrsopfer über 14 Jahren und somit auch für erwachsene Verkehrsteilnehmer. Anders als bei den Verkehrsopfern unter 14 Jahren muss ihnen nicht der gesamte Schaden ersetzt werden. Aufgrund der Gefahren, die von motorisierten Kraftfahrzeugen auch gegenüber diesen Verkehrsteilnehmern ausgehen, muss bei einem Verkehrsunfall zwischen einem Kraftfahrzeug und den nicht motorisierten Verkehrsopfern über 14 Jahren aber immer mindestens die Hälfte des Schadens ersetzt werden.[584] Dies gilt unabhängig von der Höhe des Mitverschuldens des Verkehrsopfers wie bei der 100%-Regel; es sei denn die Verkehrsopfer haben mit Vorsatz oder daran grenzender Rücksichtslosigkeit gehandelt.[585] Diese feststehende Haftungsverteilung wird auch als sog. 50%-Regel bezeichnet.[586]

#### aa) 50%-Regel

Die 50%-Regel führte der Hoge Raad in dem Urteil „IZA/Vrerink" für Fußgänger und Radfahrer ein, die älter als 14 Jahre und Opfer eines Verkehrsunfalls mit einem motorisierten Kraftfahrzeug sind.[587] Die in dem „IZA/ Vrerink"-Urteil[588] aufgestellte und im „Anja Kellenaers"-Urteil[589] näher erläuterte 50%-Regel beruht, wie die 100% Regel, auf der Billigkeitsregel des Art. 6:101 Abs. 1 BW und gilt spezifisch für die Haftung des Eigentümers bzw. Halters eines Kraftfahrzeugs gegenüber den nicht motorisierten Verkehrsteilnehmern.[590] Sie gilt außerdem zugunsten der schwachen Verkehrsteilnehmer, wenn diese mit einer Straßenbahn kollidieren.[591] Sie findet jedoch keine Anwendung, wenn ein

---

583 Bachmeier – Veermann/ Boendermaker/ Janssen, Regulierung von Auslandsunfällen, S. 425.

584 Hoge Raad, 28. Februar 1992, NJ 1993, 566.

585 Hoge Raad, 28. Februar 1992, NJ 1993, 566.

586 Van Wijk, Verkeersaansprakelijkheid, S. 133 f.; Hoge Raad, 2. Juni 1995, VR 1995, 145.

587 Hoge Raad, 28. Februar 1992, NJ 1993, 566.

588 Hoge Raad, 28. Februar 1992, NJ 1993, 566.

589 Hoge Raad, 24. Dezember 1993, NJ 1995, 236.

590 Rechtbank Gelderland, 5. Februar 2014, ECLI:NL:RBGEL:2014:1567.

591 Hoge Raad, 3. Juni 2005, NJ 2005, 286; Hoge Raad, 14. Juli 2000, NJ 2001, 417.

„schwaches" motorisiertes Kraftfahrzeug mit einem „starken" motorisierten Kraftfahrzeug kollidiert. Bei einem Verkehrsunfall zwischen einem Auto und einem Mofafahrer wird der Mofafahrer beispielsweise nicht von der 50%-Regel geschützt.[592]

Die Einführung der 50%-Regel stützte der Hoge Raad auf Billigkeitsgesichtspunkte unter Berücksichtigung der hohen Gefahren, die von Kraftfahrzeugen für die anderen Verkehrsteilnehmer ausgehen. Wenn der Eigentümer oder Halter eines Kraftfahrzeugs im Prinzip nach Art. 185 WVW haftet, aber der Fußgänger oder Radfahrer auch einen Fehler begeht, der nicht auf einem vorsätzlichen Handeln oder einer daran grenzenden Rücksichtslosigkeit beruht, erfordere die Billigkeit bei der Verteilung des Schadens, dass der Eigentümer oder Halter mindestens 50% des Schadens zu tragen habe, da sich die mit dem Kraftfahrzeug verbundenen Gefahren realisiert hätten.[593] Im Hinblick auf die zu der Zeit bereits bestehende 100%-Regel, die bezweckte, Radfahrer und Fußgänger unter 14 Jahren weitestgehend vor den Gefahren des motorisierten Verkehrs zu schützen, erwog der Hoge Raad, dass ein solcher Schutz genauso wichtig sei, wenn es sich um Schäden bei erwachsenen Radfahrern und Fußgängern handele. Auch die erwachsenen nicht motorisierten Verkehrsteilnehmer seien leicht verwundbar und ihr entstandener Schaden könne schwerwiegend sein. Zudem seien die im Rahmen eines solchen Verkehrsunfalls entstehenden Schäden von der verpflichtenden WAM-Versicherung für das Kraftfahrzeug gedeckt.[594]

### (1) Weitere Schadensverteilung

Während 50% des Schadens somit in jedem Falle vom Eigentümer bzw. Halter ersetzt werden, richtet sich die Verteilung in Bezug auf die andere Hälfte des Schadens nach Art. 6: 101 Abs. 1 BW. Danach ist zu-

---

592 Hoge Raad, 22. April 2005, NJ 2006, 20.

593 Hoge Raad, 28. Februar 1992, NJ 1993, 566; Hoge Raad, 24. Dezember 1993, NJ 1995, 236.

594 Hoge Raad, 28. Februar 1992, NJ 1993, 566 : „De aanvaarding van de hiervoor vermelde regels ten aanzien van kinderen berust onder meer op de strekking van Art. 31 WVW fietsers en voetgangers zo veel mogelijk te beschermen tegen de gevaren van het gemotoriseerde verkeer. Die strekking is eveneens van belang als het gaat om de schade van een volwassen fietser of voetganger, waarbij opmerking verdient dat ook deze verkeersdeelnemers kwetsbaar zijn, dat ook hun schade ingrijpend kan zijn en dat ook daarvoor een verplichting van het gemotoriseerde verkeer tot verzekering bestaat.".

nächst entscheidend, inwieweit die jeweiligen Handlungen des Schädigers und Geschädigten zum Schaden beigetragen haben.[595] Nach dieser kausalen Verteilung kann noch eine Billigkeitskorrektur vorgenommen werden, bei der die Betriebsgefahr des Kraftfahrzeugs jedoch nicht mehr berücksichtigt wird, da sich diese bereits in der 50%-Regel widerspiegelt. Wurde bei der kausalen Verteilung beispielsweise festgestellt, dass der Radfahrer den Unfall zu 80% und der Fahrer des Kraftfahrzeugs den Unfall zu 20% verursacht hat, bekommt der Radfahrer aufgrund der 50%-Regel trotzdem mindestens die Hälfte seines Schadens ersetzt, solange er nicht mit Vorsatz oder daran grenzender Rücksichtslosigkeit gehandelt hat.[596] Aufgrund weiterer Gesichtspunkte, wie etwa die Schwere der Verletzungen, kann in der darauffolgenden Billigkeitskorrektur sogar entschieden werden, dass der Eigentümer bzw. Halter für mehr als die Hälfte des Schadens haftet, obwohl der Radfahrer den Unfall zu 80% verschuldet hat.

Bei der Anwendung der 50%-Regel herrschte zunächst Unklarheit über die genaue weitere Verteilung der anderen Hälfte des Schadens. Erst das „Anja-Kellenaers"-Urteil[597] des Hoge Raad machte deutlich, wie die Verteilung in diesen Fällen auszusehen hat. Bis dahin legten untere Gerichte die Schadensverteilung bei Anwendung der 50%-Regel „falsch" aus, indem die Verursachungsbeiträge immer noch auf die andere Hälfte neben der 50%-Regel bezogen wurden.[598] Die Unterschiede macht die folgende Tabelle besonders deutlich.[599]

---

595 Hoge Raad, 28. Februar 1992, NJ 1993, 566.

596 Hartlief/ Tjittes, Verzekering en aansprakelijkheid, S. 107.

597 Hoge Raad, 24. Dezember 1993, NJ 1995, 236.

598 Hartlief/ Tjittes, Verzekering en aansprakelijkheid, S. 108 f.

599 Abgeänderte Tabelle nach Hartlief/ Tjittes, Verzekering en aansprakelijkheid, S. 109.

| Kausale Verteilung (Kraftfahrzeug gegenüber nicht Motorisierten) | Unzutreffende Auslegung | Auslegung nach Anja Kellenaers — Urteil | Unterschied |
|---|---|---|---|
| 9:1 | 95% | 90% | 5% |
| 4:1 | 90% | 80% | 10% |
| 3:1 | 87,5% | 75% | 12,5% |
| 2:1 | 83,3% | 67% | 16,3% |
| 1:1 | 75% | 50% | 25% |
| 1:2 | 66,6% | 50% | 16,6% |
| 1:3 | 62,5% | 50% | 12,5% |
| 1:4 | 60% | 50% | 10% |
| 1:9 | 55% | 50% | 5% |

Nach der Auslegungsmethode des „Anja Kellenaers"-Urteils muss sich zunächst allein damit beschäftigt werden, wessen kausaler Beitrag zur Entstehung des Verkehrsunfalls größer ist. Wenn es der des nicht motorisierten Verkehrsteilnehmers ist, wird die Hälfte des Schadens zuerkannt und es kann aufgrund der Billigkeitskorrektur noch zu einer anderen Verteilung gelangt werden. Ist der Verursachungsbeitrag des Kraftfahrzeugs größer, muss eine präzise Verteilung vorgenommen werden, die noch durch die Billigkeitskorrektur verändert werden kann. Die Auslegung nach dem „Anja-Kellenaers"- Urteil führt vor allem bei den Fällen, bei denen der nicht motorisierte Verkehrsteilnehmer den Verkehrsunfall überwiegend verursacht hat, zu einer abschließenden Verteilung, die fast nur auf Billigkeitsgesichtspunkten gestützt ist und bei der der Richter einen weiten Beurteilungsspielraum besitzt.[600]

### (2) Ausschluss der Regel bei Vorsatz und an Vorsatz grenzender Rücksichtslosigkeit

Die 50%-Regel findet, wie die 100%-Regel auch, keine Anwendung, wenn die nicht motorisierten Verkehrsteilnehmer mit Vorsatz oder daran grenzender Rücksichtslosigkeit gehandelt haben. Es besteht in die-

600 Hartlief/ Tjittes, Verzekering en aansprakelijkheid, S. 109 f.

sem Fall kein Grund mehr dafür den Eigentümer oder Halter billigkeitshalber ganz oder zur Hälfte haften zu lassen. Bei Vorsatz oder einer an Vorsatz grenzender Rücksichtslosigkeit der Fahrradfahrer oder Fußgänger sind deren Handlungen so bestimmend für das Entstehen des Verkehrsunfalls, dass es nach Billigkeitsgesichtspunkten nicht erforderlich ist, ihnen weiterhin die schützende 50%-Regel zugute kommen zu lassen.[601] Die Verteilung des Schadens richtet sich stattdessen ohne feste Richtwerte nach Art. 6: 101 BW. Dafür trägt grundsätzlich die in Anspruch genommene Partei die Beweislast.

#### (a) Vorsatz

Vorsatz (opzet) stellt die stärkste Form der Schuld dar. Unter einem vorsätzlichen Handeln wird grundsätzlich das wissentliche Handeln verstanden. Mit Vorsatz handelt, wer die Handlung mit allen damit einhergehenden Folgen will und auch über die damit verbundene Wirkung weiß. Unter die vorsätzlich verursachten Verkehrsunfälle fallen beispielsweise Selbstmordfälle im Straßenverkehr.[602] Das Opfer weiß, dass der Schaden die sichere oder zwangsläufige Folge seines Handelns ist. Bei Kindern liegt daher in der Regel nie Vorsatz vor.[603]

#### (b) An Vorsatz grenzende Rücksichtslosigkeit

Erst 2007 konkretisierte der Hoge Raad, wann eine an Vorsatz grenzende Rücksichtslosigkeit im Rahmen der 50%-Regel vorliegt.[604] Danach muss sich das Verkehrsopfer bei seiner Handlung über die mögliche Gefahr, die ihm droht, bewusst sein.[605] Es muss eine über eine Unachtsamkeit hinausgehende rücksichtlose Handlung vorliegen. Das Opfer muss sich also direkt vor einem Zusammenstoß tatsächlich über den rücksichtslosen Charakter seines Verhaltens und dem damit verbunde-

---

601 Rechtbank Gelderland, 5. Februar 2014, ECLI:NL:RBGEL:2014:1567.

602 Spier/ Hartlief/ Keirse/ Lindenbergh/ Vriesendorp – Hartlief, Verbintenissen uit de wet en Schadevergoeding, S. 167.

603 Spier/ Hartlief/ Keirse/ Lindenbergh/ Vriesendorp – Hartlief, Verbintenissen uit de wet en Schadevergoeding, S. 167.

604 Hoge Raad, 30. März 2007, NJ 2008, 64.

605 Hoge Raad, 30. März 2007, NJ 2008, 64.

nen Risiko bewusst sein. Ausreichend ist, wenn sich dies aus den Tatsachen und Umständen des Falles beweisen lässt.[606] In dem der Entscheidung des Hoge Raad zugrunde liegenden Fall wurde ein betrunkener Fußgänger, der mit dunkler Kleidung außerorts auf einer nicht beleuchteten Straße lief, von hinten durch ein Kraftfahrzeug angefahren. Eine an Vorsatz grenzende Rücksichtslosigkeit des Fußgängers wurde angenommen, da der Fußgänger habe wissen müssen, dass er mit überwiegend dunkler Kleidung von Kraftfahrzeugen, die sich ihm mit hoher Geschwindigkeit nähern, nicht wahrgenommen werden könne und es zu einer Kollision auf der Fahrbahn kommen könne. Dass das Verhalten des Fußgängers durch den Gebrauch von Alkohol mitverursacht wurde, müsse ihm zugerechnet werden.[607]

Mit Art. 7: 658 Abs. 2 BW besteht eine gesetzliche Regelung für die Haftung des Arbeitgebers bei Arbeitsunfällen eines Arbeitnehmers, die ausgeschlossen ist, wenn der entstandene Schaden die Folge von vorsätzlichem Verhalten oder einer bewussten Rücksichtslosigkeit des Arbeitnehmers war. Beim Ausschluss der 50%- und auch der 100%-Regel geht es zwar nicht um eine „bewusste Rücksichtslosigkeit", sondern um eine „an Vorsatz grenzende Rücksichtslosigkeit". Dennoch spielte Art. 7: 658 BW für die Herleitung des Begriffs in der Literatur eine wichtige Rolle. So sei zunächst das Gegenteil einer „bewussten Rücksichtslosigkeit" eine „unbewusste Rücksichtslosigkeit".[608] Eine unbewusste Rücksichtslosigkeit bestehe, wenn das Opfer nicht realisiere, welcher Schaden mit seiner Handlung entstehen könne. Eine an Vorsatz grenzende Rücksichtslosigkeit könne daher nichts anderes sein, als eine bewusste Rücksichtslosigkeit, da sich das Opfer auch bei einem vorsätzlichen Handeln darüber bewusst sein müsse, welche Gefahren aufgrund seines Verhaltens entstehen könnten.[609] Diese Ansicht legte der Hoge Raad auch seiner Entscheidung über das Vorliegen von an Vorsatz grenzender Rücksichtslosigkeit bei dem Fußgänger zu Grunde, der mit dunkler Kleidung über die Landstraße lief.[610]

Auch bei weiteren gerichtlichen Entscheidungen kam es grundsätzlich auf das Bewusstsein des Verkehrsopfers hinsichtlich der drohenden

606 Hoge Raad, 30. März 2007, NJ 2008, 64.

607 Hoge Raad, 30. März 2007, NJ 2008, 64.

608 Faure/ Hartlief – Frenk, Verkeersaansprakelijkheid in België en Nederland, S. 126.

609 Faure/ Hartlief – Frenk, Verkeersaansprakelijkheid in België en Nederland, S. 126.

610 Hoge Raad, 30. März 2007, NJ 2008, 64.

Gefahr für die Entstehung eines Verkehrsunfalls an. So wurde eine an Vorsatz grenzende Rücksichtslosigkeit bei einem Fahrradfahrer angenommen, der eine Straße überquerte, ohne sich vorher umzuschauen, und mit einem sich von hinten nähernden Kraftfahrzeug kollidierte.[611] Aus den Tatsachen und Umständen, insbesondere dem fehlendem Umschauen vor dem Überqueren der Straße an einer Stelle, wo dies verboten war, sei abzuleiten, dass sich der Fahrradfahrer über die signifikante Gefahr einer Kollision mit einem Kraftfahrzeug bewusst gewesen sein musste. Dabei spiele es keine Rolle, dass er unter Alkoholeinfluss stand (2, 31 Promille), da ihm dieser Umstand zugerechnet werde.[612] Auch wurde eine an Vorsatz grenzende Rücksichtslosigkeit bei einem ausgestiegenen Fahrer eines Kraftfahrzeugs bejaht, der einem anderen Fahrer eines Kraftfahrzeugs mit geballten Fäusten drohte und infolgedessen von diesem angefahren wurde.[613] Für die Anwendung der 50%-Regel gäbe es keinen Raum, da der ausgestiegene Fahrer wissentlich gefahrbringend gehandelt habe und somit eine an Vorsatz grenzende Rücksichtlosigkeit bei ihm vorliege.[614] Keine an Vorsatz grenzende Rücksichtslosigkeit bestand hingegen bei einem Radfahrer, der bei einem Verkehrsunfall den Abstand und die Geschwindigkeit eines sich nähernden Kraftfahrzeugs falsch einschätzte.[615] Da die genaue Bestimmung der Geschwindigkeiten von Kraftfahrzeugen für Personen grundsätzlich schwierig sei, stelle die Fehleinschätzung noch kein an Vorsatz grenzendes rücksichtloses Verhalten dar.[616]

#### bb) Kausale Verteilung und Billigkeitskorrektur

Ist die Anwendung der 50%-Regel wegen Vorsatz oder einer daran grenzenden Rücksichtslosigkeit ausgeschlossen, richtet sich die Beurteilung der Schadensverteilung nach der allgemeinen Regel des Art. 6: 101 BW. Gleiches gilt bei Anwendung der 50%-Regel für die andere Hälfte des Schadens.[617] Hinsichtlich der anderen Hälfte ist demnach entscheidend, inwieweit die Fehler des Eigentümers bzw. Halters

611 Rechtbank Utrecht, 25. August 2010, ECLI:NL:RBUTR:2010:BN5518.
612 Rechtbank Utrecht, 25. August 2010, ECLI:NL:RBUTR:2010:BN5518.
613 Rechtbank Zwolle-Lelystad, 6. Oktober 2004, ECLI:NL:RBZLY:2004:AR4731.
614 Rechtbank Zwolle-Lelystad, 6. Oktober 2004, ECLI:NL:RBZLY:2004:AR4731.
615 Hoge Raad, 10. November 2000, NJ 2000, 718.
616 Hoge Raad, 10. November 2000, NJ 2000, 718.
617 Bouman/ van Wassenaer van Catwijck, VR 1993, 221.

und des Fahrradfahrers bzw. Fußgängers zum Schaden beigetragen haben. Diese Beurteilung erfolgt ebenfalls gemäß Art. 6: 101 Abs. 1 BW, bei der nach der sog. kausalen Verteilung noch eine Billigkeitskorrektur folgen kann.[618]

#### (1) Kausale Verteilung

Bei der kausalen Verteilung (causale verdeling) wird berücksichtigt, inwiefern die dem Verursacher und Geschädigten zuzurechnenden Umstände zur Entstehung des Schadens beigetragen haben.[619] Es wird allein beurteilt, in welchem Maße einerseits das Verkehrsverhalten des Verkehrsopfers und andererseits das Verhalten des Kraftfahrzeugführers die Gefahr eines Zusammenstoßes ins Leben gerufen haben.[620] Daher kommt es bei der kausalen Verteilung auch nicht auf das Lebensalter des Geschädigten, die Schwere der Verletzungen oder andere subjektive Umstände an. Ebenso wird die Betriebsgefahr von Kraftfahrzeugen bei der kausalen Verteilung nach Art. 6: 101 Abs. 1 BW nicht berücksichtigt.[621]

#### (2) Billigkeitskorrektur

Bei der sich anschließenden Billigkeitskorrektur (billijkheidscorrectie) wird die vorgenommene kausale Verteilung bestätigt oder angepasst.[622] Sofern die 50% - Regel Anwendung findet, bleibt es jedoch auch im Rahmen der Billigkeitskorrektur dabei, dass die Entschädigungspflicht des Eigentümers oder Halters nicht unter 50% fallen darf. In erster Linie kommt es dabei auf die individuelle Vorwerfbarkeit der gemachten Fehler der beteiligten Personen (ernst en de mate van verwijtbaarheid van de gemaakte fouten) an. So kann eine Vorfahrtverletzung einem erwachsenen Verkehrsteilnehmer stärker als einem Kind angelastet

618 Hoge Raad, 2. Juni 1995, NJ 1997, 700-702.

619 Gerechtshof Amsterdam, 24. Mai 2011, ECLI:NL:GHAMS:2011:BQ7560.

620 Van Wijk, Verkeersaansprakelijkheid, S. 133; Hoge Raad, 2. Juni 1995, VR 1995, 145.

621 Hartlief, TPR 1996, 1271, 1305.

622 Hoge Raad, 5. Dezember 1997, NJ 1998, 400-402.

werden.[623] Für die abschließende Beurteilung bei der Billigkeitskorrektur spielen daneben die Schwere der Verletzungen und besondere Umstände, wie eine bestehende Versicherung für die Haftung, eine wichtige Rolle. Die Betriebsgefahr des Kraftfahrzeugs wird bei der Billigkeitskorrektur nicht mehr berücksichtigt, wenn die 50%-Regel angewandt wurde, da die 50%-Regel bereits Ausfluss dieser besonderen Gefahr ist.[624]

#### (3) Praktische Anwendung

Die mögliche Billigkeitskorrektur lässt dem Richter in der Praxis große Freiheiten und einen weiten Spielraum in der Bewertung von der kausalen Verteilung abzuweichen, zumal keine ausführliche Begründung für die Entscheidung erforderlich ist. Aus der Rechtsprechung ergibt sich zudem kein einheitliches Bild, wann und in welchem Maße von der vorausgegangen kausalen Verteilung abgewichen wird. Vor allem bei einer Billigkeitskorrektur aufgrund der Schwere der Verletzungen oder des Alters der Verkehrsopfer sind selten greifbare Anhaltspunkte für die abschließende Entscheidung feststellbar. Zwar bieten bereits in der Rechtsprechung entschiedene Fälle eine Tendenz, wie in der Billigkeitskorrektur entschieden werden sollte, letztlich liegt es aber in der Hand des Richters, inwieweit er von der kausalen Verteilung abweicht. Dies wird auch anhand der folgenden Fälle deutlich, bei denen im Rahmen der Billigkeitskorrektur noch signifikant von der kausalen Verteilung abgewichen wurde.

So wurde einem Fußgänger eine hundertprozentige Entschädigung zugesprochen, obwohl dieser den Verkehrsunfall mitverursacht hatte.[625] Der Fußgänger versuchte sein unbeleuchtetes Kraftfahrzeug von der Fahrbahn einer Autobahn auf den Seitenstreifen zu schieben. Ein folgender motorisierter Kraftfahrer kollidierte schließlich mit dem Fußgänger. Während dem Fahrer des Kraftfahrzeugs vorgeworfen wurde, seine Geschwindigkeit nicht an die Umstände angepasst zu haben, hätte der Fußgänger hinter der Leitplanke warten und Hilfsdienste

---

623 Hoge Raad, 10. November 2000, NJ 2000, 718; Hoge Raad, 5. Dezember 1997, NJ 1998, 400-402; Rechtbank 's-Gravenhage, 7. März 2012, ECLI:NL:RBSGR:2012:BV8648.

624 Hoge Raad, 3. Juni 2005, NJ 2005, 286; Hoge Raad, 14. Juli 2000, NJ 2001, 417.

625 Rechtbank Amsterdam, 9. Januar 2008, ECLI:RBAMS:2008:BC1802; bestätigt durch Gerechtshof Amsterdam, 21. April 2009, ECLI:NL:GHAMS:2009:BJ6269.

alarmieren müssen. Beide trugen somit einen kausalen Verursachungsbeitrag bei der Entstehung des Verkehrsunfalls. Da der Fußgänger als Folge der Kollision wegen der Amputation eines Beines ernste, bleibende Verletzungen (ernstig, blijvend letsel) erlitt und am Kraftfahrzeug nur ein Blechschaden entstand, entschied der Gerechtshof Amsertdam im Rahmen der Billigkeitskorrektur, dass von der kausalen Verteilung derart abgewichen werden müsse, dass der gesamte Schaden des Fußgängers ersetzt wird.[626]

In einem anderen Fall ging es um einen Verkehrsunfall außerhalb einer geschlossenen Ortschaft auf einer Landstraße.[627] Ein 26 Jahre alter Fahrradfahrer wurde durch zwei Kraftfahrzeuge, die dicht hintereinander fuhren, überholt. Bei dem Überholvorgang streifte der erste Pkw den Fahrradfahrer, so dass dieser zu Fall kam. Der zweite Pkw konnte aufgrund des zu geringen Abstands zu dem vorausfahrenden Pkw nicht mehr bremsen oder ausweichen und überfuhr den Fahrradfahrer. Der Radfahrer erblindete dadurch auf einem Auge, erlitt Hirnverletzungen mit bleibenden kognitiven Störungen sowie mehrere Knochenbrüche.[628] Der Radfahrer fuhr zuvor schwankend, ohne die Hände am Lenker und ohne sich äußerst rechts zu halten, um dem nachfolgenden Verkehr vorbeifahren zu lassen. Er verstieß somit gegen Art. 5 WVW i.V.m Art. 3 Abs. 1 RVV (Rechts halten), Art. 17 Abs. 2 RVV (Richtung angeben), Art. 18 Abs. 1 RVV (Vorfahrt für nachfolgenden Verkehr) und Art. 54 RVV (Vorfahrt gewähren).[629] Die Autofahrer hatten einen zu geringen Abstand zueinander und sahen den Fahrradfahrer bereits schwankend fahren. Sie hätten ihre Geschwindigkeit daher an die Umstände anpassen müssen. Sie verstießen daher unter anderem gegen Art. 5 WVW i.V.m. Art. 19 RVV (Abstandseinhaltung).[630] Die Rechtbank Arnhem entschied, dass es sich um kein vorsätzliches oder daran grenzendes rücksichtsloses Verhalten des über 14 Jahre alten Radfahrers gehandelt habe. Aufgrund der 50%-Regel müsse somit bereits mindestens die Hälfte des erlittenen Schadens beim Fahrradfahrer ersetzt werden. Für einen weitergehenden Schadensersatzanspruch kam es somit auf die kausale Verteilung und eine mögliche Billigkeitskorrektur nach Art. 6: 101 BW an. Bei der kausalen Verteilung wurde zunächst

---

626 Rechtbank Amsterdam, 9. Januar 2008, ECLI:RBAMS:2008:BC1802; bestätigt durch Gerechtshof Amsterdam, 21. April 2009, ECLI:NL:GHAMS:2009:BJ6269.

627 Rechtbank Arnhem, 14. Februar 2007, ECLI:NL:RBARN:2007:BA0118.

628 Rechtbank Arnhem, 14. Februar 2007, ECLI:NL:RBARN:2007:BA0118.

629 Vgl. Rechtbank Arnhem, 14. Februar 2007, ECLI:NL:RBARN:2007:BA0118.

630 Vgl. Rechtbank Arnhem, 14. Februar 2007, ECLI:NL:RBARN:2007:BA0118.

festgestellt, dass die Verkehrsüberschreitungen des Fahrradfahrers als auch der Autofahrer in gleichem Maße zur Entstehung des Unfalls beigetragen hätten. Es wäre nicht zu dem Unfall gekommen, wenn sich der Fahrradfahrer ordnungsgemäß verhalten hätte und die Autofahrer sowohl ihre Geschwindigkeit reduziert als auch den erforderlichen Abstand eingehalten hätten. Nach der Kausalitätsabwägung bestünden daher keine Gründe, dem Fahrradfahrer mehr als die ihm nach der 50% -Regel zustehenden Schäden zu ersetzen. Bei der darauffolgenden Billigkeitskorrektur wurde entschieden, dass die Verkehrsüberschreitungen zwar vergleichbar seien, es jedoch einen großen Unterschied im Rahmen der individuellen Vorwerfbarkeit gäbe. Das Verhalten der Autofahrer sei deutlich unvorsichtiger gewesen. Sie wären sich der unmittelbar drohenden Gefahr bewusst gewesen, da sie den schwankenden Fahrradfahrer bereits von hinten gesehen hätten. Die Autofahrer hätten ihn trotzdem überholt, ohne die Geschwindigkeit zu reduzieren und ohne den Abstand zueinander zu vergrößern. Sie seien somit bewusst das Risiko eingegangen, mit dem Fahrradfahrer zu kollidieren. Hingegen konnte der Radfahrer die von hinten kommenden Autofahrer nicht wahrnehmen. Des Weiteren seien die schweren Verletzungen des Radfahrers bei einem geringen Alter von 26 Jahren und die mit den Hirnverletzungen verbundenen Verhaltensänderungen des Fahrradfahrers zu berücksichtigen. Dem Radfahrer mussten nach vorgenommener Billigkeitskorrektur daher 100% des Schadens ersetzt werden.[631]

### c) Zusammenfassung

Die 50%- und 100%-Regel beruhen allein auf einer richterlichen Rechtsfortbildung. Der Hoge Raad nahm hinsichtlich der Haftung gegenüber den nicht motorisierten Verkehrsteilnehmern die Rolle eines Ersatz-Gesetzgebers ein.[632] Es wurde gegenüber den nicht motorisierten Verkehrsteilnehmern unter 14 Jahren praktisch eine reine Gefährdungshaftung geschaffen, die nur nicht greift, wenn die Kinder mit Vorsatz oder einer daran grenzender Rücksichtslosigkeit gehandelt haben. Gleiches gilt anteilsmäßig von 50% für die Haftung gegenüber den anderen nicht motorisierten Verkehrsteilnehmern. Die Regeln dienen zwar dem Schutz der schwachen Verkehrsteilnehmer, darunter leidet jedoch das Gerechtigkeitsempfinden des Eigentümers oder Halters des

---

631 Rechtbank Arnhem, 14. Februar 2007, ECLI:NL:RBARN:2007:BA0118.

632 Ernst – van Dam/ van Maanen, The development of traffic liability, S. 139.

Kraftfahrzeugs. Auch wenn ihnen nur ein minimales Verschulden bei der Entstehung eines Verkehrsunfalls trifft, müssen sie trotzdem einen viel höheren Anteil des Schadens ersetzen. Zu berücksichtigen ist jedoch, dass die die meisten Schäden durch die verpflichtende WAM-Versicherung gedeckt sind und der Eigentümer bzw. Halter hat die entstandenen Schäden nicht selbst zu ersetzen. Dass die Versicherung aufgrund der 50%- bzw. 100%-Regel in einigen Fällen einen höheren Anteil ersetzen muss, wird durch die Anpassung der Versicherungsprämien kompensiert. Daher kann das Gerechtigkeitsempfinden auch hinter dem Schutz der schwächeren Verkehrsteilnehmer zurücktreten. Der ausschließlich bezweckte Schutz der nicht motorisierten Verkehrsopfer wird auch bei möglichen Regressansprüchen der Versicherer untereinander deutlich, bei denen die 50%- und 100%-Regel keine Anwendung finden.[633] Eine Krankenversicherung, die zunächst die Schäden eines Fußgängers ersetzt hat, kann sich im Rahmen des Regresses bei der WAM-Versicherung somit nicht auf die 50%- bzw. 100%-Regel berufen. Schließlich führen die Regeln zur Vereinfachung der Bildung von Haftungsquoten. Bei der 100%-Regel entfällt der Streit um eine genaue Haftungsquote vollständig. Bei Personen über 14 Jahren wird der Streit zumindest vereinfacht. Anfallende Gutachterkosten können daher zum Teil vermieden werden.

### d) Vergleich zum deutschen Recht

Das Bestehen der 50%-Regel im niederländischen Verkehrsrecht stellt einen großen Unterschied zur deutschen Halterhaftung dar. Eine solch hohe von vornherein festgelegte Haftungsverteilung wie in den Niederlanden existiert in Deutschland nicht. Die Schadensregulierung in Deutschland erfolgt unter Abwägung der Verursachungsbeiträge grundsätzlich mit der Bildung einer Quote, die bei jedem Verkehrsunfall neu ermittelt werden muss. Entscheidend für die Höhe des Schadensersatzes ist hauptsächlich, in welchem Maße der Geschädigte und der Schädiger kausal zum Schaden beigetragen haben. Hat beispielsweise der Geschädigte den Unfall zu 75% verursacht, muss der Halter nach § 7 StVG in der Regel auch nur 25% des Schadens ersetzen. Die von Kraftfahrzeugen ausgehende Betriebsgefahr führt anders als in den Niederlanden nicht zu einer starren Haftungsverteilung von mindestens

---

633 Hoge Raad, 17. November 2000, NJ 2001, 260; Hoge Raad, 5. Dezember 1997, NJ 1998, 400-402; Hoge Raad, 2. Juni 1995, NJ 1997, 700-702.

50% gegenüber den nicht motorisierten Verkehrsteilnehmern, auch wenn dem Halter kein Verschulden trifft. Die allgemeine Betriebsgefahr führt bei fehlendem Verschulden aber regelmäßig zu einem Haftungsanteil von ca. 20%, solange kein eindeutiger Verkehrsverstoß der anderen Verkehrsteilnehmer vorliegt.[634]

## II. Zurechnung gemäß Art. 185 Abs. 2 WVW

Nach Art. 185 Abs. 2 WVW haftet der Eigentümer oder Halter, der das Kraftfahrzeug nicht selbst fährt, auch für die Verhaltensweisen desjenigen, den er das Kraftfahrzeug fahren lässt.[635] Dies ist derjenige (degene), der zum Zeitpunkt des Verkehrsunfalls der tatsächliche Fahrer des Kraftfahrzeugs war.

### 1. Zustimmung zur Überlassung

Der niederländische Begriff „doet of laat rijden" gemäß Art. 185 Abs. 2 WVW setzt eine einvernehmliche ausdrückliche oder stillschweigende Abrede zwischen dem Eigentümer bzw. Halter und dem Nutzer des Kraftfahrzeugs voraus.[636] Liegt eine ausdrückliche oder stillschweigende Zustimmung des Eigentümers oder Halters vor, haftet dieser nach Art. 185 Abs. 2 WVW auch für den Schaden, den er nicht selbst, sondern ein anderer Fahrer mit dem Kraftfahrzeug verursacht. Für den Geschädigten besteht in diesem Fall neben dem Fahrer, der gemäß Art. 6: 162 BW in Anspruch genommen werden kann, mit dem Eigentümer bzw. Halter des Kraftfahrzeugs ein weiterer Anspruchsgegner. Vor allem Familienmitgliedern, Freunden oder Chauffeuren wird in der Regel die Zustimmung erteilt, mit dem Kraftfahrzeug zu fahren. Sind diese an einem Verkehrsunfall mit einem nicht motorisierten Verkehrsteilnehmer beteiligt, haftet auch der Eigentümer bzw. Halter des Kraftfahrzeugs gemäß Art. 185 Abs. 1, Abs. 2 WVW für die entstandenen Schäden. Hingegen muss sich der Eigentümer bzw. Halter gemäß

---

634 Thiermann/ Werther/ Brüseken/ Krumbholz, SVR 2012, 41, 42; OLG Oldenburg, DAR 2015, 94.

635 Art. 185 Abs. 2 WVW: „De eigenaar of houder die het motorrijtuig niet zelf bestuurt, is aansprakelijk voor de gedragingen van degene door wie hij dat motorrijtuig doet of laat rijden.".

636 Hoge Raad, 17. Februar 1956, NJ 1956, 148.

Art. 185 Abs. 2 WVW beispielsweise nicht die Handlungen eines Diebes, der mit dem gestohlenen Kraftfahrzeug fährt und einen Schaden verursacht, zurechnen lassen. Dieser hat keine Zustimmung zur Nutzung des Kraftfahrzeugs erhalten.[637]

## 2. Zurechnung durch sorgloses Verhalten

Nach ständiger Rechtsprechung kann über den Wortlaut des Art. 185 Abs. 2 WVW hinaus ein „Fahren lassen" im Sinne des Art. 185 Abs. 2 WVW auch dann angenommen werden, wenn der Eigentümer oder Halter des Kraftfahrzeugs einem anderen durch sorgloses Verhalten (zorgeloosheid) die Gelegenheit gibt, mit dem Kraftfahrzeug zu fahren.[638] Ob sich ein Eigentümer oder Halter sorglos verhält, ist anhand der Umstände des Einzelfalls zu beurteilen.[639] So spielt es unter anderem eine Rolle, in welchem Verhältnis die Personen zum Eigentümer bzw. Halter stehen und ob die Schlüssel für das Kraftfahrzeug leicht an sich genommen werden können.[640] Der Eigentümer bzw. Halter kann jedoch grundsätzlich vorkehrende Maßnahmen treffen, um das Fahren mit seinem Kraftfahrzeug zu verhindern, und einer Zurechnung nach Art. 185 Abs. 2 WVW zu entgehen.[641] Dabei hat der Eigentümer oder Halter zu beweisen, dass das Kraftfahrzeug durch jemanden gesteuert wurde, dem er keine Erlaubnis erteilt hat, und er zudem ausreichende Vorsichtsmaßnahmen getroffen hat, um keinen anderen die Gelegenheit zu geben, mit dem Kraftfahrzeug zu fahren.[642]

---

637 Gerechtshof 's Hertogenbosch 25. Oktober 1938, NJ 1939, 173; Ekering, Motorrijtuig en Aansprakelijkheid naar Nederlandsch Burgerlijk Recht, S. 182.

638 So Hoge Raad, 31. Januar 1992, NJ 1992, 319 zu Art. 31 Abs. 3 WVW; Hoge Raad, 3. Januar 1941, NJ 1941, 537; Asser/ Hartkamp/ Sieburgh, 6-IV* 2011, Rn. 289.

639 So Hoge Raad, 31. Januar 1992, NJ 1992, 319 (zu Art. 31 Abs. 3 WVW (oud)).

640 Gerechtshof 's Hertogenbosch, 19. Januar 2010, ECLI:NL:GHSHE:2010:BL1530.

641 Hoge Raad, 3. Januar 1941, NJ 1941, 537.

642 Hoge Raad, 31. Januar 1992, NJ 1992, 319; Hoge Raad, 3. Januar 1941, NJ 1941, 537; Gerechtshof 's Hertogenbosch, 19. Januar 2010, ECLI:NL:GHSHE:2010:BL1530.

## a) Fälle aus der Rechtsprechung

Ein sorgloses Verhalten liegt in jedem Fall vor, wenn das Kraftfahrzeug unabgeschlossen auf einer öffentlichen Straße geparkt wird und die Fahrzeugschlüssel stecken gelassen werden.[643] In diesem Fall muss sich der Eigentümer bzw. Halter die Handlungen desjenigen zurechnen lassen, der das Kraftfahrzeug zwar unbefugt benutzt, aber dem die Nutzung aufgrund sorglosen Verhaltens ermöglicht wurde. Der Eigentümer bzw. Halter haftet also nach Art. 185 WVW für die Schäden, die dieser Fahrer mit dem Kraftfahrzeug verursacht.

Eine Zurechnung über Art. 185 Abs. 2 WVW wegen eines sorglosen Verhaltens des Eigentümers bzw. Halters erfolgt zum Beispiel auch dann, wenn dieser die Schlüssel seines Kraftfahrzeugs auf seinem Küchentisch liegen lässt und eine zu Besuch kommende Person die Schlüssel entwendet und anschließend einen Verkehrsunfall mit dem Fahrzeug verursacht.[644] Der Eigentümer bzw. Halter habe in einem solchen Fall keine ausreichenden Vorsichtsmaßnahmen getroffen, um ein Inverkehrbringen des Kraftfahrzeugs auf die öffentliche Straße durch den Besucher zu verhindern. Auch ohne Zustimmung hafte er für das Verhalten dieses unberechtigten Fahrers.[645]

Darüber hinaus wurde eine Zurechnung gemäß Art. 185 Abs. 2 WVW auch im folgenden Fall bejaht:[646] Eine Frau kam mit ihrem Kraftfahrzeug zur Geburtstagsfeier ihres Partners. Sie schloss ihr Fahrzeug ordnungsgemäß ab, steckte ihren Autoschlüssel in die Jackentasche und hing die Jacke an den Garderobenständer. Während der Geburtstagsfeier entnahm der Freund ohne vorherige Zustimmung der Frau die Schlüssel aus der Jackentasche und verursachte anschließend einen Verkehrsunfall mit dem Kraftfahrzeug. Trotz der fehlenden Kenntnis und nicht erteilten Erlaubnis zur Benutzung des Kraftfahrzeugs rechnete der Hoge Raad die Handlungen des Partners gemäß Art. 185 Abs. 2 WVW der Frau zu. Die enge Beziehung der beiden und die leichte Erreichbarkeit der Jacke an der Garderobe führten zur Annahme eines sorglosen Verhaltens bei der Frau.[647]

In einem weiteren Fall musste sich der Vater, der Eigentümer eines Kraftfahrzeugs war, auch das Verhalten seines Sohnes über Art. 185 Abs. 2 WVW zurechnen lassen, der noch nicht im Besitz eines

643 So Hoge Raad, 31. Januar 1992, NJ 1992, 319 (zu Art. 31 Abs. 3 WVW (oud)).
644 Rechtbank Rotterdam, 21. Mai 2008, ECLI:NL:RBROT:2008:BD6899.
645 Rechtbank Rotterdam, 21. Mai 2008, ECLI:NL:RBROT:2008:BD6899.
646 Hoge Raad, 31. Januar 1992, NJ 1992, 319 (zu Art. 31 Abs. 3 WVW (oud)).
647 Hoge Raad, 31. Januar 1992, NJ 1992, 319 (zu Art. 31 Abs. 3 WVW (oud)).

Führerscheins war und die Schlüssel seines Vaters aus dessen Jackentasche entwendet hatte.[648] Der Vater konnte im Prozess nicht beweisen, dass er die Schlüssel des Kraftfahrzeugs hinreichend sicher aufbewahrt hatte. Auch der fehlende Besitz eines Führerscheins beim Sohn konnte nicht das Vertrauen des Vaters rechtfertigen, dass der Sohn das Kraftfahrzeug nicht benutzen würde.[649]

Auf der anderen Seite wurden einem Eigentümer, der sein Kraftfahrzeug vermietete, die Handlungen des Mieters, der das Kraftfahrzeug nach der vereinbarten Mietzeit gegen den ausdrücklichen Willen des Eigentümers weiterbenutzte, nicht gemäß Art. 185 Abs. 2 WVW zugerechnet.[650] Da die verspätete Rückgabe sogar mit einer Geldstrafe belegt war, handelte es sich um kein sorgloses Verhalten des Eigentümers.[651]

#### b) Erforderlichkeit vorbeugender Maßnahmen

An die erforderlichen Vorsichtsmaßnahmen des Eigentümers bzw. Halters eines Kraftfahrzeugs werden sehr hohe Anforderungen gestellt. Insbesondere bei Familienangehörigen oder sonstigen nahestehenden Personen sind erhebliche Vorkehrungen zu treffen, um eine Haftung auszuschließen. Es ist nicht ausreichend, seine Schlüssel beispielsweise in Jackentaschen oder Schränken zu verstauen. Vielmehr ist eine so sichere Aufbewahrung erforderlich, dass derartige Personen überhaupt keinen Zugriff auf die Schlüssel haben. Ansonsten haftet der Eigentümer oder Halter gemäß Art. 185 Abs. 1, Abs. 2 WVW auch für den durch den unberechtigten Fahrer verursachten Schaden.

### 3. Vergleich zum deutschen Recht

Der Halter eines Kraftfahrzeugs in Deutschland haftet nach § 7 StVG wie in den Niederlanden auch, wenn er das Kraftfahrzeug nicht selbst

---

648 Gerechtshof 's Hertogenbosch, 19. Januar 2010, ECLI:NL:GHSHE:2010:BL1530.

649 Gerechtshof 's Hertogenbosch, 19. Januar 2010, ECLI:NL:GHSHE:2010:BL1530.

650 Hoge Raad, 23. Juni 1972, NJ 1973, 27; Asser/ Hartkamp/ Sieburgh, 6-IV 2015, Rn. 289.

651 Hoge Raad, 23. Juni 1972, NJ 1973, 27; Asser/ Hartkamp/ Sieburgh, 6-IV 2015, Rn. 289.

gefahren hat. Der Halter haftet grundsätzlich für alle beim Betrieb des Kraftfahrzeugs entstandenen Schäden. Nach § 7 Abs. 3 S. 1 HS. 1 StVG haftet er jedoch nicht, wenn jemand das Fahrzeug ohne sein Wissen und Wollen benutzt. In diesem Fall haftet der Fahrer anstelle des Halters. Wenn der Halter die Benutzung des Fahrzeugs durch sein Verschulden ermöglichte, bleibt der Halter gemäß § 7 Abs. 3 S. 1 Hs. 2 StVG daneben zum Ersatz des Schadens verpflichtet. Anders als in den Niederlanden, wo die Haftung des Eigentümers oder Halters für den unberechtigten Fahrer, der durch ein sorgloses Verhalten in Besitz des Kraftfahrzeugs gelangt ist, auf richterlicher Rechtsfortbildung beruht, besteht mit § 7 Abs. 3 S. 1 StVG eine gesetzliche Regelung in Deutschland. Benutzer im Sinne des § 7 Abs. 3 StVG ist derjenige, der sich das Kraftfahrzeug unter Verwendung dessen motorisierter Kraft als Fortbewegungsmittel zu Nutze macht und dadurch die Verfügungsgewalt über das Fahrzeug ausübt, wie sie sonst dem Halter zusteht.[652] Für die Haftung gemäß § 7 StVG ist entscheidend, ob die Benutzung gegen den ausdrücklichen oder konkludenten Willen des Halters verstößt. Das unberechtigte Fahren mit dem Kraftfahrzeug wird auch als sog. „Schwarzfahrt“ bezeichnet. Ob eine „Schwarzfahrt“ vorliegt, ist jeweils nach dem Gesamtcharakter der Fahrt zu beurteilen. Geringfügige Abweichungen von der Weisung des Halters im Hinblick auf Zweck, Ziel und Dauer der Fahrt sind in der Regel unerheblich.[653]

#### a) Haftung des unberechtigten Benutzers anstelle des Halters

Bei einer „Schwarzfahrt“, die nicht durch das Verschulden des Halters ermöglicht wurde, haftet der Halter gemäß § 7 Abs. 3 S. 1 HS. 1 StVG nicht. Anstelle des Halters haftet in diesem Fall der „Schwarzfahrer“ nach § 7 Abs. 1 StVG. Ihm stehen dabei alle Einwendungen zur Verfügung, die der sonst aus der Gefährdungshaftung in Anspruch genommene Halter selbst hätte geltend machen können.[654] Dies ist ein erster Unterschied zur niederländischen Regelung. Wenn dem Eigentümer oder Halter das Verhalten des unberechtigten Fahrers nicht gemäß Art. 185 Abs. 2 WVW zugerechnet werden kann, haftet der Fahrer in den Niederlanden nicht anstelle des Eigentümers oder Halters aus der

---

[652] BGH NJW 1957, 500; Rohde, Haftung und Kompensation bei Straßenverkehrsunfällen, S. 39.

[653] Hentschel/ König/ Dauer – König, Straßenverkehrsrecht, § 7 StVG Rn. 52.

[654] Hentschel/ König/ Dauer – König, Straßenverkehrsrecht, § 7 StVG Rn. 52.

Gefährdungshaftung, sondern nur nach der verschuldensabhängigen Haftung gemäß Art. 6: 162 BW. Dies ist zum Beispiel bei einem gestohlenen Kraftfahrzeug der Fall. Betrachtet man den Opferschutz, den die verschuldensunabhängige Haftung nach Art. 185 WVW grundsätzlich bezweckt, erscheint diese Regelung unverständlich. Im Falle eines Diebstahls kann neben der Haftung des unberechtigten Fahrers jedoch noch ein Schadensersatzanspruch des Geschädigten gegen den niederländischen Garantiefonds nach Art. 25 Abs. 1 c WAM bestehen. Der Waarborgfonds Motorverkeer tritt gemäß Art. 25 Abs. 1 c WAM ein, wenn der Schaden durch ein gestohlenes Kraftfahrzeug entstanden ist. Für einen Anspruch gegen den Garantiefonds ist gemäß Art. 25 WAM i.V.m. Art. 3 WAM jedoch auch das Bestehen eines zivilrechtlichen Anspruchs erforderlich. Da mangels Zurechnung gemäß Art. 185 Abs. 2 WVW kein Anspruch gegen den Eigentümer bzw. Halter besteht, muss der Geschädigte also grundsätzlich einen Anspruch gemäß Art. 6: 162 BW gegen den Dieb des Kraftfahrzeugs haben. Falls dies der Fall ist, bekommt dieser somit zwar grundsätzlich seinen Schaden vom solventen Garantiefonds ersetzt und trifft nicht auf einen möglicherweise zahlungsunfähigen Dieb. Er muss jedoch auch gegenüber dem Garantiefonds den Nachweis eines Verschuldens des Diebes für einen Anspruch nach Art. 6: 162 BW erbringen. Der Garantiefonds hat die Möglichkeit den Dieb nach Art. 27 WAM in Regress zu nehmen und trägt dann das Risiko einer Zahlungsunfähigkeit des Diebes.

#### b) Haftung des Halters neben dem unberechtigten Benutzer

Hat der Halter eine „Schwarzfahrt" durch sein schuldhaftes Verhalten ermöglicht, haftet dieser in Deutschland gemäß § 7 Abs. 3 S. 1 HS. 2 StVG neben dem unberechtigten Benutzer.[655] Es bestehen somit zwei Anspruchsgegner im Rahmen der Gefährdungshaftung. In den Niederlanden bleibt es allein bei der Haftung des Eigentümers oder Halters nach Art. 185 WVW, wenn diese durch ein sorgloses Verhalten das Fahren mit dem Kraftfahrzeug ermöglicht haben. Der unberechtigte Fahrer haftet nur verschuldensabhängig nach Art. 6: 162 BW. Ein Verschulden des Halters in Deutschland setzt eine mangelnde Beaufsichtigung des Kraftfahrzeugs oder ein fehlerhaftes

[655] Burmann/ Heß/ Jahnke/ Janker – Burmann, Straßenverkehrsrecht, StVG § 7 Rn. 25.

Verhalten bei der Auswahl oder Beaufsichtigung des Fahrers voraus.[656] Um die Sorgfalt zu wahren, ist der Halter daher verpflichtet, das Kraftfahrzeug vor einer unbefugten Benutzung zu sichern. Wann eine ausreichende Sicherung vor unbefugter Benutzung vorliegt, wird anhand der Maßstäbe, die bei § 14 Abs. 2 S. 2 StVO und § 38a StVZO gelt, beurteilt. So darf beispielsweise der Schlüssel nicht im Zündschloss stecken gelassen werden, auch wenn das Kraftfahrzeug nur für wenige Augenblicke verlassen wird. Auch müssen die Schlüssel sorgfältig und sicher aufbewahrt werden und dürfen nur zuverlässigen Personen anvertraut werden.[657] Gegenüber Familienangehörigen müssen die Schlüssel allerdings nur dann unzugänglich aufbewahrt werden, wenn aufgrund früherer Verhaltensweisen mit einer unbefugten Benutzung gerechnet werden muss.[658] Hinsichtlich des sorglosen Verhaltens bzw. der verschuldeten Ermöglichung der Benutzung werden im niederländischen Recht somit strengere Anforderungen an den Eigentümer und Halter bei der Aufbewahrung der Fahrzeugschlüssel gestellt.

### III. Ausschluss der Haftung nach Art. 185 Abs. 3 WVW

Eine bedeutende Einschränkung der Haftung des Eigentümers oder Halters nach Art. 185 WVW sieht Art. 185 Abs. 3 WVW vor. Danach gelten die Absätze 1 und 2 nicht, wenn das Kraftfahrzeug Schaden an freilaufenden Tieren, an einem anderen Kraftfahrzeug in Bewegung oder an Personen und Sachen, die vom Kraftfahrzeug befördert werden, zufügt.[659]

#### 1. Kraftfahrzeuge in Bewegung

Die Gefährdungshaftung des Art. 185 WVW findet somit unter anderem keine Anwendung, wenn durch das Kraftfahrzeug Schaden an einem anderen Kraftfahrzeug in Bewegung entstanden ist. Bei einem

---

656 Vgl. Burmann/ Heß/ Jahnke/ Janker – Burmann, Straßenverkehrsrecht, StVG, § 7 Rn. 25.

657 OLG Oldenburg, NZV 1999, 294, 295; OLG Jena, NZV 1999, 331, 332.

658 OLG Frankfurt VersR 1987, 54.

659 Art. 185 Abs. 3 WVW: „Het eerste en het tweede lid vinden geen toepassing ten aanzien van schade, door een motorrijtuig toegebracht aan loslopende dieren, aan een ander motorrijtuig in beweging of aan personen en zaken die daarmee worden vervoerd.“.

Verkehrsunfall zwischen zwei motorisierten Verkehrsteilnehmern kommen für die Geschädigten nur Ansprüche aus dem allgemeinen Deliktsrecht des BW in Betracht. In der Regel richtet sich der Anspruch dann gemäß Art. 6: 162 BW gegen den Fahrer des jeweiligen Kraftfahrzeugs.

### a) Definition und Anwendungsbereich

Bei der beschädigten Sache muss es sich also um ein Kraftfahrzeug, das in Bewegung war, handeln. Auch für ein Kraftfahrzeug im Sinne des Art. 185 Abs. 3 WVW gilt Art. 1 Abs. 1 c. WVW als gesetzliche Definition. Zu den Kraftfahrzeugen zählen somit unter anderem Autos oder Motorräder. Auch Mofas (snorfiets) fallen unter die Definition eines Kraftfahrzeugs, so dass eine Haftung nach Art. 185 WVW beispielsweise bei einem Verkehrsunfall eines Autos mit einem fahrenden Mofa ausgeschlossen ist.[660] Es wird bei dem Ausschluss nach Art. 185 Abs. 3 WVW nicht differenziert, um welche Art von Kraftfahrzeug es sich handelt, sondern der Ausschluss der Haftung gilt unabhängig von der Größe oder dem Gewicht eines Kraftfahrzeugs für jedes Kraftfahrzeug.

Wann ein Kraftfahrzeug in Bewegung ist, ist gesetzlich nicht definiert. Anhand der Rechtsprechung kann jedoch eine genauere Einordnung erfolgen. So liegt ein Verkehrsunfall mit zwei sich in Bewegung befindlichen Kraftfahrzeugen in jedem Fall vor, wenn zwei fahrende Kraftfahrzeuge kollidieren.[661] Hingegen werden dauerhaft parkende Kraftfahrzeuge nicht mehr als Kraftfahrzeug in Bewegung angesehen. Bei einem Zusammenstoß eines fahrenden Kraftfahrzeugs mit einem parkenden Kraftfahrzeug findet Art. 185 WVW daher weiter Anwendung.[662] Problematischer ist die Einordnung bei Kraftfahrzeugen, die beispielsweise vor roten Ampeln, an Kreuzungen oder im Stau stehen oder aufgrund eines Unfalls oder anderer Ursachen „liegengeblieben" sind.

So wurde bei einem Verkehrsunfall, bei dem ein Kraftfahrzeug auf ein am Stauende befindliches Auto auffuhr, entschieden, dass die Gefährdungshaftung des Art. 185 WVW nach Art. 185 Abs. 3 WVW

660 Rechtbank ´s-Gravenhage, 12. Februar 2012, ECLI:NL:RBSGR:2012:BV8991.

661 Rechtbank Rotterdam, 13. März 2013, ECLI:NL:RBROT:2013:BZ6034.

662 Kamerstukken II 1997/98, 25759, Nr. 3, S. 6 f.

keine Anwendung finde, da das Fahrzeug im Stau noch als Kraftfahrzeug, das in Bewegung (in beweging) ist, angesehen werde.[663] Nach der Beurteilung der Rechtbank Maastricht nehmen die im Stau stehenden Kraftfahrzeuge noch am Verkehr teil und werden als Kraftfahrzeuge in Bewegung angesehen, da sie nur durch den Stau notgedrungen zum Stillstand gekommen seien.[664] Gleiches gilt somit für Kraftfahrzeuge, die vor einer roten Ampel oder an Kreuzungen stehen. Bei ihnen handelt es sich ebenfalls noch um Kraftfahrzeuge in Bewegung.

Anders wurde bei einer Kollision eines fahrenden Kraftfahrzeugs mit einem Kraftfahrzeug, das aufgrund eines Unfalls stand, entschieden.[665] Dabei war eine Frau mit ihrem Kraftfahrzeug auf der Autobahn aufgrund von plötzlich auftretender Glätte gegen die Leitplanke gestoßen, so dass ihr Kraftfahrzeug beschädigt auf der Fahrbahn stand. Die Frau stieg aus dem Kraftfahrzeug aus und stand unmittelbar neben ihrem Fahrzeug als ein folgendes Kraftfahrzeug in das Auto fuhr und einen weiteren Unfall verursachte. Die Frau verletzte sich und auch das Kraftfahrzeug wurde weiter beschädigt. Die Rechtbank Gelderland wandte Art. 185 Abs. 1 WVW an, da das Kraftfahrzeug sich nicht mehr in Bewegung befinde und die Gefährdungshaftung nicht nach Art. 185 Abs. 3 WVW ausgeschlossen sei.[666]

Die beschriebenen Fälle aus der Rechtsprechung zeigen, dass der Begriff „Kraftfahrzeug in Bewegung" (motorrijtuig in beweging) irreführend ist. So wurden von der Rechtsprechung im Stau stehende Kraftfahrzeuge noch als in Bewegung angesehen, während geparkte Kraftfahrzeuge oder Kraftfahrzeuge, die aufgrund eines Unfalls standen, als nicht mehr in Bewegung betrachtet wurden. Die Auswertung der Rechtsprechung hat gezeigt, dass es nicht auf die tatsächliche Bewegung, also das Fahren des Kraftfahrzeugs ankommt, sondern vielmehr darauf, dass mit dem Kraftfahrzeug am Verkehr teilgenommen wird. So wurden die verkehrsbedingt zum Stillstand gekommenen Kraftfahrzeuge noch als in Bewegung angesehen. Es findet somit keine Abgrenzung statt, ob sich ein Kraftfahrzeug im Zeitpunkt des Unfalls tatsächlich noch fortbewegt hat, sondern es erfolgt vielmehr eine Abgrenzung danach, ob die Kraftfahrzeuge noch bewusst am Verkehr teilnahmen. Dies wird jedoch durch den Gesetzeswortlaut nicht deutlich. Sinn und Zweck des

663 Rechtbank Maastricht, 13. Dezember 2006, ECLI:NL:RBMAA:2006:AZ4594.

664 Rechtbank Maastricht, 13. Dezember 2006, ECLI:NL:RBMAA:2006:AZ4594.

665 Rechtbank Gelderland, 29. Januar 2015, ECLI:NL:RBGEL:2015:1227.

666 Rechtbank Gelderland, 29. Januar 2015, ECLI:NL:RBGEL:2015:1227.

Art. 185 WVW ist es unter anderem die schwachen Verkehrsteilnehmer, wie Radfahrer und Fußgänger, durch die Gefährdungshaftung zu schützen. Daher soll Art. 185 Abs. 3 WVW in den Fällen keine Anwendung finden, in denen zwei Kraftfahrzeuge im Straßenverkehr kollidieren und sich die Gefahren der motorisierten Kraftfahrzeuge bereits untereinander realisieren. Der Begriff „mit einem anderen Kraftfahrzeug in Bewegung" entspricht nach der Rechtsprechung daher grundsätzlich eher dem eines „anderen Kraftfahrzeugs, welches bewusst am Verkehr teilnimmt".

### b) Vergleich zum deutschen Recht

Mit dem Ausschluss der Haftung durch Art. 185 Abs. 3 WVW bei Verkehrsunfällen zwischen motorisierten Kraftfahrzeugen im Straßenverkehr wird der Anwendungsbereich der Gefährdungshaftung des Eigentümers bzw. Halters in den Niederlanden stark eingeschränkt. Diese Einschränkung der Gefährdungshaftung existiert bei der deutschen Halterhaftung nach § 7 StVG nicht. Es besteht ein Anspruch nach § 7 StVG auch dann, wenn zwei fahrende Kraftfahrzeuge kollidieren. Gemäß § 7 Abs. 1 StVG muss lediglich bei dem Betrieb eines Kraftfahrzeugs ein Mensch getötet, der Körper oder die Gesundheit eines Menschen verletzt oder eine Sache beschädigt werden. Die Gefährdungshaftung nach § 7 StVG bei einem Verkehrsunfall in Deutschland hat somit einen deutlich größeren Anwendungsbereich als die Gefährdungshaftung gemäß Art. 185 WVW bei einem Verkehrsunfall in den Niederlanden.

Welche unterschiedlichen Rechtsfolgen damit verbunden sind, verdeutlicht folgendes Fallbeispiel: An einer mit Verkehrsampeln geregelten Kreuzung kollidieren zwei Kraftfahrzeuge, wobei nicht festzustellen ist, welches der beiden Kraftfahrzeuge das Rotlicht missachtete. Ein Defekt der Verkehrsampel ist ausgeschlossen, so dass einer der beiden Kraftfahrzeugführer einen Rotlichtverstoß begangen haben muss. In Deutschland besteht in diesem Fall ein Anspruch gegen den jeweiligen Halter der Kraftfahrzeuge gemäß § 7 StVG und gegen den Fahrer gemäß § 18 StVG. Nach der Gefährdungshaftung des § 7 StVG haften beide Halter der Kraftfahrzeuge für den entstandenen Schaden. Aufgrund der gleichartigen Verursachung haften die beiden Halter nach § 7 StVG jeweils zu 50%. Gleiches gilt für die Haftung des Fahrers nach § 18 StVG. Es besteht allerdings kein Anspruch gemäß § 823 BGB, da kein Verschulden bewiesen werden kann. Die Geschädigten bekommen somit 50% ihres Schadens nach § 7 StVG vom jeweiligen Halter ersetzt. Den entstandenen Schaden deckt in der Regel die Pflichtversicherung, gegen die gemäß § 115 VVG auch ein Anspruch besteht.

In den Niederlanden scheidet in diesem Fall eine Gefährdungshaftung gegenüber dem Eigentümer bzw. Halter gemäß Art. 185 Abs. 3 WVW aus, da zwei Kraftfahrzeuge in Bewegung kollidiert sind. Es kommen nur Ansprüche gegen die Fahrer aus unerlaubter Handlung in Betracht. Eine Haftung gemäß Art. 6: 162 BW setzt jedoch Verschulden voraus, wobei die Beweislast beim Geschädigten liegt. Die Kläger werden jeweils die Begehung eines Rotlichtverstoßes des Beklagten nicht beweisen können, so dass eine Haftung in dem dargelegten Fall ausgeschlossen ist.[667] Die Geschädigten müssen ihren Schaden somit selbst tragen.

Das Beispiel macht einen gravierenden Unterschied deutlich. Während nach deutschem Recht jeder Geschädigte die Hälfte seines Schadens ersetzt bekommt, gehen die Geschädigten im identischen Fall nach niederländischem Recht leer aus. Sie haben ihren Schaden selbst zu tragen.

### c) Sonderfall: Züge und Straßenbahnen

Neben Verkehrsunfällen zwischen zwei Kraftfahrzeugen können im Straßenverkehr auch Unfälle eines Kraftfahrzeugs mit Zügen oder Straßenbahnen entstehen. Straßenbahnen bzw. Züge fallen nicht unter den Begriff des Kraftfahrzeugs im Sinne des Art. 1 Abs. 1 c. WVW. Eine Haftung des Eigentümers oder Halters des Kraftfahrzeugs bei einem Unfall mit einer Straßenbahn oder einem Zug ist daher vom Wortlaut der Art. 185 WVW, Art. 1 Abs. 1 c WVW grundsätzlich möglich. Ein Ausschluss wie nach Art. 185 Abs. 3 WVW erscheint jedoch naheliegend, da Art. 185 WVW schwache Verkehrsteilnehmer, wie Fußgänger und Radfahrer, schützen soll. Auch wurde entschieden, dass ein Fußgänger, der mit einer Straßenbahn kollidierte, sich auf die 50% - Regel berufen kann.[668] Daher erscheint es nicht plausibel, dass eine Straßenbahn im Falle eines Unfalls mit einem Fußgänger als starker Verkehrs-

---

[667] Hoge Raad, 22. April 2005, ECLI:NL:HR:2005:AS2026.

[668] Hoge Raad, 3. Juni 2005, NJ 2005, 286.

teilnehmer aufgefasst wird und im Falle einer Kollision mit einem anderen Kraftfahrzeug als schwacher Verkehrsteilnehmer gelten und die Haftung nicht gemäß Art. 185 Abs. 3 WVW ausgeschlossen sein soll.

Trotzdem wurde entschieden, dass bei einem Verkehrsunfall mit einem Kraftfahrzeug und einer Straßenbahn der Eigentümer bzw. Halter des Kraftfahrzeugs nach Art. 185 WVW haftet und die Gefährdungshaftung nicht gemäß Art. 185 Abs. 3 WVW ausgeschlossen ist.[669] Eine Straßenbahn sei zwar nicht als schwacher Verkehrsteilnehmer anzusehen, dadurch sei die Rechtsfrage aber noch nicht abschließend entschieden. Die Rechtbank Rotterdam vertrat die Auffassung, dass für die Frage der Anwendung des Art. 185 WVW auch politische Erwägungen berücksichtigt werden müssten. Es müsse abgewogen werden, ob der entstehende Schaden in diesen Fällen durch das Kollektiv der WAM-Versicherungsnehmer getragen werden solle oder der Schaden zu Lasten derjenigen gehen solle, die die Kosten für die öffentlichen Verkehrsmittel zu tragen haben. Da sich letztendlich aus dem Gesetzestext ergäbe, dass sich der Eigentümer einer Straßenbahn auf Art. 185 WVW berufen könne, folgte die Rechtbank dem Gesetzestext und ließ den Eigentümer bzw. Halter des Kraftfahrzeugs nach Art. 185 WVW haften.[670] Bei Verkehrsunfällen zwischen Kraftfahrzeugen und Straßenbahnen oder Zügen haftet der Eigentümer bzw. Halter des Kraftfahrzeugs somit gleichermaßen wie bei einem Zusammenstoß mit einem Fahrradfahrer oder Fußgänger.

#### d) Sonderfälle: Regressansprüche

Trotz des eindeutigen Wortlauts des Art. 185 Abs. 3 WVW sind in der niederländischen Rechtsprechung vereinzelt Urteile zu finden, bei denen ein Anspruch aus Art. 185 WVW bejaht wird, obwohl ein Verkehrsunfall mit zwei Kraftfahrzeugen in Bewegung stattgefunden hat. Dabei handelte es sich um Fälle, bei denen keine WAM-Versicherung für ein Kraftfahrzeug abgeschlossen war und der Eigentümer des Kraftfahrzeugs vom Garantiefonds oder einer Kaskoversicherung für die Schäden, die durch den Gebrauch des Kraftfahrzeugs entstanden sind, in Regress genommen wurde. Der Garantiefonds tritt gemäß Art. 25 WAM unter anderem ein, wenn mit einem nicht versicherten Kraftfahrzeug ein Schaden verursacht wurde. Nach Art. 27 WAM kann

669 Rechtbank Rotterdam, 25. Februar 2009, ECLI:NL:RBROT:2009:BH6000.

670 Rechtbank Rotterdam, 25. Februar 2009, ECLI:NL:RBROT:2009:BH6000.

der Fonds in diesen Fällen denjenigen, der seiner Verpflichtung zur Versicherung seines Fahrzeugs nicht nachgekommen ist, in Regress nehmen. Um diese Regressansprüche erfolgreich durchzusetzen, wird Art. 185 Abs. 3 WVW von der Rechtsprechung in solchen Fällen teilweise nicht berücksichtigt.

#### aa) Fälle aus der Rechtsprechung

So stieß in einem Fall der Fahrer eines Lieferwagens beim Spurwechsel auf der Autobahn mit dem neben ihm fahrenden Kraftfahrzeug zusammen, wodurch ein Schaden an diesem Kraftfahrzeug entstand. Da der Lieferwagen zum Zeitpunkt des Unfalls nicht versichert war, ersetzte zunächst die Versicherung des Besitzers des geschädigten Kraftfahrzeugs den entstanden Schaden am Kraftfahrzeug ihres Versicherungsnehmers.[671] Die Versicherung trat daher in die Rechte des Versicherers ein und richtete ihren Regressanspruch gegen den Eigentümer des Lieferwagens sowie den Fahrer des Lieferwagens, der ein Angestellter des Eigentümers war. Die Rechtbank entschied, dass der Eigentümer, der gemäß Art. 185 Abs. 2 WVW auch für das Verhalten des Fahrers hafte, den Schaden ersetzen müsse. Obwohl beide Fahrzeuge in Bewegung waren, wurde Art. 185 Abs. 3 WVW hier nicht berücksichtigt.

Auch bei einem Regressanspruch einer Kaskoversicherung wurde ein Anspruch nach Art. 185 WVW gegenüber dem Eigentümer eines Kraftfahrzeugs bejaht, obwohl der Ausschluss nach Art. 185 Abs. 3 WVW hätte Anwendung finden müssen, da zwei Kraftfahrzeuge in Bewegung kollidierten.[672] Das Kraftfahrzeug, mit dem der Fahrer den Verkehrsunfall verursachte, war auch hier nicht versichert, so dass zunächst die gegnerische Kaskoversicherung die Schäden am Kraftfahrzeug ihres Versicherten ersetzte. Die Kaskoversicherung trat dann in die Rechte des Versicherungsnehmers ein und konnte nach Art. 15 WAM und Art. 7: 962 BW i.V.m. Art. 185 WVW Regress beim Eigentümer des schädigenden Kraftfahrzeugs nehmen.

In einer anderen Entscheidung wurde der Eigentümer bzw. Halter eines Kraftfahrzeugs, mit dem bei einem Verkehrsunfall auf der Autobahn Schäden an zwei fahrenden Kraftfahrzeugen verursacht wurden, ebenfalls erfolgreich gemäß Art. 185 WVW von einer Versicherung in

671 Rechtbank Rotterdam, 16. November 2005, ECLI:NL:RBROT:2005:AV3091.

672 Rechtbank Oost-Brabant, 10. Oktober 2013, ECLI:NL:RBOBR:2013:7299.

Anspruch genommen.[673] Das Kraftfahrzeug war im Zeitpunkt des Unfalls nicht mehr gemäß Art. 2 WAM versichert und der Fahrer des Kraftfahrzeugs, der nicht identisch mit dem Eigentümer bzw. Halter war, hatte eine Fahrerflucht begangen. Die ehemalige Versicherung des Eigentümers ersetzte den entstandenen Schaden zunächst aufgrund ihres sog. „na-risico". Das „na-risico" ist in Art. 13 Abs. 4 WAM geregelt. Danach bleiben die Verpflichtungen des Versicherers gegen den Geschädigten für Unfälle und Ereignisse bestehen, die innerhalb 16 Tagen eintreten, nachdem die Versicherung beendet, aufgehoben oder die Deckung ausgesetzt ist. Die Versicherung konnte trotz eines Verkehrsunfalls mit Kraftfahrzeugen in Bewegung wiederum Regress beim Eigentümer bzw. Halter des Kraftfahrzeugs nehmen. Der Eigentümer bzw. Halter des Kraftfahrzeugs haftete nach Art. 185 Abs. 2 WVW auch für das Verhalten des Fahrers, da er ihm durch ein sorgloses Verhalten die Möglichkeit zum Fahren gab. Art. 185 Abs. 3 WVW wurde hier wiederum nicht berücksichtigt.

Anders entschieden wurde jedoch bei einem nicht versicherten Kraftfahrzeug, durch dessen Betrieb ebenfalls Schäden an einem anderen Kraftfahrzeug in Bewegung entstanden, da Art. 185 WVW bei einem Verkehrsunfall mit 2 Kraftfahrzeugen in Bewegung keine Anwendung fände. Zwar trug auch hier die ehemalige Versicherung des Schädigers das „na-risico" nach Art. 13 Abs. 4 WAM. Anders als im oberen Fall wurde die Forderung der Versicherung gegen den Eigentümer des Kraftfahrzeugs aber abgelehnt. Im Stau stehende Kraftfahrzeuge seien noch als in Bewegung anzusehen und daher schließe Art. 185 Abs. 3 WVW die Gefährdungshaftung aus.[674]

Ebenfalls wurde ein Anspruch der Versicherung, die das „na-risco" trug, gegenüber einem Eigentümer abgelehnt, dessen Kraftfahrzeug durch einen anderen gefahren wurde und mit einem fahrenden Frachtwagen zusammengestoßen war.[675] Zwar hafte der Eigentümer nach Art. 185 Abs. 2 WVW auch für das Verhalten desjenigen, dem er das Kraftfahrzeug überlassen habe, aus Art. 185 Abs. 3 WVW ergebe sich jedoch, dass der Anspruch ausgeschlossen sei, wenn der Schaden durch das Kraftfahrzeug an einem anderen Kraftfahrzeug in Bewegung zugefügt werde.

---

673 Rechtbank Rotterdam, 21. Mai 2008, ECLI:NL:RBROT:2008:BD6899.

674 Rechtbank Maastricht, 13. Dezember 2006, ECLI:NL:RBMAA:2006:AZ4594.

675 Gerechtshof 's Hertogenbosch, 29. September 2015, ECLI:NL:GHSHE:2015:3757.

### bb) Zusammenfassung

Die Entscheidungen betrafen Regressansprüche von Versicherern bei Verkehrsunfällen mit Kraftfahrzeugen, die nicht versichert waren, obwohl in den Niederlanden gemäß Art. 2 Abs. 1 WAM eine Versicherungspflicht besteht. Damit die Regressansprüche nicht ins Leere laufen, wurde Art. 185 Abs. 3 WVW in diesen Fällen zum Teil von der Rechtsprechung außer Acht gelassen. Dabei herrscht jedoch kein einheitliches Bild in Bezug auf die Anwendung des Art. 185 Abs. 3 WVW. So wurde bei den Regressansprüchen der Versicherung, die das „na-risico" trugen, in einem Fall Art. 185 Abs. 3 WVW nicht berücksichtigt, obwohl es sich um einen Verkehrsunfall mit mehreren fahrenden Kraftfahrzeugen handelte[676], während in zwei anderen Entscheidungen der Regressanspruch aus den in Art. 185 Abs. 3 WVW genannten Gründen abgelehnt wurde.[677]

Die Nichtanwendung des Art. 185 Abs. 3 WVW gegenüber den Eigentümern bzw. Haltern, die ihrer Versicherungspflicht nicht nachgekommen sind, dient vor allem dem finanziellen Interesse der eintretenden Versicherungen. Ansonsten müssten die Regressansprüche auf die verschuldensabhängige Haftung nach Art. 6: 162 BW gestützt werden, was zu einer Erschwerung der Durchsetzung führen würde. Zudem richtet sich dieser Anspruch dann häufig nur gegen den Fahrer des Kraftfahrzeugs, der jedoch nicht zwingend selbst gegen die Versicherungspflicht nach Art. 2 WAM verstoßen haben muss. Zwar wird der Eigentümer oder Halter des Kraftfahrzeugs durch die Nichtbeachtung des Art. 185 Abs. 3 WVW benachteiligt, jedoch kam dieser auch seiner Versicherungspflicht nicht nach und ist daher auch nicht schützenswert.

## 2. Durch das Kraftfahrzeug beförderte Personen und Sachen

Die Gefährdungshaftung des Eigentümers bzw. Halters eines Kraftfahrzeugs findet gemäß Art. 185 Abs. 3 WVW außerdem keine Anwendung, wenn der Schaden an Personen oder Sachen entstanden ist, die

---

676 Rechtbank Rotterdam, 21. Mai 2008, ECLI:NL:RBROT:2008:BD6899.

677 Gerechtshof's Hertogenbosch, 29. September 2015, ECLI:NL:GHSHE:2015:3757; Rechtbank Maastricht, 13. Dezember 2006, ECLI:NL:RBMAA:2006:AZ4594.

durch ein anderes Kraftfahrzeug in Bewegung befördert wurden.[678] Weder der Fahrer noch die weiteren Insassen des anderen Kraftfahrzeugs in Bewegung können somit erfolgreich einen Schadensersatzanspruch nach Art. 185 WVW gegenüber dem Eigentümer oder Halter des unfallverursachenden Kraftfahrzeugs geltend machen. Sie können in der Regel lediglich den Fahrer des unfallverursachenden Kraftfahrzeugs gemäß Art. 6: 162 BW in Anspruch nehmen.

### a) Abgrenzung zwischen Insassen und Fußgängern

Für die Anwendbarkeit von Art. 185 WVW ist entscheidend, wie weit die Grenzen der Beförderung gezogen werden. Insbesondere muss differenziert werden, ob es sich bei gerade ausgestiegenen Personen noch um beförderte Personen oder bereits um Fußgänger handelt.

#### aa) Abgrenzungskriterien

In der Rechtsprechung war die Meinung, wann jemand noch als befördert oder bereits als Fußgänger angesehen wird, bis zu einer Entscheidung des Hoge Raad am 25. Februar 2000 geteilt. Mit dem Urteil des Hoge Raad wurde Klarheit in dieser Angelegenheit geschaffen. Seitdem kommt es für die Abgrenzung zwischen einem Fußgänger und einer beförderten Person auf die Sicht der anderen Verkehrsteilnehmer an.[679] Unerheblich sind daher die Absichten des Fahrers bzw. der beförderten Personen, ob diese beispielsweise kurz nach dem Aussteigen aus dem Kraftfahrzeug noch weiter mit diesem fahren möchten oder nicht.[680] Die Entscheidung betraf einen Unfall auf dem Betriebsgelände einer Firma, das eine öffentliche Verkehrsfläche im Sinne des WVW darstellte. Der Fahrer einer Kehrmaschine hielt kurz vor der Ausfahrt des Betriebsgeländes an, da eine seiner Bürsten einen angrenzenden Zaun gestreift hatte. Der Fahrer stieg aus, um zu kontrollieren, ob die Bürsten noch funktionierten und der Zaun beschädigt worden war. Die stehende Kehrmaschine war dabei noch in Betrieb. Zeitgleich fuhr ein

---

678 Art. 185 Abs. 3 WVW: „Het eerste en het tweede lid vinden geen toepassing ten aanzien van schade, door een motorrijtuig toegebracht aan loslopende dieren, aan een ander motorrijtuig in beweging of aan personen en zaken die daarmee worden vervoerd.".

679 Hoge Raad, 25. Februar 2000, ECLI:NL:HR:2000:AA4943.

680 Hoge Raad, 25. Februar 2000, ECLI:NL:HR:2000:AA4943.

weiterer LKW ebenfalls in Richtung des Ausgangs und überholte die stehende Kehrmaschine. Bei dem Überholvorgang fuhr der Fahrer des LKWs aus Unachtsamkeit über den Fuß des „Fahrers“ der Kehrmaschine und verletzte diesen schwer.

Bis zu dieser Entscheidung des Hoge Raad wurden in der Rechtsprechung für die Abgrenzung zwischen Fahrern bzw. beförderten Personen und Fußgängern bei ausgestiegenen Personen zwei Ansichten vertreten. Die erste Ansicht stellte für die Beurteilung, ob es sich um einen Fußgänger oder Fahrer handelt, auf die Absichten des Fahrers ab.[681] Sie richtete sich nach subjektiven Umständen und es wurde geschaut, ob der Fahrer das Kraftfahrzeug nach dem Aussteigen noch tatsächlich weiter führen wollte. Die andere Ansicht stellte für die Abgrenzung zwischen einem Fahrer und Fußgänger auf eine rein objektive Beurteilung aus der Perspektive anderer Verkehrsteilnehmer ab.[682] Die Gründe, warum eine Person aus dem Kraftfahrzeug ausgestiegen ist, sollten nicht entscheidend sein.

Für den beschriebenen Fall hätte dies nach der ersten Ansicht bedeutet, dass die Haftung des Eigentümers bzw. Halters des LKWs gemäß Art. 185 WVW ausgeschlossen gewesen wäre. Da der Fahrer der Kehrmaschine die Absicht hatte, nach der Inspektion weiter mit der Kehrmaschine zu fahren, war er nach seiner Sicht noch Fahrer des Kraftfahrzeugs. Das kurzzeitige Anhalten und Nachschauen stellte für ihn noch einen direkten Zusammenhang mit dem Steuern des Kraftfahrzeugs dar. Nach der anderen Ansicht hätte aus der Sicht der anderen Verkehrsteilnehmer beurteilt werden müssen, ob es sich um einen Fußgänger oder um einen Fahrer bzw. eine beförderte Person handelte. Im vorliegenden Fall wirkte der ausgestiegene Fahrer der Kehrmaschine für die anderen Verkehrsteilnehmer als Fußgänger, da er sich außerhalb des Kraftfahrzeugs befand. Eine Haftung des Eigentümers bzw. Halters des Kraftfahrzeugs wäre somit nicht gemäß Art. 185 Abs. 3 WVW ausgeschlossen gewesen.

Der Hoge Raad stellte sich auch auf den Standpunkt der zweiten Ansicht und nahm eine Haftung des Eigentümers bzw. Halters nach Art. 185 WVW an.[683] Ziel und Zweck des Art. 185 WVW sei es,

---

681 Gerechtshof Leeuwarden, 30. Dezember 1992, VR 1993, Nr. 180.

682 Gerechtshof Arnhem, 24. August 1993, VR 1994, Nr. 80; Gerechtshof Amsterdam 19. Juni 1980, VR 1981, Nr. 44; Gerechtshof Den Haag, 26. Mai 1977, NJ 1978, 44; Rechtbank Amsterdam, 20. Januar 1976, VR 1978, 5.

683 Hoge Raad, 25. Februar 2000, ECLI:NL:HR:2000:AA4943.

schwache Verkehrsteilnehmer vor den Gefahren des motorisierten Verkehrs zu schützen. Eine weite Auslegung des Begriffs „befördert werden" sei daher nicht gewollt. Wenn Personen durch andere Verkehrsteilnehmer als Fußgänger angesehen würden, müsse diesen auch ein entsprechender Schutz gewährt werden. Mit dieser Auslegung werde dem Gesetzeszweck bestmöglich Rechnung getragen.[684] Mit der Entscheidung des Hoge Raad ist also der Fahrer, der sein Auto verlässt, unabhängig von dessen weiteren Absichten als Fußgänger und nicht als eine noch durch das Kraftfahrzeug beförderte Person anzusehen.

#### bb) Rechtsprechungsübersicht

Diese Auffassung wurde auch in der Folge bei vergleichbaren Fällen in der Rechtsprechung vertreten. In einem Fall, den die Rechtbank Amsterdam zu entscheiden hatte, war ein Kraftfahrzeug mit 3 Insassen aufgrund eines geplatzten Reifens ins Schleudern gekommen und schließlich auf der Fahrbahn stehengeblieben.[685] Die 3 Insassen befreiten sich aus dem PKW und liefen auf den Standstreifen, wo bereits andere Verkehrsteilnehmer angehalten hatten, um zu helfen. Einer der drei Insassen und zwei weitere Verkehrsteilnehmer liefen nach kurzer Zeit wieder zu dem Kraftfahrzeug, um es von der Fahrbahn zu schieben. Dabei stand einer der früheren Insassen zwischen der Fahrertür und dem Kraftfahrzeug, um zu prüfen, ob die Handbremse noch betätigt war. Ein nachfolgender Fahrer erfasste die gesamte Situation zu spät und kollidierte mit einer Geschwindigkeit von 80-100 km/h mit dem Kraftfahrzeug und dem vorherigen Insassen. Der Insasse erlitt dadurch schwere Verletzungen. In der Entscheidung ging es unter anderem um die Frage, ob es sich bei dem früheren Insassen noch um eine durch das Kraftfahrzeug beförderte Person handelte und die Haftung nach Art. 185 Abs. 3 WVW ausgeschlossen sei.[686] Die Rechtbank Amsterdam entschied, dass der Kreis der Personen, die in einem Kraftfahrzeug befördert werden, eingeschränkt aufgefasst werden müsse. Personen, die das Kraftfahrzeug verlassen hätten, sollten nicht mehr als durch das Kraftfahrzeug beförderte Personen betrachtet werden. Die Beurteilung, ob jemand noch als durch das Kraftfahrzeug befördert angesehen

684 Hoge Raad, 25. Februar 2000, ECLI:NL:HR:2000:AA4943.

685 Rechtbank Amsterdam, 9. Januar 2008, ECLI:NL:RBAMS:2008:BC1802.

686 Rechtbank Amsterdam, 9. Januar 2008, ECLI:NL:RBAMS:2008:BC1802.

werde, erfolge dabei nach objektiven Maßstäben aus der Sicht der anderen Verkehrsteilnehmer. Danach sei der frühere Insasse im Moment der Kollision nicht mehr als eine durch das Kraftfahrzeug beförderte Person, sondern als Fußgänger anzusehen. Die vorgenommenen Handlungen des früheren Insassen stünden in keinem Zusammenhang mehr mit dem Führen eines Kraftfahrzeugs oder dem Befördern durch ein Kraftfahrzeug im Sinne des Art. 185 Abs. 3 WVW. Dass der frühere Insasse zum Zeitpunkt der Kollision an der Fahrerseite stand und nachsah, ob die Handbremse noch betätigt sei, mache ihn aus Sicht der anderen Verkehrsteilnehmer nicht zu einem Fahrer oder einer durch das Kraftfahrzeug beförderten Person. Diese Entscheidung wurde zweitinstanzlich bestätigt und entspricht den Vorgaben der Entscheidung des Hoge Raad im Jahr 2000.[687]

In einem weiterem Fall wurde entschieden, dass als Fußgänger und nicht mehr als durch das Kraftfahrzeug beförderte Person auch derjenige angesehen werde, der sein Kraftfahrzeug verlasse, um sich vor der Gefahr nachfolgender Kraftfahrzeuge, die auf ihn auffahren könnten, zu schützen.[688] Auch wenn er Sekunden vor der Kollision noch das Fahrzeug geführt habe, sei er, sobald er das Kraftfahrzeug verlassen habe, als Fußgänger anzusehen.[689]

### b) Vergleich zum deutschen Recht

Nach deutschem Recht spielt es für die Halterhaftung hingegen keine Rolle, ob es sich bei der geschädigten Person um einen Fußgänger handelt oder um eine Person, die von einem anderen Kraftfahrzeug befördert wird. Es besteht in beiden Fällen ein Anspruch gegen den Halter des Kraftfahrzeugs gemäß § 7 StVG. Gleiches gilt für die dabei beförderten Sachen. Zwar ist in § 8 Nr. 3 StVG geregelt, dass die Halterhaftung nach § 7 StVG nicht gilt, wenn eine beförderte Sache beschädigt worden ist, es sei denn, dass eine beförderte Person die Sache an sich trägt oder mit sich führt. Dieser Ausschluss findet jedoch keine Anwendung, wenn die Sachen im gegnerischen Kraftfahrzeug beschädigt wurden. § 8 Nr. 3 StVG gilt nur für Sachen, die durch das Kraftfahrzeug befördert werden, welches den Verkehrsunfall verursacht.[690]

687 Gerechtshof Amsterdam, 21. April 2009, ECLI:NL:GHAMS:2009:BJ6269.
688 Rechtbank Utrecht, 19. September 2007, ECLI:NL:RBUTR:2007:BB4201.
689 Rechtbank Utrecht, 19. September 2007, ECLI:NL:RBUTR:2007:BB4201.
690 Hentschel/ König/ Dauer – König, Straßenverkehrsrecht, § 8 StVG Rn. 5.

### 3. Frei herumlaufende Tiere

Schließlich findet gemäß Art. 185 Abs. 3 WVW die Gefährdungshaftung des Art. 185 WVW keine Anwendung bei Schäden, die an frei herumlaufenden Tieren (loslopende dieren) eintreten.[691] Unter frei herumlaufende Tiere fallen beispielsweise nicht angeleinte Hunde.[692] Hinter dem Haftungsausschlusses des Eigentümers oder Halters nach Art. 185 Abs. 3 WVW bei Verkehrsunfällen mit frei herumlaufenden Tieren steht zum einen die Erwägung, dass von frei herumlaufenden Tieren sogar noch größere Gefahren als von fahrenden Kraftfahrzeugen im Straßenverkehr ausgehen können.[693] Das Verhalten dieser Tiere sei nicht vorhersehbar. Zum anderen ist der Ausschluss historisch begründet, indem der Ausschluss auch symblisch für die Einführung des modernen Verkehrs standen sollte.[694] Die Straßen sollten keine ruhigen Heerstraßen (rustige heerbaan) mehr sein, auf dem Vieh (vee) losgelassen wird und eine Gefahr für die motorisierten Verkehrsteilnehmer geschaffen wird.[695] Die hohe Gefahr, die von frei herumlaufenden Tieren ausgeht, wird insbesondere auch bei der Haftung des Besitzers für herumlaufende Tiere nach Art. 6: 179 BW deutlich, die kein Verschulden erfordert.[696]

## IV. Anspruchskonkurrenz nach Art. 185 Abs. 4 WVW

Nach Art. 185 Abs. 4 WVW wird die sich aus anderen gesetzlichen Bestimmungen ergebende Haftung nicht durch eine Haftung nach Art. 185 WVW beschränkt.[697]

---

691 Art. 185 Abs. 3 WVW: „Het eerste en het tweede lid vinden geen toepassing ten aanzien van schade, door een motorrijtuig toegebracht aan loslopende dieren, aan een ander motorrijtuig in beweging of aan personen en zaken die daarmee worden vervoerd.“.

692 Kantongerecht Leeuwarden, 18. September 2001, ECLI:NL:KTGLEE:2001:AD6030.

693 So Asser/ Hartkamp/ Sieburgh, 6-IV 2015, Rn. 290.

694 Star Busmann, Vragen des Tijds I 1925, 37, 56.

695 Star Busmann, Vragen des Tijds I 1925, 37, 56.

696 Art. 6: 179 BW: „De bezitter van een dier is aansprakelijk voor de door het dier aangerichte schade, tenzij aansprakelijkheid op grond van de vorige afdeling zou hebben ontbroken indien hij de gedraging van het dier waardoor de schade werd toegebracht, in zijn macht zou hebben gehad.“.

697 Art. 185 Abs. 4 WVW: „Dit artikel laat onverkort de uit andere wettelijke bepalingen voortvloeiende aansprakelijkheid.“.

## 1. Wahlrecht des Klägers

Es steht dem Geschädigten somit frei, sich neben Art. 185 WVW beispielsweise auch auf Art. 6: 162 BW, Art. 6: 170 BW oder auf andere Vorschriften zu stützen. Möglich ist es auch, sich auf alle gesetzlichen Bestimmungen gleichzeitig zu berufen. In der Regel werden mehrere Forderungen zugleich gestellt. Sie richten sich zum einen gegen den Eigentümer oder Halter des Kraftfahrzeugs nach Art. 185 WVW und zum anderen gegen den Fahrer des Kraftfahrzeugs nach Art. 6: 162 BW.[698] Außerdem wird die Forderung gegen die Versicherung nach Art. 6 WAM einbezogen.[699]

Früher war die Berufung auf die verschiedenen Artikel noch von größerer Bedeutung, da unterschiedliche Verjährungsfristen galten. War die Forderung nach Art. 31 Abs. 8 WVW (oud) verjährt, konnte die Forderung noch auf die verschuldensabhängige Haftung des Art. 1401 BW (oud) gestützt werden. Mit der Einführung des Art. 185 WVW wurde die besondere Verjährungsregel bei der Haftung des Eigentümers bzw. Halters gestrichen. Die beschriebenen Unterschiede bei den Verjährungsfristen gibt es mit der heute einheitlich geltenden Verjährungsregel nach Art. 3: 310 BW nun nicht mehr. Gemäß Art. 3: 310 BW verjähren die Schadensersatzansprüche nach 5 Jahren. Lediglich für den Direktanspruch gegen die Versicherung gilt gemäß Art. 10 Abs. 1 WAM noch eine besondere Verjährungsregel.[700] Nach Art. 10 Abs. 1 WAM verjährt der Anspruch innerhalb von 3 Jahren ausgehend von dem Zeitpunkt des schädigenden Ereignisses.

## 2. Vergleich zum deutschen Recht

Im deutschen Recht treten die Ansprüche aus §§ 7, 18 StVG in Anspruchskonkurrenz neben eventuellen Ansprüchen aus § 823 Abs. 1 BGB oder § 823 Abs. 2 i.V.m. Schutzgesetzen aus der StVO. Auch kann der Anspruch gegen die Versicherung nach § 115 VVG daneben geltend gemacht werden. Es bestehen diesbezüglich somit keine Unterschiede zwischen dem niederländischen und deutschen Recht.

698 Asser/ Hartkamp/ Sieburgh, 6-IV 2015, Rn. 293.

699 Asser/ Hartkamp/ Sieburgh, 6-IV 2015, Rn. 293.

700 Rechtbank Arnhem, 10. November 2004, ECLI:NL:RBARN:2004:AR8842.

## V. Zusammenfassung und Vergleich zum deutschen Recht

Die verschuldensunabhängige Haftung des Eigentümers oder Halters nach Art. 185 WVW bietet den nicht motorisierten Verkehrsteilnehmern einen weitgehenden Schutz, wenn diese an einem Verkehrsunfall mit einem Kraftfahrzeug beteiligt sind. Der Eigentümer oder Halter des Kraftfahrzeugs haftet für die entstandenen Schäden, solange keine höhere Gewalt vorliegt. Höhere Gewalt wird, wie sich bei der Auswertung der Rechtsprechung gezeigt hat, nur selten angenommen. Einfache Vorfahrtsverletzungen oder Rotlichtverstöße von Radfahrern führen in der Regel noch nicht zur Annahme höherer Gewalt und es bleibt bei einer Haftung des Eigentümers oder Halters des Kraftfahrzeugs. Während der Eigentümer bzw. Halter gegenüber Kindern unter 14 Jahren vollständig haftet, hat er gegenüber Verkehrsopfern über 14 Jahren mindestens die Hälfte des Schadens zu ersetzen, solange die Verkehrsopfer nicht mit Vorsatz oder einer daran grenzenden Rücksichtslosigkeit gehandelt haben. Der nicht motorisierte Verkehrsteilnehmer, dem ein überwiegendes Verschulden an der Entstehung eines Verkehrsunfalls trifft, bekommt somit trotzdem grundsätzlich mindestens die Hälfte seines Schadens ersetzt. Man kann bei der Haftung nach Art. 185 WVW von einem „halben Haftungssystem" ohne jegliches Verschulden sprechen, da die Opfer fast immer 50% ihres Schadens ersetzt bekommen.[701]

Die Haftung des Eigentümers oder Halters eines Kraftfahrzeugs in den Niederlanden unterscheidet sich zunächst maßgeblich von der des Halters in Deutschland, da Art. 185 Abs. 3 WVW die Gefährdungshaftung für Verkehrsunfälle zwischen Kraftfahrzeugen in Bewegung ausschließt. Bei diesen Unfällen verbleibt in den Niederlanden nur die verschuldensabhängige Haftung nach Art. 6: 162 BW gegenüber dem Fahrer, während in Deutschland neben einer möglichen Haftung des Fahrers auch der Halter gemäß § 7 StVG haftet. Der Unterschied macht sich vor allem bei Verkehrsunfällen zwischen Kraftfahrzeugen deutlich, bei denen nicht nachgewiesen werden kann, wer den Unfall verursacht hat. Während in den Niederlanden in diesem Fall niemand für den entstandenen Schaden haftet, bekommt der Geschädigte in Deutschland zumindest noch die Hälfte seines Schadens vom Halter oder Fahrer gemäß §§ 7, 18 StVG ersetzt, da kein Verschulden erforderlich ist bzw. im Falle der Haftung des Fahrers nach § 18 Abs. 1 S. 2 StVG vermutet wird. Bei den Verkehrsunfällen zwischen Kraftfahrzeugen, bei denen

701 Ernst – van Dam/ van Maanen, The development of traffic liability, S. 142 ff.

der jeweilige Verschuldensanteil nachgewiesen werden kann, unterscheiden sich die Haftungen der beiden Länder nicht so erheblich, wie man es aufgrund des Ausschlusses der Gefährdungshaftung nach Art. 185 Abs. 3 WVW vermuten könnte, da nach § 17 Abs. 2 StVG auch die Haftung des Halters bei einem Verkehrsunfall zwischen zwei oder mehr Kraftfahrzeugen davon ab anhängig ist, inwieweit der Schaden vorwiegend von dem einen oder dem anderen Teil verursacht worden ist. Dass in Deutschland bei einem Verkehrsunfall mit einem anderen motorisierten Verkehrsteilnehmer der Fahrer und Halter haftet, während es in den Niederlanden nur der Fahrer ist, spielt eine untergeordnete Rolle, da in der Regel letztlich die Kfz-Haftpflichtversicherung die entstandenen Schäden ersetzt und ein solventer Schuldner besteht.

Ein weiterer Unterschied zwischen der deutschen und niederländischen Eigentümer- bzw. Halterhaftung wird bei den Insassen deutlich, die Schaden erleiden und diesen vom Fahrer, Eigentümer oder Halter des Kraftfahrzeugs, das sie befördert hat, ersetzt verlangen. In Deutschland können diese Schäden seit 2002 gegenüber dem Halter des Kraftfahrzeugs nach § 7 StVG geltend gemacht werden. Dagegen haftet der Eigentümer bzw. Halter in den Niederlanden nur nach Art. 185 Abs. 1 WVW, wenn es sich um Schäden handelt, die nicht an durch das Kraftfahrzeug beförderten Personen oder Sachen zugefügt wurden. Die Insassen können den Eigentümer bzw. Halter somit nicht in Anspruch nehmen, sondern müssen sich an den Fahrer wenden, der gemäß Art. 6: 162 BW haftet, wenn ein Verschulden bewiesen werden kann.

Nach beiden Rechtsordnungen besteht ein Anspruch aus verschuldensunabhängiger Haftung gegenüber den nicht motorisierten Verkehrsteilnehmern. So haften sowohl der Eigentümer bzw. Halter nach Art. 185 WVW in den Niederlanden und der Halter nach § 7 StVG in Deutschland für die Schäden, die bei den Radfahrern oder Fußgängern verursacht wurden. Dass in den Niederlanden der Eigentümer oder Halter eines Kraftfahrzeugs und in Deutschland nur der Halter in Anspruch genommen werden kann, stellt dabei keinen wesentlichen Unterschied dar. Auch ist der Begriff des Kraftfahrzeugs in Deutschland und in den Niederlanden identisch. Ein Unterschied besteht jedoch darin, dass der Eigentümer bzw. Halter in den Niederlanden auch für die Kraftfahrzeuge haftet, die mit keiner höheren Geschwindigkeit als 20 km/h fahren können, während in Deutschland nach § 8 Nr. 1 StVG die Haftung des Halters in diesen Fällen ausgeschlossen ist. Die Haftung des Eigentümers bzw. Halters in den Niederlanden geht in diesem Punkt somit weiter als in Deutschland. Andererseits ist beispielsweise die Voraussetzung des Betriebs eines Kraftfahrzeugs in Deutschland weiter gefasst als die Voraussetzung eines Verkehrsunfalls in den Niederlanden. Auch ist der Begriff der öffentlichen Straße in den Niederlanden enger gefasst als in Deutschland. Während in Deutschland auch für die beim Betrieb eines Kraftfahrzeugs auf einem Privatgelände entstandenen Schäden gehaftet wird, muss es sich in den Niederlanden um Straßen handeln, die für jeden frei zugänglich sind, worunter ein Privatgelände regelmäßig nicht fällt. Auch wenn sich die Gefährdungshaftungen in Deutschland und in den Niederlanden in den einzelnen Voraussetzungen zum Teil unterscheiden, sind die Grundsätze der Haftung gegenüber den nicht motorisierten Verkehrsteilnehmern identisch.

Ein bedeutender Unterschied zum deutschen Recht wird jedoch beim Eigenverschulden und der Schadensverteilung deutlich. Die in der niederländischen Rechtsprechung entwickelte 100%- und 50%-Regel ist der deutschen Rechtsordnung überwiegend fremd. Während die 100%-Regel zwar mit anderen Altersgrenzen ihren Anklang in § 828 BGB findet, ist die 50%-Regel dem deutschen Recht in dieser Höhe fremd. In Deutschland werden grundsätzlich allein kausale Gesichtspunkte für die Bestimmung des Mitverschuldens und der Schadensverteilung berücksichtigt. Darüber hinaus wird auch in Deutschland die Betriebsgefahr eines Kraftfahrzeugs i.H.v. 20-25% bei der Bildung der Haftungsqoute mit einbezogen. Schließlich findet die allgemeine Billigkeitskorrektur für die andere Hälfte des Schadens, bei der nach der sog. kausalen Verteilung noch eine andere Schadensverteilung nach der Schwere der Verletzungen oder dem Bestehen einer Versicherung, erfolgen kann, keinen Anklang im deutschen Recht.

## VI. Reflexwirkung des Art. 185 WVW

Die Regelung des Art. 185 WVW schützt die nicht motorisierten Verkehrsteilnehmer nicht nur, wenn sie als Verkehrsopfer einen Schaden erlitten haben, sondern wirkt sich auch auf deren Haftung nach Art. 6: 162 BW aus, wenn sie motorisierten Verkehrsteilnehmern selbst einen Schaden ersetzen müssen. Häufig wird durch das Verhalten eines Radfahrers oder Fußgängers bei einem Verkehrsunfall mit einem Kraftfahrzeug auch das Kraftfahrzeug beschädigt oder der Fahrer des Kraftfahrzeugs verletzt. Der Eigentümer des beschädigten Kraftfahrzeugs und der verletzte Fahrer können in diesem Fall den nicht motorisierten

Schädiger wegen unerlaubter Handlung gemäß Art. 6: 162 BW in Anspruch nehmen.[702] Im Rahmen dieses Anspruchs wird der Radfahrer bzw. Fußgänger durch die sog. „Reflexwirkung“ (reflexwerking) des Art. 185 WVW geschützt, indem Art. 185 WVW bei der Haftung des Radfahrers bzw. Fußgängers entsprechende Anwendung findet.[703]

## 1. Bedeutung des Begriffs

Aufgrund der Reflexwirkung von Art. 185 WVW muss sich der motorisierte Verkehrsteilnehmer in der spiegelbildlichen Situation, bei der er selbst einen Schaden durch einen nicht motorisierten Verkehrsteilnehmer erleidet, die von seinem Kraftfahrzeug ausgehende Betriebsgefahr anrechnen lassen.[704] Dies geschieht dadurch, dass er grundsätzlich immer einen Teil seines Schadens selbst tragen muss, solange keine höhere Gewalt bei ihm vorlag. Beim Anspruch des geschädigten Eigentümers oder Fahrers des Kraftfahrzeugs nach Art. 6: 162 BW wird der nicht motorisierte Verkehrsteilnehmer somit aufgrund der Reflexwirkung grundsätzlich vor einer vollständigen Haftung geschützt, sofern nicht das Vorliegen höherer Gewalt durch den motorisierten Verkehrsteilnehmer bewiesen wird.[705] Nur beim Nachweis höherer Gewalt ist der Anspruch des motorisierten Verkehrsteilnehmers nach Art. 6: 162 BW nicht beschränkt und besteht in vollem Umfang. In welchem Umfang anderenfalls der Ersatzanspruch besteht, bestimmt sich nach den Mitteln der kausalen Verteilung und der Billigkeitskorrektur nach Art. 6: 101 BW.[706] Zu Beginn steht lediglich fest, dass der Radfahrer bzw. Fußgänger nicht vollständig haftet. Auch hier werden bei der kausalen Verteilung zunächst die Fehler der Unfallbeteiligten abgewogen.[707] Bei der anschließenden Billigkeitskorrektur werden für die

---

702 So auch Bolt, VR 1992, 175, 179.

703 Hartlief, TPR 1996, 1271, 1320 f.; Hoge Raad, 6. Februar 1987, NJ 1988, 57 noch zu Art. 31 WVW (oud): „Overeenkomstige toepassing van Art. 31 lid 1 en lid 6 WVW op aansprakelijkheid van fietser voor de overige schade“.

704 Van Dam, VR 2001, 349.

705 Hoge Raad, 4. Mai 2001, ECLI:NL:HR:2001:AB1426; Hoge Raad, 6. Februar 1987, NJ 1988, 57; Rechtbank Gelderland, 29. Januar 2015, ECLI:NL:RBGEL:2015:1230; Van Dam, VR 2001, 349.

706 Rechtbank Gelderland, 29. Januar 2015, ECLI:NL:RBGEL:2015:1230; Hartlief, AV&S 2001, 73.

707 Hoge Raad, 6. Februar 1987, NJ 1988, 57.

Beurteilung unter anderem das Bestehen einer Versicherung, die Straßensituation, die Geschwindigkeit, die Betriebsgefahr von Kraftfahrzeugen und die Schwere der Verletzungen berücksichtigt.[708] Dabei können diese Umstände auch zugunsten des motorisierten Verkehrsteilnehmers wirken. Dies ist zum Beispiel der Fall, wenn es um die Haftung nicht versicherter Schäden des motorisierten Verkehrsteilnehmers geht, während der Radfahrer oder Fußgänger gegen die Haftung für diese Schäden versichert ist.[709] Die Betriebsgefahr des Kraftfahrzeugs kann bei der Reflexwirkung jedoch niemals zugunsten, sondern nur zum Nachteil des motorisierten Verkehrsteilnehmers wirken.

Die Reflexwirkung von Art. 185 WVW wurde 1987 durch den Hoge Raad eingeführt.[710] In dem Fall „Saskia Mulder" entschied der Hoge Raad, dass bei Schäden am Kraftfahrzeug Art. 185 WVW beim Anspruch des geschädigten Motorisierten nach Art. 6: 162 BW mit einbezogen werden müsse.[711] Später entschied der Hoge Raad außerdem, dass die Reflexwirkung auch bei Personenschäden Anwendung finde.[712]

## 2. Durchwirken der 50%- und 100%-Regel

Im Rahmen des Anspruchs eines nicht motorisierten Verkehrsteilnehmers gegen den Eigentümer oder Halter eines Kraftfahrzeugs gemäß Art. 185 WVW spielen die 50%- und 100%-Regel eine bedeutende Rolle. Diese Regeln werden allerdings im Rahmen der Reflexwirkung beim Anspruch des motorisierten Verkehrsteilnehmers gegen den nicht motorisierten Verkehrsteilnehmer gemäß Art. 6: 162 BW nicht entsprechend angewandt.[713] Der geschädigte motorisierte Verkehrsteilnehmer könnte bei einem Verkehrsunfall mit einem Radfahrer oder Fußgänger unter 14 Jahren sonst überhaupt keinen Anspruch geltend machen und müsste seinen gesamten erlittenen Schaden selbst tragen, solange das Kind nicht mit Vorsatz oder einer daran grenzenden Rücksichtslosigkeit gehandelt hat. Bei nicht motorisierten Verkehrsteilnehmern über 14 Jahren könnte der motorisierte Verkehrsteilnehmer außer in Fällen von

708 Gerechtshof Leeuwarden, 3. Mai 2011, ECLI:NLGHLEE:2001:BQ5008; Gerechtshof 's-Gravenhage, 19. Juni 2008, ECLI:NL:GHSGR:2008:BD6919.

709 Hartlief, TPR 1996, 1271, 1323 ff.

710 Van Wassenaer van Catwijck, VR 1992, 253.

711 Hoge Raad, 6. Februar 1987, NJ 1988, 57.

712 Hoge Raad, 4. Mai 2001, ECLI:NL:HR:2001:AB1426.

713 Hoge Raad, 4. Mai 2001, ECLI:NL:HR:2001:AB1426.

höherer Gewalt, vorsätzlichem Handeln und einer daran grenzenden Rücksichtslosigkeit des Radfahrers bzw. Fußgängers maximal die Hälfte seines erlittenen Schadens ersetzt verlangen.[714] Der Hoge Raad entschied, dass ein solches Ergebnis vor allem bei Personenschäden unerwünscht sei, da die Schäden auch für den verletzten Fahrer erheblich sein könnten.[715] Dem nicht motorisierten Verkehrsteilnehmer dürfe daher als Schädiger nicht der gleiche Schutz geboten werden, wie als Geschädigter. Ausreichend sei es, wenn nach der kausalen Verteilung noch eine Billigkeitskorrektur gemäß Art. 6: 101 BW vorgenommen werde. Bei dieser Vorgehensweise könne die Betriebsgefahr des Kraftfahrzeugs ebenfalls hinreichend berücksichtigt werden, ohne an feste Grenzen, wie bei der 50%- und 100%-Regel, gebunden zu sein.[716]

### 3. Beispielsfall

Die Folgen der Reflexwirkung des Art. 185 WVW und deren Anwendungsbereich beim Anspruch eines motorisierten Verkehrsteilnehmers gegen einen nicht motorisierten Verkehrsteilnehmer gemäß Art. 6: 162 BW wurden bei einer Entscheidung der Rechtbank Zeeland-West-Brabant über einen Verkehrsunfall zwischen einem Motorradfahrer und einem Radfahrer deutlich.[717]

#### a) Reflexwirkung beim Fahrer des Kraftfahrzeugs

In der Entscheidung missachtete ein Radfahrer die Vorfahrtsregelung, wodurch ein Motorradfahrer stark bremsen und dem Radfahrer ausweichen musste. Dabei stürzte der Motorradfahrer und erlitt einen Schaden. Der Motorradfahrer verlangte Schadensersatz vom Radfahrer im Hinblick auf die entstandenen Personen- und Sachschäden gemäß Art. 6: 162 BW, wobei er als motorisierter Verkehrsteilnehmer die Reflexwirkung des Art. 185 WVW gegen sich gelten lassen musste.[718] Die Rechtbank Zeeland-West-Brabant führte aus, dass keine höhere Gewalt

---

714 Hartlief, AV&S 2001, 73 f.

715 Hoge Raad, 4. Mai 2001, ECLI:NL:HR:2001:AB1426.

716 Hoge Raad, 4. Mai 2001, ECLI:NL:HR:2001:AB1426.

717 Rechtbank Zeeland-West-Brabant, 22. April 2015, ECLI:NL:RBZWB:2015:8614.

718 Rechtbank Zeeland-West-Brabant, 22. April 2015, ECLI:NL:RBZWB:2015:8614.

beim Motorradfahrer vorläge, da Vorfahrtsverletzungen eines Radfahrers grundsätzlich nicht so unwahrscheinlich seien, dass damit nicht gerechnet werden müsse, zumal es sich um eine Straße mit guter Sicht gehandelt habe.[719] Nach den Grundsätzen der Reflexwirkung stand somit bereits fest, dass der Motorradfahrer nicht seinen gesamten Schaden ersetzt bekommen konnte.

Es war folglich im Rahmen der kausalen Verteilung und Billigkeitskorrektur nach Art. 6: 101 BW zu bestimmen, für welchen Teil des Schadens der Radfahrer haften muss. Die Rechtbank Zeeland-West-Brabant berücksichtigte in ihrer Entscheidung, dass der Motorradfahrer nicht zu schnell fuhr und auch einen ausreichenden Sicherheitsabstand zu einem vor ihm fahrenden Kraftfahrzeug einhielt. Es sei ihm lediglich vorzuwerfen, nicht mit Fehlern anderer gerechnet zu haben. Die Vorfahrtsverletzung des Radfahrers wiege dagegen schwer. Der Radfahrer habe den Verkehrsunfall daher zu 80% und der Motorradfahrer zu 20% verursacht. Bei der nachfolgenden Billigkeitskorrektur sah die Rechtbank unter Berücksichtigung der finanziellen Lage und der fehlenden Versicherung beim Radfahrer gegen seine solche Haftung, keinen Anlass zu einer anderen Verteilung zu kommen.[720] Der Fahrer des Motorrades konnte somit 80% seines Schadens gemäß Art. 6: 162 BW in Verbindung mit der Reflexwirkung des Art. 185 WVW vom Radfahrer ersetzt verlangen.[721]

### b) Ausweitung der Reflexwirkung auf andere Personengruppen

In dem geschilderten Fall saß neben dem Fahrer noch ein Mitfahrer auf dem Motorrad, der durch den Sturz ebenfalls einen Sach- und Personenschaden erlitt. Im Hinblick auf die Haftung des Radfahrers gegenüber dem Mitfahrer gemäß Art. 6: 162 BW entschied die Rechtbank, dass der Mitfahrer lediglich ein schuldloser Dritter sei und die Reflexwirkung des Art. 185 WVW auf diesen Anspruch keine Anwendung finde. Diese gelte nicht bei anderen Ansprüchen als gegenüber

---

719 Rechtbank Zeeland-West-Brabant, 22. April 2015, ECLI:NL:RBZWB:2015:8614.

720 Rechtbank Zeeland-West-Brabant, 22. April 2015, ECLI:NL:RBZWB:2015:8614.

721 Rechtbank Zeeland-West-Brabant, 22. April 2015, ECLI:NL:RBZWB:2015:8614.

dem Fahrer oder Eigentümer eines Kraftfahrzeugs selbst.[722] Es bestehe kein Grund Art. 185 WVW auch bei Ansprüchen Dritter entsprechend anzuwenden, die keinen Einfluss auf die von Kraftfahrzeugen ausgehenden Gefahren haben und auch nicht im umgekehrten Fall nach Art. 185 WVW haften würden, wie es bei Insassen bzw. Mitfahrern eines Kraftfahrzeugs der Fall ist.[723] Daher konnte der Mitfahrer des Motorrades seinen gesamten erlittenen Schaden vom Radfahrer gemäß Art. 6: 162 BW ersetzt verlangen. Die Rechtbank sah im Rahmen der kausalen Verteilung und Billigkeitskorrektur keinen Anlass den Umfang der Haftung zu beschränken, da der Mitfahrer anders als beim Rechtsverhältnis zwischen dem Motorradfahrer und Radfahrer nicht für das Motorrad verantwortlich sei.[724]

### 4. Vergleich zum deutschen Recht

Die Haftung des nicht motorisierten Verkehrsteilnehmers gegenüber einem motorisierten Verkehrsteilnehmer gemäß § 823 BGB ist auch im deutschen Recht beschränkt. Neben einem möglichen Mitverschulden gemäß § 254 BGB muss sich der motorisierte Verkehrsteilnehmer auch die Betriebsgefahr seines Kraftfahrzeugs anrechnen lassen.[725] Danach führt die Betriebsgefahr zur Kürzung des Anspruchs wegen unerlaubter Handlung, wenn nicht der Ausschlusstatbestand des § 7 Abs. 2 StVG oder § 17 Abs. 3 StVG bewiesen wird.[726] Außerdem tritt die Betriebsgefahr zurück, wenn sich der nicht motorisierte Verkehrsteilnehmer grob verkehrswidrig verhält.[727] In der Praxis führt die Anrechnung der Betriebsgefahr grundsätzlich zu einer Kürzung des Anspruchs in Höhe von 20 - 25 Prozent. Auch wenn der motorisierte Verkehrsteilnehmer somit keine Schuld an der Entstehung des Verkehrsunfalls hatte, kann er aufgrund der Betriebsgefahr des Kraftfahrzeugs nicht seinen gesamten Schaden ersetzt verlangen. Dies entspricht in weiten Teilen der Reflexwirkung des Art. 185 WVW in den Niederlanden. Auch danach

---

722 Rechtbank Zeeland-West-Brabant, 22. April 2015, ECLI:NL:RBZWB:2015:8614.

723 So auch Rechtbank Breda, 23. Juni 2004, ECLI:NL:RBBRE:2004:AP3631.

724 Rechtbank Zeeland-West-Brabant, 22. April 2015, ECLI:NL:RBZWB:2015:8614.

725 Palandt – Grüneberg, § 254 Rn. 10.

726 Palandt – Grüneberg, § 254 Rn. 10.

727 OLG Oldenburg DAR 2015, 14.

kann der motorisierte Verkehrsteilnehmer seinen gesamten Schaden nur ersetzt verlangen, wenn er das Vorliegen höherer Gewalt beweisen kann.

## C. Haftung nach den weiteren Anspruchsgrundlagen

Neben den Haftungsmöglichkeiten nach Art. 6: 162 BW und Art. 185 WVW bestehen mit Art. 6: 173 BW und Art. 6: 174 BW zwei weitere Anspruchsgrundlagen, die eine Haftung im Rahmen eines Verkehrsunfalls begründen können. Dabei betrifft Art. 6: 173 BW die Haftung des Besitzers einer mangelhaften beweglichen Sache, worunter auch Kraftfahrzeuge fallen können. Der Anspruch nach Art. 6: 174 BW richtet sich gegen die staatliche Körperschaft, die für die Instandhaltung der öffentlichen Straße zuständig ist. Die Voraussetzungen des Anspruchs sind erfüllt, wenn die staatliche Körperschaft ihrer Instandhaltungspflicht nicht nachkommt und es durch den schlechten Zustand der Straße zu einem Schaden kommt.

### I. Haftung nach Art. 6: 173 BW

Bei einem Verkehrsunfall, der durch ein defektes Kraftfahrzeug verursacht wurde, kann der Besitzer des Kraftfahrzeugs gemäß Art. 6: 173 BW in Anspruch genommen werden. Dabei spielt es keine Rolle, ob es sich bei dem Geschädigten um einen motorisierten oder nicht motorisierten Verkehrsteilnehmer handelt.

#### 1. Voraussetzungen

Art. 6: 173 Abs. 1 BW regelt, dass der Besitzer einer beweglichen Sache, von der bekannt ist, dass sie eine besondere Gefahr für Personen oder Sachen darstellt, wenn sie nicht den Anforderungen entspricht, die man unter den gegebenen Umständen an die Sache stellen darf, haftet, wenn sich diese Gefahr realisiert, es sei denn, dass die Haftung aufgrund des vorherigen Abschnitts auch dann entfiele, wenn er diese Gefahr zum Zeitpunkt ihres Entstehens gekannt hätte.[728] Für eine Haftung

[728] Art. 6: 173 Abs. 1 BW: „De bezitter van een roerende zaak waarvan bekend is dat zij, zo zij niet voldoet aan de eisen die men in de gegeven omstandigheden aan de

nach Art. 6: 173 Abs. 1 BW muss der Besitzer der Sache weder fehlerhaft gehandelt haben, noch muss ihm Verschulden zugerechnet werden können.[729] Es handelt sich vielmehr um eine Gefährdungshaftung. Lediglich die „es-sei-denn-Klausel" (tenzij-clausel) bietet dem Besitzer eine beschränkte Möglichkeit den Anspruch abzuwehren.[730]

### a) Besitzer

Besitzer ist gemäß Art. 3: 107 BW derjenige, der die Sache für sich selbst behält.[731] In den meisten Fällen ist dies der Eigentümer der Sache. Bei Sachen unter Eigentumsvorbehalt ist gemäß Art. 6: 180 Abs. 2 BW der Erwerber der Besitzer und haftet bei Vorliegen der Voraussetzungen nach Art. 6: 173 BW.[732]

### b) Mangelhafte bewegliche Sache

Es muss sich für die Haftung des Besitzers zudem um eine mangelhafte bewegliche Sache handeln.

### aa) Bewegliche Sache

Unter Sachen fallen gemäß Art. 3: 2 BW alle körperlichen Gegenstände, die der menschlichen Beherrschung fähig sind.[733] Beweglich sind nach Art. 3: 3 Abs. 2 BW alle Sachen, die nicht unbeweglich sind.[734] Unbeweglich sind gemäß Art. 3: 3 Abs. 1 BW der Boden, die

---

zaak mag stellen, een bijzonder gevaar voor personen of zaken oplevert, is, wanneer dit gevaar zich verwezenlijkt, aansprakelijk, tenzij aansprakelijkheid op grond van de vorige afdeling zou hebben ontbroken indien hij dit gevaar op het tijdstip van ontstaan daarvan zou hebben gekend.".

729 Gerechtshof Amsterdam, 5. Juli 2011, ECLI:NL:GHAMS:2011:BR6992.

730 Krans/ Stolker/ Valk – Lankhorst, T&C Burgerlijk Wetboek, Art. 6: 173 BW, Rn. 1.

731 Art. 3: 107 BW: „Bezit is het houden van een goed voor zichzelf.".

732 Art. 6: 180 Abs. 2 BW: „In geval van overdracht van een zaak onder opschortende voorwaarde van voldoening van een tegenprestatie rust de aansprakelijkheid die de artikelen 173, 174 en 179 op de bezitter leggen, vanaf het tijdstip van deze overdracht op de verkrijger.".

733 Art. 3: 2 BW: „Zaken zijn de voor menselijke beheersing vatbare stoffelijke objecten.".

734 Art. 3: 3 Abs. 2 BW: „Roerend zijn alle zaken die niet onroerend zijn.".

noch nicht gewonnen Mineralstoffe, die mit dem Boden verbundenen Pflanzungen sowie die Gebäude und Werke, die entweder unmittelbar oder durch Verbindung mit anderen Gebäuden oder Werken dauerhaft mit dem Boden verbunden sind.[735] Ein Kraftfahrzeug ist somit eine bewegliche Sache im Sinne des BW. Auch Fahrräder fallen beispielsweise unter die Definition einer beweglichen Sache.

#### bb) Mangel

Die bewegliche Sache darf nicht den Anforderungen entsprechen, die man nach den gegebenen Umständen an sie stellen darf. Es muss im weiten Sinne ein Mangel an der Sache vorliegen.[736] Die Anforderungen, die an die Sache gestellt werden, hängen von den Umständen des Einzelfalls ab und geben dem Richter damit einen weiten Beurteilungsspielraum.[737] Von einem Kraftfahrzeug oder Fahrrad kann beispielsweise erwartet werden, dass die Bremsen funktionieren. Ist diese Voraussetzung nicht erfüllt, handelt es sich um eine mangelhafte Sache im Sinne des Art. 6: 173 BW.

### c) Besondere Gefahr

Weiterhin muss für einen Anspruch nach Art. 6: 173 BW eine besondere Gefahr bestehen. Art. 6: 173 BW bezieht sich ausdrücklich nicht auf die allgemeine Gefahr, die von jeder Sache ausgehen kann. Eine allgemein gefährliche Sache begründet noch keine Haftung nach Art. 6: 173 BW. Es muss sich vielmehr um eine Sache handeln, von der eine besondere Gefahr aufgrund des Vorliegens eines bestimmten Mangels ausgeht.[738] So gehen von einem Kraftfahrzeug im Straßenverkehr grundsätzlich bereits Gefahren aus, für die nicht gemäß Art. 6: 173 BW

---

735 Art. 3: 3 Abs. 1 BW: „Onroerend zijn de grond, de nog niet gewonnen delfstoffen, de met de grond verenigde beplantingen, alsmede de gebouwen en werken die duurzaam met de grond zijn verenigd, hetzij rechtstreeks, hetzij door vereniging met andere gebouwen of werken.".

736 Krans/ Stolker/ Valk – Lankhorst, T&C Burgerlijk Wetboek, Art. 6: 173 BW, Rn. 2.

737 Krans/ Stolker/ Valk – Lankhorst, T&C Burgerlijk Wetboek, Art. 6: 173 BW, Rn. 4.

738 Gerechtshof Amsterdam, 5. Juli 2011, ECLI:NL:GHAMS:2011:BR6992.

gehaftet wird. Eine besondere Gefahr haftet einem Kraftfahrzeug beispielsweise erst dann an, wenn die Bremsen oder die Lenkung nicht funktionieren und es dadurch zu einem Verkehrsunfall kommt. Im Gegensatz dazu stellen zum Beispiel Fehler des Fahrers eines Kraftfahrzeugs keine besondere Gefahr dar. Es handelt sich vielmehr um die allgemeine Gefahr, die das Fahren von Kraftfahrzeugen mit sich bringt.

#### d) Bekanntheit

Als weitere Voraussetzung muss die Gefahr, die von der mangelhaften Sache für Personen oder anderen Sachen ausgeht, bekannt gewesen sein. Die Kenntnis bezieht sich nicht auf das Vorhandensein des Mangels, sondern allein auf die Gefahr. Zwar ergibt sich die Kenntnis der Gefahr häufig aufgrund der Kenntnis des Mangels. Gleichwohl ist es ausreichend, wenn nur die konkrete Gefährlichkeit bekannt ist. Gefahren, die zur Zeit des Gebrauchs nicht bekannt sein konnten, führen nicht zur Haftung. Die Haftung des Besitzers besteht somit grundsätzlich ungeachtet der Ursache des Mangels und ungeachtet dessen, ob der Mangel beim Besitzer bekannt war.[739]

#### e) Schaden

Schließlich muss sich die Gefahr realisiert und einen Sach- oder Personenschaden verursacht haben. Die Schäden müssen an anderen Sachen oder Personen als dem Kraftfahrzeug selbst oder der darin beförderten Personen eintreten.

#### f) Haftungsausschluss

Einen Ausschluss der Haftung sehen Art. 6: 173 Abs. 1 und Art. 6: 173 Abs. 2 BW vor.

##### aa) Art. 6: 173 Abs. 1 BW

So wird die in Art. 6: 173 BW geregelte Haftung in Absatz 1 durch die sog. „es sei denn-Klausel“ (tenzij-clausule) ausgeschlossen. Danach

[739] Gerechtshof Amsterdam, 5. Juli 2011, ECLI:NL:GHAMS:2011:BR6992.

haftet der Besitzer der mangelhaften Sache nicht, wenn die Haftung aufgrund des vorherigen Abschnittes auch dann entfallen würde, wenn der Besitzer diese Gefahr zum Zeitpunkt ihres Entstehens gekannt hätte. Der Verweis zum vorherigen Abschnitt bezieht sich auf die Art. 6: 162 BW - Art. 6: 168 BW, insbesondere auf die Haftung aufgrund unerlaubter Handlung nach Art. 6: 162 BW. Durch die „es-sei-denn"- Klausel soll die Haftung für eine mangelhafte Sache nicht weiter gehen als im Falle einer unerlaubten Handlung. Liegen die Voraussetzungen für eine Haftung nach Art. 6: 173 BW vor, hat dies keine weitergehenden Folgen, als wenn eine Haftung aus unerlaubter Handlung bestehen würde. Weiterhin soll dadurch deutlich gemacht werden, welche Voraussetzungen für eine Haftung aus unerlaubter Handlung auch hier gelten. So muss die Mangelhaftigkeit der Sache auch kausal für den eingetretenen Schaden gewesen sein. Ferner können die gleichen Rechtfertigungsgründe geltend gemacht werden, die zu einem Ausschluss der Haftung nach Art. 6: 162 BW führen würden.[740] So würde beispielsweise eine Haftung des Besitzers eines mangelhaften Kraftfahrzeugs entfallen, der zum Zwecke der Nothilfe einen Verletzten in ein Krankenhaus transportiert und der Verletzte bei dieser Fahrt aufgrund des Mangels am Kraftfahrzeug einen weiteren Schaden erleidet. Denn eine Haftung aus unerlaubter Handlung nach Art. 6: 162 BW wäre in diesem gedachten Fall aufgrund des Rechtfertigungsgrundes der Nothilfe ebenfalls ausgeschlossen.

#### bb) Art. 6: 173 Abs. 2 BW

Einen weiteren Ausschluss der Haftung sieht Art. 6: 173 Abs. 2 BW vor, der das Verhältnis zum Produkthaftungsrecht bestimmt. Nach Art. 6: 173 Abs. 2 BW besteht keine Haftung aufgrund des vorherigen Absatzes für Schäden im Sinne jenes Abschnittes, wenn die Sache den im vorherigen Absatz bezeichneten Anforderungen wegen eines Fehlers im Sinne von Abschnitt 3 von Titel 3 (Art. 6: 185 ff. BW) nicht entspricht.[741] Der Besitzer haftet somit nicht für Schäden, die durch den

[740] Krans/ Stolker/ Valk – Lankhorst, T&C Burgerlijk Wetboek, Art. 6: 173 BW, Rn. 4, Vranken, AcP 1991, 411, 423.

[741] Art. 6: 173 Abs. 2 BW: „Indien de zaak niet aan de in het vorige lid bedoelde eisen voldoet wegens een gebrek als bedoeld in afdeling 3 van titel 3, bestaat geen aansprakelijkheid op grond van het vorige lid voor schade als in die afdeling bedoeld,…".

Gebrauch einer mangelhaften Sache entstanden sind, wenn die mangelhafte Sache zugleich ein fehlerhaftes Produkt im Sinne des Produkthaftungsrechts ist. In diesen Fällen soll sich der Geschädigte vielmehr an den Hersteller wenden. Wurde ein Kraftfahrzeug beispielsweise während des Produktionsprozesses fehlerhaft konstruiert und entstehen infolgedessen Schäden bei Dritten, soll anstelle des Besitzers der mangelhaften Sache allein der Hersteller nach Art. 6: 185 ff. BW haften.

Der Besitzer haftet jedoch trotz des Bestehens eines Produktfehlers weiterhin, wenn ein Fall des Art. 6: 173 Abs. 2 a. oder des Art. 6: 173 Abs. 2 b. BW vorliegt. So bleibt es gemäß Art. 6: 173 Abs. 2 a. BW weiterhin bei der Haftung des Besitzers, wenn in Anbetracht aller Umstände anzunehmen ist, dass der Fehler zum Zeitpunkt, als das Produkt in den Verkehr gebracht worden ist, nicht bestanden hat oder der Fehler zu einem späteren Zeitpunkt entstanden ist.[742] Gemäß Art. 6: 173 Abs. 2 b. BW ist dies außerdem der Fall, wenn es sich um einen Sachschaden handelt, für den gemäß Abschnitt 3 von Titel 3 aufgrund der in jenem Abschnitt geregelten Selbstbeteiligung kein Anspruch auf Ersatz besteht.[743] Die beiden Ausnahmen betreffen zwei Fälle, bei denen die Haftung des Herstellers nach dem Produkthaftungsrecht ausgeschlossen wäre. So haftet der Hersteller gemäß Art. 6: 185 Abs. 1 b. BW nicht für den Schaden, der durch einen Fehler seines Produkts entstanden ist, wenn unter Berücksichtigung der Umstände anzunehmen ist, dass der Fehler, der den Schaden verursacht hat, nicht zu dem Zeitpunkt bestand, zu dem er das Produkt in den Verkehr gebracht hat oder, dass dieser Fehler später entstanden ist.[744] Außerdem werden vom Hersteller keine Schäden ersetzt, die unter dem Wert der Selbstbeteiligung liegen. Die Selbstbeteiligung für Schäden an Sachen, die privat genutzt werden, liegt im niederländischen Produkthaftungsrecht gemäß Art. 6: 190 Abs. 1 b. BW bei 500 €. Für diese Schäden

---

742 Art. 6: 173 Abs. 2 a BW: „..., tenzij alle omstandigheden in aanmerking genomen, aannemelijk is dat het gebrek niet bestond op het tijdstip waarop het produkt in het verkeer is gebracht of dat het gebrek op een later tijdstip is ontstaan; of.“.

743 Art. 6: 173 Abs. 2 b BW: „het betreft zaakschade ter zake waarvan krachtens afdeling 3 van titel 3 geen recht op vergoeding bestaat op grond van de in die afdeling geregelde franchise.“.

744 Art. 6: 185 Abs. 1 BW: „De producent is aansprakelijk voor de schade veroorzaakt door een gebrek in zijn produkt, tenzij: het, gelet op de omstandigheden, aannemelijk is dat het gebrek dat de schade heeft veroorzaakt, niet bestond op het tijdstip waarop hij het produkt in het verkeer heeft gebracht, dan wel dat dit gebrek later is ontstaan.“.

haftet also der Besitzer weiter, obwohl es sich um einen Produktfehler handelt.

Der Haftungsausschluss nach Art. 6: 173 Abs. 2 BW stellt für die Verkehrsopfer eine ungünstige Regelung dar, da unter anderem die Haftung des stattdessen in Anspruch zu nehmenden Herstellers gemäß Art. 6: 185 BW nicht mehr von der WAM-Versicherung gedeckt ist. Der Schutz, den die in der Regel solventen WAM-Versicherungen den Opfern von Verkehrsunfällen als weiterer Anspruchsgegner bieten, fällt somit weg. Die WAM-Versicherungen, die gemäß Art. 2 WAM für die Schäden haften, wozu Kraftfahrzeuge im Verkehr Anlass geben, erfassen grundsätzlich auch die Ansprüche nach Art. 6: 173 BW, nicht jedoch die Ansprüche gemäß Art. 6: 185 BW, da das Produkthaftungsrecht vorrangig Anwendung findet. Weiterhin gibt es Konstellationen, bei denen zwar eine mangelhafte Sache bzw. ein fehlerhaftes Produkt vorliegt, aber weder der Hersteller noch der Besitzer haftet. So wird außer in den Ausnahmen des Art. 6: 173 Abs. 2 a., b. BW allein aufgrund des Vorliegens eines Produktfehlers nicht nach Art. 6: 173 BW gehaftet. Neben den zwei dargestellten Ausschlussgründen sieht das Produkthaftungsrecht jedoch noch weitere Ausschlüsse der Haftung des Herstellers in Art. 6: 185 Abs. 1 BW vor. Dies kann beispielsweise der Fall sein, wenn der Fehler nach dem Stand der Wissenschaft und Technik in dem Zeitpunkt, in dem der Hersteller das Produkt in den Verkehr brachte, nicht erkannt werden konnte. Nach Art. 6: 185 Abs. 1 e. BW haftet der Hersteller hier nicht. Da auch der Besitzer nicht nach Art. 6: 173 BW haftet, bleibt der Schaden beim Geschädigten bestehen. Dies führt insbesondere zu unerwünschten Ergebnissen bei der Haftung für selbstfahrende Kraftfahrzeuge.[745]

## 2. Anwendung bei Kraftfahrzeugen

Die Haftung des Besitzers eines mangelhaften Kraftfahrzeugs nach Art. 6: 173 BW gilt erst seit dem Jahr 2005. In Art. 6: 173 Abs. 3 BW (oud) war bis zum 1. Oktober 2005 geregelt, dass die Absätze 1 und 2 des Art. 6: 173 BW nicht auf Tiere, Kraftfahrzeuge, Schiffe und Flugzeuge anwendbar sind.[746]

745 Siehe 6. Kapitel, B., II.

746 Art. 6: 173 Abs. 3 BW (oud): „De vorige leden zijn niet van toepassing op dieren, motorrijtuigen, schepen en luchtvaartuigen.“.

### a) Gesetzesänderung 2005

Mit der Gesetzesänderung zum 1. Oktober 2005 wurde das Wort „Kraftfahrzeug" aus dem dritten Absatz gestrichen.[747] Seitdem findet die Haftung nach Art. 6: 173 Abs. 3 BW nur noch bei Tieren, Schiffen und Luftfahrzeugen keine Anwendung mehr. Mit der Gesetzesänderung sollte eine weitergehende Haftung des Besitzers erreicht und gleichzeitig eine bestehende Lücke (lacune[748]/ leemte[749]) im Gesetz geschlossen werden. Ursprünglich wurden bei der Einführung des Bürgerlichen Gesetzbuches im Jahr 1992 die Kraftfahrzeuge noch nicht aus dem dritten Absatz der Gefährdungshaftung des Art. 6: 173 BW gestrichen, da das Vorhaben bestand, eine Haftung für mangelhafte Kraftfahrzeuge in einem späteren Gesetzgebungsverfahren in Buch 8 (verkeersmiddelen en vervoer) des BW aufzunehmen.[750] Dazu kam es jedoch nicht, da der vorgesehene Gesetzesvorschlag erheblicher Kritik ausgesetzt war und von einem nachfolgenden Minister zurückgezogen wurde.[751]

Erlitt jemand durch ein mangelhaftes Kraftfahrzeug einen Schaden, musste der Anspruch des Geschädigten somit auf die allgemeine Regelung des Art. 6: 162 BW gestützt werden. Ein Anspruch bestand beispielsweise erst dann, wenn der Eigentümer, Halter oder Fahrer des Kraftfahrzeugs seine Pflicht verletzte, das Fahrzeug ausreichend zu warten bzw. für dessen Sicherheit zu sorgen.[752] Dabei wurden hohe Anforderungen für das Vorliegen einer solchen Pflichtverletzung gestellt, wie sich auch bei einem vom Hoge Raad entschiedenen Fall zeigte.[753] Infolge defekter Stoßdämpfer lockerte sich die Motorhaube eines Kraftfahrzeugs und klappte während einer Fahrt hoch, wodurch es zu einer Sichtbehinderung des Fahrers und einem Verkehrsunfall kam. Der Hoge Raad bestätigte das Urteil des Gerechtshof, dass ein auf dem Gebiet der Automobiltechnik unerfahrener Fahrer nicht ohne weiteres voraussehen müsse, dass defekte Stoßdämpfer zum Lösen und Hochklappen einer Motorhaube führen können und er daher das Fahrzeug hätte warten müssen. Der geltend gemachte Anspruch des Geschädigten gemäß Art. 6: 162 BW wurde daher abgelehnt.[754]

---

747 Kamerstukken II 2004/05, 29 955, Nr. 3.

748 Gerechtshof Amsterdam, 5. Juli 2011, ECLI:NL:GHAMS:2011:BR6992.

749 Van Wassenaer van Catwijck, VR 1995, 197.

750 Van Boom, NJB 2005, 635.

751 Kamerstukken II 2004/05, 29955, Nr. 3.

752 Ernst – van Dam/ van Maanen, The development of traffic liability, S. 142.

753 Hoge Raad, 7. April 1967, NJ 1967, 282.

754 Hoge Raad, 7. April 1967, NJ 1967, 282.

Da ein Anspruch nach Art. 6: 162 BW nur selten bestand, wurde in der Praxis bei Verkehrsunfällen zwischen einem mangelhaften Kraftfahrzeug und einem in Bewegung befindlichen Kraftfahrzeug nur selten gehaftet. So fand die Haftung des Eigentümers bzw. Halters des Kraftfahrzeugs nach Art. 185 WVW keine Anwendung, weil zwei Kraftfahrzeuge in Bewegung kollidierten und auch die Haftung des Besitzers war in diesen Fällen ausgeschlossen, da Art. 6: 173 BW nicht bei Kraftfahrzeugen galt. Ebenfalls bestand in der Regel keine Haftung, wenn ein mangelhaftes Kraftfahrzeug an anderen Sachen als einem Kraftfahrzeug in Bewegung Schaden verursachte, es sich jedoch um keinen Verkehrsunfall im Sinne des Art. 185 WVW handelte. Dies war zum Beispiel bei Kraftfahrzeugen, die aufgrund eines Mangels in Brand gerieten und Schaden an der Straße verursachten, der Fall.[755] Die fehlende Regelung für mangelhafte Kraftfahrzeuge führte so zu der abwegigen Situation, dass eine Gefährdungshaftung für Schäden bestand, die durch mangelhafte Fahrräder entstanden, jedoch nicht durch mangelhafte Kraftfahrzeuge, obwohl die Gefahren, die von Kraftfahrzeugen ausgehen, deutlich größer sind, als die von Fahrrädern.[756] Durch die Gesetzesänderung im Jahr 2005 wurde diese Lücke geschlossen und der Besitzer kann seitdem in den beschriebenen Fällen nach Art. 6: 173 BW in Anspruch genommen werden.[757] So besteht nun beispielsweise bei einem geparkten Auto, das aufgrund eines Mangels in Brand gerät und Brandschäden an einem anderen geparkten Kraftfahrzeug verursacht, ein Anspruch gegen den Besitzer des mangelhaften Kraftfahrzeugs nach Art. 6: 173 Abs. 1 BW.[758]

### b) Rechtspraxis vor der Gesetzesänderung

In der Rechtsprechung wurde Art. 6: 173 BW trotz des eindeutigen Wortlauts des Art. 6: 173 Abs. 3 BW a.F. bei Unfällen mit mangelhaften Kraftfahrzeugen bereits vor der Gesetzesänderung im Oktober 2005 angewandt.[759] So betraf eine Entscheidung des Gerechtshof Amsterdam im Juni 2000 einen Arbeitnehmer, der während der Verrichtung seiner

---

755 Kamerstukken II 2004/05, 29955, Nr. 3.

756 Kamerstukken II 2004/05, 29955, Nr. 3, S. 4 f.

757 Van Boom, NJB 2005, 635, 636 f.

758 Rechtbank Utrecht, 27. Mai 2009, ECLI:NL:RBUTR:2009:BI5044.

759 Gerechtshof Amsterdam, 5. Juli 2011, ECLI:NL:GHAMS:2011:BR6992; Gerechtshof Amsterdam 22. Juni 2000, VR 2001, Nr. 44.

Arbeit aus einem Cateringwagen fiel und schwere Verletzungen erlitt. Der Arbeitnehmer hatte sich an einem am Frachtwagen befestigten Aluminiumhandgriff festgehalten, der abbrach. Der Gerechtshof entschied, dass es mit Blick auf den Schutz der Opfer vor den Risiken, die von mangelhaften Kraftfahrzeugen ausgehen, unzumutbar sei, ihnen den Schutz von Art. 6: 173 BW zu verwehren. Der Ausschluss des Art. 6: 173 Abs. 3 BW müsse beschränkt aufgefasst werden und gelte nur, wenn Art. 185 WVW Anwendung finde und das Opfer bereits den Schutz des Art. 185 WVW genieße. Da der Geschädigte Insasse des Kraftfahrzeugs war und somit nicht nach Art. 185 WVW gehaftet wurde, entschied der Gerechtshof, dass Art. 6: 173 Abs. 1 BW trotz des eindeutigen Wortlauts des Absatzes 3 Anwendung finde.[760]

Zudem entschied der Gerechtshof Amsterdam im Jahr 2011, dass Art. 6: 173 BW bei einem durch ein mangelhaftes Kraftfahrzeug verursachten Unfall, der vor der Gesetzesänderung 2005 stattfand, trotzdem Anwendung finde.[761] In diesem Fall ging es um ein Motorradrennen auf einer Rennstrecke, bei dem sich das Schwungrad (vliegwiel) vom Motor eines Motorrades löste und einen Zuschauer traf. Der Zuschauer verletzte sich dadurch schwer. Der Unfall ereignete sich am 24. April 2005, so dass er vor der Gesetzesänderung stattfand und grundsätzlich das alte Recht gelten musste. Der Gerechtshof entschied jedoch, dass Art. 6: 173 Abs. 1 BW nicht restriktiv ausgelegt werden müsse und auch in diesem Fall gelten solle. Es bestünde für den Geschädigten kein Anspruch gemäß Art. 185 WVW, weil das mangelhafte Kraftfahrzeug den Unfall nicht auf einer öffentlichen Straße, sondern auf einer privaten Rennstrecke verursacht habe. Ein Ausschluss des Anspruchs nach Art. 6: 173 BW sei trotz des klaren Wortlauts von Absatz 3 daher nicht tragbar.[762]

### c) Kritische Auseinandersetzung mit der Gesetzesänderung

Die Gesetzesänderung im Jahr 2005 erfuhr in der Literatur unter anderem von van Boom Kritik. Nach dessen Ansicht bezweckte die Gesetzesänderung allein die Verbesserung der Regulierung von Straßenschäden und die Verlagerung der entstehenden Kosten für die Schäden von

---

760 Gerechtshof Amsterdam 22. Juni 2000, VR 2001, 44.

761 Gerechtshof Amsterdam, 5. Juli 2011, ECLI:NL:GHAMS:2011:BR6992.

762 Gerechtshof Amsterdam, 5. Juli 2011, ECLI:NL:GHAMS:2011:BR6992.

der Verwaltung auf die Versicherungsnehmer.[763] Zwar seien von der Gesetzesänderung auch Personenschäden umfasst, die durch ein mangelhaftes Kraftfahrzeug entstehen, jedoch seien die meisten Personenschäden in diesen Fällen bereits von der Haftung des Eigentümers oder Halters des Kraftfahrzeugs nach Art. 185 WVW gedeckt, da der Hoge Raad entschied, dass ein mangelhaftes Kraftfahrzeug, das an einem Verkehrsunfall im öffentlichen Straßenverkehr beteiligt ist, keine höhere Gewalt begründe.[764] Daher sollten nach Ansicht von van Boom mit der Gesetzesänderung vor allem die schuldlos verursachten Schäden durch ein mangelhaftes, nicht am Verkehr teilnehmendes Kraftfahrzeug bei Art. 6: 173 BW miteinbezogen werden. Dies seien insbesondere Schäden an der Straße oder der Straßenausstattung, die durch stillstehende Kraftfahrzeuge entstehen, weil sie brennen oder Motoröl bzw. Benzin verlieren. Die dadurch verursachten Schäden an der Straße und in der Umwelt waren bis zur Gesetzesänderung ohne Verschuldensnachweis letztlich von den Städten und Gemeinden zu tragen.[765]

### 3. Vergleich zum deutschen Recht

Im deutschen Recht existiert keine außervertragliche Haftung für mangelhafte Sachen. Lediglich beim Bestehen eines Kaufvertrages zwischen den Parteien kann Schadensersatz für den durch eine mangelhafte Sache entstandenen Schaden verlangt werden. Grundsätzlich stellen sich die Probleme der Haftung für ein mangelhaftes Kraftfahrzeug jedoch nicht, da § 7 StVG für alle Verkehrsunfälle gilt und es keiner anderen Haftung des Besitzers bedarf, wenn ein Kraftfahrzeug wegen eines Mangels mit einem anderen Kraftfahrzeug in Bewegung kollidiert. Auch führen nach deutschem Recht Schäden durch ein Kraftfahrzeug, das aufgrund eines Defekts in Brand geraten ist, zur Haftung des Halters nach § 7 StVG.[766] Daher können auch die dadurch entstehenden Straßenschäden vom Halter bzw. dessen Kfz-Haftpflichtversicherung in Deutschland ersetzt verlangt werden und verbleiben nicht bei den Ländern, Gemeinden oder Städten. Auch wenn in Deutschland keine explizite Haftung für mangelhafte Kraftfahrzeuge wie in den Niederlanden

763 Van Boom, NJB 2005, 635.
764 Hoge Raad, 16. April 1942, NJ 1942, 394.
765 Van Boom, NJB 2005, 635.
766 BGH NJW 2014, 1182.

besteht, werden diese Schäden somit ersetzt. Der Schadensersatzanspruch richtet sich in diesen Fällen nicht gegen den Besitzer des Kraftfahrzeugs, sondern gegen den Halter nach § 7 StVG. Da sowohl die Haftung des Besitzers nach Art. 6: 173 BW als auch die des Halters nach § 7 StVG jeweils von der verpflichtenden Kraftfahrzeugversicherung gedeckt ist, bestehen jedoch keine großen Unterschiede.

## II. Haftung nach Art. 6: 174 BW

Art. 6: 174 Abs. 1, 2 BW betrifft keine Haftung für Verkehrsunfälle zwischen mehreren Verkehrsteilnehmern, sondern Fälle, bei denen nur ein einzelner Verkehrsteilnehmer betroffen ist und Schaden erleidet. Es handelt sich um sog. einseitige Verkehrsunfälle (eenzijdige verkeersongevallen).

### 1. Einseitige Verkehrsunfälle

Bei einseitigen Verkehrsunfällen kann der entstandene Schaden durch einen Fahrfehler in der eigenen Person oder auch durch Straßenschäden verursacht worden sein. Die Schäden werden im Falle eigenen Verschuldens von keiner anderen Person ersetzt, da auch im niederländischen Haftungsrecht grundsätzlich jeder seinen selbst verursachten Schaden tragen muss.[767] Für die Haftung bei Verkehrsunfällen, die aufgrund von Straßenschäden oder eines unzureichenden Straßenzustands entstehen, besteht mit Art. 6: 174 Abs. 1, 2 BW eine besondere Anspruchsgrundlage gegenüber der staatlichen Körperschaft. Nach Art. 6: 174 Abs. 2 S. 2 BW hat die staatliche Körperschaft dafür zu sorgen, dass sich die Straße in einem guten Zustand befindet.[768] Die Sicherheit der Straßennutzer darf durch die Straße nicht gefährdet sein.[769] Die staatliche Körperschaft ist in der Regel die Gemeinde, die als Träger der Straßenbaulast für die öffentliche Straße oder die Straßenausstattung verantwortlich ist.[770] Dies folgt aus Art. 16 des Straßengesetzes

---

[767] Van Wijk, Verkeersaansprakelijkheid, S. 25; Spier/ Hartlief/ Keirse/ Lindenbergh/ Vriesendorp – van Maanen/ Lindenbergh, Verbintenissen uit de wet en Schadevergoeding, S. 5.

[768] Art. 6: 174 Abs. 2 S.2 BW: „Bij openbare wegen rust zij op het overheidslichaam dat moet zorgen dat de weg in goede staat verkeert,...“.

[769] Hoge Raad, 17. November 2000, NJ 2001, 10.

[770] Klaassen, Risico-aansprakelijkheid, S.111.

(Wegenwet, Abk. Wegw), nach dem die Gemeinde dafür zu sorgen hat, dass die innerhalb ihres Gebietes liegenden Straßen sich in einem guten Zustand befinden. Davon ausgenommen sind die Straßen, welche durch das Reich oder eine Provinz unterhalten werden, die gemäß Art. 17 Wegw von einer Wasserbehörde (waterschap) unterhalten werden und solche, auf denen von einem anderen Maut erhoben wird.[771] In den in Art. 17 Wegw genannten Ausnahmen haften diejenigen, die die Straßen anstelle der staatlichen Körperschaft unterhalten.

## 2. Voraussetzungen des Art. 6: 174 Abs. 1, Abs. 2 S. 2 BW

Für die Haftung der staatlichen Körperschaft muss eine öffentliche Straße vorliegen, die einen Mangel aufweist und durch die ein Schaden entstanden ist. Zudem darf der Anspruch nicht durch die „es sei denn - Klausel" (tenzij-clausule) ausgeschlossen sein.

### a) Öffentliche Straße

Unter einer öffentlichen Straße im Sinne des Art. 174 BW fallen gemäß Art. 6: 174 Abs. 6 BW sowohl der Straßenkörper als auch die Ausstattung der Straße.[772] Um die Geltendmachung des Anspruchs des Geschädigten zu erleichtern, ist die Haftung für den Straßenkörper und die Ausstattung der Straße auf eine Person, nämlich die staatliche Körperschaft, konzentriert. Ansonsten müsste der Geschädigte für seinen Anspruch erst prüfen, ob die staatliche Körperschaft, die für den Zustand der Straße verantwortlich ist, auch Eigentümerin des Untergrunds oder der Straßenausstattung, also zum Beispiel eines Lichtmasts oder einer Ampel, ist.[773] In der Regel entspricht die Konzentrierung der Haftung auf die staatliche Körperschaft auch den tatsächlichen Eigentumsverhältnissen.[774]

---

771 Art. 16 Wegw: „De gemeente heeft te zorgen, dat de binnen haar gebied liggende wegen, met uitzondering van de wegen, welke door het Rijk of eene provincie worden onderhouden, van die bedoeld in artikel 17 en van die, waarop door een ander tol wordt geheven, verkeeren in goeden staat.".

772 Art. 6: 174 Abs. 6 BW: „Voor de toepassing van dit artikel wordt onder openbare weg mede begrepen het weglichaam, alsmede de weguitrusting.".

773 Klaassen, Risico-aansprakelijkheid, S.111; Kamerstukken II 1983/84, 17541, Nr. 4, S. 11.

774 Kamerstukken II 1983/84, 17541, Nr. 4, S. 11.

## b) Mangel

Eine mangelhafte öffentliche Straße im Sinne des Art. 6: 174 Abs. 2 S. 2 BW liegt vor, wenn die Straße nach objektiven Maßstäben nicht die Voraussetzungen erfüllt, die unter den gegebenen Umständen an sie gestellt werden dürfen, und dadurch eine Gefahr für Personen oder Sachen geschaffen wird.[775] Die Straße ist somit frei von Mängeln, wenn sie in Anbetracht ihrer Nutzung keine Gefahren für Personen und Sachen schafft. Dabei muss berücksichtigt werden, wie groß die Möglichkeit der Verwirklichung der Gefahr ist, welche Instandsetzungs- und Sicherungsmaßnahmen möglich sind und, ob diese Maßnahmen vernünftigerweise von der staatlichen Körperschaft verlangt werden können.[776] Dabei wird auch berücksichtigt, inwieweit die staatliche Körperschaft politisch frei entscheiden kann und ob ihr auch die nötigen finanziellen Mittel für Sicherungsmaßnahmen zur Verfügung stehen.[777] Die abstrakte Gefahr, die eine beschädigte Straße für Verkehrsteilnehmer begründet, führt somit noch nicht allein zu einer Haftung nach Art. 6: 174 Abs. 2 S. 2 BW. Vielmehr müssen die weiteren genannten Umstände im Einzelfall mitberücksichtigt werden. So wurde beispielsweise eine Haftung nach Art. 6: 174 BW gegenüber einem Mofafahrer, der über eine Wurzelanhebung auf einer gepflasterten Straße gestürzt war, abgelehnt, da auch zwei parallel verlaufende asphaltierte Straßen befahren werden konnten.[778] Ein Verkehrsteilnehmer müsse auf einer mit Bäumen versehenen asphaltierten Straße grundsätzlich mit Unebenheiten rechnen, da eine staatliche Körperschaft nicht jedes Wurzelwachstum unverzüglich beseitigen könne. Gemessen an den objektiven Umständen des Falles, insbesondere der Möglichkeit eine asphaltierte Straße zu benutzen, seien die Voraussetzungen für eine Haftung nach Art. 6: 174 Abs. 2 BW daher nicht erfüllt.[779]

---

775 Hoge Raad, 4. April 2014, ECLI:NL:HR:2014:831; Hoge Raad, Hoge Raad, 17. Dezember 2010, ECLI:NL:HR:BN6236; Gerechtshof 's-Hertogenbosch, 1. Dezember 2015, ECLI:NL:GHSHE:2015:4976.

776 Hoge Raad, 4. April 2014, ECLI:NL:HR:2014:831; Hoge Raad, Hoge Raad, 17. Dezember 2010, ECLI:NL:HR:BN6236; Gerechtshof 's-Hertogenbosch, 1. Dezember 2015, ECLI:NL:GHSHE:2015:4976.

777 Hoge Raad, 4. April 2014, ECLI:NL:HR:2014:831; Hoge Raad, Hoge Raad, 17. Dezember 2010, ECLI:NL:HR:BN6236; Gerechtshof 's-Hertogenbosch, 1. Dezember 2015, ECLI:NL:GHSHE:2015:4976; Kamerstukken II 1983/84, 17541, Nr. 4, S. 12.

778 Gerechtshof 's-Hertogenbosch, 1. Dezember 2015, ECLI:NL:GHSHE:2015:4976.

779 So Gerechtshof 's-Hertogenbosch, 1. Dezember 2015, ECLI:NL:GHSHE:2015:4976.

### c) Kein Ausschluss

Die Haftung der staatlichen Körperschaft darf zudem nicht ausgeschlossen sein. Nach Art. 174 Abs. 1, Abs. 2 S. 2 BW haftet die staatliche Körperschaft nicht, wenn die Haftung aufgrund des vorherigen Abschnittes auch dann entfallen würde, wenn die staatliche Körperschaft diese Gefahr zum Zeitpunkt ihres Entstehens gekannt hätte. Es handelt sich um die gleiche Ausschlussmöglichkeit wie bei der Haftung des Besitzers einer mangelhaften Sache nach Art. 6: 173 Abs. 1 BW. Die Haftung der staatlichen Körperschaft entfällt somit zum Beispiel, wenn der Mangel durch von außen kommende Ursachen entstanden ist, die der staatlichen Körperschaft beispielsweise wegen höherer Gewalt nicht zugerechnet werden können. Auch führt es zum Ausschluss der Haftung, wenn zwischen der Entstehung des Mangels und dem Eintritt des Schadens eine so kurze Zeitspanne besteht, dass die staatliche Körperschaft trotz Erlangung der Kenntnis vom Bestehen des Mangels diesen nicht beseitigen konnte. So wurde beispielsweise von der Rechtbank Breda entschieden, dass die staatliche Körperschaft nicht hafte, wenn sie zwar von einem Mangel an der Straße gewusst habe, es für sie jedoch aufgrund der Kürze der Zeit zwischen dem Entstehen des Mangels und des Unfalls unmöglich war, entsprechende Vorkehrungen zu treffen.[780]

## 3. Vergleich mit dem deutschen Recht

Eine spezielle Regelung der Haftung einer staatlichen Körperschaft für mangelhafte Straßen, wie es in den Niederlanden mit Art. 6: 174 Abs. 1, Abs. 2 S. 2 BW der Fall ist, besteht im deutschen Recht nicht. Hat ein Verkehrsteilnehmer aufgrund eines unzureichenden Straßenzustands einen Schaden erlitten, muss er seinen Anspruch auf die allgemeine Amtshaftung gemäß § 839 Abs. 1 S. 1 BGB i.V.m. Art. 34 GG stützen. Grundsätzlich haben die Länder, Gemeinden und Städte die Verantwortung für die Instandhaltung der Straßen. Kommen sie ihrer Pflicht nicht nach, kann sich ein Anspruch des Geschädigten aus der Amtshaftung ergeben. So wurde beispielswiese bei einem Motorradfahrer, der aufgrund fehlender Griffigkeit einer nordrhein-westfälischen Straße stürzte, ein Schadensersatzanspruch gemäß

780 Rechtbank Breda, 23. April 2008, ECLI:NL:RBBRE:2008:BD0639.

§ 839 Abs. 1 S. 1 BGB i.V.m. Art. 34 GG, §§ 9, 9a StrWG NRW gegen das Land NRW als Träger der Straßenbaulast bejaht.[781] Trotz fehlender Spezialregelung in Deutschland bestehen bei Verkehrsunfällen, die aufgrund einer mangelhaften Straße entstehen, somit keine nennenswerten Unterschiede.

---

781 OLG Hamm, 18.12.2015, NZV 2016, 523.

# 5. Kapitel: Versicherungssystem

Zwischen der Haftung bei einem Verkehrsunfall und dem Versicherungssystem besteht in den Niederlanden ein bedeutender Zusammenhang. Der enge Zusammenhang zeigt sich in erster Linie bei der verpflichtend abzuschließenden Kraftfahrzeugversicherung, die nach Art. 3 WAM die zivilrechtliche Haftung im Rahmen eines Verkehrsunfalls deckt, und dem Direktanspruch gegen den WAM-Versicherer nach Art. 6 WAM, der von der zivilrechtlichen Haftung abhängig ist. Die Haftpflichtversicherung wird auch als ein Grund für das Bestehen der Gefährdungshaftung angesehen.[782] Zudem wurden in der historischen Entwicklung der Haftung bei Verkehrsunfällen, insbesondere bei den Gesetzesentwürfen zur Haftung des Eigentümers oder Halters eines Kraftfahrzeugs, versicherungstechnische Folgen der Änderungen berücksichtigt und standen häufig einer Gesetzesänderung entgegen. Schließlich hat sich in der Rechtsprechung zum Verkehrshaftungsrecht im Rahmen der Billigkeitskorrektur nach Art. 6: 101 BW gezeigt, dass der Abschluss einer Versicherung zu einer anderen Verteilung des Schadensersatzanspruches führen kann.[783]

Das Versicherungssystem in den Niederlanden und in Deutschland ist weitgehend identisch aufgebaut. Sowohl das WAM als auch das PflVG beruhen auf dem Europäischen Übereinkommen über die obligatorische Haftpflichtversicherung für Kraftfahrzeuge vom 20. April 1959 (Straßburger Übereinkommen). Während in Deutschland durch das am 1. Juli 1940 in Kraft getretene Pflichtversicherungsgesetz bereits sehr früh die gesetzliche Versicherungspflicht eingeführt und durch die Umsetzung des Straßburger Übereinkommens nur geändert wurde, ist in den Niederlanden erst 1965 das WAM in Kraft getreten.[784] Weitere EU-Verordnungen und Richtlinien zur Harmonisierung des Versicherungsrechts im Rahmen der Kfz-Haftpflichtversicherungen haben zu einer Anpassung der jeweiligen Systeme geführt. Bei den Versicherungen für Kraftfahrzeuge wird in den Niederlanden wie in Deutschland auch zwischen der Kraftfahrzeughaftpflichtversicherung und den darüber hinausgehenden freiwilligen Kaskoversicherungen differenziert. Zudem bestehen mit der Insassenunfallversicherung (OIV)

---

782 Vranken, AcP 191, 411, 430.

783 Gerechtshof Leeuwarden, 3. Mai 2011, ECLI:NLGHLEE:2001:BQ5008; Gerechtshof 's-Gravenhage, 19. Juni 2008, ECLI:NL:GHSGR:2008:BD6919.

784 Yeh, Der Verkehrsopferschutz und dessen Entwicklung, S. 90 f.; de Bosch Kemper/ Gruben/ Vreugdenhil, De WAM in werking, S. 10.

und der Insassenschadensversicherung (SVI) noch zwei weitere Versicherungen, die abgeschlossen werden können.[785]

## A. Pflichtversicherung

In Art. 2 WAM ist geregelt, wann und für wen eine Pflicht zum Abschluss der WAM-Versicherung besteht. Gemäß Art. 2 Abs. 1 WAM sind der Besitzer eines Kraftfahrzeugs und derjenige, auf dessen Namen dies im Kennzeichenregister eingetragen ist, verpflichtet für das Kraftfahrzeug eine Versicherung, welche die nach diesem Gesetz gestellten Bestimmungen erfüllt, abzuschließen und zu unterhalten, wenn das Kraftfahrzeug auf einer Straße abgestellt wird oder damit auf der Straße gefahren wird, wenn mit dem Kraftfahrzeug außerhalb einer Straße auf einem Gelände am Verkehr teilgenommen wird oder, wenn das Kraftfahrzeug im Kennzeichenregister eingetragen und einem Namen zugeordnet ist.[786] Die Verpflichtung zum Abschluss der WAM-Versicherung entsteht somit nicht erst mit dem tatsächlichen Betrieb eines Kraftfahrzeugs. Sie muss vielmehr unabhängig von der tatsächlichen Nutzung abgeschlossen werden.

### I. Voraussetzungen der Versicherungspflicht

Art. 2 WAM regelt die Voraussetzungen für den Abschluss der Kfz-Haftpflichtversicherung. Dabei muss trotz des engen Zusammenhangs zwischen dem WAM und dem WVW grundsätzlich beachtet werden, dass gleiche Rechtsbegriffe im WAM teilweise anders definiert bzw. auch anders ausgelegt werden. So unterscheiden sich zum Beispiel der Begriff des Kraftahrzeugs und der des Fahrers eines Kraftfahrzeugs im WAM im Vergleich zum WVW. Die fehlende Einheitlichkeit der Begriffe wirkt überraschend, ist jedoch zum Schutze der Beteiligten eines

---

785 Bachmeier – Veerman/ Boendermaker/ Jannsen – Regulierung von Auslandsunfällen, S. 426.

786 Art. 2 Abs. 1 WAM: „De bezitter van een motorrijtuig en degene op wiens naam dit in het kentekenregister is ingeschreven, zijn verplicht voor het motorrijtuig een verzekering te sluiten en in stand te houden welke aan de bij en krachtens deze wet gestelde bepalingen voldoet, indien dat motorrijtuig op een weg wordt geplaatst of daarmee op een weg wordt gereden, indien buiten een weg met dat motorrijtuig op een terrein aan het verkeer wordt deelgenomen of indien dat motorrijtuig in het kentekenregister is ingeschreven en tenaamgesteld.“.

Verkehrsunfalls, auf der einen Seite als Verkehrsopfer und auf der anderen Seite als Schadensverursacher, als durchaus sinnvoll zu erachten, wie sich vor allem bei der Auslegung des Begriffs des Fahrers eines Kraftfahrzeugs zeigen wird.

### 1. Kraftfahrzeug

Für das Bestehen einer Versicherungspflicht nach Art. 2 WAM muss zunächst ein versicherbares Kraftfahrzeug vorliegen. Der Begriff des Kraftfahrzeugs ist in Art. 1 WAM legal definiert. Er unterscheidet sich nur leicht von der Definition Art. 1 Abs. 1 c. WVW. So werden nach Art. 1 WAM für die Anwendung des WAM unter Kraftfahrzeuge alle Fahrzeuge verstanden, die bestimmt sind, um anders als über Schienen über dem Grund fortbewegt zu werden, ausschließlich oder unter anderem durch mechanische Kraft, die am oder auf dem Fahrzeug selbst vorhanden ist, oder durch Elektroantrieb mit Stromzufuhr von einer anderen Stelle aus; als ein Teil davon wird bereits das am Fahrzeug Gekoppelte oder das nach der Kopplung davon Abgenommene oder Gelöste betrachtet, solange es noch nicht außerhalb des Verkehrs zum Stillstand gekommen ist.[787] Im Vergleich zur Definition nach dem WVW fehlt der Ausschluss von Fahrrädern mit Tret- bzw. Pedalunterstützung. Bei E-Bikes handelt es sich somit grundsätzlich noch um Kraftfahrzeuge im Sinne des WAM, während diese nach dem WVW keine Kraftfahrzeuge darstellen.

Auch ein Anhänger ist kein Kraftfahrzeug im Sinne des WAM, da Anhänger nicht als eigenständige Kraftfahrzeuge, sondern als ein Teil eines Kraftfahrzeugs angesehen werden. Es besteht daher für den Besitzer eines Anhängers in den Niederlanden keine Versicherungspflicht nach dem WAM. Vielmehr deckt die WAM-Versicherung des Kraftfahrzeugs auch die Schäden, die bei einem Verkehrsunfall durch einen

---

787 Art. 1 WAM: „Voor de toepassing van deze wet worden verstaan onder motorrijtuigen: alle rij- of voertuigen, bestemd om anders dan langs spoorstaven over de grond te worden voortbewogen uitsluitend of mede door een mechanische kracht, op of aan het rij- of voertuig zelf aanwezig dan wel door electrische tractie met stroomtoevoer van elders; als een deel daarvan wordt aangemerkt al hetgeen aan het rij- of voertuig is gekoppeld of na koppeling daarvan is losgemaakt of losgeraakt, zolang het nog niet buiten het verkeer tot stilstand is gekomen;…“.

Anhänger, der an das Kraftfahrzeug gekoppelt ist, entstehen.[788] In Deutschland ist hingegen gemäß § 1 PflVG sowohl der Halter eines Kraftfahrzeugs als auch der Halter eines Anhängers verpflichtet eine Versicherung abzuschließen.

Die Niederlande hat in diesem Punkt die Europäische Richtlinie des Europäischen Parlaments und Rats 2009/103/EG vom 16. September 2009 unzureichend umgesetzt. Nach Art. 1 Abs. 1 der Richtlinie werden zu Fahrzeugen auch Anhänger gezählt, für die jeder Mitgliedstaat gemäß Art. 3 Abs. 1 a) der Richtlinie sicherzustellen hatte, dass die Haftpflicht bei Fahrzeugen mit gewöhnlichem Standort im Inland durch eine Versicherung gedeckt ist und der Versicherungsvertrag auch die im Gebiet der anderen Mitgliedstaaten gemäß den Rechtsvorschriften dieser Staaten verursachten Schäden deckt.[789] Die fehlende Umsetzung in den Niederlanden führt zu Problemen in der internationalen Schadensabwicklung. Als Ausgangspunkt dient eine Entscheidung des Bundesgerichtshofs im Jahr 2010.[790] In dem zugrunde liegenden Fall verursachte der Fahrer eines Gespanns, bestehend aus einer landwirtschaftlichen Zugmaschine und einem Anhänger, Sachschaden an einem geparkten Auto und Personenschaden bei dem daraus aussteigenden Fahrer. Der Anhänger scherte wegen einer zu hohen Geschwindigkeit der Zugmaschine aus und kollidierte mit dem Auto. Die Kfz-Haftpflichtversicherung des Halters der Zugmaschine ersetzte zunächst die gesamten Schäden und forderte daraufhin Regress bei der Pflichtversicherung des Halters des Anhängers. Der BGH entschied, dass der durch das Gespann verursachte Schaden wegen der bestehenden Doppelversicherung im Regelfall vom Haftpflichtversicherer des Kraftfahrzeugs und vom Haftpflichtversicherer des Anhängers im Innenverhältnis je zur Hälfte zu tragen sei.[791]

Zu Problemen bei der Schadensabwicklung kann es kommen, wenn ein Gespann, bestehend aus einem deutschen Kraftfahrzeug und einem niederländischen Anhänger, an einem Verkehrsunfall beteiligt ist. Die

---

788 Rechtbank Zwolle-Lelystad, 16. Juni 2010, ECLI:NL:RBZLY:2010:BN8672; Rechtbank Zwolle-Lelystad, 29. September 2004, ECLI:NL:RBZLY:2004: AR3253.

789 Richtlinie 2009/103/EG des europäischen parlaments und des Rates vom 16. September 2009 über die Kraftfahrzeug-Haftpflichtversicherung und die Kontrolle der entsprechenden Versicherungspflicht online aufrufbar unter: http://eur-lex.europa.eu/legal-content/DE/ALL/?uri=CELEX%3A32009L0103; abgerufen am: 17.09.2016.

790 BGH NJW 2011, 447.

791 BGH NJW 2011, 447.

Rechtbank Amsterdam musste im Jahr 2015 bei einem in Hamburg erfolgten Verkehrsunfall eines solchen Gespanns entscheiden, ob der niederländische Halter des Anhängers neben dem deutschen Halter des Kraftfahrzeugs den entstandenen Schaden zur Hälfte tragen muss.[792] Ein Anhängerverleih mit Sitz in den Niederlanden verlieh für einen kurzen Zeitraum einen Anhänger an einen deutschen Kraftfahrzeughalter. Aufgrund der kurzen Leihdauer blieb der niederländische Verleiher noch Halter des Anhängers. Mit dem Gespann verursachte der Entleiher einen Verkehrsunfall in Deutschland. Wegen des Unfallortes in Hamburg und dem somit anzuwendenden deutschem Recht waren gemäß § 7 StVG somit grundsätzlich der Halter des Anhängers und der Halter des Kraftfahrzeugs als Gesamtschuldner verpflichtet den entstandenen Schaden zu ersetzen. Anders als in den Niederlanden ist in Deutschland jedoch auch der Halter eines Anhängers verpflichtet, diesen zu versichern. Bei einem niederländischen Halter eines Anhängers ersetzt üblicherweise zunächst die Haftpflichtversicherung des deutschen Halters des Kraftfahrzeugs den gesamten Schaden. Die Versicherung nimmt dann im Rahmen des Grüne Karte-Systems das „Deutsche Büro Grüne Karte e.V." (Duitse Bureau) für die Hälfte des Schadens in Regress. Das Deutsche Büro Grüne Karte übernimmt grundsätzlich die Pflichten eines Haftpflichtversicherers für ein ausländisches Kraftfahrzeug in Deutschland und nimmt selbst bei einem ausländischen Büro Regress, welches sich ebenfalls um den Ersatz ihrer Kosten bei dem schließlich zuständigen Haftpflichtversicherer im Inland kümmert. In dem vorliegenden Fall kehrte das Deutsche Büro Grüne Karte daher 50% des Schadens aus und nahm wiederum Regress beim Niederländischen Büro der Kraftfahrzeugversicherer (Nederlands Bureau der Motorrijtuigverzekeraars). Das niederländische Büro ist eine Vereinigung, in der alle Kraftfahrzeughaftpflichtversicherer Mitglied sind und steht gemäß Art. 2 Abs. 6, 8 WAM als Garant für den Ersatz der Schäden ein, die niederländische Kraftfahrzeuge im Ausland verursachen. Das Büro hat nach Art. 3 Abs. 3 S. 3 WAM eine Regressmöglichkeit gegenüber demjenigen, der verpflichtet war, eine WAM-Versicherung abzuschließen und dieser Pflicht nicht nachgekommen ist. Der Regressanspruch gemäß Art. 3 Abs. 3 WAM gegen den Halter des Anhängers wurde von der Rechtbank jedoch abgewiesen, da für Anhänger keine Versicherungspflicht in den Niederlanden bestehe. Anders als bei der Entscheidung des Bundesgerichtshofs bestand hier somit keine Doppelversicherung. Der Halter des Anhängers war weder nach niederländischem noch

[792] Rechtbank Amsterdam, 6. Mai 2015, ECLI:NL:RBAMS:2015:2626.

nach deutschem Recht verpflichtet eine Versicherung abzuschließen. Während für Anhänger in den Niederlanden erst gar keine Versicherungspflicht besteht, schied gemäß § 1 PflVG auch nach deutschem Recht eine Verpflichtung aus, da es bereits an dem regelmäßigen Standort des Anhängers im Inland (Deutschland) fehlte.[793] Das Deutsche bzw. Niederländische Büro waren daher auch gar nicht verpflichtet 50% des Schadens zu ersetzen, da sie nur zur Zahlung gehalten sind, wenn die Versicherung des Halters des betreffenden Fahrzeugs in Anspruch genommen werden kann, oder wenn der Halter pflichtwidrig seiner Versicherungspflicht nicht nachkommt. Dies war jeweils nicht der Fall.

Zwar hatte der Halter des Anhängers in diesem Fall den entstandenen Schaden nicht selbst zu ersetzen, da für ihn keine Versicherungspflicht bestand und er daher nicht vom Niederländischen Büro in Regress genommen werden konnte, es ist jedoch nicht auszuschließen, dass der Halter eines Anhängers direkt vom Geschädigten in Anspruch genommen wird. Allerdings müsste der Geschädigte dafür den Halter des Anhängers an seinem niederländischen Wohnsitz verklagen und der Unfall müsste auf einer deutschen Straße stattgefunden haben, damit aufgrund des Erfolgsortes deutsches Recht anwendbar wäre. Denn nur nach deutschem Recht besteht grundsätzlich auch ein Anspruch gegen den Halter des Anhängers gemäß § 7 StVG. Der Halter wäre in diesem Fall nicht durch eine Pflichtversicherung geschützt. Außerdem ist zu erwarten, dass anders als in dem entschiedenen Fall das Niederländische Büro in Zukunft nicht mehr die Hälfte des Schadens ersetzen wird, da es hierzu nicht verpflichtet ist. Daher wird die Kfz-Haftpflichtversicherung den Schaden, der durch den Anhänger entsteht, mit ersetzen, obwohl sich die eigentliche Versicherungsdeckung nicht auf den ausländischen Anhänger bezieht. Schon aus diesen Gründen bedarf das niederländische Recht einer Anpassung an die WAM-Richtlinie, die in den meisten anderen europäischen Ländern bereits umgesetzt wurde, um eine Angleichung der europäischen Haftung für Verkehrsunfälle in Europa zu erreichen.[794]

---

793 Rechtbank Amsterdam, 6. Mai 2015, ECLI:NL:RBAMS:2015:2626.

794 Pool/ de Haan, Weg en Wagen 2016, Nr. 79, S. 17.

## 2. Nutzung oder Eintragung des Kraftfahrzeugs

Weiterhin muss für eine Versicherungspflicht nach Art. 2 WAM das Kraftfahrzeug auf einer Straße abgestellt oder damit auf einer Straße gefahren werden, mit dem Kraftfahrzeug außerhalb einer Straße auf einem Gelände am Verkehr teilgenommen werden, oder das Kraftfahrzeug im Kennzeichenregister eingetragen und einem Namen zugeordnet sein.

Unter einer Straße wird gemäß Art. 1 WAM eine Straße im Sinne des Art. 1 Abs. 1 b. WVW verstanden. Es muss sich daher vor allem um eine für den öffentlichen Verkehr offenstehende Straße handeln.[795] Ausreichend ist es bereits, wenn ein Kraftfahrzeug auf einer solchen Straße abgestellt wird.

Ein Gelände (terrein) ist nach Art. 1 WAM ein Gebiet, das für die Öffentlichkeit oder für eine bestimmte Anzahl von Personen, die das Recht haben, dorthin zu kommen, zugänglich ist.[796] Das Kraftfahrzeug muss weiterhin auf einem Gelände am Verkehr teilnehmen. Es ist nicht ausreichend, ein Kraftfahrzeug dort nur abzustellen. Das Kraftfahrzeug nimmt am Verkehr teil, wenn es sich fortbewegt.[797] So ist beispielsweise ein Kranwagen ein Kraftfahrzeug im Sinne des WAM. Steht dieser jedoch ausschließlich auf einem Gelände und bewegt sich nicht fort, besteht keine Pflicht zum Abschluss der WAM-Versicherung. Handelt es sich hingegen um einen Kranwagen, der dauernd von einer Baustelle zur nächsten Baustelle fährt, liegt ein nach Art. 2 Abs. 1 WAM versicherungspflichtiges Kraftfahrzeug vor.

Schließlich besteht eine Versicherungspflicht, wenn das Kraftfahrzeug im Kennzeichenregister eingetragen und einem Namen zugeordnet ist. Im Kennzeichenregister werden durch die Zulassungsstelle gemäß Art. 42 Abs. 3 WVW die Kraftfahrzeuge und Anhänger gelistet, für die ein Kennzeichen ausgegeben ist. Kraftfahrzeuge, die nicht im Kennzeichenregister eingetragen sind, müssen somit nicht versichert sein, solange sie nicht auf der Straße stehen oder am Verkehr teilneh-

---

795 Art. 1 Abs. 1 b. WVW: „In deze wet en de daarop berustende bepalingen wordt verstaan onder wegen: alle voor het openbaar verkeer openstaande wegen of paden met inbegrip van de daarin liggende bruggen en duikers en de tot die wegen behorende paden en bermen of zijkanten.“.

796 Art. 1 WAM: „Voor de toepassing van deze wet worden verstaan onder terrein: een terrein dat toegankelijk is voor het publiek of voor een zeker aantal personen die het recht hebben daar te komen; …“.

797 De Bosch Kemper/ Gruben/ Vreugdenhil, De WAM in werking, S. 67.

men. Dies galt vor allem für Mopeds bzw. Mofas (brom- en snorfietsen), für die bis zum Jahr 2005 keine Kennzeichenpflicht bestand.[798] Erst ab dem 1. September 2005 musste auch für diese Kraftfahrzeuge ein Kennzeichen angemeldet werden, so dass die Kennzeichenhalter eines Mopeds bzw. Mofas seitdem versicherungspflichtig sind.[799]

### 3. Besitzer, Kennzeichenhalter oder Halter

Die Verpflichtung zum Abschluss der WAM-Versicherung ruht grundsätzlich auf dem Besitzer des Kraftfahrzeugs und demjenigen, auf dessen Namen das Kraftfahrzeug im Kennzeichenregister eingetragen ist. Nach Art. 2 Abs. 1 WAM sind (zijn) der Besitzer und (en) derjenige, auf dessen Namen das Kraftfahrzeug im Kennzeichenregister eingetragen ist, verpflichtet die Versicherung abzuschließen. Nach dem Wortlaut können daher mehrere Personen nebeneinander verpflichtet sein, die WAM-Versicherung abzuschließen.[800] Sobald einer eine Versicherung für das Kraftfahrzeug abgeschlossen hat, besteht für die anderen jedoch nach Art. 2 Abs. 4 WAM keine Versicherungspflicht mehr.[801] In Art. 2 Abs. 2 WAM sind außerdem drei Fälle beschrieben, bei denen der Halter anstelle des Besitzers versicherungspflichtig ist. Während nach Art. 185 WVW der Eigentümer oder Halter für die durch das Kraftfahrzeug bei einem nicht motorisierten Verkehrsteilnehmer entstandenen Schäden haftet, ruht die Versicherungspflicht formal auf einem anderen Personenkreis. In der Regel handelt es sich jedoch nach dem WVW und WAM um dieselben Personen. Dennoch sahen daher einige der beschriebenen Gesetzesentwürfe eine Haftung des Besitzers eines Kraftfahrzeuges vor, um eine Angleichung an das WAM zu erreichen.[802]

Wer Besitzer (bezitter) oder Halter (houder) eines Kraftfahrzeugs ist, ist im WAM nicht ausdrücklich geregelt. Auch fehlt ein Verweis zum WVW. Als Ausgangspunkt dient daher der Begriff des Besitzers bzw. Halters aus dem BW, der zum Teil im WAM noch näher konkretisiert wird.[803] Danach ist derjenige Besitzer einer Sache, der die tatsächliche

[798] De Bosch Kemper/ Gruben/ Vreugdenhil, De WAM in werking, S. 15.

[799] De Bosch Kemper/ Gruben/ Vreugdenhil, De WAM in werking, S. 15.

[800] De Bosch Kemper/ Gruben/ Vreugdenhil, De WAM in werking, S. 14.

[801] Van Huizen/ Wezeman/ van Eijk-Graveland, Grondslagen van het verzekeringsrecht, S. 208.

[802] Siehe 3. Kapitel, III., XII.

[803] De Bosch Kemper/ Gruben/ Vreugdenhil, De WAM in werking, S. 33.

Verfügungsmacht über eine Sache hat oder sich diese anmaßt.[804] Als Halter wird derjenige angesehen, der eine Sache für einen anderen hält (houdt) und dabei weiß, dass er nicht der Eigentümer dieser Sache ist. Anders als ein Besitzer einer Sache verhält sich der Halter nicht wie ein Eigentümer und hält eine Sache nicht für sich selbst.[805] Der Halter eines Kraftfahrzeugs ist jedoch erst dann nach Art. 2 WAM anstelle des Besitzers versicherungspflichtig, wenn dieser aufgrund eines Mietkaufvertrags über das Kraftfahrzeug verfügt, das Kraftfahrzeug in Nießbrauch hat, oder in sonstiger Weise das Kraftfahrzeug, anders als ein Eigentümer oder Besitzer, zur dauerhaften Nutzung zur Verfügung hat. Es muss also noch eine der genannten qualifizierten Voraussetzungen vorliegen. Wer ein Kraftfahrzeug für zwei Tage mietet, kann zwar ein Halter sein, weil er eine Sache für einen anderen besitzt und weiß, dass er nicht der Eigentümer des Kraftfahrzeugs ist. Er ist jedoch kein dauerhafter Halter im Sinne des Art. 2 Abs. 2 c) WAM. Er ist daher auch nicht verpflichtet eine Versicherung für das Kraftfahrzeug abzuschließen.[806]

Für Kraftfahrzeuge mit einem Kennzeichen besteht zudem eine Versicherungspflicht für denjenigen, auf dessen Namen das Kennzeichen angemeldet ist. Dies ist der sog. Kennzeichenhalter (kentekenhouder), der in der Regel auch der Eigentümer des Kraftfahrzeugs ist. In den Niederlanden erhält jedes Kraftfahrzeug bei seiner Erstzulassung ein festes Kennzeichen, welches nicht mehr geändert wird. Ein Kraftfahrzeug behält also immer das gleiche Kennzeichen. Das Kraftfahrzeug ist grundsätzlich auf dem Namen des Eigentümers bei der Zulassungsstelle (Dienst Wegverkeer) registriert. Gemäß Art. 4a Abs. 1 S. 1 WVW wird die Zulassungsstelle im Verkehr als RDW bezeichnet.[807] Sie ist unter anderem für die Registrierung von Kraftfahrzeugen und Führerscheinen zuständig. Diese und weitere Aufgaben (taken) sind in Art. 4b WVW näher beschrieben. Die Versicherungspflicht des Kennzeichenhalters besteht dabei unabhängig von der Nutzungsmöglichkeit des Kraftfahrzeugs, sondern allein aufgrund der Anmeldung des Kennzeichens. Bei einem angemeldeten Kennzeichen bleibt der Kennzeichenhalter daher

---

804 De Bosch Kemper/ Gruben/ Vreugdenhil, De WAM in werking, S. 32.

805 Vgl. zum Besitz Art. 3: 107 Abs. 1 BW: „Bezit is het houden van een goed voor zichzelf." („Besitz ist das Halten einer Sache für sich selbst.").

806 Hoge Raad, 29. Oktober 1991, NJ 1992, 235.

807 Art. 4a Abs. 1 S. 1 WVW: „Er is een Dienst Wegverkeer, in het maatschappelijk verkeer aangeduid als RDW.".

weiterhin versicherungspflichtig, wenn beispielsweise das Kraftfahrzeug gestohlen, aber das Kennzeichen noch nicht „gesperrt" wurde.[808] Dasselbe gilt, wenn das Auto beschlagnahmt worden ist,[809] oder das Kraftfahrzeug einen Totalschaden hat.[810]

### 4. Vergleich zum deutschen Recht

Die Versicherungspflicht des Halters eines Kraftfahrzeugs in Deutschland richtet sich nach § 1 PflVG. Erforderlich für die Versicherungspflicht des Halters eines Kraftfahrzeugs ist, dass das Kraftfahrzeug einen regelmäßigen Standort im Inland hat und das Farhrzeug auf öffentlichen Wegen oder Plätzen verwendet wird. Während sich der Kreis derjenigen, die zum Abschluss der Versicherung verpflichet sind, leicht unterscheidet, bestehen bei den weiteren Voraussetzungen keine wesentlichen Unterschiede.

## II. Freistellung von der Versicherungspflicht

Wird der Versicherungspflicht nicht nachgekommen, liegt eine strafbare Handlung nach Art. 30 Abs. 1 WAM vor.[811] Von der Verpflichtung zum Versicherungsabschluss sind im WAM jedoch bestimmte Personen freigestellt.

### 1. Staat

So ist zum Beispiel der Staat nach Art. 17 Abs. 1 S. 1 WAM von der Versicherungspflicht befreit. Wenn ein solches freigestelltes Kraftfahr-

808 Hoge Raad, 11. April 2000, NJ 2000, 547.

809 Hoge Raad, 27. März 2001, NJ 2001, 380.

810 Hoge Raad, 1. Dezember 2009, ECLI:NL:HR:2009:BK4875.

811 Art. 30 Abs. 1 WAM: „Hij, die als bezitter, dan wel als degene op wiens naam een motorrijtuig in het kentekenregister is ingeschreven, dan wel als houder in de zin van artikel 2, tweede lid, een motorrijtuig op een weg doet rijden of laat staan of toelaat dat daarmede op een weg wordt gereden of gestaan, of buiten een weg met een motorrijtuig deelneemt of toelaat dat daarmede wordt deelgenomen aan het verkeer op een terrein zonder dat hij voor dat motorrijtuig een verzekering overeenkomstig deze wet heeft gesloten en in stand gehouden, wordt gestraft met hechtenis van ten hoogste drie maanden of geldboete van de tweede categorie.".

zeug Anlass zur zivilrechtlichen Haftung gibt, hat der Geschädigte gemäß Art. 17 Abs. 1 S. 2 WAM jedoch die gleichen Rechte gegen den Staat, welche ihm sonst nach dem WAM gegenüber der Versicherung zugestanden hätten. Wie die Niederlande sind auch die Bundesrepublik Deutschland sowie ihre Länder und Gemeinden nach § 2 Abs. 1 PflVG von der Versicherungspflicht des § 1 PflVG freigestellt. Sie haben gemäß § 2 Abs. 1 S. 1 PflVG jedoch ebenfalls in gleicher Weise wie ein Versicherer für die entstandenen Schäden einzutreten.

### 2. Personen mit Gewissens- oder Gemütsbedenken

Außerdem können Personen mit Bedenken aufgrund ihres Gemüts (gemoedsbezwaarden) nach Art. 18 Abs. 1 S. 1 WAM von der Verpflichtung eine Versicherung abzuschließen, freigestellt werden.[812] Die Anerkennung von Gemüts- oder Gewissensbedenken (gemoeds- of gewetensbezwaarden) als Befreiungsgrund von einer Versicherungspflicht ist ein typisch niederländisches Phänomen. Es beruht auf einem historisch gewachsenen Respekt vor Prinzipien, die sich gegen Zwangsgesetze (dwangwetten) wehren. Dazu gehört neben der Versicherungspflicht unter anderem auch die Wehr- oder Schulpflicht.[813] Unter den Personenkreis mit Gemütsbedenken fallen beispielsweise Personen, die sich aufgrund ihres Glaubens weigern, Versicherungen abzuschließen, da sie mit der Überzeugung leben, dass das Leben in den Händen Gottes liege und daher keine Versicherung nötig sei. In den Niederlanden sind rund 5000 Kraftfahrzeuge wegen dieser Ausnahme nicht versichert.[814] Bei einem Verkehrsunfall mit einem solchen Kraftfahrzeug ersetzt grundsätzlich der Waarborfonds Motorverkeer den entstandenen Schaden beim Geschädigten und nimmt Regress bei den freigestellten Personen.[815] Die Freistellung von der Versicherungspflicht wegen Gemüts- oder Gewissensbedenken ist dem deutschen Recht fremd. Es handelt

812 Art. 18 Abs. 1 S. 1 WAM: „Van de verplichting tot het sluiten van een verzekering kunnen, op een daartoe aan Onze Minister van Financiën gedaan verzoek, worden vrijgesteld de in artikel 2, eerste en tweede lid, bedoelde personen die gemoedsbezwaren hebben tegen het sluiten van een verzekering.“.

813 De Bosch Kemper/ Gruben/ Vreugdenhil, De WAM in werking, S. 16.

814 De Bosch Kemper/ Gruben/ Vreugdenhil, De WAM in werking, S. 16.

815 Rechtbank Arnhem, 2. Februar 2011, ECLI:NL:RBARN:2011:BP5945.

sich um eine niederländische Besonderheit, die historisch begründet ist.[816]

### 3. E-Bikes

Seit 2006 sind von der Versicherungspflicht außerdem Fahrräder mit Tret- bzw. Pedalunterstützung, mit Ausnahme von sog. speed pedelecs, also E-Bikes, die schneller als 25 km/h fahren, freigestellt.[817] Während diese nach dem WAM im Gegensatz zum WVW zwar als Kraftfahrzeug gelten, besteht für die Besitzer dieser E-Bikes jedoch keine Versicherungspflicht mehr. Nach Art. 17 Abs. 3 WAM kann bei bestimmten Arten von Kraftfahrzeugen, die kaum eine Gefahr mit sich bringen, die Freistellung von der Versicherungspflicht angeordnet werden.[818] Nach einem Beschluss aus dem Jahr 2006 hatte die Erfahrung mit E-Bikes gezeigt, dass diese zu der Kategorie Kraftfahrzeuge gehören würden, die kaum eine Gefahr mit sich bringen (een soort van motorrijtuig welke nauwelijks gevaar oplevert), so dass keine Versicherungspflicht bestehen müsse.[819] Die Befreiung von der Versicherungspflicht führt für den Geschädigten bei einem Unfall mit einem E-Bike zu keinen nachteiligen Folgen. Gemäß Art. 25 Abs. 1 e. WAM kann dieser sich neben dem Fahrer des E-Bikes auch an den Garantiefonds wenden, der nach Art. 17 Abs. 3 WAM die Schäden der Kraftfahrzeuge deckt, die von der Versicherungspflicht freigestellt sind.[820] Trotz der Freistellung von der Versicherungspflicht besteht daher weiterhin ein zahlungsfähiger Schuldner für das Verkehrsopfer. Da E-Bikes in Deutschland grundsätzlich nicht unter die Definition eines Kraftfahrzeugs fallen, besteht für diese ebenfalls keine Versicherungspflicht.

Bei den E-Bikes macht sich die unterschiedliche Definition eines Kraftfahrzeugs im WAM und WVW bemerkbar. Nach Art. 1 WVW fällt das E-Bike unter ein normales Fahrrad, so dass der Fahrer eines E-Bikes bei einem Verkehrsunfall als Verkehrsopfer durch Art. 185 WVW weitreichend geschützt wird. Dies ist auch sinnvoll, da

816 De Bosch Kemper/ Gruben/ Vreugdenhil, De WAM in werking, S. 16.

817 Stb. 2006, 400.

818 Art. 17 Abs. 3 WAM: „Wij behouden Ons voor bij algemene maatregel van bestuur vrijstelling van de verplichting tot het sluiten van een verzekering te verlenen met betrekking tot bepaalde soorten van motorrijtuigen welke nauwelijks gevaar opleveren.“.

819 Stb. 2006, 400.

820 De Bosch Kemper/ Gruben/ Vreugdenhil, De WAM in werking, S. 16.

der Fahrer eines E-Bikes im Straßenverkehr genauso gefährdet ist wie ein normaler Radfahrer. Nach dem WAM handelt es sich bei einem E-Bike hingegen um ein Kraftfahrzeug, für das bis 2006 zudem die Pflicht bestand eine WAM-Versicherung abzuschließen. So nahm man bis dahin an, dass von E-Bikes aufgrund der höheren Geschwindigkeiten größere Gefahren im Straßenverkehr ausgingen als von normalen Fahrrädern und somit auch größere Schäden entstehen konnten. Der Geschädigte eines Zusammenstoßes mit einem E-Bike war durch die Deckung der Schäden durch die Versicherung somit hinreichend geschützt. Während dem Fahrer des E-Bikes als Verkehrsopfer somit der Schutz des Art. 185 WVW zugutekam, wurde die auf der anderen Seite angenommene höhere Gefahr für die anderen Verkehrsteilnehmer durch den verpflichtenden Abschluss der WAM-Versicherung kompensiert. Nachdem festgestellt wurde, dass die Gefahren eines E-Bikes für die anderen Verkehrsteilnehmer nicht so hoch sind wie angenommen, wurden diese im Jahr 2006 von der Versicherungspflicht befreit. Offen bleibt jedoch die Frage, warum bei ähnlichen Fahrzeugtypen und ebenso verwundbaren Verkehrsteilnehmern, wie es zum Beispiel bei einem Mofafahrer der Fall ist, keine solche Differenzierung stattfindet.

### III. Versicherungsdeckung

Ist eine WAM-Versicherung abgeschlossen, bestimmt Art. 3 WAM, welche Schäden durch die Versicherung gedeckt sind. Nach Art. 3 Abs. 1 WAM muss die Versicherung gegen Bezahlung einer Prämie während der gesamten Laufzeit der Versicherung, einschließlich des Zeitraums, in der sich das Kraftfahrzeug auf dem Gebiet eines anderen Mitgliedsstaates befindet, die zivilrechtliche Haftung von jedem Besitzer, Halter und Fahrer des versicherten Kraftfahrzeus sowie denjenigen, die damit befördert werden, decken, zu der das Kraftfahrzeug im Verkehr Veranlassung geben kann, mit Ausnahme der zivilrechtlichen Haftung derer, die sich nach dem Abschluss der Versicherung durch Diebstahl oder Gewaltanwendung die Herrschaft über das Kraftfahrzeug verschaffen haben, und derer, die dies wissend, das Kraftfahrzeug ohne rechtmäßigen Grund gebrauchen.[821]

[821] Art. 3 Abs. 1 WAM: „De verzekering moet tegen betaling van één enkele premie, gedurende de gehele looptijd van de verzekering, met inbegrip van de perioden waarin het motorrijtuig zich op het grondgebied van een andere lidstaat bevindt,

### 1. Zahlung der Versicherungsprämie

Die Versicherungsnehmer müssen für den Versicherungsschutz der WAM-Versicherung zunächst eine Versicherungsprämie bezahlen. Die Höhe der Prämie ist dabei von verschiedenen Faktoren abhängig. So werden das Alter des Versicherten, die Art und der Wert des Kraftfahrzeugs, die Wohngegend, die Anzahl der Kilometer pro Jahr, die private oder gewerbliche Nutzung sowie die Anzahl der schadenfreien Jahre für die Höhe der Prämie berücksichtigt. Vor allem die schadenfreien Jahre können zu einer Kürzung der Versicherungsprämie, der sog. „no-claim korting", von bis zu 80% führen.[822] Neben der Abgeltung der Schäden werden die Prämien der einzelnen Versicherten unter anderem zur Einschaltung von Gutachtern, zur Bezahlung von Verwaltungskosten und zur Finanzierung des Garantiefonds genutzt.[823]

### 2. Deckung durch die Versicherung

Die WAM-Versicherung deckt nach Art. 3 Abs. 1 WAM die zivilrechtliche Haftung, zu der das Kraftfahrzeug Anlass gibt. Umfasst sind sowohl materielle als auch immaterielle Schäden.

#### a) Zivilrechtliche Haftung, wozu ein Kraftfahrzeug Anlass im Verkehr gibt

Von der Versicherungsdeckung ist nur das Verkehrsrisiko (verkeersrisicio) umfasst.[824] Dies ist betroffen, wenn mit dem Kraftfahrzeug im Straßenverkehr gefahren wird. Gerät beispielsweise ein Kraftfahrzeug bei Reparaturarbeiten in Brand und verursacht einen Schaden an der

---

dekken de burgerrechtelijke aansprakelijkheid, waartoe het motorrijtuig in het verkeer aanleiding kan geven, van iedere bezitter, houder en bestuurder van het verzekerde motorrijtuig, alsmede van degenen die daarmede worden vervoerd, zulks met uitzondering van de burgerrechtelijke aansprakelijkheid van hen die zich na het sluiten van de verzekering door diefstal of geweldpleging de macht over het motorrijtuig hebben verschaft en van hen die, dit wetende, dat motorrijtuig zonder geldige reden gebruiken.".

822 https://www.independer.nl/autoverzekering/info/schade/no-claim-korting.aspx, abgerufen am: 15. März 2016.

823 https://waarborgfonds.vereende.nl/over-het-waarborgfonds/; abgerufen am: 17. März 2016.

824 De Bosch Kemper/ Gruben/ Vreugdenhil, De WAM in werking, S. 68.

Arbeitsstätte, handelt es sich um kein Verkehrsrisiko.[825] Insbesondere bei Kraftfahrzeugen, die auch als Arbeitsmittel eingesetzt werden, muss genau differenziert werden, ob es sich um eine Haftung handelt, wozu das Kraftfahrzeug im Verkehr Anlass gibt. So ist beispielsweise ein Gabelstapler auf der einen Seite ein typisches Beförderungsmittel, das bestimmt ist, am Verkehr teilzunehmen. Bei einem Unfall während der Fahrt handelt es sich dann um einen Schaden, zu dem das Kraftfahrzeug im Verkehr Anlass gegeben hat. Auf der anderen Seite wird ein Gabelstapler zum Teil nur benutzt, um schwere Waren zu heben. In diesem Fall liegt wiederum kein Verkehrsrisiko vor, so dass es sich um keinen durch die WAM-Versicherung zu ersetzenden Schaden handelt.[826] Ob auch eine zivilrechtliche Haftung besteht, richtet sich nach den allgemeinen Vorschriften des WVW bzw. BW. Es muss also beispielsweise ein Anspruch nach Art. 185 WVW, Art. 6: 162 BW oder Art. 6: 173 BW bestehen. Da für eine Haftung nach Art. 185 WVW ein Verkehrsunfall im Straßenverkehr erforderlich ist, besteht bei einem Anspruch nach Art. 185 WVW regelmäßig auch eine Versicherungsdeckung. Ferner kann eine zivilrechtliche Haftung, wozu ein Kraftfahrzeug Anlass gibt, bei der Haftung des Fahrers aufgrund unerlaubter Handlung nach Art. 6: 162 BW bestehen. Auch kann die Haftung des Besitzers für ein mangelhaftes Kraftfahrzeug nach Art. 6: 173 BW vom Versicherungsschutz der WAM-Versicherung umfasst sein. Bei dem Anspruch nach Art. 6: 173 BW ist jedoch vor allem zu berücksichtigen, ob der Schaden durch das mangelhafte Kraftfahrzeug auch im Verkehr entstanden ist. Dies ist insbesondere bei in Brand geratenen Kraftfahrzeugen problematisch, die außerhalb des Straßenverkehrs geparkt wurden.

### b) Personenkreis

Gemäß Art. 3 Abs. 1 WAM muss die zivilrechtliche Haftung jedes Besitzers, Halters, Fahrers und Passagiers des Kraftfahrzeugs gedeckt sein. Der in Art. 3 Abs. 1 WAM beschriebene mitversicherte Personenkreis ist abschließend. Wer beispielsweise allein an einem Kraftfahrzeug bastelt (aan een motorrijtuig sleutelt), ist nicht mitversichert.[827]

---

825 De Bosch Kemper/ Gruben/ Vreugdenhil, De WAM in werking, S. 68.

826 De Bosch Kemper/ Gruben/ Vreugdenhil, De WAM in werking, S. 69 f.

827 De Bosch Kemper/ Gruben/ Vreugdenhil, De WAM in werking, S. 32.

### aa) Besitzer und Halter

Besitzer eines Kraftfahrzeugs ist, wer die tatsächliche Verfügungsmacht über das Kraftfahrzeug hat oder sich diese anmaßt.[828] Für die Haltereigenschaft im Rahmen des Art. 3 Abs. 1 WAM wird ebenfalls auf den allgemeinen Begriff des Halters abgestellt. Somit ist derjenige Halter eines Kraftfahrzeugs, der dieses für einen anderen hält und dabei weiß, dass er nicht der Eigentümer des Kraftfahrzeugs ist. Die weiteren Voraussetzungen, die bei Art. 2 Abs. 2 WAM für die Versicherungspflicht eines Halters erforderlich sind, müssen für eine Haltereigenschaft nach Art. 3 WAM nicht erfüllt sein. Wer ein Kraftfahrzeug für 2 Tage mietet, ist zwar kein dauerhafter Halter und damit auch nicht nach Art. 2 Abs. 2 WAM versicherungspflichtig, er ist jedoch Halter im Sinne des Art. 3 Abs. 1 WAM und somit mitversichert.[829]

### bb) Fahrer

Als Fahrer des Kraftfahrzeugs wird derjenige angesehen, der das Kraftfahrzeug steuert. Der Begriff des Fahrers wird dabei weit ausgelegt. Als Fahrer kann zum Beispiel auch der Passagier angesehen werden, der während der Fahrt kräftig die Handbremse zieht.[830] Grundsätzlich handelt es sich um denselben Begriff wie beim WVW. Unterschiede bei der Auslegung zwischen dem Begriff des Fahrers nach dem WAM und dem WVW bestehen jedoch, wenn diese kurzzeitig aus ihrem Kraftfahrzeug aussteigen. Hierbei wird der Begriff des Fahrers beim WAM weiter ausgelegt, als es beim WVW der Fall ist, wie sich insbesondere im sog. „Hasen-Fall“ zeigte.[831] Der Hoge Raad entschied dabei, dass die WAM-Versicherung auch für einen bereits aus dem Kraftfahrzeug ausgestiegenen Fahrer haften müsse. In dem Fall fuhr der Fahrer eines Kraftfahrzeugs einen Hasen auf der Autobahn an. Der Fahrer hielt sein Fahrzeug auf dem Standstreifen an und stieg aus dem Kraftfahrzeug aus, um den Hasen von der Straße zu entfernen. Ein folgender Fahrer eines anderen Kraftfahrzeugs konnte dem auf der Autobahn laufenden Fahrer nur knapp entweichen, fuhr aber dabei in das auf dem Standstreifen abgestellte Auto, so dass beide Kraftfahrzeuge beschädigt wurden. Der Hoge Raad entschied, dass das Aufheben des Tieres eine

---

828 De Bosch Kemper/ Gruben/ Vreugdenhil, De WAM in werking, S. 32.

829 De Bosch Kemper/ Gruben/ Vreugdenhil, De WAM in werking, S. 32 f.

830 Rechtbank Roermond, 12. Februar 2014, VR 2014, 178.

831 Hoge Raad, 10. Februar 2006, ECLI:NL:HR:2006:AU5702.

schuldhafte unerlaubte Handlung des Fahrers des Kraftfahrzeugs sei, für die die Kfz-Haftpflichtversicherung einstehen müsse. Anders als bei einem auf dem Standstreifen abgestellten Auto, um Verletzten zu helfen, sei das Herumlaufen auf der Autobahn, um einen Hasen zu holen, unrechtmäßig.[832] Der Hoge Raad vertrat somit die Ansicht, dass es sich noch um die Haftung des Fahrers eines Kraftfahrzeugs handelte und nicht um einen Fußgänger, für den die WAM-Versicherung nicht haften würde.

Demgegenüber wird der Begriff des Fahrers eines Kraftfahrzeugs beim WVW eng ausgelegt. So wird derjenige, der aus einem Kraftfahrzeug aussteigt, aufgrund der objektiven Beurteilung aus Sicht der anderen Verkehrsteilnehmer in der Regel als Fußgänger angesehen.[833] Der Fahrer, der den Hasen entfernen wollte, wäre nach der Auslegung beim WVW als Fußgänger anzusehen. Art. 185 WVW wäre für seine erlittenen Schäden daher anwendbar und der ausgestiegene Fahrer als schwacher Verkehrsteilnehmer geschützt. Bei einem Anspruch gegen den ausgestiegenen Fahrer müsste außerdem die Reflexwirkung des Art. 185 WVW berücksichtigt werden. Die weite Auslegung nach dem WAM schützt den Fahrer im Falle seiner Haftung, da seine Haftung andernfalls nicht von der Versicherung gedeckt sein würde. Auch dem Verkehrsopfer kommt dies zu Gute, da er einen weiteren Anspruchsgegner hat und seine Haftung in jedem Fall gedeckt ist. Er bekommt aufgrund der Reflexwirkung jedoch in der Regel nicht seinen gesamten Schaden ersetzt.

### cc) Passagier

Schließlich muss die Haftung eines Passagiers gedeckt sein. Passagier ist, wer mit dem Kraftfahrzeug befördert wird und keinen Einfluss auf das Fahrgeschehen nimmt. Für den Begriff des Passagiers gelten dieselben Grundsätze wie beim Begriff des Fahrers. Er unterscheidet sich vom Begriff des WVW lediglich dann, wenn ein Passagier kurzzeitig das Kraftfahrzeug verlässt. So ist der Fall vorstellbar, bei dem ein Passagier aus dem Kraftfahrzeug steigt, seine Koffer aus dem Kofferraum holen möchte und dabei den Verkehr auf der Straße in der Weise stört, dass es zu einem Unfall kommt. Das WAM legt den Begriff des Passagiers grundsätzlich weit aus, so dass es sich bei dem im vorliegenden

832 Hoge Raad, 10. Februar 2006, ECLI:NL:HR:2006:AU5702.

833 Hoge Raad, 25. Februar 2000, ECLI:NL:HR:2000:AA4943.

Fall ausgestiegenen Passagier noch um eine beförderte Person nach Art. 3 Abs. 1 WAM handeln würde, deren Haftung demnach durch die Versicherung gemäß Art. 3 Abs. 1 WAM gedeckt wäre.[834] Nach dem WVW wäre er beim Aussteigen bereits als Fußgänger anzusehen und als Verkehrsopfer weitreichend geschützt.

### dd) Ausnahmen der Versicherungsdeckung

In Art. 3 Abs. 1 WAM sind Benutzer von Kraftfahrzeugen genannt, deren Verkehrshaftung nicht gedeckt sein muss. Danach muss die WAM-Versicherung nicht die Haftung derjenigen decken, die sich durch Diebstahl (diefstal) oder Anwendung von Gewalt (geweldpleging) die Macht über das Kraftfahrzeug verschafft haben und von denjenigen, die dies wussten (daarvan-weters). Dabei handelt es sich um keinen Ausschluss kraft Gesetzes. Die Versicherer machen im Versicherungsvertrag jedoch in der Regel Gebrauch von dieser Ausschlussmöglichkeit. Ob ein Diebstahl im Sinne des Art. 3 Abs. 1 WAM vorliegt, wird nach Art. 310 Sr beurteilt. Danach muss eine Sache mit der Absicht weggenommen worden sein, um sie sich widerrechtlich zuzueignen.[835] Für die Bejahung eines Diebstahls im Sinne des Art. 3 Abs. 1 WAM muss somit feststehen, dass derjenige, der sich die Macht über ein Kraftfahrzeug verschaffen hat, die Absicht hatte, sich das Kraftfahrzeug widerrechtlich zuzueignen.[836] Für eine Anwendung von Gewalt ist es bereits ausreichend, wenn beispielsweise ein Schloss aufgebrochen wird.[837] Daneben kann noch die Versicherungsdeckung für die Haftung derjenigen ausgeschlossen werden, die von dem Diebstahl oder der Gewaltanwendung wussten und das Kraftfahrzeug ohne rechtmäßigen Grund (zonder geldige reden) gebrauchen. Einen solchen Grund hat beispielsweise der Polizist, der ein gestohlenes Auto zur Polizeidienststelle

---

834 De Bosch Kemper/ Gruben/ Vreugdenhil, De WAM in werking, S. 35.

835 Art. 310 Sr: „Hij die enig goed dat geheel of ten dele aan een ander toebehoort wegneemt, met het oogmerk om het zich wederrechtelijk toe te eigenen, wordt, als schuldig aan diefstal, gestraft met gevangenisstraf van ten hoogste vier jaren of geldboete van de vierde categorie." („Derjenige, der eine Sache, die ganz oder zum Teil einem andern gehört, mit der Absicht wegnimmt, sie sich widerrechtlich zuzueigen, wird wegens Diebstahls mit einer Gefängnisstrafe von höchstens vier Jahren oder einer Geldstrafe der vierten Kategorie bestraft.").

836 Hoge Raad, 9. Februar 2007, ECLI:NL:HR:2007:AZ5830.

837 De Bosch Kemper/ Gruben/ Vreugdenhil, De WAM in werking, S. 37.

fährt.[838] Schließlich muss die WAM-Versicherung nach Art. 4 Abs. 1 WAM außerdem nicht die Haftung der Schäden decken, die beim Fahrer des Kraftfahrzeugs, das den Unfall verursacht hat, entstanden sind.[839]

## IV. Direktanspruch gegen den Versicherer

Die Versicherung deckt nicht nur die Haftung für die durch das Kraftfahrzeug entstandenen Schäden, sondern gemäß Art. 6 Abs. 1 S. 1 WAM besteht auch ein eigener direkter Anspruch des Geschädigten gegen den Versicherer, durch den die Haftung nach diesem Gesetz (Anm.: WAM) gedeckt ist.[840] Neben der Möglichkeit, den tatsächlichen Schädiger aus unerlaubter Handlung gemäß Art. 6: 162 BW oder den Verantwortlichen nach Art. 185 WVW oder Art. 6: 173 BW in Anspruch zu nehmen, kann der Geschädigte somit auch einen Schadensersatzanspruch gegenüber der WAM-Versicherung geltend machen. Man spricht daher auch vom Direktanspruch (rechtstreekse vordering) des Geschädigten gegen die Versicherung.[841] Der Geschädigte wird beim Bestehen eines Schadensersatzsanspruches gegenüber dem Versicher nach Art. 6 WAM Gläubiger der WAM-Versicherung. Der Untergang der Verpflichtung des Versicherers gegenüber dem Versicherten befreit den Versicherer nach Art. 6 Abs. 1 S. 3 WAM daher auch nicht gegenüber dem Geschädigten, es sei denn, dass dessen Schaden ausgeglichen worden ist.[842] Der Versicherer muss den Schaden vielmehr immer direkt bei dem Geschädigten ersetzen.[843] Dass der Direktanspruch ein eigenes Recht des Geschädigten ist, zeigt sich auch bei der Aufrechnungsmöglichkeit des Versicherers gegen eine Forderung des

---

838 De Bosch Kemper/ Gruben/ Vreugdenhil, De WAM in werking, S. 37.

839 Art. 4 Abs. 1 WAM: „De verzekering behoeft niet te dekken de aansprakelijkheid voor schade toegebracht aan de bestuurder van het motorrijtuig dat het ongeval veroorzaakt.".

840 Art. 6 Abs. 1 S. 1 WAM: „De benadeelde heeft jegens de verzekeraar door wie de aansprakelijkheid volgens deze wet is gedekt, een eigen recht op schadevergoeding.".

841 De Bosch Kemper/ Gruben/ Vreugdenhil, De WAM in werking, S. 49.

842 Art. 6 Abs. 1 S. 3 WAM: „Het tenietgaan van zijn schuld aan de verzekerde bevrijdt de verzekeraar niet jegens de benadeelde, tenzij deze is schadeloos gesteld.".

843 Rechtbank 's-Gravenhage, 16. März 2011, ECLI: NL:RBSGR:2011:BP8843; Rechtbank Arnhem, 2. Februar 2011, ECLI:NL:RBARN:2011:BP5945.

Geschädigten, wenn er selbst zufällig noch eine Forderung gegen ihn hat.[844]

## 1. Anspruchsberechtigte

Nach Art. 6 Abs. 1 S. 1 WAM ist der Geschädigte (benadeelde) gegenüber dem Versicherer anspruchsberechtigt. In Art. 1 WAM ist legal definiert, wer unter den Begriff des Geschädigten fällt. Danach sind Geschädigte diejenigen, die einen Schaden erlitten haben, welcher Grund für die Anwendung des WAM liefert, sowie ihre Rechtsnachfolger.[845] Ein Geschädigter im Sinne des WAM ist somit hauptsächlich das direkte Opfer eines Verkehsunfalls, das einen Schaden erlitten hat, wofür der Versicherte verantwortlich ist. Unter die Rechtsnachfolger können zum Beispiel Hinterbliebene des gestorbenen Verkehrsopfers fallen. Die Erben des Verkehrsopfers sind somit gemäß Art. 6 Abs. 1 S. 1 WAM i.V.m. Art. 1 WAM auch gegenüber der WAM-Versicherung anspruchsberechtigt.[846] Des Weiteren umfassen die Rechtsnachfolger diejenigen, die ein Recht durch Abtretung oder einen gesetzlichen Forderungsübergang („Subrogation") erhalten haben, wie es etwa bei Krankenversicherungen der Fall ist.[847] Forderungen des Versicherten gehen nach Art. 7: 962 BW in der Regel durch Subrogation auf den Versicherer über.[848] Auch diese Rechtserwerber sind somit Geschädigte im Sinne des Art. 1 WAM

## 2. Umfang des Direktanspruchs

Nach Art. 3 Abs. 1 WAM deckt die Versicherung die zivilrechtliche Haftung des Versicherten, für die ein Kraftfahrzeug Anlass gibt. Der Direktanspruch gegen die Versicherung gemäß Art. 6 Abs. 1 S. 1 WAM ist grundsätzlich materiell abhängig von der

---

844 De Bosch Kemper/ Gruben/ Vreugdenhil, De WAM in werking, S. 52.

845 Art. 1 WAM: „Voor de toepassing van deze wet worden verstaan onder benadeelden: zij die schade hebben geleden welke grond oplevert voor toepassing van deze wet, alsmede hun rechtverkrijgenden; …".

846 De Bosch Kemper/ Gruben/ Vreugdenhil, De WAM in werking, S. 53.

847 Rechtbank Assen, 12. Juni 2012, ECLI:NLRBASS:2012:BX3003; Rechtbank Arnhem, 12. März 2008, ECLI:NL:RBARN:2008:BC7701.

848 Van Huizen/ Wezeman/ van Eijk-Graveland, Grondslagen van het verzekeringsrecht, S. 217.

Forderung gegen den Versicherten. Der Inhalt des eigenen Anspruchs des Geschädigten gegen die Versicherung ist somit derselbe wie gegen den Versicherten. Ob und inwieweit die WAM-Versicherung haftet, hängt somit von der Haftung des Versicherten ab.[849] Der Geschädigte bekommt nach Art. 6 Abs. 1 WAM den Schaden von der Versicherung nur ersetzt, wenn er zum Beispiel auch einen Anspruch gegen den Versicherten gemäß Art. 185 WVW hat. Ausnahmsweise haftete eine Versicherung, obwohl kein Anspruch des Geschädigten gegen den Versicherten bestand.[850] So urteilte der Hof Amsterdam, dass ein Anspruch gegen die WAM-Versicherung nach Art. 6 WAM trotz fehlender zivilrechtlicher Haftung des Versicherten bestehe, da die beteiligten Personen beim selben WAM-Versicherer versichert waren und unbekannt blieb, wer von beiden für die Entstehung des Verkehrsunfalls verantwortlich war.[851]

### 3. Einwendungen des Versicherers aus dem Versicherungsvertrag

In der Praxis werden im Versicherungsvertrag häufig Schäden von der Versicherungsdeckung ausgeschlossen. Dabei wird differenziert, ob der Ausschluss durch das WAM erlaubt ist oder nicht. Beispielsweise werden häufig die Schäden von der Versicherungsdeckung ausgeschlossen, die durch einen alkoholisierten Fahrer oder einen Fahrer ohne Führerschein entstanden sind. Auch die Deckung vorsätzlich verursachter Schäden ist zumeist im Versicherungsvertrag mit dem Versicherten ausgeschlossen. Ebenso kann der Versicherer nach Art. 3 Abs. 1 WAM die Deckung der zivilrechtlichen Haftung derer ausschließen, die nach dem Abschluss der Versicherung durch Diebstahl oder Gewaltanwendung die Macht über das Kraftfahrzeug erlangt haben, und derer, die dies wissend, das Kraftfahrzeug ohne rechtmäßigen Grund gebrauchen. Daneben kann die Versicherung die Deckung der Haftung für die Schäden ausschließen, die in den Fällen des Art. 4 WAM entstehen. Dies ist nach Art. 4 Abs. 3 WAM zum Beispiel der Fall, wenn der Schaden

---

849 De Bosch Kemper/ Gruben/ Vreugdenhil, De WAM in werking, S. 51.

850 Hof Amsterdam, 27. Juli 1995, VR 1996, 25.

851 Hof Amsterdam, 27. Juli 1995, VR 1996, 25.

durch ein Wettrennen entstanden ist.[852] Während die Versicherungsausschlüsse, die durch das WAM erlaubt sind, dem Geschädigten entgegengehalten werden könne, wirkt der interne, nicht vom WAM gedeckte, Versicherungsausschluss jedoch nicht gegenüber dem Geschädigten und kann diesem nicht entgegengehalten werden. Schutz für das Verkehrsopfer bietet nämlich die Regelung des Art. 11 WAM. Nach Art. 11 Abs. 1 S. 1 WAM kann ein Versicherer einem Geschädigten keine sich aus den gesetzlichen Bestimmungen über den Versicherungsvertrag oder aus dem Vertrag selbst ergebende Nichtigkeit, keinen Widerspruch und keine Verwirkung des Anspruchs entgegengehalten.[853] Möglich ist es allein, Einreden in Bezug auf das Haftungsrecht vorzutragen, wie es beispielsweise bei der Berufung auf eigenes Verschulden (eigen schuld) oder Verjährung (verjaring) der Fall ist.[854] Die Ansicht, dass sich die Versicherung nicht auf eigenes Verschulden des Geschädigten berufen könne, wird heute nicht mehr vertreten.[855] Das Verkehrsopfer wird durch Art. 11 WAM geschützt, da es in jedem Fall von einem zahlungsfähigen Schuldner seinen Schaden ersetzt bekommt. Dass die Versicherungen zunächst zahlen müssen, obwohl im Innenverhältnis keine Verpflichtung dazu besteht, kann ihnen zugemutet werden, da dies bei der Kalkulation der Versicherungsprämien bereits berücksichtigt werden kann und die Kosten somit durch die breite Masse der Versicherungsnehmer getragen werden müssen. Ferner steht ihnen gegenüber dem Versicherten ein Regressrecht gemäß Art. 15 WAM zu.[856]

---

852 Art. 4 Abs. 3 WAM: „Van de verzekering kan worden uitgesloten de schade die voortvloeit uit het deelnemen van het motorrijtuig aan snelheids-, regelmatigheids- of behendigheidsritten en -wedstrijden, waarvoor de in artikel 148 van de Wegenverkeerswet 1994 bedoelde ontheffing is verleend.“.

853 Art. 11 Abs. 1 S. 1 WAM: „Geen uit de wettelijke bepalingen omtrent de verzekeringsovereenkomst of uit deze overeenkomst zelf voortvloeiende nietigheid, verweer of verval kan door een verzekeraar aan een benadeelde worden tegengeworpen.“.

854 De Bosch Kemper/ Gruben/ Vreugdenhil, De WAM in werking, S. 56.

855 De Bosch Kemper/ Gruben/ Vreugdenhil, De WAM in werking, S. 55.

856 Van Huizen/ Wezeman/ van Eijk-Graveland, Grondslagen van het verzekeringsrecht, S. 220 f.; Rechtbank Leeuwarden, 15. August 2012, ECLI:NL:RBLEE:2012:BX4923.

### 4. Verjährung

Für den Direktanspruch gilt die besondere Verjährungsregel des Art. 10 Abs. 1 WAM, so dass die allgemeine Verjährungsregel nach Art. 3: 310 BW keine Anwendung findet.[857] Nach Art. 10 Abs. 1 WAM verjährt der Anspruch innerhalb von 3 Jahren ausgehend von dem Zeitpunkt des schädigenden Ereignisses. Als Beginn gilt der erste Tag nach dem Datum des schädigenden Ereignisses. Dies ist der Tag des Unfalls.[858] Die Verjährungsfrist des Direktanspruchs gegen die Versicherung ist damit wesentlich kürzer als die des Anspruchs gegen den tatsächlichen Unfallverursacher. Nach Art. 3: 310 BW beträgt diese Verjährungsfrist 5 Jahre ab Kenntnis vom Schaden und des Haftenden.

## V. Weitergehende Pflichten der Versicherung

Die WAM-Versicherung ist gemäß Art. 13 Abs. 1 WAM unter anderem dazu verpflichtet, die Zulassungsstelle (Dienst Wegverkeer) darüber zu benachrichtigen, ob für Kraftfahrzeuge, die ein Kennzeichen bedürfen, eine Versicherung abgeschlossen ist, oder die Versicherung bereits beendet oder aufgelöst ist. Vor allem die Bekanntgabe der Beendigung oder Auflösung der Versicherung spielt für die Versicherungen eine bedeutende Rolle, da sie andernfalls noch das sog. „Nach-Risiko" (na-risico) tragen. Nach Art. 13 Abs. 4 WAM bleiben die Verpflichtungen des Versicherers gegenüber den Geschädigten für Unfälle und Geschehnisse, die innerhalb von 16 Tagen nach der Beendigung oder Auflösung der Versicherung bestehen. Dies ist jedoch nicht der Fall, wenn für das Kraftfahrzeug bereits eine neue WAM-Versicherung abgeschlossen wurde.

## VI. Regressrecht

Da die Versicherung gegenüber dem Geschädigten nicht einwenden kann, dass die Schäden im Versicherungsvertrag mit dem Versicherten ausgeschlossen sind, ersetzt diese die Schäden, wozu sie im Innenverhältnis nicht verpflichtet ist. Das daher bestehende Regressrecht der WAM-Versicherung gegenüber dem Versicherten für die Übernahme

[857] Rechtbank Arnhem, 10. November 2004, ECLI:NL:RBARN:2004:AR8842.

[858] Rechtbank Arnhem, 10. November 2004, ECLI:NL:RBARN:2004:AR8842.

der Haftung ist in Art. 15 WAM geregelt.[859] Nach Art. 15 Abs. 1 S. 1 WAM kann der Versicherer, der aufgrund dieses Gesetzes (Anm.: WAM) den Schaden eines Geschädigten ganz oder teilweise ersetzt hat, obgleich die Haftung für den Schaden nicht durch eine mit ihm geschlossene Versicherung gedeckt war, Rückgriff in der Höhe des Schadensersatzes bei der ersatzpflichtigen Person nehmen.[860] Dies gilt gemäß Art. 15 Abs. 1 S. 2 WAM nicht in Bezug auf eine ersatzpflichtige Person, die nicht der Versicherungsnehmer ist, es sei denn, dass sie nicht darauf vertrauen konnte, dass ihre Haftung durch eine Versicherung gedeckt war.[861] War die verantwortliche Person im guten Glauben und konnte annehmen, dass ihre Haftung durch eine Versicherung gedeckt ist, besteht kein Regressanspruch der Versicherung gegen diese Person. Damit möchte der Gesetzgeber vor allem Personen, wie Mieter oder Entleiher eines Kraftfahrzeugs und Arbeitnehmer, die das Kraftfahrzeug im Auftrag ihres Arbeitgebers benutzen, schützen. Diese Personengruppen sollen darauf vertrauen können, dass ihre Haftung zu den üblichen Bedingungen von einer Versicherung gedeckt ist. Sie sollen nicht mit einer Regressklage konfrontiert werden, die sie nicht erwarten mussten.[862] Ein Käufer eines Kraftfahrzeugs fällt hingegen nicht mehr unter diese Personengruppe. Er kann nicht ohne weiteres darauf vertrauen, dass seine Haftung gedeckt ist und sich ebenso wenig auf diesbezügliche Mitteilungen des Verkäufers berufen, da der Käufer selbst für das Zustandekommen einer Kfz-Haftpflichtversicherung sorgen muss.[863]

Nach Art. 15 Abs. 2 WAM kann sich der Versicherer zudem in den Fällen, bei denen er nach dem Gesetz oder dem Versicherungsvertrag berechtigt ist die Zahlung zu verweigern oder zu reduzieren, das Regressrecht gegenüber dem Versicherungsnehmer als auch gegenüber

---

859 Van Huizen/ Wezeman/ van Eijk-Graveland, Grondslagen van het verzekeringsrecht, S. 220 f.; Rechtbank Leeuwarden, 15. August 2012, ECLI:NL:RBLEE:2012:BX4923.

860 Art. 15 Abs. 1 S. 1 WAM: „De verzekeraar die ingevolge deze wet de schade van een benadeelde geheel of ten dele vergoedt, ofschoon de aansprakelijkheid voor die schade niet door een met hem gesloten verzekering was gedekt, heeft voor het bedrag der schadevergoeding verhaal op de aansprakelijke persoon.“.

861 Art. 15 Abs. 1 S. 2 WAM: „Het bepaalde in de vorige zin geldt niet ten aanzien van de aansprakelijke persoon, die niet is de verzekeringnemer, tenzij hij niet te goeder trouw mocht aannemen dat zijn aansprakelijkheid door een verzekering was gedekt.“

862 Kamerstukken II 1982/83, 14281, Nr. 7, S. 5.

863 Rechtbank Rotterdam, 8. August 2007, ECLI:NL:RBROT:2007:BB6036.

demjenigen, der nicht Versicherungsnehmer und nicht in gutem Glauben ist, vorbehalten.[864] Dies ist beispielsweise der Fall, wenn der Versicherte seine Rechte aus dem Versicherungsvertrag verliert, da er seinen Versicherungsverpflichtungen nach einem Unfall nicht nachgekommen ist. So ist der Versicherte gemäß Art. 8 WAM bei einem Unfall oder anderem Ereignis, bei dem das Kraftfahrzeug beteiligt ist und ein Schaden entstanden ist, deren Deckung das WAM vorschreibt, verpflichtet, dies der Versicherung mitzuteilen.[865] Kommt er dieser Verpflichtung nicht nach und entschädigt die Versicherung den Geschädigten, besteht ein Regressrecht gegen den Versicherten.

Ferner kann neben dem Anspruch nach Art. 15 WAM ein Regressrecht gemäß Art. 6: 162 BW der Versicherung bestehen.[866] So entschied der Gerechtshof 's Hertogenbosch, dass das Nicht-Abschließen einer WAM-Versicherung nicht mit der sozialen Sorgfalt im Einklang stehe und der Kennzeichenhalter daher erfolgreich nach Art. 6: 162 BW in Anspruch genommen werden könne.[867]

## VII. Vergleich zum deutschen Recht

Auch in Deutschland besteht nach § 1 Pflichtversicherungsgesetz (PflVG) für den Halter eines Kraftfahrzeugs die Verpflichtung für sich, den Eigentümer und den Fahrer eine Haftpflichtversicherung zur Deckung der durch den Gebrauch des Kraftfahrzeugs verursachten Schäden abzuschließen. Der Geschädigte hat gemäß § 115 Abs. 1 VVG wie in den Niederlanden nach Art. 6 WAM einen Direktanspruch gegen die Kfz-Haftpflichtversicherung des Schädigers. Nach § 115 Abs. 1 S. 4 VVG haften der Versicherer und der ersatzpflichtige Versicherungsnehmer als Gesamtschuldner. Auch in Deutschland kann

---

864 Art. 15 Abs. 2 WAM: „De verzekeraar kan zich bovendien voor de gevallen waarin hij volgens de wet of de verzekeringsovereenkomst gerechtigd mocht zijn de uitkering te weigeren of te verminderen, een recht van verhaal voorbehouden tegen de verzekeringnemer, en indien daartoe grond bestaat, tegen de verzekerde die niet is de verzekeringnemer.“.

865 Art. 8 S. 1 WAM: „De verzekerden moeten van ieder ongeval en iedere gebeurtenis waarvan zij kennis dragen, mededeling doen aan de verzekeraar, indien bij dat ongeval of die gebeurtenis het verzekerde motorrijtuig is betrokken en schade is ontstaan tot welker dekking door verzekering deze wet verplicht.“.

866 Gerechtshof 's Hertogenbosch, 29. September 2015, ECLI:NL:GHSHE:2015:3757.

867 Gerechtshof 's Hertogenbosch, 29. September 2015, ECLI:NL:GHSHE:2015:3757.

die Versicherung nach § 117 Abs. 1 VVG dem Anspruch des Geschädigten nicht entgegenhalten, dass sie dem ersatzpflichtigen Versicherungsnehmer gegenüber von der Leistungspflicht ganz oder teilweise befreit sei. Dabei wird jedoch anders als in den Niederlanden zwischen den sog. versicherungsrechtlichen Einwendungen und Risikoausschlüssen differenziert. Während die im Innenverhältnis bestehenden versicherungsrechtlichen Einwendungen dem Geschädigten nicht entgegenhalten werden können, führen die Risikoausschlüsse auch zum Ausschluss der Haftung der Versicherung gegenüber dem Geschädigten. Zu den versicherungsrechtlichen Einwendungen zählen zum Beispiel die unzulässige Gefahrerhöhung nach § 26 Abs. 2 VVG, die Verletzung einer vertraglichen Obliegenheit gemäß § 28 Abs. 2 VVG oder die verspätete Zahlung einer Prämie nach §§ 37 Abs. 2, 38 Abs. 2 VVG.[868] Unter einen Risikoausschluss fällt beispielsweise die vorsätzliche Herbeiführung eines Versicherungsfalls nach § 103 VVG. Bei einem vorsätzlich herbeigeführten Verkehrsunfall besteht für den Geschädigten somit kein Direktanspruch gegen den Versicherer nach § 115 VVG.[869] In den Fällen der vorsätzlichen Schädigung würde sich nicht die dem Kraftfahrzeug innewohnende Betriebsgefahr, sondern vielmehr ein bewusstes und verantwortliches Wollen des Schädigers verwirklichen, was den Ausschluss rechtfertige.[870] Dies stellt einen Unterschied im Vergleich zur niederländischen Regelung dar. In den Niederlanden ist in der Regel zwar auch die Deckung der Versicherung gegenüber dem Versicherten im Innenverhältnis bei vorsätzlich verursachten Schäden ausgeschlossen, dies kann gemäß Art. 11 WAM jedoch nicht dem Geschädigten entgegengehalten werden. Um der Gefahr zu entgegen, dass der Geschädigte zwar einen Titel gegen den Schädiger erhält, der aber nicht zu seiner tatsächlichen Entschädigung führt, tritt in Deutschland in diesen Fällen ein Entschädigungsfonds ein.

Die Versicherungspflicht bleibt wie beim „na-risico“ in den Niederlanden bei den Haftpflichtversicherungen in Deutschland gemäß § 117 Abs. 2 S. 1 VVG ebenfalls bis zu einem Monat nach Beendigung des Versicherungsschutzes bestehen. Die Nachhaftung dient auch als Anreiz für Versicherer, das Ende des Versicherungsschutzes tatsächlich anzuzeigen.

---

[868] Franck, VersR 2014, 13, 14.

[869] BGH NJW 1990, 2387 (zu § 152 VVG a.F.); OLG Nürnberg, Urteil vom 02.08.2013, Az. 5 U 562/13, BeckRS 2013, 18666.

[870] Franck, VersR 2014, 13.

## B. Weitere Versicherungen

Statt der gegnerischen WAM-Versicherung können in den Niederlanden andere Versicherungen als die WAM-Versicherung selbst einen entstandenen Unfallschaden ersetzt haben. So kann eine zusätzlich abgeschlossene Kaskoversicherung oder Insassenunfall- bzw. Insassenschadensversicherung die Unfallschäden ersetzt haben. Daneben reguliert häufig erst eine Krankenversicherung die entstandenen Schäden eines nicht motorisierten Verkehrsteilnehmers bei einem Verkehrsunfall. In diesen Fällen ersetzen Versicherungen des Geschädigten die entstandenen Schäden, obwohl dieser auch einen Anspruch gegen den Schädiger selbst bzw. dessen Versicherung hätte.[871] Werden die Kosten trotzdem von den Versicherungen ersetzt, reguliert dem Grunde nach nicht der Verantwortliche des Verkehrsunfalls. Daher besteht mit Art. 7: 962 BW ein Regressrecht des Versicherers, der den Schaden ersetzt hat, gegen den tatsächlichen Schädiger und mit Art. 7: 961 Abs. 3 BW ein Regressrecht der Versicherer untereinander.[872]

### I. Teil- und Vollkaskoversicherung

Bei den Kaskoversicherungen wird zwischen einer Teilkaskoversicherung und einer Vollkaskoversicherung differenziert. Der Abschluss einer Kaskoversicherung ist nicht verpflichtend. Bei der Teilkaskoversicherung besteht zusätzlich eine Versicherung für die Schäden am Kraftfahrzeug, die durch Sturm, Brand oder Blitz entstanden sind. Zudem ist das Kraftfahrzeug gegen Diebstahl versichert. Die Vollkaskoversicherung umfasst sowohl die Schäden der Teilkaskoversicherung als auch noch die Schäden am Kraftfahrzeug, die der Versicherte selbst verursacht hat. Infolge eines selbst verschuldeten Unfalls übernimmt die Vollkaskoversicherung also auch die entstandenen Schäden am eigenen Kraftfahrzeug. Zudem werden die Schäden ersetzt, die jemand anderes am Kraftfahrzeug verursacht hat, zum Beispiel durch Vandalismus. Ausgeschlossen ist der Ersatz der Schäden, die mit Vorsatz verursacht wurden. Zudem besteht bei den meisten Kaskoversicherungen ein Eigenanteil, der beim entstandenen Schaden übernommen werden muss.

---

871 So etwa bei Rechtbank Middelburg, 25. April 2012, ECLI:NL:RBMID:2012:BY0296.

872 Ruitenbeek-Bart, TVP 2008, 29.

## II. Insassenunfall- und Insassenschadensversicherung

Mit der Insassenunfallversicherung (Ongevallen-inzittendenverzekering, Abk. OIV) und der Insassenschadensversicherung (Schade Verzekering Inzittenden, Abk. SVI) existieren zwei weitere Versicherungen, die einen Teil der entstandenen Schäden bei einem Verkehrsunfall decken können. Bei den beiden Versicherungen handelt es sich um freiwillige Versicherungen, die nur in Kombination mit der WAM-Versicherung abgeschlossen werden. Dabei können die SVI und OIV gemeinsam oder individuell geschlossen werden können. Die OIV ist eine sog. Summenversicherung im Sinne des Art. 7: 694 BW und zahlt bei einem Schadensfall feste Beiträge an die Insassen, worunter auch der Fahrer fällt.[873] Die Beiträge sind vorher festgelegt und sind nicht von dem entstandenen Schaden abhängig. Weiterer Schaden wird nicht ersetzt. Die SVI ist eine sog. Schadensversicherung gemäß Art. 7: 944 BW, bei der kein fester Betrag ausgezahlt wird, sondern der tatsächliche Schaden aller Insassen ersetzt wird.[874] Die SVI ersetzt sowohl Personen- als auch Sachschäden. Beide Versicherungen zahlen dabei unabhängig von der Schuldfrage.

## III. Regressmöglichkeit nach Art. 7: 962 BW

Ersetzen diese Versicherungen zunächst die entstandenen Unfallschäden, kann ein Regressanspruch gegenüber dem Geschädigten selbst oder der WAM-Versicherung bestehen.

Wenn der Versicherte Schadensersatzforderungen gegen Dritte hat, gehen gemäß Art. 7: 962 Abs. 1 BW die Forderungen im Wege der Subrogation auf den Versicherer über, der den Schaden ersetzt hat, auch wenn er nicht dazu verpflichtet war.[875]

---

873 Bachmeier – Veermaan/ Boendermaker/ Janssen, Regulierung von Auslandsunfällen S. 426.

874 Bachmeier – Veermaan/ Boendermaker/ Janssen, Regulierung von Auslandsunfällen S. 426 f.

875 Art. 7: 962 Abs. 1 BW: „Indien de verzekerde terzake van door hem geleden schade anders dan uit verzekering vorderingen tot schadevergoeding op derden heeft, gaan die vorderingen bij wijze van subrogatie op de verzekeraar over voor zover deze, al dan niet verplicht, die schade vergoedt.".

## 1. Voraussetzungen

Die Subrogation nach Art. 7: 962 Abs. 1 BW ist ein gesetzlicher Forderungsübergang, also eine Art „cessio legis“. Nach Art. 7: 962 Abs. 1 BW geht die Forderung auf die Versicherung über, unabhängig davon ob sie zum Schadensersatz verpflichtet war oder nicht (al dan op niet verplicht, die schade vergoed). Weiterhin muss die Versicherung den Schaden bereits ersetzt haben, womit die tatsächliche Vornahme gemeint ist. Die Äußerung der Versicherung, die Zahlung vorzunehmen, ist nicht ausreichend.[876] Schließlich muss es sich um eine Schadensersatzforderung gegen Dritte und um keine Versicherungsforderung handeln, da Art. 7: 961 Abs. 3 BW für diese Fälle bereits ein Regressrecht für den bezahlenden Versicherer vorsieht. Ist der entstandene Schaden von mehreren Versicherungen gedeckt, kann gemäß Art. 7: 961 Abs. 3 S. 1 BW der zahlende Versicherer Regress bei den anderen Versicherern nehmen, so dass jeder einen entsprechenden Anteil trägt.[877]

## 2. Verbot der Besserstellung

Nach Art. 7: 962 Abs. 2 BW darf die Versicherung die gesetzlich übergegangene Forderung nicht zum Nachteil des Versicherten ausüben.[878] War beispielsweise die Versicherungsdeckung wegen eines Eigenanteils des Versicherten beschränkt, soll die Versicherung nicht in Höhe des gesamten Schadens Regress nehmen können. Vielmehr soll es dem Geschädigten möglich bleiben, den weiteren Teil, der nicht durch seine Versicherung gedeckt war, bei der verantwortlichen Person geltend zu machen. Der Versicherte hat dann für diesen Teil auch einen Anspruch gegen die verantwortliche Person bzw. dessen Versicherung.[879]

---

876 Rechtbank Rotterdam, 19. September 2007, NJF 2007, 500.

877 Art. 7: 961 Abs. 3 S. 1 BW: „De verzekeraars hebben onderling verhaal opdat ieder zijn deel draagt, naar evenredigheid van de bedragen waarvoor een ieder afzonderlijk kan worden aangesproken.“.

878 Art. 7: 962 Abs. 2 BW: „De verzekeraar kan de vordering waarin hij is gesubrogeerd, of die hij door overdracht heeft verkregen, niet ten nadele van het recht op schadevergoeding van de verzekerde uitoefenen.“.

879 Kamerstukken II 1985/86, 19529, Nr. 3, S. 34.

### 3. Ausschluss

Ein Übergang der Forderung auf den Versicherer findet jedoch nicht statt, wenn die Forderung gegenüber Personen besteht, die in einem persönlichen oder wirtschaftlichen Verhältnis zu dem Versicherten stehen.[880] Nach Art. 7: 962 Abs. 3 S. 1 BW gehen zum Beispiel die Ansprüche des Versicherten gegen einen Mitversicherten, den nicht von Bett und Tisch geschiedenen Ehegatten oder den eingetragenen Lebenspartner des Versicherten nicht auf den Versicherer über.[881] In diesen Fällen würde der Versicherte selbst keine Regressansprüche gegen die betroffenen Personen geltend machen, so dass ein Regress durch den Versicherer hier auch unerwünscht wäre.[882]

### 4. Rechtsfolge

Liegen die Voraussetzungen nach Art. 7: 962 Abs. 1 BW vor und besteht kein Ausschlussgrund nach Art. 7: 962 Abs. 3 BW hat der Versicherer ein von dem Geschädigten abgeleitetes Recht auf Schadensersatz.

#### a) „Nemo-plusregel"

Aufgrund der sog. „nemo-plusregel" kann der Versicherer nur die Forderungen geltend machen, die der Versicherte auch selbst hätte.[883] Wenn der Versicherte beispielsweise auf seine Forderung gegenüber dem Schädiger verzichtet hat, kann die Forderung nicht mehr nach Art. 7: 962 Abs. 1 S. 1 BW auf die Versicherung übergehen. Dies gilt jedoch nur für Handlungen des Versicherten, die vor der Auskehrung des Schadens vorgenommen wurden. Denn nach Art. 7: 962 Abs. 1 S. 2 BW muss der Versicherte nach der Verwirklichung des Risikos jedes Verhalten unterlassen, welches das Recht des

---

880 Kamerstukken II 1985/86, 19529, Nr. 3, S. 34.

881 Art. 7: 962 Abs. 3 S. 1 BW: „De verzekeraar krijgt geen vordering op de verzekeringnemer, een mede-verzekerde, de niet van tafel en bed gescheiden echtgenoot of de geregistreerde partner van een verzekerde, de andere levensgezel van een verzekerde, noch op de bloedverwanten in de rechte lijn van een verzekerde, op een werknemer of de werkgever van de verzekerde, of op degene die in dienst staat tot dezelfde werkgever als de verzekerde.".

882 Bachmeier – Veermann/ Boendermaker/ Janssen, Regulierung von Auslandsunfällen, S. 457.

883 Rechtbank Midden-Nederland, 12. Juni 2013, ECLI:NL:RBMNE:2013:CA3498.

Versicherers gegen den Dritten beeinträchtigt.[884] Wenn ihm die Benachteiligung zuzurechnen ist, ist er sonst gemäß Art. 6: 74 Abs. 1 BW verpflichtet dem Versicherer Schadensersatz zu leisten.[885]

Nach der „nemo-plusregel“ kann ein Versicherer außerdem seinen eigenen erlittenen Schaden, der zum Beispiel aufgrund von Sachverständigenkosten, Inkassokosten oder Zinsverlusten entstanden ist, nicht gegenüber dem verantwortlichen Dritten nach Art. 7: 962 Abs. 1 BW geltend machen. Da es sich bei Art. 7: 962 Abs. 1 BW um ein abgeleitetes Recht des Versicherten gegen den verantwortlichen Dritten handelt und der Versicherte diesen Schaden nicht erlitten hat, besteht kein Anspruch des Versicherers hinsichtlich dieser Schäden. Der Schadensverursacher soll gegenüber der Versicherung nicht mehr Schadensersatz zu leisten haben, als wenn er von dem Geschädigten in Anspruch genommen worden wäre. Dies wird im niederländischen Recht auch als „civiele plafond“ bezeichnet.[886] Für die Sachverständigenkosten als auch die Inkassokosten, die die Versicherung selbst zu tragen hat, besteht für den Versicherer jedoch mit Art. 6: 96 BW ein eigener Anspruch, so dass diese Kosten von dem verantwortlichen Dritten ersetzt verlangt werden können.[887] Für die entgangenen gesetzlichen Zinsen hat der Versicherer nach Art. 6: 119 BW, Art. 6: 83 BW, Art. 6: 74 Abs. 1 BW einen selbständigen Anspruch von dem Zeitpunkt an, an dem der verantwortliche Dritte in Verzug mit der Zahlung der auf den Versicherer nach Art. 7: 962 Abs. 1 BW übergegangen Forderung ist.[888]

Aufgrund der „nemo-plusregel“ kann der Schädiger daher auch die gesetzlichen und vertraglichen Einwände gegen den Versicherer geltend machen, die ihm auch gegen den Versicherten zuständen. Nach Art. 6: 145 BW lässt der Übergang einer Forderung die Einwendungen des Schuldners unberührt.[889] So kann sich dieser gegen den Versicherer

[884] Art. 7: 962 Abs. 1 S. 2: „De verzekerde moet zich, nadat het risico zich heeft verwezenlijkt, onthouden van elke gedraging welke aan het recht van de verzekeraar tegen die derden afbreuk doet.“.

[885] Art. 6: 74 Abs. 1 BW: „Iedere tekortkoming in de nakoming van een verbintenis verplicht de schuldenaar de schade die de schuldeiser daardoor lijdt te vergoeden, tenzij de tekortkoming de schuldenaar niet kan worden toegerekend.“.

[886] Van Boom/ Hartlief/ Spier – Hartlief, Regresrechten, S.17; Bachmeier – Veermann/ Boendermaker/ Janssen, Regulierung von Auslandsunfällen, S. 456.

[887] Hoge Raad, 26. September 2003, ECLI:NL:HR:2003:AI0894.

[888] Hoge Raad, 20. Oktober 2006, ECLI:NL:HR:2006:AX6737.

[889] Art. 6: 145 BW: „Overgang van een vordering laat de verweermiddelen van de schuldenaar onverlet.“.

zum Beispiel auch auf eigene Schuld des Geschädigten oder auf die Verjährung der Forderung berufen.[890]

### b) 50%- und 100%-Regel bei Regressforderungen

Im Rahmen der eigenen Schuld ist bei einem Unfall mit einem nicht motorisierten Verkehrsteilnehmer zu beachten, dass die 50%-Regel und die 100%-Regel nicht für die Regressforderung gelten.[891] Die Regeln wurden eingeführt, da die nicht motorisierten Verkehrsteilnehmer im Straßenverkehr besonders gefährdet und auch nicht versichert sind. Dieses Billigkeitsargument verliere sein Gewicht, wenn der Schaden des Verkehrsopfers von einer Versicherung gedeckt ist. Zudem seien die Regeln explizit auf die nicht motorisierten Verkehrsteilnehmer ausgelegt, so dass die Versicherungen in Regressfällen nicht davon profitieren dürften. Deshalb sei es nicht gerechtfertigt, diese Regelungen bei Regressforderungen der Versicherung anzuwenden.[892] Beim Regress gehe es vielmehr um finanziell-ökonomische Belange des Versicherers, so dass keine Subrogation aus Mitleid erfolgen solle (geen subrogratie in zieligheid).[893]

### c) Kausale Verteilung und Billigkeitskorrektur

Die Verteilung des Schadens erfolgt stattdessen nach der allgemeinen Regelung des Art. 6: 101 Abs. 1 BW.[894] Bei der zunächst durchzuführenden Kausalitätsabwägung wird beurteilt, in welchem Maße einerseits das Verkehrsverhalten des Opfers und andererseits die Fahrweise des motorisierten Verkehrsteilnehmers zum Entstehen des Unfalls beigetragen haben. Auch hier kann noch eine Billigkeitskorrektur nach Art. 6: 101 BW erfolgen, bei der alle relevanten Umstände sowohl auf

---

890 Ruitenbeek-Bart,TVP 2008, 29, 31.

891 Hoge Raad, 17. November 2000, NJ 2001, 260; Hoge Raad, 2. Juni 1995, NJ 1997, 700-702; Hoge Raad, 5. Dezember 1997, NJ 1998, 400-402.

892 Hoge Raad, 2. Juni 1995, NJ 1997, 700-702; van Boom/ Hartlief/ Spier – Spier, Regresrechten. S. 41.

893 Hartlief, TPR 1996, 1271, 1312.

894 Hartlief, VR 1998, 257; Hoge Raad, 5. Dezember 1997, NJ 1998, 400-402; Hoge Raad, 2. Juni 1995, NJ 1997, 700-702.

der Seite des Fahrers als auch auf der Seite des Verkehrsopfers berücksichtigt werden.[895] Obwohl die 50%- und 100%-Regeln bei den Regressforderungen nicht gelten, sollen dabei subjektive Umstände, wie etwa die Schwere der Verletzungen, mitberücksichtigt werden können. Dabei soll die Billigkeitskorrektur in diesen Fällen jedoch nur zu geringfügigen Abweichungen von der Kausalitätsabwägung führen.[896] Dies wurde in der Literatur scharf kritisiert und vertreten, dass sich regresssuchende Versicherer im Rahmen der Billigkeitskorrektur nur auf objektive Umstände berufen können sollen, da sich die subjektiven Umstände speziell auf das Opfer und nicht auf die Versicherung beziehen würden.[897] Insbesondere solle eine Berufung der Regressnehmer auf den Umstand der Schwere der Verletzungen nicht möglich sein, da sie eben keine Verkehrsopfer seien.[898] Auch in der Rechtsprechung wurde nicht einheitlich über die Anwendung und Reichweite der Billigkeitskorrektur bei Regressforderungen entschieden. So wurde die Billigkeitskorrektur nicht angewendet, da keine Gründe dafür erkennbar seien, den regressnehmenden Versicherer von persönlichen Umständen des Versicherten profitieren zu lassen.[899] In anderen Gerichtsurteilen wurde wiederum angenommen, dass sich der regressnehmende Versicherer auf die Billigkeitskorrektur nach Art. 6: 101 BW berufen könne und alle relevanten Umstände des Falles mit einbezogen werden müssten.[900] So wurden unter anderem die Schwere der Verletzungen des Verkehrsopfers und die Schwere der jeweils begangenen Fehler mitberücksichtigt.[901]

Klarheit schaffte erstmalig das Urteil des Hoge Raad am 10. Juli 2015, bei dem es um Regressansprüche einer Krankenversicherung gegenüber einer WAM-Versicherung ging. So machte die Krankenversicherung im Rahmen der Billigkeitskorrektur geltend, dass das Opfer schwere Verletzungen erlitten habe und nun vom Rollstuhl abhängig sei. Der Hoge Raad entschied, dass bei einer Regressforderung die Bil-

---

895 Hoge Raad, 5. Dezember 1997, NJ 1998, 400; Hoge Raad, 2. Juni 1995, NJ 1997, 700.

896 Hoge Raad, 5. Dezember 1997, NJ 1998, 400.

897 Hartlief, TVP 2010, 119; Hartlief, NJB 1996, 1047, 1049.

898 Hartlief, TVP 2010, 119, 122.

899 Gerechtshof Amsterdam, 18. Januar 2007, VR 2008, 49.

900 Hoge Raad, 2. Juni 1995, NJ 1997, 700-702; Hoge Raad, 5. Dezember 1997, NJ 1998, 400.

901 Rechtbank Arnhem, 19. Dezember 2012, ECLI:NL:RBARN:2012:BY9767; Rechtbank Arnhem, 5. November 2007, ECLI:NL:RBARN:2007:BB3674.

ligkeitskorrektur nach Art. 6: 101 BW im Verhältnis zwischen den Versicherern in gleicher Weise Anwendung finde wie es der Fall wäre, wenn der Geschädigte die WAM-Versicherung in Anspruch nehmen würde. Dies gelte insbesondere für die subjektiven Umstände, die bei der Billigkeitskorrektur mitberücksichtigt werden könnten.[902]

Durch die Entscheidung des Hooge Raad werden bei den Regressforderungen nach Art. 7: 961 Abs. 3 BW, Art. 7: 962 BW somit alle objektiven als auch alle subjektiven Umstände im Rahmen der Billigkeitskorrektur berücksichtigt. Die Forderung geht damit unverändert auf den Versicherer über. Ansonsten hinge es auch vom Zufall ab, in welchem Maße der Schädiger Entschädigung zu leisten hat. Es ist nicht gerechtfertigt den Schädiger bzw. dessen WAM-Versicherung besser zu stellen, wenn Regressnehmer Entschädigung fordern, als wenn dies durch das Opfer selbst geschieht.

Hat ein Versicherer in Deutschland den Schaden eines Versicherten ersetzt und steht diesem Versicherungsnehmer ein Ersatzanspruch gegen einen Dritten zu, geht der Anspruch gemäß § 86 Abs. 1 VVG auch nach deutschem Recht auf den Versicherer über. Dabei gehen die Forderungen auch im deutschen Recht im Falle einer Abtretung oder eines gesetzlichen Forderungsübergangs vollständig über. So gehen gemäß § 401 BGB bei der Abtretung nach § 398 BGB neben der abgetretenen Forderung auch die sonstigen Rechte auf den neuen Gläubiger über. Dies gilt gemäß § 412 BGB auch bei den gesetzlichen Forderungsübergängen wie etwa dem Übergang der Ersatzansprüche auf den Versicherer gemäß § 86 Abs. 1 VVG. Weiterhin kann der Schuldner nach § 404 BGB gegenüber dem neuen Gläubiger die Einwendungen entgegensetzen, die zur Zeit der Abtretung der Forderung gegen den bisherigen Gläubiger begründet waren, wie es auch in den Niederlanden der Fall ist.

## C. Garantiefonds

Die Prämien der einzelnen Versicherten der WAM werden neben der Abgeltung der Schäden oder dem Einschalten von Gutachtern zur Bestimmung der Schäden auch dafür genutzt, um den Waarborgfonds Motorverkeer zu finanzieren. In Art. 24 WAM ist festgelegt, dass die einzelnen Kfz-Haftpflichtversicherungen jährlich eine bestimmte Summe, abhängig von der Anzahl und Art der versicherten Kraftfahrzeuge, in

[902] Hoge Raad, 10. Juli 2015, ECLI:NL:HR:2015:1873.

diesen Fonds einzahlen müssen.[903] Er wird als Fangnetz (vangnet) des WAM bezeichnet, da er in Fällen eingreift, bei denen die Geschädigten eines Verkehrsunfalls mit Beteiligung eines Kraftfahrzeugs, von niemand anderem ihren Schaden ersetzt bekommen.[904] Die Haftung des Garantiefonds hat daher auch einen subsidiären Charakter.[905]

## I. Anwendungsfälle

Die Regelungen zum Waarborgfonds Motorverkeer sind in den Art. 23 ff. WAM normiert. Nach Art. 23 WAM bestimmen der Justizminister und der Finanzminister eine juristische Person mit voller Rechtsfähigkeit, die unter dem Namen Waarborgfonds Motorverkeer die Aufgabe hat, in den Fällen des Art. 25 WAM den Geschädigten ihren Schaden entsprechend der Bestimmungen in Art. 26 WAM zu ersetzen.[906] Mit dem Garantiefonds soll so beispielsweise der Ersatz der Schäden sichergestellt werden, die bei Unfällen durch unbekannt gebliebene (Art. 25 Abs. 1 a WAM) oder nicht versicherte Kraftfahrzeuge (Art. 25 Abs. 1 b WAM) entstanden sind. Weiterhin kann der Geschädigte einen Anspruch auf Schadensersatz gegen den Fonds nach Art. 25 Abs. 1 c WAM geltend machen, wenn der Schaden durch ein gestohlenes Kraftfahrzeug entstanden ist und der Verursacher dies auch wusste. Dabei ersetzt der Fonds jedoch nicht die Schäden am gestohlenen Kraftfahrzeug. Zudem besteht ein Anspruch gemäß Art. 25 Abs. 1 d WAM, wenn das Kraftfahrzeug zwar versichert war, die Versicherung jedoch insolvent wurde und ein Anspruch nach

---

903 Art. 24 Abs. 1 WAM: „De schadeverzekeraars die ingevolge de Wet op het financieel toezicht in Nederland hun bedrijf in de branche Aansprakelijkheid motorrijtuigen mogen uitoefenen, betalen jaarlijks aan het fonds een door het fonds te bepalen bedrag, berekend op basis van het aantal en de aard van de door ieder van hen in Nederland verzekerde motorrijtuigen. Het fonds bepaalt op overeenkomstige wijze jaarlijks tevens het door de Staat aan het fonds te betalen bedrag. De bepaling bedoeld in de vorige volzinnen geschiedt uiterlijk op 30 juni van ieder jaar. De storting moet geschieden binnen een maand na het besluit tot bepaling van het verschuldigde bedrag.“.

904 De Bosch Kemper/ Gruben/ Vreugdenhil, De WAM in werking, S. 59.

905 De Bosch Kemper/ Gruben/ Vreugdenhil, De WAM in werking, S. 59.

906 Art. 23 Abs. 1 WAM: „Onze Minister van Justitie en Onze Minister van Financiën wijzen een rechtspersoon met volledige rechtsbevoegdheid aan, die onder de naam Waarborgfonds Motorverkeer tot taak heeft in de gevallen, in artikel 25 genoemd, aan de benadeelden hun schade te vergoeden overeenkomstig het bepaalde in artikel 26.“.

Art. 25 Abs. 1 e WAM, wenn eine Freistellung von der Versicherungspflicht nach Art. 17 Abs. 3 WAM oder Art. 18 WAM bestand. Von der Versicherungspflicht nach Art. 17 Abs. 3 WAM sind beispielsweise E-Bikes befreit. Das Gleiche gilt nach Art. 18 WAM für Personen, die Gewissens- bzw. Gemütsbedenken haben, eine Versicherung abzuschließen.

Der Garantiefonds haftet jedoch nur in den in Art. 25 WAM genannten Fällen. So ersetzt der Garantiefonds nicht etwa einen Schaden, wenn der Anspruch gegen die WAM-Versicherung verjährt ist.[907] Ferner werden vom Waarborgfonds Motorverkeer nur die Schäden ersetzt, die durch ein Kraftfahrzeug oder einem damit gekoppelten Anhänger entstanden sind. Der Fonds ersetzt keine Schäden am Kraftfahrzeug, die bei einer Kollision mit einem Fahrradfahrer, der anschließend Unfallflucht begeht, oder die durch Vandalismus entstanden sind.

## II. Vorgenommene Mahnung

Steht die Identität des Schädigers fest, muss nach Art. 26 Abs. 5 WAM für die Inanspruchnahme des Garantiefonds der Nachweis erbracht werden, dass der Geschädigte den Verursacher gemahnt hat und dieser trotzdem nicht zur Zahlung bereit und imstande ist. Die Bestimmung ist vor allem relevant, wenn es um einen bekannten Schädiger geht, der aber keine Versicherung für das Kraftfahrzeug abgeschlossen hat.[908] Bei einer Fahrerflucht muss der Geschädigte beispielsweise nachweisen, dass er versucht hat, die Identität des Schädigers festzustellen. So muss das Kennzeichen aufgeschrieben oder zumindest die Polizei aufgesucht worden sein. Andernfalls wird die Forderung gegen den Garantiefonds in der Regel zurückgewiesen.[909]

## III. Regressrecht

Hat der Garantiefonds einen Schaden ersetzt, kann der Fonds nach Art. 27 Abs. 1 S. 1 a. WAM bei den verantwortlichen Personen und ge-

---

907 De Bosch Kemper/ Gruben/ Vreugdenhil, De WAM in werking, S. 59.

908 De Bosch Kemper/ Gruben/ Vreugdenhil, De WAM in werking, S. 65.

909 De Bosch Kemper/ Gruben/ Vreugdenhil, De WAM in werking, S. 62.

mäß Art. 27 Abs. 1 S. 1 b. WAM bei denjenigen, die der Versicherungspflicht nicht nachgekommen sind, Regress nehmen.[910] Die verantwortlichen Personen, von denen nach Art. 27 Abs. 2 WAM Regress verlangt werden kann, sind in der Regel der Eigentümer, Halter oder Fahrer des Kraftfahrzeugs. Der Eigentümer eines gestohlenen Kraftfahrzeugs haftet gegenüber dem Waarborgfonds Motorverkeer jedoch nicht für die Schäden, die durch eine Person verursacht wurden, die sich unrechtmäßig die Macht über das Kraftfahrzeug verschafft hat.[911] Bei Art. 27 WAM handelt es sich um ein eigenes Recht des Waarborgfonds Motorverkeer und nicht um ein durch Subrogation oder anderweitig übergangenes Recht. Die Forderung entsteht bereits mit der Ersetzung des Schadens beim Geschädigten.[912] Der Waarborgfonds Motorverkeer trägt Sorge dafür, dass die Verkehrsopfer nicht unnötig lange auf ihren zustehenden Schadensersatz warten müssen bzw. überhaupt ihren Schaden ersetzt bekommen. Das bestehende Regressrecht nach Art. 27 WAM soll grundsätzlich Gewähr dafür bieten, dass die Kosten letztlich durch den tatsächlichen Verursacher getragen werden. Da dieser zum Beispiel in Fällen von Fahrerflucht häufig unbekannt bleibt, trägt der Garantiefonds das Risiko, den Schaden nicht ersetzt zu bekommen. Dieses Risiko wird jedoch durch den von den Versicherungen jährlich zu bezahlenden Beitrag zum Fonds gedeckt. Die Masse der Versicherungsnehmer finanziert somit den Schutz des einzelnen Verkehrsopfers, der beispielsweise in einem Unfall beteiligt wird, bei dem der Verursacher Fahrerflucht begeht.

## IV. Vergleich zum deutschen Recht

Auch in Deutschland besteht mit der „Verkehrsopferhilfe e.V." eine ähnliche Institution, die nach § 13 Abs. 1 Pflichtversicherungsgesetz

---

910 Art. 27 Abs. 1 S. 1 WAM: „Het fonds heeft een recht van verhaal tegen:
a. alle aansprakelijke personen;
b. degene die zijn verplichting tot verzekering niet is nagekomen met betrekking tot het motorrijtuig waarmee de schade is veroorzaakt of met betrekking tot het motorrijtuig aan boord waarvan de gevaarlijke stof zich bevond waarmee de schade is veroorzaakt; of
c. de waarborgfondsen van die lidstaten die gebruik maken van de mogelijkheid om bepaalde typen motorrijtuigen of bepaalde motorrijtuigen met een speciaal kenteken vrij te stellen van de verzekeringsplicht.".

911 Kantongerecht Gouda, 17. März 1994, VR 1994, 72.

912 Hoge Raad, 7. November 1997, VR 1998, Nr. 106.

(PflVG) eine rechtsfähige Anstalt des öffentlichen Rechts ist. Die Verkehrsopferhilfe bietet in der Funktion als Entschädigungsfonds Schutz für Opfer von Verkehrsunfällen bei Schäden, die beispielweise durch nicht ermittelte oder nicht versicherte Kraftfahrzeuge verursacht werden (§ 12 Abs. 1 Nr. 1, 2 PflVG). Weiterhin tritt er gemäß § 12 Abs. 1 Nr. 3, 4 PflVG zum Beispiel ein, wenn der Ersatzpflichtige den Schaden vorsätzlich und widerrechtlich herbeiführt oder die Kfz-Haftpflichtversicherung des Ersatzpflichtigen insolvent wird. Der Ersatz der vorsätzlich und widerrechtlich herbeigeführten Schäden durch den Entschädigungsfonds ist nötig, da der Versicherungsausschluss nach § 103 VVG auch gegenüber dem Geschädigten wirkt.[913] Andernfalls wäre dieser in einer schwächeren Rechtsposition, wenn er von einem ersatzpflichtigen Versicherungsnehmer vorsätzlich geschädigt wird, als wenn dieser nur unabsichtlich einen Schaden bei ihm herbeigeführt hätte. Bei vorsätzlichen Schädigungen ist der Geschädigte jedoch grundsätzlich besonders schutzwürdig, da der Schädiger den Schaden hier zumindest billigend in Kauf nimmt, so dass ein Eintreten des Entschädigungsfonds erforderlich ist.[914]

Im Hinblick auf den Ersatz von Personen- oder Sachschäden werden bei Fahrerfluchtfällen nach § 12 Abs. 1 Nr. 1 PflVG in Deutschland höhere Anforderungen gestellt als in den Niederlanden. So werden nach § 12 Abs. 2 S. 3 PflVG Sachschäden nur dann ersetzt, wenn zugleich ein erheblicher Personenschaden eingetreten ist. Dadurch sollen übermäßige und ggf. missbräuchliche Inanspruchnahmen des Fonds vermieden werden. Zudem bestehe für Sachschäden am Kraftfahrzeug die Möglichkeit, eine Kaskoversicherung abzuschließen, die das Risiko der Fahrerflucht decken würde. Des Weiteren besteht in diesen Fällen gemäß § 12 Abs. 2 S. 2 PflVG bei einer Inanspruchnahme des Fonds eine Selbstbeteiligung des Geschädigten in Höhe von 500 €. Ferner wird nach § 12 Abs. 2 S. 1 PflVG bei entstandenen Personenschäden ein Schmerzensgeld nur gezahlt, wenn es wegen der besonderen Schwere der Verletzung zur Vermeidung einer groben Unbilligkeit erforderlich ist. Dies ist der Fall, wenn die Verletzungen des Geschädigten deutlich und drastisch über das hinausgehen, was bei den täglichen Unfällen im Straßenverkehr an Verletzungen auftritt.[915] In den Niederlanden besteht

913 Siehe 5. Kapitel, A., VII.

914 Vgl. Franck, VersR 2014, 13, 15.

915 http://www.verkehrsopferhilfe.de/entschaedigungsfonds.html; abgerufen am: 13.03.2017.

weder ein Eigenanteil, noch muss für den Ersatz von Sachschäden auch ein Personenschaden vorliegen.

# 6. Kapitel: Ausblick: Selbstfahrende Kraftfahrzeuge in den Niederlanden

## A. Einführung

Die Darstellung des niederländischen Verkehrshaftungsrechts erstreckte sich bislang von der Einführung des Art. 25 MRW im Jahr 1925 bis zum heute geltenden Art. 185 WVW. In dieser Zeit hat sich auch die Technik der Kraftfahrzeuge rasant entwickelt. Ein selbstfahrendes Kraftfahrzeug ist keine Zukunftsvision mehr, sondern solche Kraftfahrzeuge werden bereits von verschiedenen Automobilherstellern produziert und vertrieben. Durch die fehlende Gefährdungshaftung des Eigentümers oder Halters bei Verkehrsunfällen mit zwei Kraftfahrzeugen in Bewegung besteht bei selbstfahrenden Kraftfahrzeugen eine Haftungslücke in den Niederlanden, die im geltenden Haftungssystem nur bedingt durch die Herstellerhaftung aufgefangen wird. Im Unterschied zum deutschen Recht kann der Eigentümer bzw. Halter des selbstfahrenden Kraftfahrzeugs in den Niederlanden nicht vom Geschädigten in Anspruch genommen werden, so dass auch kein Direktanspruch gegen die Haftpflichtversicherung besteht. Der Schaden kann in der Regel nur im Rahmen der Produkthaftung des Herstellers nach Art. 6: 185 BW ersetzt verlangt werden.

Durch die selbstfahrenden Autos soll der menschliche Fahrer als Hauptfehlerquelle für die Entstehung von Verkehrsunfällen ausgeschlossen werden und es zu weniger Verkehrsunfällen kommen.[916] Etwa 90% aller Verkehrsunfälle in den Niederlanden und in Deutschland sind derzeit auf menschliches Versagen zurückzuführen.[917] Daneben führen Witterungs- oder Straßenverhältnisse in ca. 8% der Fälle zu einem Verkehrsunfall. Nur selten beruhen Verkehrsunfälle auf technischem Versagen.[918] Die selbstfahrenden Kraftfahrzeuge schließen menschliche Einflüsse wie Müdigkeit oder Ablenkung aus und sollen zur Reduzierung von Verkehrsunfällen beitragen.[919] Es dauerte jedoch nicht lange, bis auch die selbstfahrenden Kraftfahrzeuge durch einen

---

916 Schulte-Nölke in: Lorenz, Karlsruher Forum 2015: Europäisierung des Haftungs- und Versicherungsvertragsrecht, S. 31 ff.

917 Brisch/ Müller-ter Jung, CR 2016, 411, 412; http://www.centrumduurzamemobiliteit.nl/onderzoek-ongevallen/; abgerufen am: 05.12.2016; Vellinga, VR 2014, Nr. 151.

918 Brisch/ Müller-ter Jung, CR 2016, 411, 412.

919 Lutz, NJW 2015, 119; Brisch/ Müller-ter Jung, CR 2016, 411, 412.

Verkehrsunfall medial in den Vordergrund rückten und deren Sicherheit in Frage gestellt wurde. Im Jahr 2016 sorgte der erste tödliche Unfall mit einem selbstfahrenden Tesla in den USA für Aufregung.[920] Trotzdem wird der Durchbruch selbstfahrender Kraftfahrzeuge in den nächsten Jahrzehnten erwartet.[921]

So hält inzwischen auch das Wiener Übereinkommen über den Straßenverkehr[922] vom 8. November 1968 selbststeuernde Fahrzeugsysteme unter der Voraussetzung, dass ein Kraftfahrzeug immer durch einen Fahrer übersteuert oder abgeschaltet werden kann, für zulässig und macht damit den Weg für autonomes Fahren frei. Am 23. März 2016 wurde durch eine Änderung des Wiener Übereinkommens die straßenverkehrsrechtliche internationale Zulassungsfähigkeit selbstfahrender Autos anerkannt.[923] Das Wiener Übereinkommen ist ein völkerrechtlicher Vertrag, der den Straßenverkehr durch Standardisierung der Verkehrsregeln sicherer machen soll und von 89 Ländern, darunter auch die Niederlande und Deutschland, unterschrieben wurde.[924] Art. 8 Abs. 1 des Übereinkommens sieht zunächst vor, dass jedes Fahrzeug und miteinander verbundene Fahrzeuge einen Führer haben müssen, wenn sie in Bewegung sind.[925] Nach Art. 8 Abs. 5 des Wiener Übereinkommens muss zudem jeder Fahrer sein Fahrzeug dauernd beherrschen können und gemäß Art. 13 Abs. 1 die Geschwindigkeit an die Verkehrsverhältnisse anpassen.[926] Mit der Änderung des Wiener Übereinkommens im Jahr 2016 ist nach Art. 8 Abs. 5 folgender Absatz hinzugefügt worden:

> „Fahrzeugsysteme, die einen Einfluss auf das Führen des Fahrzeugs haben, gelten als vereinbar mit Absatz 5 und Artikel 13 Absatz 1, wenn sie den Bedingungen für den Bau, den Einbau und die Verwendung nach den internationalen Rechtsinstrumenten betreffend Radfahrzeuge, Ausrüstungsgegenstände und Teile, die in Radfahrzeuge(n) eingebaut und/oder verwendet werden können, entsprechen; Fahrzeugsysteme, die einen Einfluss auf das Führen eines Fahrzeugs haben und die nicht den genannten Bedingungen

---

920 http://www.sueddeutsche.de/auto/usa-toedlicher-unfall-mit-tesla-autopilot-war-eingeschaltet-1.3058278; abgerufen am: 10.12.2016; http://www.zeit.de/mobilitaet/2016-07/autopilot-autonomes-fahren-tesla-faq; abgerufen am: 10.12.2016.

921 Brisch/ Müller-ter Jung, CR 2016, 411, 412.

922 Wiener Übereinkommen über den Straßenverkehr, BGBl. 1977 II, S. 809, 811.

923 Vgl. BT-Drs. 243/16 vom 06.05.2016, S. 2.

924 Vgl. BT-Drs. 243/16 vom 06.05.2016, S. 1.

925 Wiener Übereinkommen über den Straßenverkehr, BGBl. 1977 II, S. 809, 821.

926 Wiener Übereinkommen über den Straßenverkehr, BGBl. 1977 II, S. 809, 821 ff.

für den Bau, den Einbau und die Verwendung entsprechen, gelten als vereinbar mit Absatz 5 und Artikel 13 Absatz 1, wenn diese Systeme vom Führer übersteuert oder abgeschaltet werden können".[927]

Durch die Änderung soll Rechtssicherheit hinsichtlich bereits im Verkehr befindlicher Assistenz- bzw. automatisierter Systeme hergestellt und die weitere Entwicklung automatisierter Fahrsysteme unterstützt werden.[928] Insbesondere hat sich auch die niederländische Ministerin für Infrastruktur und Umwelt, Schultz van Haegen, für die Änderung des Wiener Übereinkommens eingesetzt,[929] um Raum für die Innovationen von selbstfahrenden Kraftfahrzeugen in den Niederlanden zu schaffen.[930]

## B. Haftung

Die Kernfrage ist, ob und wie der Schaden, der durch einen Verkehrsunfall mit einem selbstfahrenden Kraftfahrzeug entstanden ist, ersetzt wird. Das derzeitige Haftungssystem der Niederlande, das noch davon ausgeht, dass ein Mensch selbst Fahrer des Kraftfahrzeugs ist, weist aufgrund der fehlenden Gefährdungshaftung des Eigentümers bzw. Halters bei Verkehrsunfällen mit selbstfahrenden Kraftfahrzeugen Haftungslücken auf. Für eine sachgerechte Schadensregulierung sind Veränderungen im Haftungssystem vorzunehmen.

---

927 Trb. 2016, 33: „Er wordt een nieuw lid toegevoegd aan artikel 8 (lid 5bis). Lid 5bis luidt als volgt: Voertuigsystemen die van invloed zijn op de wijze waarop voertuigen worden bestuurd, worden geacht in overeenstemming te zijn met het vijfde lid van dit artikel en met artikel 13, eerste lid, wanneer zij in overeenstemming zijn met de eisen voor constructie, montage en gebruik zoals vervat in internationale juridische instrumenten inzake wielvoertuigen, uitrustingsstukken en onderdelen die kunnen worden aangebracht en/of gebruikt op wielvoertuigen; Voertuigsystemen die van invloed zijn op de wijze waarop voertuigen worden bestuurd en die niet in overeenstemming zijn met voornoemde eisen voor constructie, montage en gebruik, worden geacht in overeenstemming te zijn met het vijfde lid van dit artikel en met artikel 13, eerste lid, wanneer deze systemen door de bestuurder kunnen worden overgenomen of uitgeschakeld.".

928 Vgl. BT-Drs. 243/16 vom 06.05.2016, S. 8.

929 https://www.rijksoverheid.nl/actueel/nieuws/2015/11/23/schultz-zet-zelfrijdende-auto-op-europese-agenda; abgerufen am: 11.12.2016.

930 Vellinga/ Vellinga/ Van Wees, VR 2016, 89; van Wees, TVP 2016, 29.

Das Verkehrshaftungsrecht in den Niederlanden weicht bereits bei Verkehrsunfällen mit von Personen gesteuerten Kraftfahrzeugen in bedeutenden Teilen vom deutschen Recht ab. Die unterschiedlichen Rechtsfolgen werden bei selbstfahrenden Kraftfahrzeugen noch einmal besonders deutlich.

## I. Übersicht der Anspruchsgrundlagen

Bei einem selbstfahrenden Kraftfahrzeug handelt es sich um ein Kraftfahrzeug im Sinne des Art. 1 Abs. 1 c. WVW, so dass grundsätzlich auch der Eigentümer oder Halter eines selbstfahrenden Kraftfahrzeugs nach Art. 185 WVW haftet. Die Fahrerhaftung nach Art. 6: 162 BW hat bei Verkehrsunfällen mit selbstfahrenden Kraftfahrzeugen einen geringeren Anwendungsbereich, da die Unfälle weniger durch menschliches als durch technisches Versagen verursacht werden.

Im WAM wird dieselbe Definition für Kraftfahrzeuge herangezogen, so dass für die selbstfahrenden Kraftfahrzeuge auch weiterhin eine Versicherungspflicht besteht. Die WAM- Versicherung kann bei einem Verkehrsunfall mit einem selbstfahrenden Kraftfahrzeug somit vom Geschädigten gemäß Art. 6 WAM in Anspruch genommen werden, wenn die Voraussetzungen für eine Haftung nach Art. 185 WVW oder Art. 6: 162 BW erfüllt sind.

Es ist zu erwarten, dass mangelhafte bzw. fehlerhafte Kraftfahrzeuge, beispielsweise durch Softwarefehler, die Hauptursache für die Entstehung von Verkehrsunfällen sein werden, so dass andere Ansprüche in den Vordergrund rücken. Der Haftung des Besitzers nach Art. 6: 173 BW für eine mangelhafte Sache kommt somit neue Relevanz zu. Einher geht auch hier die Haftung der verpflichtenden WAM-Versicherung, gegen die nach Art. 6 WAM ein Direktanspruch besteht. Da die Haftpflichtversicherung gemäß Art. 3 Abs. 1 WAM die zivilrechtliche Haftung deckt, zu der das Kraftfahrzeug im Verkehr Veranlassung geben kann, deckt sie grundsätzlich auch die Schäden, die der Geschädigte vom Besitzer nach Art. 6: 173 BW im Rahmen eines Verkehrsunfalls verlangen kann. Der Anspruch nach Art. 6: 173 BW im Rahmen eines Verkehrsunfalls mit einem selbstfahrenden Kraftfahrzeug ist die letzte Möglichkeit, dass auch die verpflichtende WAM-Versicherung mithaftet. Ansonsten bleibt nur noch der Anspruch gegen den Hersteller nach Art. 6: 185 BW, der die Produkthaftung regelt und den Autohersteller als möglichen Anspruchsgegner in die Haftungsmöglichkeiten miteinbezieht.[931] Diese Haftung ist jedoch nicht von der WAM-Versicherung gedeckt.

Das niederländische Verkehrshaftungsrecht unterscheidet grundsätzlich zwischen motorisierten und nicht motorisierten Verkehrsopfern bei Verkehrsunfällen. Diese Unterscheidung ist auch bei Unfällen mit selbstfahrenden Kraftfahrzeugen vorzunehmen.[932]

## II. Verkehrsunfälle mit nicht motorisierten Verkehrsteilnehmern

Zu den nicht motorisierten Verkehrsteilnehmern zählen hauptsächlich Radfahrer und Fußgänger, die bislang durch die Gefährdungshaftung des Art. 185 WVW bei einem Verkehrsunfall mit einem durch eine Person gesteuerten Kraftfahrzeug weitreichend geschützt sind. Daneben können sie den Fahrer gemäß Art. 6: 162 BW in Anspruch nehmen. Aufgrund des Vorliegens der Gefährdungshaftung und der Tatsache, dass 90% der Unfälle durch menschliches und nur 1% der Unfälle durch technisches Versagen verursacht werden, spielen die Ansprüche nach Art. 6: 173 BW und Art. 6: 185 BW bislang keine bedeutende Rolle für sie. Wenn sich durch die Einführung selbstfahrender Kraftfahrzeuge die menschliche Verursachung von Verkehrsunfällen erheblich reduziert, können diese Ansprüche jedoch bedeutsamer werden.

### 1. Haftung des Eigentümers oder Halters nach Art. 185 WVW

Den größten Schutz erhalten die nicht motorisierten Verkehrsteilnehmer nach Art. 185 WVW. Dieser wird grundsätzlich auch für Verkehrsunfälle mit selbstfahrenden Kraftfahrzeugen gelten.[933] Art. 185 WVW betrifft die Haftung des Eigentümers oder Halters, ungeachtet dessen, ob sie mit dem Kraftfahrzeug gefahren sind oder nicht. Es ist somit nicht erforderlich, dass der Eigentümer oder Halter selbst die Kontrolle über das Fahrzeug haben musste.[934] Für eine Haftung nach Art. 185 WVW ist auch kein Fehler des Fahrers notwendig. Denn der

---

931 Tjong Tjin Tai/ Boesten, NJB 2016, 496; Vellinga, VR 2014, Nr. 151.

932 Kamerstukken II 1997/98, 25759, Nr. 3, S. 7.

933 Tjong Tjin Tai/ Boesten, NJB 2016, 496.

934 Spier/ Hartlief/ Keirse/ Lindenbergh/ Vriesendorp – Hartlief, Verbintenissen uit de wet en Schadevergoeding, S. 164.

Anspruch besteht bereits, wenn durch das Kraftfahrzeug bei einem Verkehrsunfall Schaden entstanden ist und ist nur dann ausgeschlossen, wenn höhere Gewalt vorliegt. Der Eigentümer oder Halter haftet somit auch für selbstfahrende Kraftfahrzeuge, die einem nicht motorisierten Verkehrsteilnehmer Schaden zufügen, solange keine höhere Gewalt vorliegt.[935]

Grundsätzlich bestehen somit keine Unterschiede bei einem Anspruch nach Art. 185 WVW, wenn es sich um einen Verkehrsunfall mit einem vom Menschen gesteuerten Kraftfahrzeug oder mit einem selbstfahrenden Kraftfahrzeug handelt. Lediglich im Rahmen der höheren Gewalt kommt es zu Veränderungen, indem das selbstfahrende Kraftfahrzeug aufgrund der technischen Ausstattung Umstände besser wahrnehmen kann als der menschliche Fahrer.

### a) Höhere Gewalt

Grundsätzlich gilt bei Anwendung des Art. 185 WVW, dass höhere Gewalt vorliegt, wenn dem Fahrer kein einziger Vorwurf in Bezug auf die Art und Weise, wie er am Straßenverkehr teilgenommen hat, und in Bezug auf die Verursachung des Verkehrsunfalls gemacht werden kann. Dafür sind begangene Fehler anderer Verkehrsteilnehmer - auch des Verkehrsopfers selbst - nur von Belang, wenn sie für den Fahrer des Kraftfahrzeugs so unwahrscheinlich waren, dass dieser bei der Bestimmung seines Fahrverhaltens mit dieser Möglichkeit vernünftigerweise nicht zu rechnen brauchte.[936] Wenn sich ein schwacher Verkehrsteilnehmer so verhält, dass er in Bezug auf einen tatsächlichen Fahrer des Kraftfahrzeugs keine Gründe für das Vorliegen höherer Gewalt liefert, gibt es auch keine Rechtfertigung dafür, dass in dem gleichen Fall bei

---

935 Tjong Tjin Tai/ Boesten, NJB 2016, 496.

936 Hoge Raad, 17. November 2000, NJ 2001, 260: „Het beroep van de eigenaar of houder van een motorrijtuig, of diens WAM-verzekeraar, op overmacht kann slechts slagen als hij aannemelijk maakt dat aan de bestuurder van het motorrijtuig ter zake van de wijze waarop hij aan het verkeer heeft deelgenomen, voor zover van belang voor de veroorzaking van heet ongeval, rechtens geen enkel verwijt kann worden gemaakt. Daarbij zijn eventuele fouten van andere weggebruikers - daaronder begrepen het slachtoffer zelf - allen van belang indien zij voor de bestuurder van het motorrijtuig zo onwaarschijnlijk waren dat deze bij het bepalen van zijn verkeersgedrag met die mogelijkheid naar redlijkjheid geen rekening behoefde te houden.“; Hoge Raad 4. Oktober 1996, NJ 1997, 147; Hoge Raad, 22. Mai 1992, NJ 1992, 527; Hoge Raad, 28. Februar 1992, NJ 1993, 566.

einem selbstfahrenden Kraftfahrzeug höhere Gewalt angenommen werden kann. Vielmehr ist der Begriff der höheren Gewalt bei vollständig selbstfahrenden Kraftfahrzeugen noch eingeschränkter aufzufassen. Durch die technischen Einrichtungen eines selbstfahrenden Kraftfahrzeugs können Verkehrssituationen zum Teil besser wahrgenommen werden als es der menschliche Fahrer eines Kraftfahrzeugs kann. Zu denken ist an Situationen, bei denen Fußgänger oder unbeleuchtete Radfahrer vom menschlichen Auge nicht erfasst oder zu spät wahrgenommen werden, wie es beispielsweise bei starkem Nebel oder in der Nacht der Fall ist. Durch Nachtsicht- und Infrarotkameras ist es für ein selbstfahrendes Kraftfahrzeug hier möglich, die gefährliche Verkehrssituation zu erkennen.[937] Ungerechtfertigt scheint es daher, dass bei selbstfahrenden Kraftfahrzeugen die gleichen Maßstäbe für das Vorliegen höherer Gewalt angewandt werden sollen, wie bei einem Menschen als Fahrer des Kraftfahrzeugs.[938] Für den Eigentümer oder Halter eines selbstfahrenden Kraftfahrzeugs wird es bei einem Verkehrsunfall mit einem schwachen Verkehrsteilnehmer somit noch schwerer sich auf höhere Gewalt zu berufen, als es ohnehin bei einem Verkehrsunfall mit einem vom Menschen gesteuerten Kraftfahrzeug der Fall ist.

Daneben könnte sich der Eigentümer oder Halter des Kraftfahrzeugs auf höhere Gewalt berufen, wenn der Unfall durch einen Defekt des selbstfahrenden Kraftfahrzeugs entstanden ist, wie es beispielsweise bei dem tödlichen Verkehrsunfall des Tesla-Fahrers der Fall war.[939] Jedoch entschied der Hoge Raad bereits in einem früheren Urteil, dass bei einem Verkehrsunfall, der aufgrund eines Mangels am Kraftfahrzeug entstanden ist, keine höhere Gewalt vorliegt, auch wenn dem Eigentümer oder Halter kein Vorwurf wegen des Mangels gemacht werden kann.[940] Auf der Grundlage dieser Rechtsprechung wird es dem Eigentümer oder Halter bei einem Verkehrsunfall aufgrund eines defekten Sensors, eines Softwarefehlers oder eines anderen Mangels des selbstfahrenden Kraftfahrzeugs somit auch zukünftig nicht gelingen können, höhere Gewalt mit Erfolg geltend zu machen.

---

937 http://www.nu.nl/gadgets/3654612/ford-onthult-zelfrijdende-auto.html; abgerufen am: 13.12.2016.

938 Tjong Tjin Tai/ Boesten, NJB 2016, 496.

939 http://www.zeit.de/mobilitaet/2016-07/autopilot-autonomes-fahren-tesla-faq; abgerufen am: 10.12.2016.

940 Hoge Raad, 16. April 1942, NJ 1942, 394.

Vor diesem Hintergrund werden sich die Anforderungen für das Vorliegen höherer Gewalt bei selbstfahrenden Kraftfahrzeugen noch weiter erhöhen. Es gibt auch keinen Grund dafür, bei der Annahme höherer Gewalt nur an den menschlichen Idealfahrer anzuknüpfen, obwohl die Technik weiter fortgeschritten ist. So ist zu erwarten, dass in der Praxis das Vorliegen höherer Gewalt ähnlich selten angenommen wird, wie es bei Kindern unter 14 Jahren der Fall ist, wenn sie mit Vorsatz oder daran grenzender Rücksichtslosigkeit gehandelt haben.

#### b) Anwendung der 50% und 100%-Regel

Wenn höhere Gewalt nicht vorliegt und somit eine Haftung festgestellt worden ist, kann lediglich noch eigene Schuld des Verkehrsopfers geltend gemacht werden. Hier bestehen in der Rechtsprechung im Rahmen des Anspruchs nach Art. 185 WVW mit der 50%- und 100%-Regel feste Richtwerte.[941] Sie dienen vor allem dem Schutz der nicht motorisierten bzw. schwachen Verkehrsteilnehmer. In der Literatur wurde vorgeschlagen, bei einem Unfall mit einem selbstfahrenden Kraftfahrzeug von diesen starren Regeln abzuweichen und einen Teil des Schadens nicht zu Lasten des Eigentümers eines selbstfahrenden Kraftfahrzeugs gehen zu lassen, da dieser von der bereitgestellten Software des Produzenten abhängig sei.[942] Der Schutz des Eigentümers würde so zu Lasten der schwachen Verkehrsteilnehmer gehen, auch wenn diese sich noch an den Hersteller des Kraftfahrzeugs wenden könnten. Dabei ist jedoch zu beachten, dass der Schutz der schwachen Verkehrsteilnehmer im niederländischen Verkehrsecht grundsätzlich an oberster Stelle steht und eine Schwächung ihrer Position bei nun selbstfahrenden Kraftfahrzeugen nicht ins System passt. Außerdem ist auch der Eigentümer oder Halter eines Kraftfahrzeugs, das durch einen Menschen gesteuert wird, davon abhängig, wie der Fahrer das Kraftfahrzeug führt, da er gemäß Art. 185 Abs. 2 WVW für sein Verhalten haftet. Schließlich besteht für die Haftung des Eigentümers oder Halters des selbstfahrenden Kraftfahrzeugs eine Versicherung, so dass er den Schaden nicht selbst ersetzen muss. Da der Eigentümer oder Halter am meisten vom Kraftfahrzeug profitiert, besteht kein Grund von der 50%- und 100%-Regel abzuweichen.

---

941 Hoge Raad, 28. Februar 1992, NJ 1993, 566; Hoge Raad, 1. Juni 1990, NJ 1991, 720.

942 Vellinga, VR 2014, Nr. 151.

### c) Zusammenfassung und Vergleich zum deutschen Recht

Insgesamt zeigt sich, dass bei einem Verkehrsunfall zwischen einem selbstfahrenden Kraftfahrzeug und einem nicht motorisierten Verkehrsteilnehmer im Rahmen des Art. 185 WVW kaum Unterschiede zur Haftung bei einem Verkehrsunfall mit einem durch einen Menschen gesteuertes Kraftfahrzeug bestehen. Der nicht motorisierte Verkehrsteilnehmer ist auch bei einem Verkehrsunfall mit einem selbstfahrenden Kraftfahrzeug weitreichend geschützt. Sein Schutz wird sogar größer werden, da es für den Eigentümer oder Halter des selbstfahrenden Kraftfahrzeugs noch schwieriger wird, das Vorliegen höherer Gewalt im Sinne des Art. 185 WVW zu beweisen. Die entstandenen Kosten werden grundsätzlich von der WAM-Versicherung getragen, gegen die der Geschädigte einen Direktanspruch gemäß Art. 6 WAM hat. Während bislang der Rückgriff der Versicherung beim mitversicherten Fahrer ausgeschlossen war, besteht nun zunehmend die Möglichkeit, dass nicht der Fahrer den Unfall verursachte, sondern die Unfallursache technische Hintergründe hatte und daher ein Rückgriff gegen den Hersteller der Technik aufgrund eines Produktfehlers in Betracht kommt. Mögliche Regressansprüche des Eigentümers oder Halters gegen den Hersteller gehen gemäß Art. 7: 962 Abs. 1 BW auf die Versicherung über. Die Haftung des Herstellers in den Niederlanden beruht auf EU-Recht und ist weitgehend identisch mit der deutschen Produkthaftung. Sie ist in Art. 6: 185 BW geregelt und wird im Rahmen der Ansprüche des motorisierten Verkehrsteilnehmers ausführlich besprochen. Zu befürchten ist, dass die Schadenslast durch die Regressmöglichkeit beim Hersteller in zunehmendem Umfang von den Kraftfahrzeugversicherungen auf die Hersteller übergeht, also eine Verlagerung der Unfallkosten stattfindet. Im Jahr 2009 betrugen die Unfallkosten in den Niederlanden 12,5 Milliarden Euro.[943] Den größten Teil der Unfallkosten tragen die Versicherungen für Kraftfahrzeuge. Zwar soll durch die Einführung der selbstfahrenden Kraftfahrzeuge die Anzahl der Verkehrsunfälle geringer werden, so dass auch die Unfallkosten sinken, trotzdem kann, je nachdem wie sich die Anzahl der Unfälle und die Schadenshöhe pro Unfall entwickeln, durch zunehmenden Regress beim Hersteller eine Verlagerung der Kosten in Milliardenhöhe entstehen.[944]

---

943 https://www.swov.nl/feiten-cijfers/factsheet/kosten-van-verkeersongevallen; abgerufen am: 14.12.2016.

944 Vgl. für Deutschland: Lutz, NJW 2015, 119; Schulte-Nölke in: Lorenz, Karlsruher Forum 2015: Europäisierung des Haftungs- und Versicherungsvertragsrecht, S. 31 ff.

Auch in Deutschland wird der Halter bei einem Straßenverkehrsunfall zwischen einem selbstfahrenden Kraftfahrzeug und einem Radfahrer oder Fußgänger nach der Gefährdungshaftung des § 7 StVG haften.[945] Ebenfalls wird im Rahmen des Haftungsausschlusses nach § 7 Abs. 2 StVG wegen höherer Gewalt ein Softwarefehler bzw. das Versagen der technischen Einrichtungen nicht anerkannt werden können,[946] so dass auf die gleichen Unterschiede und Gemeinsamkeiten verwiesen werden kann, die bereits im Rahmen der allgemeinen Darstellung des Art. 185 WVW festgestellt wurden.[947] Die Schäden werden durch die Haftpflichtversicherung gedeckt, gegen die ein Direktanspruch nach § 115 VVG besteht. Ebenso, wie in den Niederlanden, ist es in Deutschland möglich, dass die Versicherungen bei selbstfahrenden Kraftfahrzeugen Regress beim Hersteller nehmen können, wenn dieser ein fehlerhaftes Produkt in Verkehr gebracht hat.

### 2. Haftung des Fahrers nach Art. 6: 162 BW

Indem Art. 185 WVW grundsätzlich bei einem Verkehrsunfall zwischen einem selbstfahrenden Kraftfahrzeug und einem nicht motorisierten Verkehrsteilnehmer anwendbar bleibt, spielen die Ansprüche nach Art. 6: 173 BW und Art. 6: 185 BW für das Verkehrsopfer in dieser Konstellation keine bedeutende Rolle mehr. Anders ist dies für mögliche Regressansprüche der Haftpflichtversicherung. Das nicht motorisierte Verkehrsopfer kann sich lediglich mit dem Anspruch gegen den Fahrer nach Art. 6: 162 BW noch einen zusätzlichen Anspruchsgegner verschaffen.

Neben dem Eigentümer oder Halter kann der nicht motorisierte Verkehrsteilnehmer bislang auch den Fahrer eines Kraftfahrzeugs aus der Verschuldenshaftung des Art. 6: 162 BW in Anspruch nehmen.[948] Dafür ist es notwendig, dass der Fahrer eine unerlaubte Handlung begangen hat. Erforderlich ist also ein unrechtmäßiges Tun oder Unterlassen. Die Verursachung eines Unfalls durch den Fahrer erfüllt grundsätzlich

---

945 Gless/ Janal, JR 2016, 561, 571.

946 Borges, CR 2016, 272, 274; Schrader, NJW 2015, 3537, 3538; Frenz/ Casimir-van den Broek, DAR 2009, 625, 627.

947 Siehe 4. Kapitel, B.

948 So z.B. Gerechtshof 's Hertogenbosch, 29. Januar 2013, ECLI:NL:GHSHE:2013:BZ0739.

die Voraussetzungen eines unrechtmäßigen Tuns und somit einer unerlaubten Handlung im Sinne des Art. 6: 162 BW. Bei einem vollständig selbstfahrenden Auto liegt dagegen keine direkte Handlung des „Fahrers“ vor, so dass ein unrechtmäßiges aktives Tun in der Regel ausscheidet.[949] Es kommt daher lediglich ein unrechtmäßiges Unterlassen in Betracht. Dies kann vorliegen, wenn es der Fahrer in einer bestimmten Verkehrssituation unterlassen hat, in das Fahrgeschehen einzugreifen, obwohl er dies konnte und musste. Da hier von einem vollständig selbstfahrenden Kraftfahrzeug ausgegangen wird, scheidet das Nichteingreifen in das Fahrgeschehen als Haftungsgrundlage aus. Daneben könnte ein unrechtmäßiges Unterlassen beispielsweise vorliegen, wenn nötige Sicherheitsupdates nicht durchgeführt wurden und es dadurch zu einem Verkehrsunfall gekommen ist, oder das Kraftfahrzeug in Gang gesetzt wurde, obwohl Umstände vorlagen, bei denen das selbstfahrende Kraftfahrzeug beispielsweise wegen extremer Eisglätte nicht gestartet werden sollte.[950] Diese Hintergründe sind für ein Verkehrsopfer in der Regel schwer zu erkennen und zu beweisen. Den Beweisschwierigkeiten könnte man durch eine Umkehrung der Beweislast begegnen. Der Fahrer eines Kraftfahrzeugs muss dann beweisen, dass alle technischen Einrichtungen funktionierten und er die nötigen Updates durchgeführt hat. Dies ist durch eine Auslese des Kraftfahrzeugs am Computer möglich.[951]

Insgesamt wird eine Haftung nach Art. 6: 162 BW durch das Erfordernis einer nachweisbaren schuldhaften Handlung jedoch nur begrenzte praktische Bedeutung bei selbstfahrenden Kraftfahrzeugen haben.

Gleiches gilt für die Fahrerhaftung nach deutschem Recht. Sowohl § 18 StVG als auch § 823 BGB setzen eine Pflichtverletzung des Fahrers voraus. Wenn es sich um vollständig selbstfahrende Kraftfahrzeuge handelt, ist für eine Pflichtverletzung des Fahrers kaum Raum, so dass eine Haftung in der Regel ebenso wie in den Niederlanden entfällt.[952]

---

949 Tjong Tjin Tai/ Boesten, NJB 2016, 496.

950 Tjong Tjin Tai/ Boesten, NJB 2016, 496.

951 Tjong Tjin Tai/ Boesten, NJB 2016, 496.

952 Vgl. Borges, CR 2016, 272, 273.

## III. Verkehrsunfälle mit anderen motorisierten Verkehrsteilnehmern

Der größte Teil von Verkehrsunfällen findet zwischen motorisierten Verkehrsteilnehmern statt.[953] Auch bei vollständig selbstfahrenden Kraftfahrzeugen wird davon auszugehen sein, dass diese Unfälle die am häufigsten im Straßenverkehr vorkommenden Unfälle bleiben. Für sie kommen grundsätzlich die gleichen Anspruchsgrundlagen wie bei einem Verkehrsunfall zwischen zwei von Personen gesteuerten Kraftfahrzeugen in Betracht.

### 1. Haftung des Eigentümers oder Halters nach Art. 185 WVW

Die Gefährdungshaftung gemäß Art. 185 WVW findet nach Absatz 3 grundsätzlich keine Anwendung, wenn es sich um einen Verkehrsunfall mit zwei Kraftfahrzeugen in Bewegung handelt. Art. 185 Abs. 3 WVW schließt die Anwendung bei Schäden aus, die durch das Kraftfahrzeug einem anderen Kraftfahrzeug in Bewegung und den damit beförderten Personen oder Sachen zugefügt werden. Nichts anderes muss gelten, wenn es sich dabei um ein selbstfahrendes Kraftfahrzeug handelt, so dass der Anspruch nach Art. 185 WVW in diesen Fällen ausgeschlossen ist. Der Eigentümer oder Halter des selbstfahrenden Kraftfahrzeugs haftet somit nicht nach der Gefährdungshaftung des Art. 185 WVW für die Schäden, die das selbstfahrende Kraftfahrzeug an anderen Kraftfahrzeugen in Bewegung und deren beförderten Personen bzw. Sachen verursacht hat.

Im deutschen Recht hingegen bleibt es auch bei einem Verkehrsunfall zwischen einem selbstfahrenden Kraftfahrzeug und einem anderen Kraftfahrzeug bei der Halterhaftung nach § 7 StVG. Für einen Anspruch nach § 7 StVG ist es unerheblich, wem das selbstfahrende Kraftfahrzeug einen Schaden zufügt.[954]

---

953 „Statistisch Rapport 2015 Verkeersongevallen“ abrufbar unter: http://www.bivv.be/publications/Statistisch%20Rapport%202015%20-%20Verkeersongevallen/Statistisch%20Rapport%202015%20-%20Verkeersongevallen.pdf; abgerufen am: 15.12.2016.

954 Gless/ Janal, JR 2016, 561, 571.

## 2. Haftung des Fahrers nach Art. 6: 162 BW

Wie beim Verkehrsunfall zwischen einem selbstfahrenden Kraftfahrzeug und einem nicht motorisierten Verkehrsteilnehmer ist es kaum möglich dem „Fahrer“ eines vollständig selbstfahrenden Kraftfahrzeugs bei einem Unfall mit einem ebenfalls motorisierten Verkehrsteilnehmer eine unerlaubte Handlung im Sinne des Art. 6: 162 BW zuzurechnen. Ein unrechtmäßiges Tun, zum Beispiel aufgrund eines Fahrfehlers, scheidet auch hier in der Regel aus. Es bleibt im Wesentlichen die Möglichkeit der Anknüpfung an ein unrechtmäßiges Unterlassen, wenn der Fahrer beispielsweise keine Softwareupdates durchgeführt hat oder er das Fahrzeug bei extremen Wetterverhältnissen eingesetzt hat.[955] Der Anwendungsbereich der Haftung nach Art. 6: 162 BW bleibt auch hier begrenzt, so dass ein Anspruch gegen den Fahrer des selbstfahrenden Kraftfahrzeugs in der Regel ausscheidet.

Das motorisierte Verkehrsopfer kann daher nur noch gemäß Art. 6: 173 BW oder Art. 6: 185 BW Schadensersatz verlangen. Dafür muss das selbstfahrende Kraftfahrzeug einen Mangel bzw. Produktfehler aufweisen, der zur Entstehung des Verkehrsunfalls beigetragen hat. Dann kann der Besitzer der mangelhaften Sache nach Art. 6: 173 BW in Anspruch genommen werden und daneben der Hersteller gemäß Art. 6: 185 BW für das fehlerhafte Produkt.

## 3. Haftung des Besitzers nach Art. 6: 173 BW

Das Verkehrsopfer, das durch ein selbstfahrendes Kraftfahrzeug Schaden erlitten hat, kann nach Art. 6: 173 BW den Besitzer einer mangelhaften beweglichen Sache in Anspruch nehmen. In Art. 6: 173 Abs. 1 BW ist geregelt, dass der Besitzer einer beweglichen Sache, von der bekannt ist, dass sie eine besondere Gefahr für Personen oder Sachen darstellt, wenn sie nicht den Anforderungen entspricht, die man unter den gegebenen Umständen an die Sache stellen darf, haftet, wenn sich diese Gefahr realisiert, es sei denn dass die Haftung aufgrund des vorherigen Abschnitts auch dann entfiele, wenn er diese Gefahr zum Zeitpunkt ihres Entstehens gekannt hätte.[956]

---

955 Tjong Tjin Tai/ Boesten, NJB 2016, 496.

956 Art. 6: 173 Abs. 1 BW: „De bezitter van een roerende zaak waarvan bekend is dat zij, zo zij niet voldoet aan de eisen die men in de gegeven omstandigheden aan de zaak mag stellen, een bijzonder gevaar voor personen of zaken oplevert, is, wanneer dit gevaar zich verwezenlijkt, aansprakelijk, tenzij aansprakelijkheid op

Unter Sachen fallen gemäß Art. 3: 2 BW alle körperlichen Gegenstände, die der menschlichen Beherrschung fähig sind. Software selbst kann nicht als ein für den Menschen beherrschbarer körperlicher Stoff angesehen werden und ist daher kein körperlicher Gegenstand im Sinne des Art. 3: 2 BW.[957] Das selbstfahrende Kraftfahrzeug stellt im Gegensatz zur Software eine bewegliche Sache dar und kann durch fehlerhafte Software auch insgesamt einen Mangel aufweisen, der dazu führt, dass das Kraftfahrzeug nicht den Anforderungen entspricht, die man daran stellen kann. Wenn ein selbstfahrendes Kraftfahrzeug einen Unfall verursacht, liegen in der Regel auch die weiteren Voraussetzungen vor. Es hat sich eine Gefahr verwirklicht bei der es sich um eine besondere Gefahr für Personen oder Sachen handelt.[958] Bei einem Verkehrsunfall mit einem selbstfahrenden Kraftfahrzeug sind die Voraussetzungen des Art. 6: 173 Abs. 1 BW somit grundsätzlich erfüllt.

Einem Anspruch des Besitzers kann in vielen Fällen jedoch Art. 6: 173 Abs. 2 BW entgegenstehen. Danach haftet der Besitzer nicht für den durch die mangelhafte Sache verursachten Schaden, wenn die mangelhafte Sache zugleich als ein fehlerhaftes Produkt im Sinne des Produkthaftungsrechts angesehen werden kann. In diesen Fällen soll sich der Geschädigte an den Hersteller wenden. Zwei Ausnahmen bilden die in Art. 173 Abs. 2 a., b. BW beschriebenen Fälle, bei der der Besitzer weiterhin haftet, obwohl es sich um ein fehlerhaftes Produkt im Sinne der Produkthaftung nach Art. 6: 185 ff. BW handelt. Dies ist zum einen der Fall, wenn der Fehler des Produkts nicht zum Zeitpunkt des Inverkehrbringens bestand oder der Fehler zu einem späteren Zeitpunkt entstanden ist und zum anderen, wenn der Sachschaden weniger als 500 € beträgt. Es kommt daher zunächst darauf an, ob der Verkehrsunfall durch einen Produktfehler des selbstfahrenden Kraftfahrzeugs verursacht wurde und daher keine Haftung gemäß Art. 6: 173 Abs. 2 BW besteht, oder ein Produktfehler ausgeschlossen werden kann und der Besitzer für die mangelhafte Sache nach Art. 6: 173 Abs. 1 BW haftet.

---

grond van de vorige afdeling zou hebben ontbroken indien hij dit gevaar op het tijdstip van ontstaan daarvan zou hebben gekend.“.

957 Gerechtshof Amsterdam, 1. Juni 2010, ECLI:NL:GHAMS:2010:BM6320.

958 Tjong Tjin Tai/ Boesten, NJB 2016, 496.

## 4. Haftung des Herstellers nach Art. 6: 185 BW

Die Haftung des Herstellers ist in den Niederlanden in Art. 6: 185 BW normiert. Da sie auf der EU-Richtlinie 85/374/EEG beruht, die für alle EU-Staaten gilt, ist sie weitgehend identisch mit der deutschen Regelung. Nach Art. 6: 185 Abs. 1 BW haftet der Hersteller für den Schaden, der durch sein fehlerhaftes Produkt entstanden ist.[959] Bei der Produkthaftung nach Art. 6: 185 BW handelt es sich um eine verschuldensunabhängige Gefährdungshaftung (risico-aansprakelijkheid).[960]

### a) Produktfehler

Ein Produkt ist gemäß Art. 6: 187 Abs. 1 BW jede bewegliche Sache, auch wenn sie einen Teil einer anderen beweglichen Sache oder einer unbeweglichen Sache bildet, sowie Elektrizität.[961] Ein selbstfahrendes Kraftfahrzeug stellt ein Produkt im Sinne des Art. 6: 187 Abs. 1 BW dar. Ein Produkt hat nach Art. 6: 186 BW einen Fehler, wenn es nicht die Sicherheit bietet, die unter Berücksichtigung aller Umstände berechtigterweise erwartet werden kann, insbesondere seiner Darbietung; des Gebrauchs, mit dem billigerweise gerechnet werden kann oder des Zeitpunkts, in dem es in den Verkehr gebracht wurde.[962]

Grundsätzlich unterscheidet man zwischen Fabrikationsfehlern (productiegebreken), Instruktionsfehlern (informatiegebreken) und Konstruktionsfehlern (ontwerpgebreken).[963]

Fabrikationsfehler sind Fehler, die nur einzelnen Stücken einer Serie anhaften. Entsteht der Verkehrsunfall beispielsweise als Folge eines defekten Sensors oder einer ungeeigneten Kamera des selbstfahrenden

---

959 Art. 6: 185 Abs. 1 BW: „De producent is aansprakelijk voor de schade veroorzaakt door een gebrek in zijn produkt…“.

960 Spier/ Hartlief/ Keirse/ Lindenbergh/ Vriesendorp – Keirse, Verbintenissen uit de wet en Schadevergoeding, S. 139.

961 Art. 6: 187 Abs. 1 BW: „Onder product wordt voor de toepassing van deze afdeling verstaan een roerende zaak, ook nadat deze een bestanddeel is gaan vormen van een andere roerende of onroerende zaak, alsmede elektriciteit.“.

962 Art. 6: 186 Abs. 1 BW: „Een produkt is gebrekkig, indien het niet de veiligheid biedt die men daarvan mag verwachten, alle omstandigheden in aanmerking genomen en in het bijzonder

a. de presentatie van het produkt;

b. het redelijkerwijs te verwachten gebruik van het produkt;

c. het tijdstip waarop het produkt in het verkeer werd gebracht.“.

963 Tjong Tjin Tai/ Boesten, NJB 2016, 496.

Kraftfahrzeugs, kann ein Fabrikationsfehler vorliegen. Wenn der Hersteller falsche oder zu wenig Informationen für die Insassen eines selbstfahrenden Kraftahrzeugs gibt, zum Beispiel über deren Mitwirkungspflichten auch beim selbstfahrenden Kraftfahrzeug, liegt ein Informationsfehler vor, der ebenfalls zur Haftung des Herstellers führen kann.

Ein Konstruktionsfehler liegt vor, wenn die ganze Produktserie nicht den Sicherheitserwartungen der Verbraucher entspricht. Die Fehler basieren auf einer fehlerhaften Konzeption und Planung. Wenn ein selbstfahrendes Kraftfahrzeug beispielsweise nur bei Sonnenschein entwickelt worden ist und es deshalb nicht bei anderen Wetterverhältnissen fehlerfrei arbeiten kann, dürfte ein Konstruktionsfehler angenommen werden.[964]

Insgesamt lässt sich feststellen, dass bei einem durch ein selbstfahrendes Kraftfahrzeug verursachten Verkehrsunfall nicht selten auch ein Produktfehler im Sinne des Art. 6: 185 BW vorliegen kann, da das Fahrzeug nicht den Erwartungen entspricht, die selbst die Hersteller suggerieren, dass die selbstständig fahrenden Kraftfahrzeuge sicherer seien, als Kraftfahrzeuge, die durch Menschen gesteuert würden. Für den Besitzer eines Kraftfahrzeugs bedeutet dies, dass er sich auf einen Produktfehler stützen kann und seine Haftung somit ausgeschlossen ist, soweit nicht die Ausnahmen des Art. 6: 173 Abs. 2 a., b. eingreifen.

### b) Ausnahmen der Haftung

Der Hersteller haftet jedoch nicht allein aufgrund des Vorliegens eines Produktfehlers. Vielmehr dürfen noch die negativen Voraussetzungen des Art. 6: 185 Abs. 1 a. bis f. BW nicht erfüllt sein. So haftet der Hersteller beispielsweise nach Art. 6: 185 Abs. 1 a. BW nicht, wenn er das Produkt nicht in den Verkehr gebracht hat. Zudem ist nach Art. 6: 185 Abs. 1 b. BW die Haftung ausgeschlossen, wenn nach den Umständen davon auszugehen ist, dass das Produkt den Fehler, der den Schaden verursacht hat, noch nicht hatte, als der Hersteller es in den Verkehr brachte. Schließlich haftet der Hersteller nach Art. 6: 185 Abs. 1 e. BW nicht, wenn der Fehler nach dem Stand der Wissenschaft und Technik in dem Zeitpunkt, in dem der Hersteller das Produkt in den Verkehr brachte, nicht erkannt werden konnte, was bei den selbstfahrenden Kraftfahrzeugen von hoher Bedeutung sein kann.

---

964 Tjong Tjin Tai/ Boesten, NJB 2016, 496.

In diesen Fällen ist die Haftung des Besitzers nach Art. 6: 173 Abs. 2 BW aufgrund des Vorliegens eines Produktfehlers ebenfalls ausgeschlossen. Es kann so zu dem Kuriosum kommen, dass der motorisierte Geschädigte keinen Anspruch auf den Ersatz seines erlittenen Schadens hat, wenn die Haftung des Herstellers trotz Produktfehlers aus den vorgenannten Ausschlussgründen ausscheidet. Ein Anspruch gegen den Halter nach Art. 185 WVW scheidet bereits aus, da es sich um einen Verkehrsunfall mit zwei Kraftfahrzeugen in Bewegung handelt. Da auch eine Haftung des „Fahrers“ nur in Ausnahmefällen aufgrund unrechtmäßigen Unterlassens gemäß Art. 6: 162 BW besteht, führt dies letztlich zu der unbefriedigenden Rechtsfolge, dass der Geschädigte keinen Schadensersatzanspruch besitzt. Es wird deutlich, dass in diesen Fällen eine Regelungslücke für Verkehrsunfälle zwischen einem selbstfahrenden Kraftfahrzeug und einem anderen Kraftfahrzeug in Bewegung im jetzigen niederländischen Recht besteht. Von dieser Regelungslücke ist das Verkehrsopfer betroffen, das grundsätzlich hohen Schutz verdient, auch wenn es als Fahrer eines Kraftfahrzeugs ebenso eine Gefahr für andere Verkehrsteilnehmer geschaffen hat.

### c) Weitere Probleme der Produkthaftung bei Verkehrsunfällen

Auch wenn sich ein Hersteller nicht auf die Ausschlussgründe des Art. 6: 185 Abs. 1 a. bis e. BW berufen kann, weist das System der Produkthaftung bei Verkehrsunfällen weitere Lücken auf. Denn die Produkthaftung scheidet auch aus, wenn der Verkehrsunfall mit einem über 10 Jahre alten selbstfahrenden Kraftfahrzeug verursacht wurde. Ferner greift die Produkthaftung auch dann nicht ein, wenn eine Sache beschädigt wurde, die ihrer Art nach gewöhnlich nicht für den privaten Ge- oder Verbrauch bestimmt ist.

#### aa) Privater Ge- oder Verbrauch

Sofern ein Fehler des Produkts vorliegt, kann bei einem Verkehrsunfall mit einem selbstfahrenden Kraftfahrzeug in der Regel allein der Hersteller in Anspruch genommen werden. Die Haftung des Herstellers nach Art. 6: 185 BW besteht nach Art. 6: 190 Abs. 1 b. BW jedoch nur, wenn eine andere Sache als das fehlerhafte Produkt beschädigt wird und die andere Sache ihrer Art nach gewöhnlich für den privaten Ge- oder Verbrauch bestimmt und hierzu von dem Geschädigten hauptsächlich verwendet worden ist.[965] Die Haftung nach Art. 6: 185 Abs. 1 BW ist somit ausgeschlossen, wenn die andere Sache für die Erwerbs- oder Berufstätigkeit bestimmt ist. Ob eine Sache ihrer Art nach gewöhnlicherweise privat gebraucht wird, richtet sich nach der allgemeinen Verkehrsanschauung und wird somit nach objektiven Maßstäben bestimmt. Zudem muss die Sache vom Geschädigten auch hauptsächlich für den privaten Ge- oder Verbrauch verwendet werden. Hierbei wird einen subjektiver Maßstab angewandt.[966]

Bereits der im Ausgangsfall geschilderte Verkehrsunfall des Teslas mit einem LKW macht dieses Problem deutlich. Sofern die defekten Sensoren des Teslas einen Produktfehler darstellten, führt dies nach niederländischem Recht auch in diesem Fall nicht zur Haftung des Herstellers, da Lastkraftwagen grundsätzlich der Beförderung von Gütern dienen und daher in der Regel gewerblich genutzt werden. Es besteht somit keine Haftung des Herstellers nach Art. 6: 190 Abs. 1 b. BW i.V.m. Art. 6: 185 BW für die entstandenen Sachschäden. Da nach dem derzeitigen niederländischen Recht auch ansonsten keine Verpflichtung zum Schadensersatz besteht, entfällt jeglicher Anspruch des Geschädigten auf Ersatz seiner Sachschäden. Die beschriebene Problematik stellt sich nicht nur bei Verkehrsunfällen mit Lastkraftwagen. Auch bei Verkehrsunfällen mit anderen Kraftfahrzeugen muss genau differenziert werden, ob es sich um einen Privat- oder Dienstwagen handelt. Dabei ist die Tendenz zu erkennen, dass mehr und mehr Autos für gewerbliche Zwecke erworben werden.[967] Auch die Eigentümer dieser Kraftfahrzeuge können den Schaden am Kraftfahrzeug nicht vom Hersteller gemäß Art. 6: 185 BW ersetzt verlangen, was als unbefriedigend anzusehen ist.

---

965 Art. 6: 190 Abs. 1 b. BW: „De aansprakelijkheid, bedoeld in artikel 185, eerste lid, bestaat voor schade door het produkt toegebracht aan een andere zaak die gewoonlijk voor gebruik of verbruik in de privésfeer is bestemd en door de benadeelde ook hoofdzakelijk in de privésfeer is gebruikt of verbruikt,...“.

966 Spier/ Hartlief/ Keirse/ Lindenbergh/ Vriesendorp – Keirse, Verbintenissen uit de wet en Schadevergoeding, S. 150 f.

967 https://www.ttm.nl/nieuws/bijna-1-miljoen-bedrijfsautos-nederland/58414/; abgerufen am: 17.12.2016.

### bb) Erlöschen der Produkthaftung

Ein weiteres Problem kann darin gesehen werden, dass das Produkthaftungsrecht gemäß Art. 6: 191 Abs. 2 BW zehn Jahre nach dem Zeitpunkt, in dem der Hersteller das Produkt, das den Schaden verursacht hat, in den Verkehr gebracht hat, erlischt. Verursachen über zehn Jahre alte Kraftfahrzeuge aufgrund eines Produktfehlers einen Verkehrsunfall, haftet der Hersteller somit nicht mehr für die entstandenen Schäden. Bereits jetzt beträgt das Durchschnittsalter von Kraftfahrzeugen 9,2 Jahre.[968] Im Jahr 1960 lag das Durchschnittsalter noch bei 3,7 Jahren.[969] Durch die Entwicklung der Technik ist mit einem weiteren Anstieg in den nächsten Jahren zu rechnen. Somit wird die Lebenszeit vieler Kraftfahrzeuge die Verjährungsregel des Produkthaftungsrechts übersteigen. Bei Verkehrsunfällen mit selbstfahrenden Kraftfahrzeugen, die älter als zehn Jahre sind, würde der Geschädigte wiederum keinen Anspruch gegen den Hersteller gemäß Art. 6: 185 BW haben und den Schaden auch nicht vom Eigentümer, Halter, Fahrer oder Besitzer ersetzt bekommen.

Bei den zwei beschriebenen Problemen kann der Hersteller jedoch noch anderweitig in Anspruch genommen werden. Gemäß Art. 6: 193 BW bleiben alle anderen Rechte unberührt, so dass der Hersteller daneben beispielsweise gemäß Art. 6: 162 BW haften kann. Für diesen Anspruch ist jedoch, anders als bei Art. 6: 185 BW, erforderlich, dass dem Hersteller ein Verschulden trifft, welches von einem Unfallopfer nur schwer nachgewiesen werden kann.

## c) Zusammenfassung und Vergleich zum deutschen Recht

Die aufgezeigten Probleme machen deutlich, dass das Produkthaftungsrecht nicht auf Verkehrsunfälle zugeschnitten ist. Obwohl ein Produktfehler vorliegt, kann die Haftung des Herstellers für Sach- und Personenschäden gegenüber dem motorisierten Verkehrsopfer in vielen Fällen trotzdem ausgeschlossen sein, zum Beispiel, wenn der Fehler nach dem Stand der Technik nicht zu erkennen war. Daraus ergibt sich, dass das motorisierte Verkehrsopfer bei einem Unfall mit einem selbstfahrenden Kraftfahrzeug im jetzigen Haftungssystem im Einzelfall keine

---

968 https://de.statista.com/statistik/daten/studie/154506/umfrage/durchschnittliches-alter-von-pkw-in-deutschland/; abgerufen am: 10.12.2016.

969 https://de.statista.com/statistik/daten/studie/154506/umfrage/durchschnittliches-alter-von-pkw-in-deutschland/; abgerufen am: 10.12.2016.

Ansprüche hat, um seinen Schaden ersetzt zu verlangen. Es liegt eine unbefriedigende Situation vor, die anders als im deutschen Recht hauptsächlich dadurch besteht, dass bei einem Verkehrsunfall zwischen zwei motorisierten Kraftfahrzeugen die Gefährdungshaftung nach Art. 185 WVW ausgeschlossen ist. In Deutschland haftet der Halter des selbstfahrenden Kraftfahrzeugs nach § 7 StVG für die entstandenen Schäden beim motorisierten Verkehrsopfer.[970] Die Haftung des Herstellers wird somit in der Regel nur im Rahmen des Regresses der Versicherungen gegenüber dem Hersteller relevant. Da das Produkthaftungsrecht weitgehend identisch mit dem niederländischen Produkthaftungsrecht ist, stellen sich zwar die gleichen beschriebenen Probleme, jedoch bekommt das Verkehrsopfer in bestimmten Fällen seinen Schaden nicht ersetzt, obwohl dem Opfer kein Verschulden am Zustandekommen des Unfalls trifft. Hingegen führt dies in Deutschland nur dazu, dass in bestimmten Fällen keine Regressmöglichkeit des Versicherers des Unfallopfers besteht.

## IV. Zusammenfassung

Zusammenfassend ist festzustellen, dass sich bei Verkehrsunfällen zwischen einem selbstfahrenden Kraftfahrzeug und einem nicht motorisierten Verkehrsteilnehmer keine wesentlichen Unterschiede zum bisherigen Verkehrsunfallrecht ergeben. Der nicht motorisierte Verkehrsteilnehmer ist durch die Gefährdungshaftung des Art. 185 WVW weiterhin geschützt. Hinzu kommt die Deckung durch die verpflichtende WAM-Versicherung, gegen die ein Direktanspruch nach Art. 6 WAM besteht. Bei einem Verkehrsunfall mit einem selbstfahrenden Kraftfahrzeug ist der motorisierte Verkehrsteilnehmer allerdings nicht hinreichend geschützt, da keine Gefährdungshaftung besteht und eine Haftung des „Fahrers" nach Art. 6: 162 BW aufgrund vollständig selbstfahrender Kraftfahrzeuge in der Regel ausscheidet. Insoweit unterscheidet sich die Haftung für selbstfahrende Kraftfahrzeuge gegenüber motorisierten Verkehrsteilnehmern in den Niederlanden erheblich vom deutschen Recht. Auch gegenüber den motorisierten Verkehrsopfern bleibt es in Deutschland nämlich dabei, dass der Halter des selbstfahrenden Kraftahrzeugs zunächst aus der Gefährdungshaftung nach § 7 StVG haftet.[971] Zwar scheidet auch in Deutschland in den meisten Fällen eine

---

970 Gless/ Janal, JR 2016, 561, 571.

971 Gless/ Janal, JR 2016, 561, 571.

Haftung des „Fahrers“ des selbstfahrenden Kraftfahrzeugs aus, da keine unerlaubte Handlung besteht, jedoch ist das motorisierte Verkehrsopfer durch die Haftung des Halters hinreichend geschützt. Zudem ist der Anspruch durch die Haftpflichtversicherung des Halters gedeckt. Es verbleiben dem motorisierten Unfallopfer in den Niederlanden zwar noch Ansprüche gegen den Besitzer sowie gegen den Hersteller des selbstfahrenden Kraftfahrzeugs, diese habe aber angesichts der dargelegten Haftungseinschränkungen nur bedingte Erfolgsaussichten. Demgegenüber hat das Produkthaftungsrecht in Deutschland grundsätzlich nur im Rahmen des Regresses praktische Bedeutung, was im deutschen Recht zu einer Verlagerung der Schadenslast von den Versicherungen hin zu den Herstellern führen kann.[972]

Schließlich kann festgehalten werden, dass das motorisierte Verkehrsopfer bei einem Zusammenstoß mit einem selbstfahrenden Kraftfahrzeug in Deutschland besser geschützt ist als in den Niederlanden.

## C. Lösungsmöglichkeit

Um das motorisierte Verkehrsopfer bei Verkehrsunfällen mit selbstfahrenden Kraftfahrzeugen in den Niederlanden besser zu schützen, ist eine Veränderung des niederländischen Systems notwendig.

Eine Möglichkeit, die geschilderten Probleme der Haftung bei einem Verkehrsunfall mit einem selbstfahrenden Kraftfahrzeug zu beseitigen, ist die Einführung einer Gefährdungshaftung des Eigentümers oder Halters eines selbstfahrenden Kraftfahrzeugs. Das von einem vollständig selbstfahrenden Kraftfahrzeug ausgehende Risiko soll also bei demjenigen liegen, der durch das Inverkehrbringen die Gefahr für die anderen motorisierten Verkehrsteilnehmer geschaffen hat. Dabei ist keine Schuld oder ein Vorwurf notwendig. Die Tatsache, dass das selbstfahrende Kraftfahrzeug des Eigentümers oder Halters am Straßenverkehr teilnimmt, kann rechtfertigen, dass er die Risiken dafür trägt. Vorteilhaft daran wäre, dass es in der Regel einen Anspruchsgegner gibt und die entstandenen Schäden des Verkehrsopfers durch die WAM-Versicherung gedeckt sind. Die Höhe des Schadens kann dabei durch eigene Schuld des Geschädigten eingeschränkt werden. Durch die bestehende Regressmöglichkeit des Versicherers beim Hersteller des Produkts trägt in diesem System auch der Hersteller ein Risiko.

---

972 Lutz, NJW 2015, 119; Schulte-Nölke in: Lorenz, Karlsruher Forum 2015: Europäisierung des Haftungs- und Versicherungsvertragsrecht, S. 31 ff.

Ob darüber hinaus auch eine Gefährdungshaftung des „Fahrers“ des selbstfahrenden Kraftfahrzeugs eingeführt werden sollte, ist fraglich. Anlass hierfür könnte sein, dass der „Fahrer“ ein höheres Risiko für andere Verkehrsteilnehmer möglicherweise dadurch begründet, dass er nicht permanent das Verkehrsgeschehen überwacht, sondern dies vielmehr der Technik überlässt und hierdurch Vorteile in Anspruch nimmt. Letztlich dürfte eine Gefährdungshaftung des „Fahrers“ aber vor dem Hintergrund einer vorrangig einzuführenden Gefährdungshaftung des Eigentümers oder Halters nicht erforderlich sein, um einen hinreichenden Schutz des motorisierten Verkehrsopfers zu gewährleisten.

# 7. Kapitel: Fazit

Das niederländische Haftungsrecht im Rahmen eines Verkehrsunfalls wurde mit der Einführung und späteren Änderung des MRW bereits frühzeitig nach dem Aufkommen der ersten Kraftfahrzeuge in den Niederlanden gesetzlich geregelt. Seitdem kamen immer wieder neue Reformdiskussionen auf, wobei in der Gesetzgebung nur leichte Veränderungen bei den Haftungsmöglichkeiten vorgenommen wurden. Insbesondere die Untätigkeit des Gesetzgebers führte sowohl bei der Haftung des Fahrers nach Art. 6: 162 BW als auch bei der Haftung des Eigentümers oder Halters nach Art. 185 WVW dazu, dass die Voraussetzungen der Haftung vor allem durch die Rechtsprechung nicht nur näher ausgelegt, sondern auch bestimmt wurden. Dies wurde vor allem bei der Haftung wegen unerlaubter Handlung deutlich, die zunächst von der Rechtsprechung definiert und mit der Einführung des neuen BW übereinstimmend ins Gesetz aufgenommen wurde. Auch die heute bestehende Haftung nach Art. 185 WVW beruht noch immer auf den Grundsätzen der fast 100 Jahre zuvor eingeführten Haftung für Kraftfahrzeuge, wenn auch einige Veränderungen vorgenommen wurden. Das Vorhaben, ein neues Buch 8 im BW über eine allgemeine Verkehrshaftung zu schaffen, blieb aus, so dass heute weiterhin einige Unterschiede in der Gesetzessystematik zu erkennen sind. Während beispielsweise Art. 185 WVW die Haftung des Eigentümers oder Halters regelt, besteht die Versicherungspflicht nach dem WAM für den Besitzer des Kraftfahrzeugs und denjenigen, auf dessen Namen das Kraftfahrzeug ins Kennzeichenregister eingetragen ist. In der Regel handelt es sich zwar um dieselben Personen, eine Angleichung der Gesetzestexte wäre trotzdem sachgerecht.

Das bestehende Haftungsrecht in den Niederlanden weist auf den ersten Blick große Unterschiede zum deutschen Recht auf, da unter anderem die Gefährdungshaftung bei Verkehrsunfällen zwischen zwei Kraftfahrzeugen in Bewegung nicht anwendbar ist. Allein bei Verkehrsunfällen zwischen einem motorisierten und einem nicht motorisierten Verkehrsteilnehmer haftet der Eigentümer oder Halter verschuldensunabhängig nach Art. 185 WVW. Die nicht motorisierten Verkehrsteilnehmer werden daher im niederländischen Recht besonders geschützt. Zwar besteht auch im deutschen Recht eine Gefährdungshaftung gegenüber den Radfahrern oder Fußgängern, in der niederländischen Rechtsprechung wurden mit der 50%- und 100%-Regel jedoch außerdem zwei Regeln geschaffen, die den nicht motorisierten Verkehrsteilnehmern bei einem Verkehrsunfall mit einem Kraftfahrzeug die Erstattung von mindestens der Hälfte des Schadens garantieren.

Wirken diese abstrakten Regeln dem deutschen Recht zunächst fremd, zeigt sich beim genaueren Hinsehen, dass ähnliche Regelungen in Deutschland bestehen. So kann bei einem Verkehrsunfall mit einem Kraftfahrzeug Kindern bis 7 Jahren nie und Kindern bis 10 Jahren nur selten ein Verschulden zugerechnet werden. Der Halter eines Kraftfahrzeugs haftet in Deutschland in diesen Fällen somit in der Regel ebenfalls vollständig. Im Vergleich zur 100% - Regel bestehen daher allein unterschiedliche Altersgrenzen. Auch finden sich Strukturen der 50%-Regel im deutschen Recht wieder. So hat der Halter eines Kraftfahrzeugs bei einem Verkehrsunfall mit einem Radfahrer oder Fußgänger aufgrund der von seinem Kraftfahrzeug ausgehenden Betriebsgefahr nach ständiger Rechtsprechung in der Regel für mindestens 20% des Schadens einzustehen. Es bestehen diesbezüglich somit nur andere Grenzen. Während in Deutschland für die restliche Haftungsverteilung allein kausale Gesichtspunkte eine Rolle spielen, kann in den Niederlanden nach der vorgenommenen kausalen Verteilung noch eine Billigkeitskorrektur erfolgen. Dabei werden unter anderem die Schwere der erlittenen Verletzungen oder das Bestehen einer Versicherung berücksichtigt. Dies stellt einen erheblichen Unterschied zum deutschen Recht dar. Diese Gesichtspunkte führen häufig zu einer Korrektur der vorgenommenen Kausalitätsabwägung. Radfahrer und Fußgänger sind in den Niederlanden daher, insgesamt betrachtet, besser geschützt als in Deutschland.

Der größte Unterschied zwischen dem deutschen und dem niederländischen Verkehrshaftungsrecht fällt bei der Haftung für Verkehrsunfälle zwischen zwei Kraftfahrzeugen, die sich in Bewegung befinden, auf. So haftet in den Niederlanden allein der Fahrer aus der verschuldensabhängigen Haftung nach Art. 6: 162 BW. Die Gefährdungshaftung findet nach Art. 185 Abs. 3 WVW bei Verkehrsunfällen zwischen Kraftfahrzeugen in Bewegung keine Anwendung. Der auf den ersten Blick bestehende Unterschied ist jedoch nicht so gravierend, wenn man § 17 Abs. 1, 2 StVG heranzieht, der bei einem Unfall zwischen mehreren Kraftfahrzeugen regelt, dass die Haftung der Fahrzeughalter abhängig von den Verursachungsbeiträgen ist. Der Geschädigte muss sich in diesen Fällen seine eigene Betriebsgefahr mit anrechnen lassen, die durch ein Verschulden bzw. Mitverschulden erhöht werden kann. Da somit auch ein Verkehrsverstoß der Gegenseite bewiesen werden muss, bestehen bei einem Unfall, bei dem die Verkehrsverstöße nachgewiesen werden können, keine großen Unterschiede zur niederländischen Haftung des Fahrers, bei der ebenfalls das Verschulden der Gegenseite nachgewiesen werden muss. Zwar unterscheiden sich die haftenden Personen in den beiden Ländern, da jedoch sowohl die WAM-Versicherung als auch die Kfz-Haftpflichtversicherung in Deutschland die durch den Betrieb des Kraftfahrzeugs verursachten Schäden decken, hat dies für den Geschädigten keine Auswirkungen. Anders ist es jedoch in dem Fall, bei dem die Entstehung des Verkehrsunfalls unaufgeklärt bleibt, was in der Praxis häufig vorkommt. In diesen Fällen haften die jeweiligen Halter in Deutschland unter Abwägung der Betriebsgefahren nach der Gefährdungshaftung des § 7 StVG i.V.m § 17 Abs. 1, 2 StVG in der Regel jeweils zur Hälfte. Die Geschädigten bekommen somit die Hälfte ihres Schadens von der anderen Partei ersetzt. Hingegen besteht in den Niederlanden keine Haftung einer Partei, da für diese ein Verschulden nachgewiesen werden muss. Die Geschädigten müssen ihre Schäden selbst tragen. Daher sind die Geschädigten eines unaufgeklärten Verkehrsunfalls zwischen Kraftfahrzeugen in Deutschland besser geschützt als in den Niederlanden. Vor diesem Hintergrund kann es in den Niederlanden durchaus sinnvoll sein, eine Kaskoversicherung abzuschließen.

Die fehlende Gefährdungshaftung bei Verkehrsunfällen zwischen Kraftfahrzeugen kann in naher Zukunft zu Problemen in den Niederlanden führen, sobald selbstfahrende Kraftfahrzeuge im Straßenverkehr eingesetzt werden. Während die nicht motorisierten Verkehrsteilnehmer weiterhin geschützt bleiben, da die Haftung nach Art. 185 WVW auch bei selbstfahrenden Kraftfahrzeugen Anwendung findet, besteht für die motorisierten Verkehrsteilnehmer weder die Möglichkeit, den Eigentümer oder Halter des Kraftfahrzeugs nach Art. 185 WVW noch den „Fahrer" nach Art. 6: 162 BW in Anspruch zu nehmen. Eine Änderung der bestehenden Gesetze ist für diese Fälle notwendig.

## Literaturverzeichnis


| | |
|---|---|
| Asser, Carel | Het Nederlandsch Burgerlijk Wetboek vergeleken met het Wetboek Napoleon, 2. Auflage, 's Gravenhage/ Amsterdam 1838 |
| Asser, Carel | Verbintenissenrecht – De verbintenis in het algemeen, 12. Auflage, Deventer 2004<br>Hrsg.: Hartkamp, A.S. |
| Asser, Carel | Verbintenissenrecht – De verbintenis uit de wet, 14. Auflage, Deventer 2015<br>Hrsg.: Hartkamp, A.S., Sieburgh, Carla |
| Asser, Carel | Verbintenissenrecht – De verbintenis uit de wet, 13. Auflage, Deventer 2011<br>Hrsg.: Hartkamp, A.S.Sieburgh, Carla |
| Asser, Carel | Verbintenissenrecht – De verbintenis uit de wet, 12. Auflage, Deventer 2006<br>Hrsg.: Hartkamp, A.S. |
| Asser, Carel | Verbintenissenrecht – De verbintenis uit de wet, 11. Auflage, Zwolle 2002<br>Hrsg.: Hartkamp, A.S. |
| Asser, Carel | Verbintenissenrecht – De verbintenis uit de wet, 10. Auflage, Zwolle 1998<br>Hrsg.: Hartkamp, A.S. |

Asser, Carel — Verbintenissenrecht – De verbintenis uit de wet, 5. Auflage, Zwolle 1979
Hrsg.: Rutten, L.E.H.

Bachmeier, Werner — Regulierung von Auslandsunfällen, 1. Auflage, Baden-Baden 2013

Bloembergen, A.R.
Bolt, A.T.
Boonekamp, R.J.B. — Schadevergoeding, Deventer 2008

Böing, Jan — Die Haftung für Straßenverkehrsunfälle in Frankreich und Deutschland: eine rechtsvergleichende Untersuchung unter besonderer Berücksichtigung von 20 Jahren Anwendung der französischen Loi Badinter (Gesetz Nr. 85-677) vom 05. Juli 1985, Berlin 2007

Bolt, A.T. — Ontwikkelingen rondom artikel 31 WVW, VR 1992, 175

Van Boom, W.H. — 29 955: een klein wetsvoorstel dat grote ergernis teweeg brengt, NJB 2005, 635

Van Boom, W.H.
Hartlief, Ton
Spier, J. — Regresrechten, Deventer 1996

Borges, Georg — Haftung für selbstfahrende Autos, CR, 2016, 272

| | |
|---|---|
| De Bosch Kemper, H.J.J.<br>Gruben, R.<br>Vreugdenhil, P.J. | De WAM in werking – 50 jaar jurispudentie, 4. Auflage, Deventer 2015 |
| Bouman, H.A.<br>Van Wassenaer van Catwijck, A.J.O | Verkeersaansprakelijkheid op de helling, VR 1993, 221 |
| Brisch, Klaus<br>Müller-ter Jung, Marco | Autonomous Driving – Von Data Ownership über Blackbox bis zum Beweisrecht, CR 2016, 411 |
| Brunner, C.J.H. | Verbintenissenrecht allgemeen, 2. Auflage, Deventer 2004 |
| Burmann, Michael<br>Heß, Rainer<br>Jahnke, Jürgen<br>Janker, Helmut | Straßenverkehrsrecht, 22. Auflage, München 2012 |
| Buschbell, Hans | Der Kinderunfall im Straßenverkehr, SVR 2006, 241 |
| Buschbell, Hans | Straßenverkehrsrecht, 4. Auflage, München 2015 |
| Chao-Davis, M.A.B.<br>Strang, H.P.C.W. | Naar een andere verdeling van veraantwoordelijkheid in de bouw, Den Haag 2013 |
| Clausing, P. | Verkeersaansprakelijkheid en verzekering naar Nederlands recht, TPR 1978, 1011 |
| Cleton, R. | Rapport van de Studiegroep Verkeersaansprakelijkheid – Deel I Vergoeding van schade door dood en letsel, ´s-Gravenhage 1978 |

| | |
|---|---|
| Cleton, R. | Rapport van de Studiegroep Verkeersaansprakelijkheid – Deel II Vergoeding van zaakschade, ´s-Gravenhage 1980 |
| Van Dam, C.C. | Reflexwerking volgens de Hooge Raad, VR 2001, 349 |
| Van Dunné, J. M. | Verbintenissenrecht Deel 2 – Onrechtmatige daad. Overige verbintenissen, 5. Auflage, Deventer 2004 |
| Ekering, Johan Hendrik | Motorrijtuig en Aansprakelijkheid naar Nederlandsch Burgerlijk Recht, Amsterdam 1941 |
| Engelhard, E.F.D.<br>Van Maanen, G.E. | Nieuw voorstel verkeersaansprakelijkheid in de maak, VR 1999, 353 |
| Ernst, Hans-Günter | Der Betrieb eines Kraftfahrzeugs, SVR 2011, 241 |
| Ernst, Wolfgang | The development of traffic liability, Cambridge 2010 |
| Faure, Michael<br>Hartlief, Ton | Verkeersaansprakelijkheid in België en, Nederland, Antwerpen/ Groningen 1998 |
| Feyock, Hans<br>Jacobsen, Peter<br>Lemor, Ulf | Kraftfahrtversicherung, 3. Auflage, München 2009 |

Franck, Gunnar — Der Direktanspruch gegen den Haftpflichtversicherer – Eine rechtsvergleichende Untersuchung zum deutschen und skandinavischen Recht, Tübingen 2014

Franck, Gunnar — Richtlinienkonforme Auslegung der Vorschriften über die vorsätzliche Herbeiführung des Versicherungsfalls in der Kfz-Pflichtversicherung, VersR 2014, 13

Frenz, Walter; Casimir van den Broek, Erika — Fahrerassistenzsysteme und Anpassungsbedarf im nationalen Recht – Rechtliche Aspekte des Forschungsprojekts „KONVOI", DAR 2009, 625

Gless, Sabine; Janal Ruth — Hochautomatisiertes und autonomes Autofahren – Risiko und rechtliche Verantwortung, JR 2016, 561

De Goede, B. — Rechtens of feitelijk Openbaar, VR 1960, 137

De Haas, S.P.; Hartlief, Ton — Verkeersaansprakelijkheid – Vergoeding van personenschade in Europees perspectief, Deventer 1998

Hartlief, Ton — De Hooge Raad en de reflexwerking van Art. 185 WVW, AV&S 2001, 73

| | |
|---|---|
| Hartlief, Ton | De positie van regresnemers: van Art. 185 WVW naar Art. IIB in het wetsvoorstel Verkeersongevallen, VR 1998, 257 |
| Hartlief, Ton | De zwakke verkeersdeelnemer, TPR 1996, 1271 |
| Hartlief, Ton | Positie regresnemer, TVP 2010, 119 |
| Hartlief, Ton | Subrogatie in zieligheid, NJB 1996, 1047 |
| Hartlief, Ton<br>Tjittes, R.P.J.L. | Verzekering en aansprakelijkheid, Deventer 1994 |
| Haus, Klaus-Ludwig<br>Krumm, Carsten<br>Quarch, Matthias | Gesamtes Verkehrsrecht, 2. Auflage, Baden-Baden 2017 |
| Hentschel, Peter<br>König, Peter<br>Dauer, Peter | Straßenverkehrsrecht, 43. Auflage, München 2015 |
| Hering, Manfred | Der Verkehrsunfall in Europa, 2. Auflage, Karlsruhe 2012 |
| Hohlbein, Bernhard | Die neuere Entwicklung des niederländischen außervertraglichen Haftungsrechts, Münster 1981 |
| Hondius, Ewond | Das neue niederländische Zivilgesetzbuch, AcP 1991, 378 |
| Honduius, E.H.<br>Van Dam, C.C. | Het nieuw BW in perspectief, Zwolle 1990 |

| | |
|---|---|
| Hoogenraad, Dirk Abraham | De aansprakelijkheid bij kosteloos meerijden, Zwolle 1946 |
| Van Huizen, H.J.G.<br>Wezeman, J.B.<br>Van Eijk-Gravenland, J.C. | Grondslagen van het verzekeringsrecht, 6. Auflage, Den Haag 2014 |
| Jansen, C.H.M. | Onrechtmatige daad: algemene bepalingen, Deventer 1996 |
| Klaassen, C.J.M. | Risico-aansprakelijkheid: de afdelingen 6.3.2 en 6.3.3 NBW, alsmede Art. 31 Wegenverkeerswet, Zwolle 1991 |
| Klaassen, C.J.M. | Schadevergoeding: algemeen, deel 2, 2. Auflage, Deventer 2017 |
| Kooiman, D. | De Motor- en Rijwielwet: met beknopt<br>overzicht van stelsel en inhoud der wet en<br>aanteekeningen bij de artikeln – Teil I, Alphen an de Rijn 1926 |
| Kötz, Hein<br>Wagner, Gerhard | Deliktsrecht, 13. Auflage, München 2016 |
| Koziol, Helmut | Das niederländische BW und der Schweizer Entwurf als Vorbilder für ein künftiges europäisches Schadenersatzrecht, ZEuP 1996, 587 |
| Krans, H.B.<br>Stolker, C.J.J.M.<br>Valk, W.L. | Tekst & Commentaar Burgerlijk Wetboek, 12. Auflage, Deventer 2017 |

| | |
|---|---|
| Leerink, Johan Adolf | De verkeers-veiligheid op den weg – Een juridische, sociologische en verkeerstechnische studie, Alphen aan den Rijn 1938 |
| Lemor, Ulf | Haftungsrecht und Schadensregulierung in den Niederlanden, SVR 2009, 86 |
| Lindenbergh, S.D. | Schadevergoeding: algemeen, deel 1, 4. Auflage, Deventer 2014 |
| Luckey, Jan | Der Verkehrsunfall im Ausland, SVR 2014, 361 |
| Lutz, Lennart | Autonome Fahrzeuge als rechtliche Herausforderung, NJW 2015, 119 |
| Van Maanen, G.E. | Onrechtmatige Daad: aspekten van de ontwikkelingen en struktuur van een omstreden leerstuk, Groningen 1986 |
| Medicus, Dieter | Ungefährlich weil langsam?, DAR 2000, 412 |
| Mertz, Jürgen | Der Schutz primärer Vermögensinteressen im niederländischen und im deutschen Haftungsrecht, Köln 1994 |
| Mincke, Wolfgang | Einführung in das niederländische Recht, München 2002 |
| Neidhart, Hermann | Unfall im Ausland – Band 2: West-Europa, 5. Auflage, Bonn 2007 |

| | |
|---|---|
| Neumann, Alexander | Die Haftung bei Verkehrsunfällen – eine Einführung, JA 2016, 167 |
| Oertel, Christoph | Objektive Haftung in Europa – Rechts-vergleichende Untersuchung zur Weiter-entwicklung der verschuldensunabhängigen Haftung im europäischen Privatrecht, Tübingen 2010 |
| Van Oven, J.C. | Aansprakelijkheid bij auto-ongelukken (Art. 25 Motor- en Rijwielwet) I, NJB 1932, 145 |
| Van Oven, J.C. | Aansprakelijkheid bij auto-ongelukken (Art. 25 Motor- en Rijwielwet) II, NJB 1932, 169 |
| Palandt, Otto | Bürgerliches Gesetzbuch, 77. Auflage, München 2018 |
| Pitlo, A. | Het Verbintenissenrecht naar het Nederlands Burgerlijk Wetboek, 7. Auflage, Groningen 1974 |
| Van der Pluijm, Ton | Zakboek Wegenverkeerswet 1994, Appeldorn 2014 |
| Pool, Vincent<br>De Haan, Robert | WAM-verzekering en regres op trailers, Weg en Wagen 2016, Nr. 79, S. 17 |
| Rohde, Kerstin | Haftung und Kompensation bei Straßenverkehrsunfällen: eine rechtsvergleichende Untersuchung nach deutschem und neuseeländischem Recht, Tübingen 2009 |

| | |
|---|---|
| Ruitenbeck-Bart, F.M. | Verzekeringsrechtelijk(e) verhalen (1) – De verhaalsmogelijkheiden van de schadeverzekeraar in het nieuwe verzekeringsrecht, TVP 2008, 29 |
| Rutten, L.E.H. | De aansprakelijkheid van de automobilist jegens de kosteloos meegenomen passagier, VR 1954, 161 |
| Rutten, L. E. H. | Naar en afschaffing van de burgerrechtlijke aansprakelijkheid voor verkeersongevallen?, VR 1966, 1 |
| Van Schellen, J. | Toerekening naar redelijkheid: naar huidig en komend recht, Zwolle 1985 |
| Scholten, Paul | Burgerlijk Onrecht. Aansprakelijkheid van de overheid. – Wenschelijke wetswijziging., WPNR 1911, 2149 |
| Schrader, Paul | Haftungsrechtlicher Begriff des Fahrzeugführers bei zunehmender Automatisierung von Kraftfahrzeugen, NJW 2015, 3537 |
| Schulte-Nölke, Hans | Europäisierung des Haftungsrechts – Karlsruher Forum 2015: Europäisierung des Haftungs- und Versicherungsvertragsrechts<br>Hrsg.: Lorenz, Egon |
| Schwarz, Gilbert | Unfallregulierung im Europäischen Ausland, NJW 1991, 2058 |

| | |
|---|---|
| Simmelink, J.M.B.H. | Algemeenheiden in het wegenverkeersrecht, Arnhem 1995 |
| Simsa, Elisabeth | Die gerichtliche und außergerichtliche Regulierung von Verkehrsunfällen in Deutschland und in den Niederlanden, Köln 1995 |
| Spier, J.<br>Hartlief, Ton<br>Lindenbergh, S.D.<br>Keirse, A.L.M.<br>Vriesdendorp, R.D. | Verbintenissen uit de wet en Schadevergoeding, 7. Auflage, Deventer 2015 |
| Star Busmann, C.W. | Automobielwetgeving en schadevergoedingsrecht, Vragen des Tijds 1925 I, 37 |
| Star Busmann, C.W. | De aansprakelijkheid der automobiel in het verkeersrecht, Rechtsgeleerd Magazijn 1908, 393 |
| Star Busmann, C.W. | Moderne verkeersmiddelen en schadevergoedingsrecht, Vragen des Tijds 1922 II, 163 |
| Staudinger, Ansgar | Straßenverkehrsunfall, Rom II-Verordnung und Anscheinsbeweis, NJW 2011, 650 |
| Sterk, C.H.W.M. | Verhoogd gevaar in het aansprakelijkheidsrecht, Deventer 1994 |
| Stolker, C.J.J.M. | Groene Serie Onrechtmatige Daad, Deventer: Kluwer Online 2018 |

| | |
|---|---|
| Thiermann, Alexandra<br>Werther, Monika<br>Brüseken, Winfried<br>Krumbholz, Helmut | Typische Haftungsquoten bei Verkehrsunfällen, SVR 2012, 41 |
| Tjong Tjin Tai, Eric<br>Boesten, Sanne | Aansprakelijkheid, zelfrijdende auto's en andere zelfbesturende objecten, NJB 2016, 496 |
| Vellinga, N.E. | De civilrechtelijke aansprakelijkheid voor schade veroorzakt door een autonome auto, VR 2014, Nr. 151 |
| Vellinga, N.E.<br>Vellinga, W.H.<br>Van Wees, K.A.P.C. | Testen van autonome of zelfrijdende auto's op de openbare weg, VR 2016, 89 |
| Vellinga, W.H. | De strafbepalingen in de nieuwe Wegenverkeerswet, VR 1995, 195 |
| Verheugt, J.W.P. | Inleiding in het Nederlandse Recht, 14. Auflage, Den Haag 2007 |
| Vranken, J.B.M. | Einführung in das Niederländische Schuldrecht – Teil II: Das Recht der unerlaubten Handlung, Schadenersatz und Bereicherungsrecht, AcP 1991, 411 |
| Van Wassenaer van Catwijck, A.J.O. | Artikel 185 WVW 1994, het nieuwe artikel 31 WVW, VR 1995, 197 |
| Van Wassenaer van Catwijck, A.J.O. | Motorrijtuigaansprakelijkheid een botsing van belangen, BWKJ 1987, 55 |

| | |
|---|---|
| Van Wassenaer van Catwijck, A.J.O. | Zes vrouewen in het verkeer, VR 1994, 253 |
| Van Wees, K.A.P.C. | Zelfrijdende auto's, aansprakelijkheid en verzekering; over nieuwe technologie en oude discussies, TVP 2016, 29 |
| Van Wijk, M.A. | Verkeersaansprakelijkheid – Het civiele en strafrechtelijke schuldbegrip bij verkeersongevallen, Tilburg 2014 |
| Yeh, Chi-Chou | Der Verkehrsopferschutz und dessen Entwicklung, Tübingen 2007 |
| Zweigert, Konrad<br>Kötz, Hein | Einführung in die Rechtsvergleichung auf dem Gebiete des Privatrechts, 3. Auflage, Tübingen 1996 |

FSC
www.fsc.org
MIX
Papier | Fördert gute Waldnutzung
FSC® C083411

Kolibri 360 GmbH
Ferdinand-Jühlke-Straße 7
99095 Erfurt, Deutschland
produktsicherheit@kolibri360.de